全国普通高等学校人文社会科学重点研究基地
北京师范大学史学理论与史学史研究中心　主办

中文社会科学引文索引（CSSCI）来源集刊

史学理论与史学史学刊

JOURNAL OF HISTORICAL THEORY AND HISTORIOGRAPHY

2018年下卷(总第19卷)

杨共乐　主编

社会科学文献出版社
SOCIAL SCIENCES ACADEMIC PRESS (CHINA)

卷首语

杨共乐

今年是改革开放40周年，各界都以各种形式对此进行庆祝。本刊特别设立专栏“笔谈：改革开放40年来的史学史研究”，邀请五位著名的史学理论与史学史专家撰写文章，回顾改革开放以来我国史学理论与史学史学科发展的历程，对其未来趋势作出展望。瞿林东先生的《我这四十年——关于理论认识和学术研究的回顾》，饱含深情地总结了自己四十年来的学术历程，认为自己实现了两个“两次重要跨越”。瞿先生的“重要跨越”，既体现了他本人学术成就之路径，一定意义上也代表了我国的中国史学史学科发展之高度。陈其泰先生的《创造性阐释古典史学名著的若干思考（论纲)》认为，改革开放40年来史学理论与史学史学科获得了蓬勃的发展，其中，以唯物史观为指导，对中国丰富的史学遗产作创造性阐释的工作，取得的成就尤其丰硕。他以《国语》《史记》《汉书》为例，指出以“创造性阐释”为目标和动力进行新的探索，对于整个史学史学科研究具有重大意义。胡逢祥先生的《再接再厉，把中国近现代史学史的研究进一步推向纵深》，简要总结了改革开放以来中国近现代史学史研究所取得的成就，同时又重点谈到存在的问题，以及今后努力的方向。提出中国近现代史学史的研究，在坚持学术本位的基础上，应该注入更多的现实关怀，颇具卓识。姜胜利先生的《改革开放之初中国史学史学科的恢复与发展》对20世纪80年代中国史学史学科的恢复和发展情况作了翔实的梳理，强调了白寿彝、吴泽、尹达、杨翼骧四位先生的贡献，以及他们的学术梯队建设，指出新时期史学史研究面临的问题和任务；认为探索规律是史学史研究的终极目的，一切个案的探索、碎片化的研究都不应忘记这个最后的归结点。这个观点发人深思。张广智先生的《漫谈改革开放以来中国的西方史学史》，以优美的文笔，描写了西方史学史发展的"景观"——"那年代的先生们""人才为何成群地来?""动人春色不须多"。该文以小见大，有对先辈的怀念，有对后辈的鼓舞，更有"老骥伏枥"的雄心，让人感到清新、亲切和振奋。

"中国古代史学研究"栏目刊载论文三篇。周文玖的《刘知幾史学批评中的理性主义精神》认为，《史通》的史学批评具有强烈的理性主义精神。主要表现在理性地评论前代史家和史著，褒扬不讳其短，批评不抑其长，即使是对他敬仰的孔子，也是如此；用"理"的尺度评论史实和史料采择，以理性的态度探讨历史盛衰。文章还指出了刘知幾理性主义的局限性。王记录、肖夏的《〈绎史〉三论》从史料学、编纂学、史学思想三个方面对清初史家马骕的《绎史》作了比较全面的论述，认为《绎史》在史料运用上严于甄别文献，对各种文献的价值有独到的认识；在编纂学上，综合纪传、编年、纪事本末、学案、考证、史论、图表等各种体例于一体，创立了新的综合体裁；在史学思想上，既有"天人感应"观念，也有无神论思想。在观察历史变化时，马骕具有历史发展的眼光和朴素的辩证法思想，且勇于怀疑文献和史事。刘开军的《略论乾嘉时期考据派与浙东学派的文风》，对乾嘉时期考据派与浙东派的文风作了深度发掘和阐释，认为乾嘉考据派的文风可谓之老吏断狱，具有逻辑严密、思路清晰、证据链环环相扣等优点，浙东学派的文风具有驰骋与沉郁的特点。二者均有其成功之处，对当今历史撰述的文风亦有借鉴的价值。

“中国近现代史学研究”栏目刊载了五篇文章。姚正平的《从“图不入史”到“图史合一”》探讨了清末民初中小学历史教科书在地图运用方面的变化和改进。清末的历史教科书很少有地图，辛亥革命后，随着近代地理学对史学影响的日益增大，历史教科书中插入地图几乎成为一种共识。从“图不入史”到“图史合一”反映了清末到民国初年中小学历史教科书的变化。李乐的《张星烺与辅仁大学史学系》论述了张星烺对辅仁大学史学系的贡献。张星烺有深厚的家学背景，留学欧美时学习的是自然科学，具有独特的治学风格。他对中西交通史及相关领域的研究，对地理学、人类学等辅助性学科的重视，以及对史学科学性的追求都影响到三四十年代辅仁大、学史学系的课程设置。颜克成的《缪凤林通史研究再探》对缪凤林在中国通史方面的成就、特点作了论述，指出缪氏将文化民族主义思想贯穿于他的通史研究和撰述中，汉族与其他民族竞争、融合形成中华民族的历史过程是其中国通史的一根主线。这在抗战期间，具有唤起民众的民族文化认同之作用。苏晓涵的《董作宾与历史语言研究所殷墟发掘（1928—1937)》论述了董作宾在中央研究院历史语言研究所于1928年至1937年开展殷墟发掘时，利用自己的地缘、专业所发挥的重要作用。赵梅春的《张孟伦先生的史学成就与治学特点》缅怀其业师张孟伦先生的学术贡献。张孟伦是中国史学史名家，其史学史研究具有自己的风格，该文颇能彰显其学术特点及学人本色。武晓兵的《唯物史观与〈历史教学〉创刊》探讨了《历史教学》创刊的历史背景，认为该刊作为新理论、新知识的学术载体，以运用唯物史观指导历史研究与历史教学为宗旨，对马克思主义指导下的主流史学的形成作出了重要贡献。

在“外国史学研究”栏目，余春江的《继承与发扬：狄奥多鲁斯对史学功能的认识》指出，狄奥多鲁斯既继承了前辈史学家对史学功能的基本认识，又在此基础上进行了升华和创新。他将镜鉴作用置于史学功能的首位，更加强调史学经世致用的价值。狄奥多鲁斯对史学功能的认识上升到整个人类历史和广义历史学的高度，较前人更加全面、系统和深入，是对西方古代史学思想的发扬广大。付杰的《〈犹太战记〉的双重历史叙事》认为《犹太战记》的作者弗拉维乌斯·约瑟夫斯一直是学术界极富争议性的人物，他对“犹太战争”的叙事，既借鉴希腊罗马史学，把反抗罗马帝国的犹太起义描绘成一场彻头彻尾的“政治”灾难，试图以此唤起罗马社会对于犹太民族的同情与谅解；同时，他又以“犹太祭司和先知”自居，承袭犹太史学传统，把“犹太战争”诠释为上帝对犹太民族的惩罚。这反映了其历史叙事的双重性。苏萌的《当代西方史学理论中的“创伤”问题》，通过考察约恩·吕森、海登·怀特和弗兰克·安克斯密特这三位具有代表性的西方学者关于集体层面的创伤/创伤性事件的论说及其对西方史学之影响的阐述，认为西方历史中的创伤/创伤性事件有能力冲击学科化以来的传统西方史学，并要求一种不同于传统的新型史学。西方史学理论中的“创伤”问题对于思考中国历史问题，具有启发意义。

“中外史学交流”是史学史新的增长点，以后本刊拟多登载这方面的稿件。洪认清的《吉谢列夫与苏联考古学在中国的传播》论述了苏联考古学家吉谢列夫的成就及其来华的学术活动，对吉谢列夫对中国考古学的积极影响给予了肯定，同时也指出了其考古学理论中的不足和对中国史学的负面影响。

史学评论是史学发展的动力，本刊“当代史学评论”是过去“书评”栏目的升级版。这个栏目的文章我们希望既对某部著作作出评论，同时谈出相关领域研究的成就和不足，以对未来相关领域学术发展产生预见和启迪。本卷所刊的四篇文章都是朝着这个方向努力的。把此栏目办成一个有影响的栏目或许是本刊的一个特色。

改革开放四十年，史学理论与史学史学科取得了长足的进步。我们应遵循继承和创新的原则，纵贯古今，横联中外，在新的起点上再出发，不断推出史学理论与史学史研究的优秀成果，为创造中国史学的新辉煌不懈努力！

目 录

·笔谈：改革开放40年来的史学史研究·

·中国古代史学研究·

·中国近现代史学研究·

·外国史学研究·

·中外史学交流·

·历史文献学·

·当代史学评论·

·会议综述·

CONTENTS

笔谈：改革开放40年来的史学史研究

我这四十年

——关于理论认识和学术研究的回顾

瞿林东

（北京师范大学历史学院、史学理论与史学史研究中心，北京 100875）

一

今年，是我国伟大的改革开放事业40周年。40年来，祖国的面貌发生了巨大的变化，中国的哲学社会科学事业取得了许多新的成就，中国史学在正确的发展道路上不断涌现出一个又一个硕果。作为一个史学工作者，受到时代的鼓舞和历史潮流的推动，我也有所进步。1978年，我在《吉林大学学报》上发表自己的第一篇学术性札记《封建史学与封建政治——唐代史学札记之一》。[①] 今年，我在《北京师范大学学报》第5期上发表一篇长文《关于中国古代史学批评史的几个问题》。从探讨史学与政治的关系到摸索史学批评与史学发展的内在联系，都是中国史学史研究的范围。我说的“有所进步”，也只是限于这个范围而言。

“有所进步”主要表现在两个“两次重要跨越”。

第一个“两次重要跨越”主要反映在理论认识方面。其中，第一次重要跨越是：从教条主义、形式主义的影响下走出来，重新学习和全面理解马克思主义，努力学会正确运用马克思主义。这是一次群体的反思，是理论工作者、学术工作者的自我教育活动。正是在这个过程中，我逐步实现

---

① 见《吉林大学学报》1978年第5～6期合刊。1979年，白寿彝先生主持的《史学史资料》复刊时，转载此文，题目改为《唐代史学与唐代政治》。

着第一次跨越。第二次跨越是：在前一次跨越的基础上，在老一辈马克思主义史学家的启发下，我开始认识到马克思主义史学在中国产生和发展的重要意义，进而认识到促进马克思主义史学中国化是我们这一代史学工作者的历史使命，认识到自己的研究工作也是这一历史使命的一个小小的部分。

第二个“两次重要跨越”主要反映在专业研究方面。其中，第一次重要跨越是：从断代史学史研究与撰述向着贯通的史学史研究与撰述的跨越。具体说来，即从唐代史学史研究与撰述，向着贯通的中国史学史研究与撰述的跨越，代表作是从《唐代史学论稿》（1989 年）到《中国史学史纲》（1999 年），其间相隔整整十年。专业研究方面的第二次重要跨越是：从史学史的研究走向历史学的理论研究。从自己的学术足迹来看，这次跨越同前一次跨越是在相互交叉中实现的。如：《唐代史学论稿》出版六年后，有《中国古代史学批评纵横》（1994 年）的出版；《中国史学史纲》出版六年后，有《中国史学的理论遗产》（2005 年）的出版，继之有《中国古代历史理论》三卷本（主编，2011 年）的出版等。这种相互交叉，一方面反映了我本人在研究的侧重点上的变化，一方面也表明了史学的历史与史学的理论在客观上存在的内在联系。

二

章学诚说过这样的话：“夫学贵专门，识须坚定，皆是卓然自立，不可稍有游移者也”（《章氏遗书》卷九《家书四》）。中国史学史是一门专史，但其内涵又不同于其他专史而包含广泛的内容。我体会章学诚说的“贵”和“坚定”，是指研究上的持久和功力，故“不可稍有游移者”。我很庆幸自己的治学足迹，多少有一点暗合于古代哲人论学之道。至于章学诚说的“识”，我们自然会把它同刘知幾说的才、学、识的“识”联系起来。不论是一般意识上的“史识”，还是专门之学意义上的“通识”，都是难以达到的学术境界。然而，作为史学工作者，总是应当有所追求的。《中国史学史纲》就是自觉地或不自觉地在这一主旨下撰写的。仅就我个人的感受而言，有这样几点体会：“通”，才可能把局部看得更清楚，才可能更准确地把握某个局部在全局中的作用和地位，进而给予恰如其分的估量和评价；“通”，因对全局作整体考察，故比较容易发现新的问题，如联系中的继承与冲突，后人对前人的正面评价与负面评价等等，可提供进一步研究的参考；“通”，由于对事物全局作系统考察，有利于发现事物的发展在不同阶段上的特点，而对这些特点的分析，则可能发现事物发展中的某种规律性现象，以提升对于事物发展本质的认识，使研究上升到理论层面。

三

刘向、班彪、扬雄等评价司马迁《史记》有这样的话，“服其善序事理”；胡三省论史书说，“理无不在，散于事为之间”；王夫之论“理”与“势”的关系指出，“理在势中”。这里说的理与事的关系，理与史的关系，理与势的关系，都强调了“理”的存在。范晔极为看重所著《后汉书》的史论，萧统《文选》分类中有“史论”一目，王夫之《读通鉴论》《宋论》二书以阐说“论”为旨趣，都突出了“论”的地位和价值。中国史学遗产如此丰富，不可能没有“理”、没有“论”。因此，发掘中国史学遗产中蕴含的“理”与“论”，是史学史研究中不可回避的问题。同时，我也读到白寿彝先生在《谈史学遗产》一文中所讲到的几个“花圃”，在《谈史学遗产答客问》一文中提出的“关于历史观点方面”的几个问题，实质上就是在探讨史学遗产中的理论问题，这给了我很大的启发，促使我从史学史的研究开始走向历史学的理论遗产的探索。

从20世纪90年代初至21世纪初的十几年，我的探索所得是：发表《中国古代史学理论大势》《中国古代历史理论的几个特点》《中国古代历史理论发展大势》等论文，出版《中国古代史学批评纵横》《中华文化通志·史学志》《中国史学的理论遗产》等专书。在同事们的支持和协助下，2011年出版我主编的三卷本《中国古代历史理论》。

四

学无止境。我在这里说的“跨越”，绝对不是“跨越了”，而仅仅是“跨越中”，专业研究如此，理论认识更是如此。关于中国马克思主义史学的产生和发展，关于马克思主义史学中国化，老一辈马克思主义史学家群体做出了重大贡献。他们开辟的史学之路，是中国史学发展的康庄大道；他们在各自的研究领域中所取得的成就，是中国马克思主义史学的宝贵遗产。从中国史学的长远发展来看，当今的史学工作者对此当有所了解、继承，进而发扬、光大。

新时代中国特色历史学的历史使命之一，是在马克思主义指导下，逐步建设起自身的学术体系、学科体系和话语体系，为社会主义文化事业的发展做出应有的贡献。为此，史学工作者要提高认识，鼓起勇气，积极探索，开辟史学发展的新路径。在上述回顾的基础上，我也有几点粗浅的前瞻性认识：

第一，要进一步深入地研究史学遗产。20 世纪 80 年代以来，史学界越来越多的同行关注和研究史学遗产，并在史学遗产中的历史理论、历史文献、历史编纂、历史文学等诸多方面产生了许多成果，展现出史学遗产的丰富内涵和广阔的研究前景。

第二，在继续以往研究的基础上，发掘、爬梳史学遗产中前人提出的重要概念与观念，分析它们各自的本来含义，以及其中是否存在着跟当今史学发展相通或相近之处的概念与观念，进而审慎地撷取其中那些有生命力的概念与观念同当今史学中的积极因素结合起来，从而明确中国史学之民族性的渊源所在。

第三，继承中国马克思主义史学的理论成就。对于中国马克思主义史学的理论遗产，既要总结和继承历史理论方面的遗产，也要总结和继承史学理论方面的遗产。这是古代史学遗产与近现代史学遗产结合的重要环节，因为这个结合进一步彰显了历史学的中国特色。

第四，以中国历史与中国史学发展为背景，以史学遗产中的主要概念、观念为骨架，以当今史学发展中提出的问题为血肉，逐步构建起中国特色的史学体系、话语体系的基本框架。

第五，吸收古往今来西方史学的积极成果，阐明这些成果的本来含义，择其要者融入中国史学的理论框架之相关位置，使“以中为主，中中有西，西中有中”，有益于中西学者都能读懂对方，促进有深度的史学交流，推动中国史学走向世界。三十六年前，白寿彝先生在他主编的《史学概论》的题记中这样写道：“这本书也想论述一下国外的史学，因为所知太少，也就不写了。希望对国外史学有研究的同志，分别写出一些关于外国史学的专书。如果有条件，我们也希望在这本书里，逐渐得到这方面的充实。”[①] 我们相信，在今天，白寿彝先生的这个愿望是可以实现的。

综上，新时代中国特色历史学的基本理论体系建构的路径和方法是：

---

① 白寿彝主编《史学概论·题记》，宁夏人民出版社，1983，第 2～3 页。

在马克思主义理论指导下，以总结古代和近现代史学理论遗产为基础，继承中国马克思主义史学的理论成就，有针对性地和合理地吸收西方古往今来史学中的积极因素，使之与中国史学的理论框架相融汇，形成中西结合的历史学的理论形态。这样的理论形态，一方面彰显了中国特色，一方面也具有世界视野，反映出新时代中国史学的品质和风貌。

（撰于 2018 年 10 月）

创造性阐释古典史学名著的若干思考（论纲）

陈其泰

（北京师范大学历史学院、史学理论与史学史研究中心，北京　100875）

一、改革开放四十年来史学理论与史学史学科获得了蓬勃的发展，其中，以唯物史观为指导，对中国丰富的史学遗产作创造性阐释的工作，尤其取得了丰硕的收获。必须强调，这里所谈的“唯物史观指导”，是经过总结此前的左倾路线和教条主义造成的深刻教训，清醒地回归到唯物史观的基本原理，并结合新的历史条件而与时俱进的科学理论，用它作为指导。在以前相当长的时间内，我们曾在“取其精华、弃其糟粕”、“推陈出新”的方针指导下从事总结古代史学遗产的工作。进入新时期以后，我们的眼界更开阔，目标更明确，这样的指导思想，可以用十九大报告中的话来加以概括：“以马克思主义为指导，坚守中华文化立场，立足当代中国现实，结合当今时代条件……坚持创造性转化、创造性发展，不断铸就中华文化新辉煌。”①

二、从《尚书》《春秋》发轫，中经《左传》《国语》，到两汉时期产生的《史记》《汉书》《汉纪》，这些先秦两汉时期的史学名著成就巨大，长期被后代史家奉为典范，我们可以称之为中国的古典史学。以往有关这些史著的研究成果已有不少，我们必须以此为基础再向前推进，尤其是，应当深入探讨以下几项对中国史学史学科建设密切相关的重要问题：这些

---

① 习近平：《决胜全面建成小康社会夺取新时代中国特色社会主义伟大胜利——在中国共产党第十九次全国代表大会上的报告》，人民出版社，2017，第41页。

古典名著如何构成中国史学由奠基到走向成熟的中间环节？从先秦的编年体，到西汉司马迁创立的纪传体，著史格局出现如此巨大变化，这种体现非凡创造精神气魄宏伟的著史体系，反映出史家对观察和再现客观历史有什么新的认识？新的体裁创造的深刻哲理内涵是什么？东汉班固又为何能与司马迁并称为“良史之才”，《汉书》的编纂成就又为何能被清代史评家章学诚称誉为“不祧之宗”？站在当今时代高度，对这些重要问题大力进行创造性阐释，就能为推进学术的发展提供新的研究课题和成果，并且通过发掘古代史家的深邃智慧和创造才能，展现中华文化的独特魅力，增强“文化自信”。这里仅选取《国语》《史记》《汉书》做简要分析，因为这三部名著颇具典型性，今天以新的视角进行探讨，不仅能对中国史学如何在先秦时期“奠基”、又在两汉时期走向“成熟”提出新解，而且也能对魏晋以下其他时期史学名著的探讨有所助益。

三、探讨《国语》的意义，主要在于恢复这部被边缘化的古典名著应有的地位。

韦昭为何高度评价应与儒家经典等列，“实与经艺并陈，非特诸子之伦也”[①] 呢？就因为《国语》总结邦国成败的史实和有关人物的言论，都深深地符合治国的道理和成败的规律。这些“邦国成败，嘉言善语”在《国语》书中有大量的记载，彰善瘅恶，无不发人深省。如《周语上》记载周厉王监谤，最后失败被流放，证明民众的意志才是决定成败的强大力量，所总结的精警语句“防民之口，甚于防川，川壅而溃，伤人必多”，在古代是真理，在今天也仍然有深刻的启示意义。除总结治国成败的史实和言论外，《国语》的“语”还大量记载贤君名臣总结历史经验教训、具有思想教育和监戒意义的言论，内容达于历史、社会、思想观念等，大约区分，有关于分析情势、判断时局变化、关于道德伦理的言论，有关于陈述礼制和故典成法，以及古史传说的言论。所载贤士大夫传承历史资料、彰善瘅恶的精彩言论，无不发人深省，并且体现了华夏民族先人深邃的智慧。

《国语》在历史叙事上多方面的成就，正与其蕴涵的丰富内容和宝贵的思想价值相表里、相辉映。它与《左传》成书时期大致相同，把先秦史学大大向前推进，视野更开阔，史料采集更详，内容更丰富，编纂技巧更复杂周密、更加进步，观察和再现客观历史的能力大大提高了，因而共同

---

① 韦昭：《国语解叙》，四部备要本。

构成中国史学由创始阶段向成熟阶段转变的中间环节。

四、对于《史记》这部垂范百代的杰作，则应该采取新的视角，揭示出它在著史体系所实现的巨大飞跃，剖析推动司马迁创立“五体结构”内在的哲理思考。

先秦主要史书体裁是编年体，司马迁继承了其年代线索清晰、叙事简洁的优点，克服了其记载范围不够广阔、一事前后隔越数卷的缺点，而创立了“五体”结合的纪传体体裁，容量广阔，诸体配合。在内容上，贯彻了“通古今之变”的指导思想，从五帝时代一直写到“今上”汉武帝。本纪是全书的纲领，记载政治、经济、军事等各项大事，其余各篇表、书、世家、列传都围绕本纪展开，作为对本纪的补充。各个部分互有分工，而又有机结合，使全书成为一个整体。因而被后代史家称为著史之“极则”。今人史学评论文章中每每提出要“宏大叙事”“全景式著史”，或者《史记》的体裁和内容才足以真正与之相副。司马迁的成功创造，从史家而从史家的历史观察力来分析，则是由以往单一的视角，发展为多维视角，构成了宏阔的视野。主要包括三项：

（1）时间维度；（2）人物活动维度；（3）典章制度和社会情状维度。

司马迁历史观察力的高明，确实令人叹服！多维视角是从哲理思考上紧紧把握住人类历史演进的三大要素，五体结构的著史体系则是其外在形式，由此来展现历史丰富生动的内容。由于《史记》在著史格局上的巨大成功，从史学发展的实践上看，历代正史的编纂者绝无例外地以之为楷模，从《汉书》到《清史稿》，历经两千年均奉为圭臬。

五、对《汉书》创造性阐释同样意义深长，由此证明亟须彻底摒弃“对立面斗争”的研究模式，重新回归“史汉并举”的正确思路，彰显《汉书》忠实继承并大力发扬《史记》优良传统而做出巨大贡献。

仅举出《元后传》[①] 的成就以见一斑。这篇《元后传》，将记述元帝皇后中心人物的活动与记述掌握权势的王凤等王家众兄弟的群体活动二者紧密结合，将写人的行为，性格与表现一个时代特点、政局的演变趋势二者紧密结合起来，成为极其成功的篇章。在《元后传》之前，本已有《外戚传》记载西汉历代皇后、妃嫔等人物。唯独对于汉元帝王皇后（政君），却特意设立了专篇，置于记载汉朝历史各篇之末，而在记载新朝历史的《王莽传》之前，这是为了表现王皇后对政局的特殊作用而作的精心安排。

① 《汉书》卷九十八《元后传》。

王皇后在元帝朝已身居皇后之尊，此后成帝、哀帝、平帝一直在政治上处于弱势，权力重心乃在元后身上。此六十余年间，在元后的庇护下，王家兄弟势力盘根错节，竟先后有五将十侯，把持国柄。于是刘姓天下早已为王家兄弟所掌握，汉朝只是一个虚号。班固以精心的构思，把前后发生的种种事件，有关人物的活动、言语、心理等项都巧妙地作了组织安排，具体形象地表现西汉朝廷的必然灭亡！《元后传》也就成了西汉后期政治危机的集中写照。在《元后传》的最后，王莽派王舜到宫中逼元后交出国玺，此时，元后别无他法，一边将汉传国玺“投之地以授莽”，一边无可奈何地号泣。由于班固观察的深刻性、记述的提纲挈领和编纂体例的创造性，使本篇成为后代史家叙述和评论西汉后期政治史的基本依据，影响至为深远。宋代司马光所撰编年体通史《资治通鉴》“汉纪”的最后篇章，即依《汉书·元后传》原文，详细记述。近代史家邓之诚著《中华二千年史》，在“西汉政治”末尾记载西汉末年衰败灭亡之趋势，所引的各条关键性材料，全部注明引自《汉书·元后传》。《元后传》在编纂体例上的独创性处理，还启发后代史家援引这一经验以解决历史编纂上的难题。民国初年，清史馆讨论纂修《清史》体例，有人提出要为孝钦皇后（西太后）立本纪，梁启超明确予以否定。他在《清史商例初稿》中提出应取法《汉书·元后传》，认为“揆诸史例，则无稽衡，以名分则不安。谓宜率旧，无取骋奇”。又因此人行事与清代兴亡大有关系，故应仿效《汉书·元后传》的处置：不入《后妃传》，而为之单设专传，“不以侪诸后妃”，“专篇详载”，“庶符史实，且惬人心”。① 根据以上各项可以得出结论：重新确立“《史》《汉》并举”的正确研究思路，进行创造性阐释，就能从《汉书》中发掘出大量独创的编纂技巧和宝贵的思想内涵，证明《汉书》无愧为继《史记》而起的巨著，它既善于继承中国史学的优良传统，又勇于创新，不仅内容丰富宏赡，而且体例严密合理，记载生动，因而成为中国古典史学确立的标志，梁启超所言，其“内容比较《史记》为好”，理由也正在于此！

六、以“创造性阐释”为目标和动力进行新的探索，对于整个史学史学科研究无疑都有重大意义。我们必须为此而不断努力！

---

① 梁启超：《清史商例初稿》，《饮冰室合集》专集之三十一，中华书局，1989，第1页。

再接再厉，把中国近现代史学史的研究进一步推向纵深

胡逢祥
（华东师范大学历史系，上海　200241）

纵览新世纪整个中国史学史的研究，近现代史学史可以说是其中发展最为迅猛的一支。四十年来，该领域由最初的几近荒漠到如今的繁花满园，基本完成了自“点”及“面”和从“滞”到“通”的学科知识整体布局，无论在史家史著的个案，还是通论，以及思潮与流派、中外史学交流、敦煌学、简帛学、考证学等专题的研究，都取得了长足的进展。但与此同时，也应注意：由于中国近现代已成为史学史领域的相对热点，众多研究者的加入，一方面固然有力推动了该项研究的兴起，另一方面，在选题或论述内容上也出现了不少重复类同的现象。因此，如何有效配置有限的学术资源和力量，注重扩展新视野，开掘新课题，已成为推进本学科进一步向纵深发展的重要考量。

中国近现代史学研究，从数量上看，目前已取得了诸多丰硕成果，特别是随着一批知名史家和史著被人反复研究，竟使本专业新入门的一些硕、博士生在选题上常有日见局促之感。但如放开视野，仍可发现其间存有相当的拓展空间。何以言之？以我个人的浅见，至少在以下几方面值得我们重点关注。

首先，中国近现代史学史的研究尚存在一些亟须填补的薄弱乃至空白点。这些空白之所以存在，或者说导致一般研究者对之较少涉足的原因，大抵不外几种情况：一是研究对象涉及的领域专业性特强，特别是一部分以历史地理、古代民族、经济史、甲骨金文等为专攻，或颇具跨学科性质的重要史家和史著，使不少受自身知识面局限的研究者不得不望而却步。

二是该时期部分在中国和欧美学坛间来回游动的重要史家，虽曾在现代史学史上留下了不可磨没的深刻足迹，然终因其涉略的学科范围开阔，论著往往涉及多种语言，以致研究难度系数较高而问者寥寥。三是一些虽具一定影响，但相关文献至今仍分散难聚的史家和史学现象，由于投入研究的初期成本（主要是搜访基础资料的时间或人力）较高，也被人视为畏途。总之，这些薄弱或空白点大多是本学科研究中的相对难点，不太好啃，但若从更好展示中国近现代史学史的全貌看，却多是不可或缺的环节，值得有志本专业研究的工作者鼓起勇气，重点攻克的研究对象。

其次，在中国近现代史学史的研究中，有些理论问题，学术界虽早已达成一定共识，但在解决问题的力度上，却长期逗留徘徊于赞成“中西合璧”的笼统原则之下，而未能切入更深层次的探讨和提供更具实践操作意义的成果，特别是在中国现代史学建设中如何采取具体措施，摆脱忽左忽右的羁绊，走出一条理性的中西融会之路，至今仍令人颇费踌躇。细思之，这其中至少包含着以下几个需要继续探讨的问题：(1) 西学在中国现代史学起源和发生中的实际影响度，其中究竟有哪些在中土扎下了根，哪些只有短暂影响甚至昙花一现，原因何在？其时西方史学究竟在何种程度上主导了中国史学的发展进程？(2) 作为当时非主流的传统史学之存在状况究竟如何？本土旧有学术体系在遭遇西方现代学科体系分解而并入其架构的过程中，哪些因素在现代学术中得以保留，并以何种方式生存下来？哪些因素遭受摈弃，其理据何在？是否有反思的空间？(3) 中国现代史学建设初期，中西史学的融合途径与程度究处于何种状态，其所建立的“范式”对日后的发展产生了何种影响，其利弊得失，对今日史学建设有哪些启示。这些问题，都需搜集大量正反两方面的具体例证，结合中国近现代社会变迁及其文化转型和中外文化交流的广阔背景，从理论上做出解释，才能更加切实地推进其总体认识。

最后，史学史研究的目的之一，是总结历史经验，为当代历史研究及其学科建设提供有益的借鉴。当代中国史学系直接承续近现代史学的发展而来，其整个运作体制、不少研究范式和观念的形成，乃至某些成果的得失，其实都与之有着相当密切的关联。而今日中国史学建设遭遇的问题，不少都可通过近现代史学的研究追源溯流，直接获得启示。就此而言，中国近现代史学史的研究，在坚持学术本位的基础上，理应注入更多的现实关怀，故颇可从当代中国史学建设遭遇的问题中，选择其与近现代史学渊源直接关联的部分展开重点研究。

如关于当代学校历史教学的功能如何定位，在实际操作中就存在着一些认识差异。历史教学的总体功能自然应包括学术和国民素质教育两方面，从目前的教学实践看，对于前一目标，似无争议，且落实也比较到位。对于后者，情况却显得复杂一些。以中小学的历史教学为例，它和大学的历史教学目标本有着不同的侧重，即当以培养学生的社会品行和爱国情操等国民素质为主，大学则以专业学术素养和技能的训练为主。但现在的中学历史教学，却有一种日渐向强调提高学生研究能力倾斜的趋势，有的更把大学和学术界讨论的专题搬到中学课堂，以此作为“提高学生能力培养”的要诀。这样的做法并非不可，惟如因此而忽视或减弱了另一方面的功能，就不免显得主次不分了。因为从人生心智成长的实际过程看，有些国民基本素质、价值判断和做人品行的培养，错过了中小学的年龄阶段，以后要补就比较费力了。不仅如此，在思想品德的教育中，我们还往往把政治品德和做人的一般行为准则完全混为一谈。其实，这是两个不同的层次。比较起来，一般做人行为准则对个人的教育而言，是更为底色的东西。一个人，如果连做人的基本准则（如讲诚信、主正义、敬老爱幼等）也守不住，则无论其政治上一时表现如何，其行必不远。我们既然重视历史教育在形塑人们的知识结构和道德水准的社会功能，就不能不考虑这些实际问题，并努力寻求更趋合理有效的解决方案。

又如当今中国的学科和学术评估体系，包括科研项目和奖项的评审、学科和学校的等级评价，乃至科研教学人员的职级评定等制度，依然存在着诸多不如人意之处，特别是其急功近利的特点，尤不利于鼓励对一些基础学科和长线课题的投入。近年来，随着国民经济的发展，国家对各类研究的投入不断加大，但从人文社会科学看，对项目审核仍重在填表申报而不是成果鉴定的环节，这样做，往往易导致申报计划与最后成果差距较大，投入产出效比不理想的状态。

解决这类学术发展遭遇的现实困局，不仅应从当今学术体制作的深入调研着手，也须对现代以来逐渐形成的历史教育与专业人才培养制度、成果评估的标准和运作体系、历史知识的传播方式与途径等一整套机制展开进一步探讨。因这些制度，既为我们留下了诸多良法美意，也包含着某些不完善的因素和遗憾，如能对之进行深入具体的多角度研究，并与当代中国史学建设的得失展开比较，择其善者而发展之，悉其疵瑕而规避之，必能从中获益。

改革开放之初中国史学史学科的恢复与发展

姜胜利

（《南开大学学报》编辑部，天津　300071）

中国史学史是一门具有将近百年历史的学科，在现代学术发展史上年纪不算古老，也算稍有阅历，它在 20 世纪 20 年代，由梁启超、朱希祖等人倡导和初创，历经三四十年代的发展，初步具备了成为一门学科的必要条件，如已有比较系统的学科基本理论、成体系的专著、在高校设有专科课程等。但在 50 年代，一度被视为资产阶级和封建主义的学术，在各校的发展受到压制，甚至被取消。到 60 年代初，曾有短暂的恢复，随即发展的势头又被“文革”打断。十一届三中全会以后，伴随着改革开放的春风，史学史学科才得以再度恢复，并在此后 40 余年间逐步发展壮大。本文仅回顾一下中国史学史学科在 20 世纪八九十年代的恢复和确立学术地位的历程。

一　史学史学科恢复中的几项重要工作

在 1980 年前后史学史学科开始恢复，这一恢复期，持续了十余年。以下几个方面的工作，对于学科恢复和成长起了非常重要的作用。

1. 开始基本理论的探讨

郭圣铭在上海发表《应该重视史学史研究》，是改革开放以后最早呼吁恢复史学史研究的文章。此后，白寿彝《谈史学遗产答客问》、施丁《试论我国的史学传统问题》、桂遵义《史学史研究的对象》、吴怀祺《史学史要有“史”的特点》、陈其泰《中国史学史分期问题浅议》等文章，对于学科理论建设贡献尤大。这些问题在 60 年代曾有讨论，此时的继续思考，虽然并不太深入，甚至还有些粗放，但对于唤起学界对史学史学科的重视具有巨大作用。

2. 恢复史学史专业招生

1978 年全国恢复招收硕士研究生，即已设有史学史专业。最初的招生单位主要是北京师范大学、华东师范大学、中国社会科学院和南开大学。被录取的研究生迅速投入学习与研究，不久即做出成果。如北京师范大学的吴怀祺、陈其泰等，中国社会科学院的谢保成、张承宗等，华东师范大学的盛邦和、胡逢祥，南开大学的叶振华、王天顺等，都很快做出研究成果，发表文章多篇。此后的持续招生，培养了一批专业人才，迅速壮大了史学史研究力量，弥补了全国史学史研究青黄不接的状况。

3. 论文集的编辑出版

吴泽主持出版《中国史学史论集（一）（二）》（1979 年）、《中国近代史学史论集（上）》（1986 年），这两部论文集汇集了 1949 年以后发表的重要史学史文章，是当时最集中的史学史研究成果。其中前者收录白寿彝、杨翼骧、束世澂、徐中舒、翦伯赞、齐思和、陈直、侯外庐、任继愈、陈光崇、柴德赓、傅振伦等人的古代史学史研究文章，可以说把当时能见到的高质量史学史文章网罗殆尽；后者收录的则多是新撰写的近代史学史研究论文。当时学科资料处于贫乏阶段，这些论集切实解决了史学史学习和研究者的阅读饥渴。

4. 工具书的编纂

当时史学史工具书相当缺乏，又是尚未有互联网的时代，查找资料极为困难。陈光崇编《中国史学史论文、著作索引》（1983 年），最初虽是内部印行（历经数年才正式出版），但学者争购，成为一时无两的重要工具书。同时，吴泽、杨翼骧主编的《中国历史大辞典·史学史卷》（1983 年）出版，在当时影响极大，至今仍是史学史研究的必备工具书。

5. 期刊的导向作用

《史学史资料》杂志最初比较简陋，连封皮都很简略，但发表了许多史学史专业文章。后来在白寿彝主持下，改版扩容，办成了比较规范的刊物。许多有影响的文章均出于该刊，这一刊物是这一时期史学史研究者发表成果的最重要平台，在史学史学科恢复过程中起到了铺路石的作用。

6. 专业著作的陆续面世

首先是“文革”以前开始撰写的著作，此时经过整理陆续出版。如朱杰勤《中国古代史学史》（1980 年）、柴德赓《资治通鉴介绍》（1981 年）、《史籍举要》（1982 年）、白寿彝《史记新论》（1981 年）、刘节《中国史学史稿》(1982 年)、陆永品《司马迁研究》(1983 年)。还有一些著作是“文革”以前已经出版这时又重印的，如张须《通鉴学》(1981 年)、顾颉刚《中国史学入门》(1983 年)、李长之《司马迁之人格与风格》(1984 年)等。与此同时，港台地区出版的著作开始在大陆作为内部资料印刷，如李宗侗《中国史学史》(1979 年，内部印刷)、杜维运等主编的《中国史学史论文选集》一、二、三册(1976～1980 年)等。这些著作都给当时的史学史研究起到参考与示范作用。

7. 古代史学理论书籍的研究与出版

刘知幾《史通》和章学诚《文史通义》的几个版本和研究专著相继出版。如程千帆《史通笺记》(1980 年)、张振佩《史通笺注》(1985 年)、吕思勉《史学四种》(1981 年)、叶瑛《文史通义校注》(1985 年)、仓修良《章学诚与文史通义》(1984 年)等一批古代史学理论书籍及相关注释、研究著述出版，都对史学史学科的恢复与发展起到推动作用。

二 史学史学科恢复与发展的四位奠基人

在 20 世纪 80 年代前后，中国史学史学科的恢复工作，是在北京师范大学的白寿彝先生、华东师范大学的吴泽先生、中国社会科学院历史研究所的尹达先生、南开大学的杨翼骧先生等四位史学家的带领下展开的。首先他们在全国招收了第一批史学史研究生，在各自的单位建立了史学史研究机构，有的在所在高校设立了本科专业课。他们做了一系列开创性的工作。

白寿彝先生 1949 年以前已讲授中国史学史课程，在 20 世纪 60 年代中国史学史学科短暂恢复时期，曾受命组织两次关于史学史学科的讨论。他主持将简朴的《史学史资料》升级成为公开出版的《史学史研究》，这是当时全国唯一的史学史专业刊物。白先生撰写的《中国史学史》第一册(1986 年)，系统论述了中国史学史的基本理论。此后，他主持编写《中国史学史教本》(2000 年)和多卷本《中国史学史》。白先生还通过举办史学史教师培训班，为全国培养了一批史学史教学和研究的急需人才。在他指导和带领下，形成了北师大颇具实力的史学史研究群体，著述甚丰。

吴泽先生在历史哲学和上古史等领域都深有造诣。他自 20 世纪 60 年代开始受命组织史学史学科的恢复工作，确立了中国近代史学史研究方向。改革开放后，吴先生领导的华东师范大学史学研究所在近代史学研究方面取得了很大成就。他带领的研究群体有一个显著特色，注重文献发掘和整理。从最初吴先生主持编辑《中国史学史论集（一）（二）》《中国近代史学史论集（上）》《王国维全集·书信集》《陈垣史学论述选》《侯外庐史学论文选集》，到邬国义编校《〈史学通论〉四种合刊》，再到王东等整理《中国近代史学文献丛刊》（10 种），都体现了一种一脉相承的学术理念。

尹达先生是马克思主义史学家，长期担任中国社会科学院历史所、考古所的领导工作。改革开放之后，他抓住时机，大力呼吁重视史学史学科建设。尹先生主编的《中国史学发展史》（1985 年）是改革开放后撰著出版的第一部高质量的中国史学通史，不仅在内容上一直写到新中国成立之前，是以前的史学史著作从未写到的长时段，还彻底改变了以前史学史著作的旧目录学痕迹，被当时人称作第一部有体系有理论的史学史专著。此书一出，令人耳目一新，迅速成为研究和考研等首选参考书。

杨翼骧先生也是 1949 年以前就开始讲授史学史课程，并发表多篇研究文章。改革开放后致力于《中国史学史资料编年》（第一册、第二册、第三册）编纂；他与叶振华合作撰写的《唐末以前官修史书要录》一文，首开重视官方史学的先河；杨先生放下手中的工作集中精力编写史学史辞典，并指导乔治忠、姜胜利撰写《中国史学史研究述要》，都是其重视学科基本建设思想的体现。

上述四位史学家的工作筚路蓝缕，以启山林，为学科的持续发展搭建了平台，奠定了坚实基础，也使他们所在的学术机构成为日后中国史学史学科的重镇。因此可以说，他们是改革开放以后史学史学科复兴和发展的奠基人和领航者。

三 承前启后的八九十年代中国史学史研究

继白寿彝、吴泽、尹达、杨翼骧之后，承前启后的史学史研究者是张孟伦、陈光崇、袁英光、桂遵义、刘寅生、施丁、仓修良、瞿林东、吴怀祺、陈其泰等，他们在改革开放初期，迅速展开研究工作，推出了颇有分量的成果，对学科发展贡献卓著。20 世纪八九十年代的许多史学史的经典论文和著作都出自他们之手。

大量文章的面世，直接鼓动学科的声势隆起。早期有影响的学术论文，如白寿彝《司马迁寓论断于序事》、黎子耀《魏晋南北朝时期的历史编纂学》、陈光崇《资治通鉴述论》、仓修良《史识与史德》、瞿林东《直书与曲笔》等，都广为流传。这些文章的作用，在当时不仅是解决一个学术问题，而且为一些有志研究中国史学史的人在方法上做出了示范。

专著的相继出版，使学科迅速成长。《中国史学史论丛》（张孟伦，1980年）、《马班异同三论》（施丁，1982年）、《中国史学家评传》（陈清泉等，1983年）、《中国古代史学史简编》（仓修良、魏得良，1983年）、《章学诚和〈文史通义〉》（仓修良，1984年）、《中国史学史论丛》（陈光崇，1984年）、《续资治通鉴长编考略》（裴汝成、许沛藻，1985年）、《中国史学简史》（施丁，1987年）、《唐代史学论稿》（瞿林东，1989年）、《宋代史学思想史》（吴怀祺，1992年）、《史学与中国文化传统》（陈其泰，1992年）、《中国古代史学批评纵横》（瞿林东，1994年）等，都自成体系，堪称佳作。

处于恢复期的中国史学史研究，最初如史官制度、史学思想、史书体例体裁等均纳入研究范围，有大量著作论文面世。最为集中的选题当属关于司马迁《史记》的研究，短时间面世的就有施丁、陈可青、赖长扬、张大可、肖黎等人的著作。继而关于《汉书》等正史以及《左传》《资治通鉴》等编年史、三通等典制史以及刘知幾、章学诚史学理论的研究也热烈起来。许多学人的研究自成一家，如谢保成的郭沫若史学研究、胡逢祥的近代史学思潮研究、盛邦和的黄遵宪史学研究、张承宗的汉魏六朝史学研究、周一平的中共党史史学史研究、邬国义的《资治通鉴》研究、许凌云的儒家经史理论研究，都独树一帜，各具特色。史学史学科的初具规模，与这些研究分不开。

历经十余年的努力，中国史学史学科有了长足发展，为此后的进一步壮大奠定了坚实基础。随着克罗齐、柯林伍德等各种学说的传播，大约从90年代中后期开始，史学史选题趋于多元化，研究者更加注重思想、思潮、学派及方法的研究。史学史学科大致结束了它的恢复期，向着更高阶段迈进。

四　在地位确立与影响力加强的背景下史学史学科的未来发展

在1990年教育部学科调整中，史学理论和史学史学科确立了作为历史学八大二级学科之一的地位。2000年，北京师范大学史学理论与史学史研究中心被命名为教育部人文社会科学重点研究基地，这是对整个中国史学史学科地位的又一次肯定。如今史学史学科得以在各校普遍开设专业课，史学史研究机构如研究中心、研究所、教研室和研究室在一些学校和单位得以建立，研究人员在逐渐增加，这些都与教育部的上述两个举措不无关系。本来史学史能否成为一个相对独立的学科，很早就存有争议，早在20世纪20～40年代它初步成型阶段，就有人对其持怀疑态度；在改革开放前的相当长一段时间，这一学科仍是不受重视、时有时无，那时很多学校没有开设史学史课程，即使开设的学校也大多将其列为选修课。因此教育部的这两项举措，其实是确立了史学史学科的地位。

展望未来新时期的中国史学史研究，无疑需要继续加强深度、拓展宽度；需要加强硬件建设，如数据库制作等；需要完善教学，培养更多的史学史专业人才。但更重要的是要解决好学科走向问题。要解决这个问题，必须深化史学史学科自身基本理论的研究。一个学科基本理论的成熟，是其持续发展的重要保证。史学史学科基本理论主要集中于史学史的性质、史学史的目的和意义、史学史的主要内容以及史学史与其他学科的关系等问题。目前这些问题并未得到充分阐释和研讨。

一切历史都是思想史。笔者以为，对于史学史学科来说，一要发掘历史思想、二要总结史学规律，这是未来最应关注的重点。历史思想是历史学的内核，是史学史的灵魂。所有历史编纂和历史书写、史料搜集和史料运用等等，无不是为了有效反映作者和时代的历史思想。因此，必须以考察历史思想为史学史的核心宗旨和根本任务。一切史学活动和史学现象都有其自身的发展轨迹，遵循一定的发展规律。学科规律的特殊性，是它之所以区别于其他学科的关键所在，因此探索规律，才是史学史研究的终极目的，一切个案的探索、碎片化的研究都不应忘记这个最后的归结点。

漫谈改革开放以来中国的西方史学史

张广智
（复旦大学历史系，上海　200433）

“日出江花红胜火，春来江水绿如蓝”，倘借用唐代诗人白居易在《忆江南》中的诗句，用来描述改革开放以来中国的西方史学史发展之璀璨绚丽的胜景，庶几可矣。这篇小文，意在摄取那些难以忘却的景观，从中摭拾一二，漫谈而已。

景观之一：那年代的先生们

1978 年，伴随着“科学的春天”的到来，也迎来了百年来（从 1920 年李大钊撰《史学思想史讲义》起算）中国的西方史学史的“春天”，如沐春风拂扬史坛，我国老一辈治西方史学史的学者，虽已步入花甲之年，却个个焕发出年轻人的青春活力，返老还童，抓紧分分秒秒，说要把十年荒废的时间夺回来，砥砺奋进，成了 20 世纪八九十年代学界一道亮丽的风景线，且看摄取的片断：

1984 年夏天，我出席部颁西方史学史成都教材会议甫告结束，即前往武汉珞珈山拜访吴于廑先生（1913～1993 年），临别先生赠我八个字：“眼在远处，手在近处”，就此成了我治学的座右铭。先生于世界通史的编纂居功至伟；他主编的《外国史学名著选》，迄今仍泽被史林；他于西方史学的多篇精论，藏之于《吴于廑学术论著自选集》，是留给我们珍贵的史学遗产。

20 世纪 70 年代末，在丽娃河畔的一间大教室里，一位长者在上课，课名：西方史学史，授课对象是七七级的学生，他就是郭圣铭先生（1915～2006 年），后成为他高足的王晴佳那时也在座位下面吧。我坐在后排，入神地听讲，其内容就是于1983年出版的《西方史学史概要》。这本开山之作，在百年来中国的西方史学史之史的历程中，是一个零的突破，其深远意义，怎么评价都不会过分。

1998年6月，我应邀出席海峡两岸史学史学术研讨会，会上介绍了朱本源先生（1916～2006年）于1992年发表的《〈诗〉亡然后〈春秋〉作》等系列论文，旨在驳斥西方史家说中国没有史学理论的谬论，引起与会者的高度关注。是的，自1978年起，先生一鼓作气地干了20年，他终于打开了一扇窗，让世人更明亮地看世界，它不会关闭在我为他的传世之作《历史学理论与方法》作序的诚惶诚恐中。

1985年春日，由白寿彝先生主持召开的《史学史座谈会》在首都民族饭店举行，治西方史学的元老级大家都来了。会前，谭英华先生（1917～1996年）决意放弃与我相似内容的题目，而是鼓励我以“西方史学史研究在中国”为题在会上发言。我的发言取得了成功，先生的提携一直留在我心中。他的《试论博克尔的史学》等大作，成了当时西方史学个案研究的典范。

2007年，我最后一次见到张芝联先生（1918～2008年），那是一个秋天，我应邀出席华东师大举办的“全球视野下的史学：区域性与国际性”大型国际学术研讨会，又见他与域外史家交谈甚欢。由此溯及，他在中国新时期，穿梭于东西，往返于中外，充当中外史学文化交流的使者20余年，不知老之将至。他的《从高卢到戴高乐》、《从通鉴到人权研究》等佳作，于法国史和西方史学皆做出了卓越的业绩。

好了，不再列举了。上述这五位史学大家，足以代表那年代的先生们。逝者如斯，风华不再，我们应追寻先行者的足迹再出发，阔步向前，在西方史学史的征程中做出新的贡献。

景观之二：人才为何成群地来？

记得我曾读到过王汎森先生一篇很有意思的文章：《天才为何成群地来》（小文节二之标题由此，但我把“天才”改为“人才”），说的是学术环境与创造力之间的关系，一群人（或“小圈子”）的交流讨论，会把一个人的学问功夫“顶上去”，其功效往往是“四两拨千斤的”。这个理，我信。我每每到台北南港史语所就会想到，在那里留下了多少个天南海北学者的足迹和吉光片羽，这不正是人才（天才）产生的好地方吗？汎森兄在这里说的环境是小环境，然这种有助于学术创造力发展的内部小环境，倘逢外部大环境不适，在那里老是冷暖失常，阴晴不定，更兼几番暴风骤雨，催落花枝凋零，遑论于风雨交加中煮字烹文，甭说“天才”湮没，“人才”亦难产啊。然而，改革开放所营造出的大环境，为我们的年轻一代迅速成长提供了得天独厚的时代条件，他们学逢盛世，于是国内成才，国外深造，他们中的不少人已成为俊彦，从当下“海归”的人流中，人才真是成群地来，若何？营造人才成长的大环境如一马平川，利于他们的成长啊。进言之，我以为，倘没有个人的“修炼内功”，外部环境（大环境与小环境）再好，一切都是白搭。

就西方史学史这一学科而言，大体说来，从20世纪末开始，新一代开始崭露头角，且日渐壮大，个别佼佼者，现已成为西方史学史某个领域的“领军人物”。略举几例吧，以陈恒领衔的“马工程”之一的《外国史学史》，集结了彭刚、陈新等精兵强将，已合力打造出了一本另有新意的《外国史学史》（待出），真令人欣喜。至于专著，大多以他们的博士论文为基础修改而成，在个案研究中流露出年轻学者的才华。以20世纪西方史学的选题为例，比如从李勇的《鲁滨逊新史学派研究》到周兵的《新文化史：历史学的文化转向》等作品皆有特色，而易兰的《兰克史学研究》，竟引起了当代国际知名史学史家伊格尔斯的关注。近日，我应出版社之邀，为邓京力的大作《近二十年西方史学理论与历史书写》写了如下的一段文字刊于封底：“晚近以来，伴随着国际形势的剧变，西方史学理论也发生了重大的变化，对这种演变的理论研究就成为学界之要务。本书作者邓京力教授以一位中国学者的主体意识，学贯西东，情思中外，对近二十年来的西方史学理论，从后现代主义到新文化史、从语境解构到历史书写、从西方史学史到全球史学史，都进行了切中肯綮的深入研究，这是一位当代中国历史学家所作出的卓越的贡献。”邓京力及其新作不过是他们中的一个缩影，它映照出的是当代中国的西方史学史研究之绚丽，希望邓京力们继续努力，为中国史学的发展添砖加瓦，多做贡献。

景观之三：“动人春色不须多”

中国学者，以自己的眼光编纂《西方史学史》，开始于这四十年。前已述及，郭圣铭的《西方史学史概要》在1983年问世，起到了筚路蓝缕、以启山林的推进作用，自此至去年王晴佳、李隆国合著的《外国史学史》出版，就我个人的孤陋寡闻，这种通史性的书大约有20种，这对比较薄弱的中国的西方史学史而言，的确是来之不易的。通史类的西方史学史作品的纷出，这在相当大的程度上，反映了中国学者在这一学术领域中的研究水平。

“浓绿万枝红一点，动人春色不须多”（宋·王安石诗句），这里从中摘录几种，以现繁花似锦之景观。

《西方史学史概要》，郭圣铭编著，上海人民出版社，1983。

《西方史学史纲要》，宋瑞芝等编著，河南大学出版社，1989。

《外国史学史纲要》，夏祖恩编著，鹭江出版社，1993。

《西方史学史》，杨豫著，江西人民出版社，1993。

《外国史学史》，王建娥编著，兰州大学出版社，1994。

《西方史学史》，郭小凌编著，北京师范大学出版社，1995。

《西方史学史》，张广智主著，复旦大学出版社，2000。

《西方历史编纂学史》，何平著，商务印书馆，2010。

《西方史学史》，于沛、郭小凌、徐浩著，高等教育出版社，2017。

《西方史学通史》（六卷本），张广智主编，复旦大学出版社，2011。

《外国史学史》，王晴佳、李隆国著，北京大学出版社，2017。

通览上述著作，皆是在改革开放这样一个历史环境下，当代中国的西方史学史家群体努力的成果，各有侧重，各有特色，个人无力妄加评论，但有一点可以肯定，从郭圣铭的《西方史学史概要》到王晴佳、李隆国的《外国史学史》，其总体学术水平是呈递进型的。《西方史学通史》的问世，开中国多卷本西方史学史编纂之先河，作为主编的我，急切期盼在不久的将来，能有更出色的多卷本的《西方史学通史》出版，届时中国的西方史学史又会上升到一个新的水平，至所望焉！

此外，要说的还有很多，比如20世纪第二次引进西方史学的高潮，乃至学术刊物之勃兴（比如从《史学史研究》到《史学理论研究》）等等，都不容小文赘说了。总之，自改革开放以来的四十年，中国的西方史学史步入了“快车道”，从20世纪60年代初建到新时期的蓬勃发展，与时俱进，成就非凡，就这门学科的建设而言，达到了从“自在的”进入全面发展的“自为的”阶段。以上所说，可为之佐证。

再过二年，中国的西方史学史发展历程将整整走完百年行程。展望未来，前景璀璨。为此，我将与同道者，从新的出发点起步，笃守信仰，一往无前，艰难困苦，玉汝于成，心之所向，无问西东，去迎接中国的西方史学史第二个一百年的到来。

中国古代史学研究

刘知幾史学批评中的理性主义精神

周文玖
（北京师范大学历史学院、史学理论与史学史
研究中心，北京 100875）

摘　要：刘知幾的《史通》是一部以史学批评为鲜明特色的史学理论著作，表现出强烈的理性主义精神。刘知幾以王充为楷模，排除个人情感，理性地批评前代史家和史著，褒扬不讳其短，批评不抑其长，即使是对他敬仰的孔子，也是如此。他用“理”的尺度评论史实和史料采择，以理性的态度探讨历史盛衰。刘知幾史学批评中的理性主义，还有一定的局限性，主要是没有触及名教，且以名教作为根本批评原则；在天人关系问题上，采取模糊的、回避的态度。

关键词：《史通》　理性主义　史学批评　名教

理性主义有狭义和广义之分。狭义的理性主义即唯理论，是近代欧洲哲学史上出现的推崇理性的哲学思潮，以笛卡儿为代表；广义的理性主义则泛指所有重视理性的观点，具体表现在重视理性思维在认识过程中的作用，重视分析、概念和逻辑，重视个人判断力，不迷信，不盲从，具有怀疑的精神等等。这种理性主义在古希腊已有一定的发展，中世纪虽受到宗教压制，但仍不绝如缕，近代光大，成为科学革命的强大动力。[①] 在古代汉语中，“理”有道理、法则之义。如《周易·系辞》：“易简而天下之理得矣”。《礼记·仲尼燕居》：“礼也者，理也。”疏：“理，谓道理，言理

---

① 英文“理性主义”为“rationalism”，《不列颠大百科全书》解释 rationalism：“in philosophy, a method of inquiry that regards reason as the chief source and test of knowledge and, in contrast to empiricism, tends to discountenance sensory experience。”

者使万物合于道理也。”[①] 可见，在先秦时期，中国也有理性主义的因素。本文所论之“理性主义”，是指广义的理性主义。

刘知幾的《史通》，是一部以史学批评为鲜明特色的史学理论著作。这一特点，刘知幾本人以及后来的评论者都曾提到。刘知幾在《史通·自叙》说：“盖谈经者恶闻服、杜之嗤，论史者憎言班、马之失。而此书多讥往哲，喜述前非。获罪于时，固其宜矣”。也就是说“多讥往哲，喜述前非”，这是刘知幾本人亦承认的。而“获罪于时”恐怕也是当时的实际情况。[②] 由此他担心该书将来会“与粪土同捐，烟烬俱灭”。在刘知幾以后不到200年，就出现一部批判它的书——柳璨的《史通析微》，10卷50篇，抨击它“妄诬圣哲”。[③] 宋祁说它“工诃古人”，[④] “讥评今古”。[⑤] 直到明清时代，还是有不少学者对它进行指责。[⑥] 刘氏的自我评价，反映了他史学批评的自觉意识。后人对他的批评，虽也指出了《史通》的特点，但大都站在封建正统的立场上予以贬低，缺乏实事求是的态度。刘知幾的史学批评，固然有其局限性，然其所表现出的理性主义精神，却是对此前中国史学优良传统的弘扬，对以后中国史学唯物主义思想因素的壮大产生了积极的影响。因此，值得我们研究总结。

一 发扬王充的批判精神，理性地评论前代史家和史著

刘知幾对王充的批判精神是很称赞的，在《自叙》和《惑经》中两度

① 《十三经注疏》，上海古籍出版社，1997，第1614页。

② 刘知幾说：“余撰《史通》，亦屡移寒暑，悠悠尘俗，共以为愚。……余著《史通》，见者亦互言其短，故作《释蒙》以拒之。”（见《史通·自叙》）

③ 见晁公武《郡斋读书志》卷七《史通析微》：“《史通》妄诬圣哲，评汤之德为伪迹，论桀之恶为厚诬，谤周公云不臣，褒武庚以殉节，其甚至于弹劾仲尼，因讨论其舛谬，共成五十篇。”

④ 见《郡斋读书志》卷七《刘氏史通》。

⑤ 《刘子玄传》，《新唐书》卷132。

⑥ 如焦竑说：“余观知幾指摘前人极其精核，可谓史家申韩矣；然亦多轻肆讥评，伤于苛刻。”（《焦氏笔乘》卷三《史通》）胡应麟说：“《史通》之为书，其文，刘勰也，而藻绘弗如；其讥，王充也，而轻讦殆过。”（《少屋山房笔丛》卷十三，《史书占毕一》）郭延年《史通评释自序》：“考究精核，义例严整，文字简古，议论慷慨，《史通》之长也。然则，徐坚所云‘当置座右’者，以义例言，良非虚誉；而宋祁所云‘工诃古人’者，以夸诩言，亦非诬善矣。”黄叔琳称其“心细而眼明，舌长而笔辣，虽班马亦有不能自解免者，何况其余？”（《史通训诂补序》）《四库全书总目》：“其缕析条分，如别黑白，一经抉摘，虽马迁、班固几无词以自解免，亦可云载笔之法家、著书之监史矣。……《疑古》《惑经》诸篇，世所共诟，不待言矣。”（《史通提要》）

表彰了王充，说“儒者之书，博而寡要，得其糟粕，失其菁华。而流俗鄙夫，贵远贱近，传兹牴牾，自相欺惑，故王充《论衡》生焉”。[①] “昔王充设论，有《问孔》之篇。虽《论语》群言，多见指摘”，并说明自己是在王充的基础上，对《春秋》予以辨正的，“而《春秋》杂义，曾未发明。是用广彼旧疑，增其新觉。将来学者，幸为详之”。[②] 王充的《论衡》，有《书虚》篇，指出“短书不可信用”。刘知幾的《史通》，则有《疑古》篇，对《尚书》所载，多有疑问，并得出结论：“孟子曰：尽信书，不如无书。《武成》之篇，吾取其二三简。推此而言，则远古之书，其妄甚矣。”[③] 他与王充的精神是相通的，与王充一样表现了可贵的求实态度。

刘知幾具有雄伟的抱负，他把自己写《史通》与刘安著《淮南子》、扬雄著《法言》、王充著《论衡》、应劭著《风俗通》、刘劭著《人物志》、陆景著《典语》、刘勰著《文心雕龙》进行类比。这些著述，都有各自的优点，都属于它们时代的匡正风俗之作。刘知幾将《史通》跟这几部书相比，是经过了精心考虑的。他著《史通》也是为了纠偏救弊，并且自觉继承和发挥上述著作的优长。所以，他自信地说：“若《史通》之为书也，盖伤当时载笔之士，其义不纯。思欲辨其指归，殚其体统。夫其书虽以史为主，而余波所及，上穷王道，下掞人伦，总括万殊，包吞千有。自《法言》以降，迄于《文心》而往，固以纳诸胸中，曾不蔕芥者也。夫其为义也，有与夺焉，有褒贬焉，有鉴诫焉，有讽刺焉。其为贯穿者深矣，其为网罗者密矣，其所商略者远矣，其所发明者多矣”。[④] 与司马迁一样，刘知幾在史学上，颇有效法孔子以完成“其文不刊，为后王法”的事业之大志，《史通》中多次有这方面的暗示，有时自谦，有时也信心十足。如在《自叙》中，他说：“自兹厥后，史籍逾多，苟非命世大才，孰能刊正其失？嗟予小子，敢当此任！”“但以无夫子之名，而辄行夫子之事，将恐致惊愚俗，取咎时人，徒有其劳，而莫之见赏。所以每握管叹息，迟回者久之。非欲之而不能，实能之而不敢也。”[⑤] 在《浮词》中说：“昔夫子断唐、虞以下迄于周，翦截浮词，撮其机要。故帝王之道，坦然明白。嗟乎，自去圣日远，史籍逾多，得失是非，孰能刊定？假有才堪厘革，而以

① 《史通·自叙》。以下凡引《史通》，只注篇名。

② 《惑经》。

③ 《疑古》。

④ 《自叙》。

⑤ 《自叙》。

人废言，此绕朝所谓‘勿谓秦无人，吾谋适不用’者也”。[1] 他借“史通子”和“白虎通”中的“通”，将自己的著作定名《史通》，[2] 既包含疏通史学之义，也包含为后世史学立“法”、设“例”的意味。所以，他把史书的“例”看得很重，说：“夫史之有例，犹国之有法。国无法，则上下靡定；史无例，则是非莫准。”[3] “苟书而不法，则何以示后？”[4] 他的史学批评，是为实现他的这个目标服务的。

刘知幾史学批评涉及的史家和著作很多。据统计，在《史通》中，提到的史书修撰者有 265 人，著作 249 部，其中先秦、秦汉时期的撰述者约 43 人，著作约 60 部；魏晋南北朝时期的史书修撰者约 173 人，著作约 167 部；隋唐时期的史书修撰者约有 49 人，著作约 22 部[5]。重要的史家和史著还受到较多的评论。刘知幾自幼喜欢读史，年十二岁时即读完《左传》；“自汉中兴已降，迄乎皇家实录，年十有七，而窥览略周”；入仕之后，更是恣意博览：“洎年登弱冠，射策登朝，于是思有余闲，获遂本愿。旅游京、洛，颇积岁年，公私借书，恣情披阅。至如一代之史，分为数家，其间杂记小书，又竞为异说，莫不钻研穿凿，尽其利害”。[6] 这样的读书功夫，为他进行史学评论打下了深厚的基础。

能够排除个人情感进行史学批评，是刘知幾理性主义精神的重要表现。刘知幾批评的史家和史书虽然很多，但他并不刻意褒扬哪个史家，故意贬低哪部史书。他的批评对史家个人并无轩轾，都是围绕着他所论述的问题而展开的。批评只是手段，目的是反思史学，阐述史学理论。在《史通》中，他赞美最多的是《左传》：“其言简而要，其事详而博，信圣人之羽翮，而述者之冠冕也”。[7] “言事相兼，烦省合理，故使读者寻绎不倦，览讽忘疲”。[8] “著述罕闻，古今卓绝”。[9] 并专门作《申左》篇，认为与《公》《穀》二传相比，左氏有“三长”。对《左传》评价之高，可以说是

---

① 《浮词》。

② 《原序》。

③ 《序例》。

④ 《书事》。

⑤ 此统计参考了任宝菊硕士学位论文《〈史通〉之史学批评新探》（北京师范大学史学研究所，1992，导师瞿林东）。

⑥ 《自叙》。

⑦ 《六家》。

⑧ 《载言》。

⑨ 《杂说上》。

到了极致。但在《惑经》中，仍然批评《左传》虚美《春秋》；在《杂说上》，批评它载录“夫子一时戏言，以为千载笃论。成微婉之深累，玷良直之高范，不其惜乎！”[①] 刘知幾在《史通》中批评最多的是魏收和他的《魏书》。他批评魏收“曲笔”，趋炎附势，缺失史家应有的道德品质；抨击他以北魏为正统，摈斥南朝及其他少数民族政权。多次把“妄饰”、“粉饰”、“厚颜”用在魏收身上，并说“收之矫妄，其可尽言乎！”[②] 但刘知幾对《魏书》的“长处”也不讳言，如在《书志》篇，对魏收作的“天象志”给予了肯定，说他“凡所记录，多合事宜。寸有所长，贤于班、马远矣”。在《编次》篇，承认魏收遵循范晔改革的纪传体体例的做法，使本纪、列传、志安排得当，对此后“不依范例，重遵班法”表示担忧，说：“盖择善而行，何有远近；闻义不徙，是吾忧也”。[③] 这说明，在他看来，该批评的就批评，该表彰的就表彰，惟善是从。此处提出的“择善”，很能体现他进行史学批评所坚持的原则。

有的观点认为刘知幾对《史记》、《汉书》的评论是“扬班抑马”，[④] 或“诃马迁而没其长”[⑤]。这大概是因为《六家》、《论赞》等篇批评了司马迁而褒扬了班固的缘故。此外，刘知幾在行文中也常常是“班马”而非“马班”，这样，就给人一种印象，似乎刘知幾有意抬高班固，故意贬低司马迁。但贯通起来看并非如此，刘知幾对司马迁的评价还是很高的，并不低于班固，说他“扬班抑马”没有充分的根据。如《二体》篇云：“既而丘明传《春秋》，子长著《史记》，载笔之体，于斯备矣。……盖荀悦、张璠，丘明之党也；班固、华峤，子长之流也。”充分肯定了司马迁对纪传体体裁的创立之功，班固的《汉书》只是对《史记》体裁的继承。他把司马迁与左丘明并提，说：“盖左丘明、司马迁，君子之史也”。[⑥] 把司马迁与左丘明作为“编次勤成，郁为不朽”的同一类型史家。[⑦] “古之国史，皆出自一家，如鲁、汉之丘明、子长，晋、齐之董狐、南史，咸能立言不朽，藏诸名山”。[⑧]

---

① 《杂说上》。

② 《探赜》。

③ 《编次》。

④ 郑樵《通志·总序》：“刘知幾之徒尊班而抑马”；许凌云先生也持这个观点，见其所著《刘知幾评传》，南京大学出版社，1994，第204页。

⑤ 郭延年：《史通评释序》。

⑥ 《杂说下》。

⑦ 《辨职》。

⑧ 《忤时》。

左丘明是他最推崇的史家，像这样把司马迁与左丘明相提并论，怎么会有贬低司马迁之意？在《二体》篇里，他还驳斥了干宝“盛赞丘明而深抑子长”的错误；在《鉴识》篇里指出了王充“甲班而乙马”和张辅“劣固而优迁”的两种不正确倾向。刘知幾虽多次批评司马迁，但他批评班固的时候更多，除散见于各篇者外，还有《汉书五行志错误》，专论其谬，而且在《曲笔》篇里更据班固受金而始书的传闻，而责备他“假人之美，借为私惠”，以至痛斥为“记言之奸贼、载笔之凶人”。在《六家》篇中，刘知幾表彰班固，批评司马迁，主要是针对通史体和断代体而作的评论，不宜看作《史记》《汉书》之比较。他认为通史体疆宇辽阔，年月遐长，“劳而无功，述者所宜深诫”；而断代体“学者易讨，易为其功”。对刘知幾这里所做的批评，浦起龙的解释比较准确，他说：“此章乃是著述家深识利病之言。……《史通》盖为《通史》《科录》芜编纷出，滥觞实由司马，故重诫之。其别家于班，正复为此。评者不察，认是诋諆迁史，误矣。”[①] 至于在《论赞》中，刘知幾对《史记》《汉书》论赞的评论：“必寻其得失，考其异同，子长淡泊无味，承祚懦缓不切，贤才间出，隔世同科。孟坚辞惟温雅，理多惬当。其尤美者，有典诰之风，翩翩奕奕，良可咏也。”[②] 这里面恐怕有刘知幾认识上的偏差，说班固“辞惟温雅”“有典诰之风”不算誉美，但说子长“淡泊无味”，恐非事实。刘知幾做出这样的评判，最多只能说是一个认识论问题，不能因此就证明他故意抬高班固，贬低司马迁。

在刘知幾以前，一般人对于宋孝王的《关东风俗传》与王劭的《齐志》是很轻视的，唐朝史官在《隋书·王劭传》中还对王劭进行了贬低。但刘知幾却不管这些，[③] 对宋孝王和王劭给予比较高的评价。如称他们“抗词正笔，务存直道。”[④] “叙述当时，亦务在审实。案，于时河朔王公，箕裘未陨；邺城将相，薪构仍存。而二子书其所讳，曾无惮色。刚亦不吐，其斯人欤？”[⑤] 刘知幾不但从史家的品德上肯定他们，而且在撰史成就方面也予以称赞。如说“王劭国史，至于论战争，述纷扰，贾其余勇，弥见所长。”[⑥]

① 《史通通释·六家》浦起龙按。
② 《论赞》。也有人以为“子长淡泊无味”，可能存在文字错误。从前后文看，刘氏无批评司马迁之意。
③ 刘知幾对《隋书》贬低王劭是非常清楚的，在《杂说中》还提到了这一点。
④ 《言语》。
⑤ 《直书》。
⑥ 《杂说中》。

至于有人问“王劭《齐志》，多记当时鄙言，为是乎？为非乎？”他从史书应反映历史上语言、风土变化的角度，肯定了王劭的做法，说“阅诸《齐志》，则了然可知。由斯而言，劭之所录，其为弘益多矣。足以开后进之蒙蔽，广来者之耳目。微君懋，吾几面墙于近事矣。”[①] 于是有人就说刘知幾感情用事，袒护宋、王，讥以“爱王劭而忘其佞”。[②] 事实上，刘知幾对宋、王的缺点并不掩盖，如他说：“宋孝王、王劭之徒，其所记也，喜论人帷薄不修，言貌鄙事，讦以为直，吾无取焉。”[③]“唯王劭撰《齐》、《隋》二史，其所取也，文皆谙实，理多可信。至于悠悠饰词，皆不之取。此实得去邪从正之理，捐华摭实之义也”。[④] 刘知幾还批评他们所撰的子注失之“鄙碎”：“王、宋之鄙碎，言殊拣金，事比鸡肋”。[⑤] 可见，刘氏对宋孝王和王劭，既有表扬又有批评。但无论表扬还是批评，刘知幾都是从事实出发，就事论事，并不是以主观好恶予以褒贬。

刘知幾提出“兼善”、“至公”、“忘私”。他说：“夫自古学者，谈称多矣。精于公羊者，尤憎左氏；习于太史者，偏嫉孟坚。夫能以彼所长，而攻此所短；持此之是，而述彼之非，兼善者鲜矣。”[⑥]“苟徇私忿，忘夫至公。自非坦怀爱憎，无以定其是非”。[⑦]“虽内举不避，而情有所偏者焉。夫以宣尼睿哲，子云参圣，在于著述，不能忘私，则自中庸已降，抑可知矣。如谢承《汉书》偏党吴、越，魏收《代史》，盛夸胡塞，复焉足怪哉？”[⑧] 所谓兼善，就是不拘泥一家之成见，兼取各家之善。所谓至公、忘私，则是不蔽于个人情感，心存公正。这里虽是在谈到其他史学现象时说到的，也说明他有这样的自警意识。

刘知幾对直书和曲笔表现得爱憎分明。他赞扬直书道：“盖烈士殉名，壮夫重气，宁为兰摧玉折，不作瓦砾长存。若南、董之仗气直书，不避长御；韦、崔之肆情奋笔，无所阿容。虽周身之防有所不足，而遗芳余烈，人到于今称之。”[⑨] 而于曲笔，他则斥之为“作者之丑行，人伦所同疾”，

---

① 《杂说中》。
② 郭延年：《史通评释序》。
③ 《杂说下》。
④ 《载文》。
⑤ 《补注》。
⑥ 《杂说下》。
⑦ 《称谓》。
⑧ 《杂说下》。
⑨ 《直书》。

“记言之奸贼，载笔之凶人，虽肆诸市朝，投畀豺虎可也”。[①] 对直笔讴歌之热烈，对曲笔鞭笞之严厉，溢于言辞，跃然笔端。尽管如此，刘知幾对“曲笔”现象却能够进行理性分析。他说：“夫人禀五常，士兼百行，邪正有别，曲直不同。若邪曲者，人之所贱，而小人之道也；正直者，人之所贵，而君子之德也。然世多趋邪而弃正，不践君子之迹，而行由小人者，何哉？语曰：‘直如弦，死道边；曲如钩，反封侯’。故宁顺从以保吉，不违忤以受害也。”[②] “但古来唯闻以直笔见诛，不闻以曲笔获罪。是以隐侯《宋书》多妄，萧武知而勿尤；伯起《魏史》不平，齐宣览而无谴。故令史臣得爱憎由己，高下在心，进不惮于公宪，退无愧于私室，欲求实录，不亦难乎？”[③] 把“邪曲”视为“人之所贱，而小人之道”，将“正直”当作“人之所贵，而君子之德”，这是对“正直”浩气的弘扬和对社会公正价值观的强调。他引用的东汉时期的谚语，则含蓄地指出了曲笔出现的社会根源。他还从历史上正直史家的不幸遭遇，谈到“直书”之难：“夫为于可为之时则从，为于不可为之时则凶。如董狐之书法不隐，赵盾之为法受屈，彼我无忤，行之不疑，然后能成其良直，擅名今古。至若齐史之书崔弑，马迁之述汉非，韦昭仗正于吴朝，崔浩犯讳于魏国，或身膏斧钺，取笑当时；或书填坑窖，无闻后代。夫世事如此，而责史臣不能申其强项之风，励其匪躬之节，盖亦难矣。是以张俨发愤，私存《嘿记》之文；孙盛不平，窃撰辽东之本。以兹避祸，幸获两全。足以验仕途之多隘，知实录之难遇耳。”[④] 这里他对史家进行直书的困难境遇表示了同情，颇有知人论世的态度。从此出发，他对魏晋史家把韦晃、耿纪、文钦、诸葛诞称为“贼”表示了谅解：“夫王室将崩，霸图云构，必有忠臣义士，捐生殉节。若乃韦、耿谋诛曹武，钦、诞问罪马文，而魏、晋史臣书之曰贼，此乃迫于当世，难以直言”。但对已无时忌而仍沿袭过去称呼的唐朝史家，他则给予了严厉的批评：“至如荀济、元瑾，兰摧于孝靖之末，王谦、尉迥，玉折于宇文之季，而李刊齐史，颜述隋篇，时无逼畏，事须矫妄，而皆仍旧不改，谓数君为叛逆。书事如此，褒贬何施？”[⑤] 刘知幾关于直书、曲笔的论述，与他在史馆的经历有关，《忤时》篇写出了他在这方面的亲身体

① 《曲笔》。
② 《直书》。
③ 《曲笔》。
④ 《直书》。
⑤ 《因习》。

验："倘有五始初成，一字加贬，言未绝口，而朝野俱知；笔未栖毫，而缙绅咸诵。夫孙盛实录，取疾权门；王劭直书，见仇贵族。人之情也，能无畏乎？"① 从政治和社会制度方面揭示产生曲笔的原因，这就比一味地空洞说教或仅从人性上抽象地说明要深刻得多，其关于直书、曲笔之认识亦在理论上得到了深化。

刘知幾史学批评的理性主义精神还突出地体现在对孔子的批评当中。刘知幾对孔子的批评比较集中地反映在《疑古》、《惑经》两篇。《疑古》重点批评《尚书》，《惑经》重点批评《春秋》，主要是批评二书对史实爱憎由己，多方讳饰以及后人对它们的虚美之辞。他勇于怀疑，对圣人的言论也要放在理性的天平上称量。他从孟子、魏文帝、汉景帝说的话中觉察到孔子删定的《尚书》中有"因其美以美之，虽有其恶，不加毁也"的情况。他说："观夫子之定《礼》也，隐、闵非命，恶、视不终，而奋笔昌言，云鲁无篡弑。观夫子之删《诗》也，凡诸《国风》，皆有怨刺，在于鲁国，独无其章。观夫子之《论语》也，君娶于吴，是谓同姓，而司败发问，对以'知礼'。斯验圣人之饰智矜愚，爱憎由己者多矣"。② 于是他针对《尚书》，大胆地提出了十项怀疑。有的怀疑还相当具有挑战性，如"是则当咎繇未举，不仁甚多，弥验尧时群小在位者矣。又安得谓之'克明俊德'、'比屋可封'者乎？"③ 这就彻底否定了儒家所谓三代是黄金时代的说法，表达了一种崭新的历史观念。

在《惑经》篇，他列举了十二条"未谕"，指责《春秋》道："国家事无大小，苟涉嫌疑，动称耻讳，厚诬来世，奚独多乎？"他用"君子以博闻多识为工，良史以实录直书为贵"的标准，批评《春秋》记他国之事，多以他国使者的不实之词为根据，致使"真伪莫分，是非相乱"。"凡所未谕，其类尤多"。而历代学者"以夫子固天攸纵，将圣多能，便谓所著《春秋》，善无不备。而审形者少，随声者多，相与雷同，莫之指实"。进而批评历代学者虚美《春秋》，说他们的共同特点是对孔夫子盲目崇拜而缺乏独立思考。比如，孔夫子编撰《春秋》，多采古史旧文，"因其成事，就加雕饰，仍旧而已"。而司马迁却说："夫子为《春秋》，笔则笔，削则削，子夏之徒，不能赞一辞"。刘知幾批评司马迁，说此乃"虚美"

① 《忤时》。

② 《疑古》。

③ 《疑古》。

之词。其他被批评的还有左丘明、孟子、班固。这几位都是被刘知幾不断称赞的人，但刘知幾对他们的失误，没有因此而原宥，且考察了出现这种虚美现象的原因："考兹众美，征其本源，良由达者相承，儒教传授，既欲神其事，故谈过其实。"刘知幾以《论语》中所说的"众善焉，必察之"，和孟子所说的"尧舜不胜其美，桀纣不胜其恶"，推断说："寻世之言《春秋》者，得非睹众善而不察，同尧舜之多美者乎？"这就是说，众人都说好，不一定真好，一定要认真地观察、验证。尧、舜未必是人们所赞美的那样好，桀、纣也未必是人们所诅咒的那样坏，由这个道理[①]说明，世人对《春秋》的赞美评价，难道不是大家都说好，谁也不去认真地考察，结果就如同尧舜得到了数不尽的赞美一样吗？刘知幾对《尚书》及《春秋》的责难，对虚美《春秋》者的批评，有时还引用被批评者的话，并不因人废言。从刘知幾在《疑古》、《惑经》中对《尚书》和《春秋》的质疑，以及对历代虚美《春秋》的批评可以看出，正是不为圣贤是从而唯以真实是从的精神，鼓舞和支持着刘知幾敢于"尤圣非哲"。

刘知幾说："盖明镜之照物也，妍媸毕露，不以毛嫱之面或有疵瑕，而寝其鉴也；虚空之传响也，清浊必闻，不以绵驹之歌时有误曲，而辍其应也。夫史官执简，宜类于斯。苟爱而知其丑，憎而知其善，善恶必书，斯为实录"。[②] 把史官记事比作"明镜照物"、"虚空传响"，的确是据事直书的生动写照。这一思想与近代西方科学史学思潮是相通的。德国史家兰克提出，历史学家的任务只是如实地展现历史，[③] 这个史学理念支配西方史学近百年，并影响中国近代史学。如梁启超就曾引用格林威尔的话说，史学家写史要像画家一样，"画我须像我（paint me as I am）"。[④] 在《中国历史研究法补编》中，他更说："史家之道德，应如鉴空衡平，是甚么，照出来就是甚么；有多重，称出来就有多重"。[⑤] 由此可见，刘知幾理性精神的光芒，能够穿越时空的隧道，与近代史学交相辉映。

---

① 《疑古》："故孔子曰：桀、纣之恶不至是。君子恶居下流。班生亦云：安有据妇人临朝！刘向又曰：世人有弑父害君，桀纣不至是，而天下恶者，皆以桀、纣为先。此其自古言辛、癸之罪，将非厚诬者乎？"

② 《惑经》。

③ E. H. Carr: *What is History*? "the task of the historian was 'simply to show how it really was (wie es eigentlich gewesen)'" Penguin Group, 1981. p. 8.

④ 梁启超：《中国四十年来大事记》，《饮冰室合集》专集之三，中华书局，1989，第2页。

⑤ 梁启超：《中国历史研究法补编》，《饮冰室合集》专集之九十九，中华书局，1989，第16页。

在刘知幾的时代，唐朝廷已颁定孔颖达《五经正义》为必读教本，经学定于一尊，刘知幾仍敢于在《史通》中写出《疑古》、《惑经》专篇，指责那些神圣的经典“理有难晓”，矛盾错误。这是需要很大的理论勇气的。刘知幾这样做，并不是标新立异，更不是故意与官方儒学对着干，而是像他说的“爱而知其丑”，是求实精神的体现，是理性主义精神的张扬。

应该说，刘知幾对孔子是非常尊崇的。《惑经》篇一开始，就表达了他对孔子的无限景仰，以不能成为孔门弟子亲聆孔子教诲为遗恨：“昔孔宣父以大圣之德，应运而生，生人已来，未之有也。故使三千弟子、七十门人，钻仰不及，请益无倦。……嗟夫！古今世殊，师授路隔，恨不得亲膺洒扫，陪五尺之童；躬奉德音，抚四科之友。而徒以研寻蠹简，穿凿遗文，菁华久谢，糟粕为偶。遂使理有未达，无由质疑。是用握卷踌躇，挥毫悱愤。倘梁木斯坏，魂而有灵，敢效接舆之歌，辄同林放之问”。[①] 刘知幾尊敬孔子却不神化他，认为孔子与普通人一样，也会犯错误的。“尺有所短，寸有所长，其间切磋酬对，颇亦互闻得失。何者？睹仲由之不悦，则矢天厌以自明；答言偃之弦歌，则称戏言以释难。斯则圣人设教，其理含弘，或援誓以表心，或称非以受屈。岂与夫庸儒末学，文过饰非，使夫问者缄辞杜口，怀疑不展，若斯而已哉？”[②] 这是说，孔子本人有时以发誓表明心迹，有时还不怕损害形象而承认自己的错误，与那些文过饰非、不懂装懂的庸儒末学怎么相同呢？刘知幾正是以一种平常心来看待孔子以及经书的，他虽然直率地指出孔子的过失，但这并不妨碍他对孔子的崇敬，这样，在他严厉的批评中又不乏平实和宽容。

刘知幾虽然身处史馆，但对唐初以来史馆所修史书的批评无所忌讳，包括记载不实、史官以权谋私为亲属和权贵立传、曲加粉饰、取材随意、文风浮华等。关于记载不实，他在《杂说中》指出：“皇家修五代史，馆中坠藁仍存，皆因彼旧事，定为新史。观其朱墨所图，铅黄所拂，犹有可识者，或以实为虚，以非为是”，以致“玉石同烬，真伪难寻”。《周书》“文而不实，雅而无检。真迹甚寡，客气尤烦”，“遂使周氏一代之史，多非实录者焉”。[③] 史官以权谋私为亲属和权贵立传以及曲加粉饰的情况则在《曲笔》中进行了揭露：“自梁、陈已降，隋、周而往，诸史皆贞观年中群

① 《惑经》。
② 《惑经》。
③ 《杂说中》。

公所撰，近古易悉，情伪可求。至如朝廷贵臣，必父祖有传，考其行事，皆子孙所为，而访彼流俗，询诸故老，事有不同，言多爽实。”① 对取材随意、文风浮华的批评更是把矛头指向御撰的《晋书》：“皇朝新撰晋史，多采以为书。夫以干、邓之所粪除，王、虞之所糠秕，持为逸史，用补前传，此何异魏朝之撰《皇览》，梁世之修《遍略》，务多为美，聚博为功，虽取悦于小人，终见嗤于君子矣”。② “近见皇家所撰《晋史》，其所采亦多是短部小说，省功易阅者，若《语林》、《世说》、《搜神记》、《幽明录》之类是也。如曹、干两氏《记》，孙、檀两《阳秋》，则皆不之取。故其中所载美事，遗略甚多”。③ “大唐修《晋书》，作者皆当代词人，远弃史、班，近宗徐、庾。夫以饰彼轻薄之句，而编为史籍之文，无异加粉黛于壮夫，服绮纨于高士矣”。④ 刘知幾能够这样做，与他敢于批评孔子一样，体现了其史学批评的无所畏惧。因为刘知幾的史学批评不是对这些史著的全面评论，而是针对存在的问题而进行的，所以显得比较刻薄，但他的批评都是有充分的根据的，对后世产生了深远的影响。如他对《晋书》的批评，就被《旧唐书》、《四库全书总目》、王鸣盛、钱大昕等所认可和继承。尤其可贵的是，他从这些批评中，提出一些史学编纂原则。唐初史家在摆脱六朝华靡文风方面作了一些努力，但也有另外一种倾向，即依仿古语，追求质朴典雅，如变“脱帽”为“冠冕”，以致史文“伪修混沌，失彼天然。今古以之不纯，真伪由其相乱”。⑤ 于是他提出“适俗随时”的撰史原则，主张写史要用具有时代特色的文字进行表述，反对写史“怯书今语，勇效昔言”。⑥ 刘知幾对《晋书》修撰多用词人的尖锐批评，是他的历史文学思想的一个反映。事实上，刘知幾是很重视史书的语言表达的。他引用孔子的话，说“言之不文，行之不远”。⑦ 又说“是则文之将史，其流一焉”。⑧ “夫观乎人文，以化成天下；观乎国风，以察兴亡。是知文之为用，远矣大矣”。⑨ 这些话都表明了这一点。《史通》中的许多篇如《言语》、

① 《曲笔》。
② 《采撰》。
③ 《杂说上》。
④ 《论赞》。
⑤ 《言语》。
⑥ 《言语》。
⑦ 《言语》。
⑧ 《载文》。
⑨ 《载文》。

《载文》、《因习》、《模拟》、《叙事》、《品藻》、《核才》、《杂说》三篇等，都比较多地讲到历史文学问题。但他认为，汉代以后，“文之与史，皎然异辙。故以张衡之文，而不闲于史；以陈寿之史，而不习文”。[①] 历史语言必须反映历史的内容，不能以文害史。他反复地引用孔子的话“文胜质则史”，说明史要靠文来表现，但又强调能表达事物的本来面貌的“文”才是“史”。[②] 所以，他批评后来的撰史者“其立言也，或虚加练饰，轻事雕彩；或体兼赋颂，词类俳优。文非文，史非史，譬夫乌孙造室，杂以汉仪，而刻鹄不成，反类于鹜者也”。[③] 因此，他对重用文人修史尤不赞成，指出“以元瑜、孔璋之才，而处丘明、子长之任，文之与史，何相乱之甚乎？”[④] 而唐朝史馆重用文士，以致真正有史才的人遭受排挤，不能发挥作用，严重损害了史书的编撰质量，致使纪传体正史走向僵化，缺少了生机。“其有才德阙如，而位宦通显，史臣载笔，必为立传。其所记也，止具其生前历官，殁后赠谥，若斯而已矣。虽其间伸以状迹，粗陈一二，麽麽常事，曾何足观。始自伯起《魏书》，迄乎皇家《五史》，通多此体，流荡忘归，《史》、《汉》之风，忽焉不嗣者矣”。[⑤] 他不仅直接批评《晋书》修撰是这样，在《核才》篇更明确地说明这种情况：“但自世重文藻，词宗丽淫。于是沮诵失路，灵均当轴，每西省虚职，东观伫才，凡所拜授，必推文士。遂使握管怀铅，多无诠综之识；连章累牍，罕逢微婉之言。而举俗共以为能，当时莫之敢侮。假令其间有术同彪、峤，才若班、荀，怀独见之明，负不刊之业，而皆取窘于流俗，见嗤于朋党。遂乃哺糟歠醨，俯同妄作，披褐怀玉，无由自陈。此管仲所谓‘用君子而以小人参之，害霸之道’者也”。[⑥] 刘知幾对当朝史学的批评，针砭时弊，体现了他不避时忌的无畏精神。

二　用“理”的尺度评论史实和史料采择，以理性的态度探讨历史盛衰

刘知幾对一些重要史书甚至经书的大胆批评，大都集中在《史通》的

① 《核才》。有人说，刘知幾举张衡为例不妥，但本人认为，刘知幾这里所说的道理还是成立的。

② 《核才》：“昔尼父有言：‘文胜质则史’。盖史者当时之文也”。

③ 《叙事》。

④ 《杂说下》。

⑤ 《杂说下》。

⑥ 《核才》。

外篇。他敢于怀疑，对于不合情理的历史记述，都以“理”的尺度，给予评判。他说：“夫解难者以理为本，如理有所阙，欲令有识心伏，不亦难乎？”① 所以，他强调“研核”的重要性：“而修晋、汉史者，皆征彼虚誉，定为实录。苟不别加研核，何以详其是非？”② 所谓研核，就是要探究、核实，不能轻信。由此，他对班固不辨“诡妄”与否，将一些难以置信的现象编入志中提出批评，说：“如斯诡妄，不可殚论。而班固就加纂次，曾靡诠择，因以五行，编而为志，不亦惑乎？”③

史书所记载的很多内容是否真实，用文献考辨的方法很难确定了。因为有的史料来源，只此一家，不能从不同文献的比勘中发现和解决问题，这时就要运用理性的方法进行判断。即使能从文献方面看出记载的前后矛盾，刘知幾认为也应以“理”来衡量。刘知幾对很多历史记载的否定是从“理”的角度出发的，认为不合乎“理”。如他批评《公羊传》“非唯与《左氏》有乖，亦于物理全爽者矣”④。批评《汉书·五行志》“求诸人事，理必不然。天高听卑，岂其若是也”。⑤“案本《经》书文四年，楚人灭江。今云晋灭，其说无取。且江居南裔，与楚为邻，晋处北方，去江殊远。称晋所灭，其理难通”。“求诸地理，不其爽欤？”⑥ 这里面都讲到了“理”。这个“理”就是指人们都承认的所谓“公理”，即符合逻辑的“理”，包括人情之理，事物之理。因为这一点往往是人们所忽视的，以致人云亦云，真伪莫分。在《暗惑》开篇，他就指出这种现象，说：“夫人识有不烛，神有不明，则真伪莫分，邪正靡别。昔人有以发绕炙，误其国君者；有置毒于胙，诬其太子者。夫发经炎碳，必致焚灼；毒味经时，无复杀害。而行之者伪成其事，受之者信以为然。故使见咎一时，取怨千载。夫史传叙事，亦多如此。其有道理难凭，欺诬可见。如古来学者，莫觉其非，盖往往有焉”。⑦ 他列举了十二个事项，除了王祥做徐州别驾一事在时间上理解有误外，对其他事例的分析和驳难，都有道理。如舜从井中穿孔而出；优孟扮成孙叔敖而使楚庄王不辨真假；田成子以大斗出小斗进

① 《申左》。
② 《采撰》。
③ 《书志》。
④ 《杂说上》。
⑤ 《五行志杂驳》。
⑥ 《五行志杂驳》。
⑦ 《暗惑》。

的方式，使人心向着他；有若扮成孔子而受拜等等，不是夸张就是虚构。内容虽然引人入胜，但不合常理，违背了生活的真实和历史的真实。进而他得出结论："语曰：尽信书，不如无书。盖为此也。夫书彼竹帛，事非容易，凡为国史，可不慎诸"。[①] 也就是说，对书上写的，不能轻易相信，撰著国史，采择史料，需要慎之又慎。

关于搜集史料，他主张既要"博采"，又要"择善"。博采是择善的基础，只有博采，才能做到择善。他对于博采的论述非常精彩："盖珍裘以众腋成温，广厦以群材合构。自古探穴藏山之士，怀铅握椠之客，何尝不征求异说，采摭群言，然后能成一家，传诸不朽。"[②] "君子以博闻多识为工。"[③] "盖语曰：'众星之明，不如一月之光'。历观自古，作者著述多矣。虽复门千万户，波委云集。而言皆琐碎，事必丛残。固难以接光尘于《五传》，并辉烈于《三史》。古人以比玉屑满箧，良有旨哉！然则刍荛之言，明王必择；葑菲之体，诗人不弃。故学者有博闻旧事，多识其物，若不窥别录，不讨异书，专治周、孔之章句，直守迁、固之纪传，亦何能自致于此乎？"[④] 这都是论述博采的重要意义。但博采不是目的，博采的目的是择善。因此他又说："且夫子有云：'多闻，择其善者而从之'，'知之次也'。苟如是，则书有非圣，言多不经，学者博闻，盖在择之而已"。[⑤] "庶夫后来作者，择其善而行之"。"譬夫涉海求鱼，登山采木，至于鳞介修短，柯条巨细，盖在择之而已。苟为鱼人、匠者，何虑山海之贫罄哉？"[⑥] 可见，博采和择善是辩证的关系。

刘知幾对于史料之博采和择善的论述，实际上有一种历史观念贯彻其中，这个历史观念就是他在《史通》中多次提到的"义"，也就是他所说的史才三长论的"史识"的具体体现。历史是过去的事情，在历史著作中记载什么，不记载什么，这与史家对历史学的作用和价值的认识是密切联系的。英国史学家卡尔在《历史是什么？》一书所探讨的其实是历史学是什么？他在第一章论述"历史学家和他的历史事实"，列举了很多事例，说明历史学家的价值判断对写作历史的作用。如恺撒过卢比河是历史事

---

① 《暗惑》。
② 《采撰》。
③ 《惑经》。
④ 《杂述》。
⑤ 《杂述》。
⑥ 《书志》。

实，可以写入史书。但其后无数人过卢比河，就不能作为历史事实载入史书；1850年在英国的Stalybridge Wakes小镇，一个卖姜饼的小贩被暴徒踢死是不是历史事实？他说这不应该是历史事实，但是在史学家不断引用它说明一种历史现象时，它就进入了历史事实的候选俱乐部，若有更多史学家的赞成和附议，它就可以堂而皇之地进入历史事实的殿堂了。也就是说，并不是过去所发生的一切都要记载于历史书中，何者当书，何者不书，是有史学家的选择的。卡尔所讲的这个观点，在刘知幾《史通》也是存在的，而且刘知幾认为选择的标准就在于是否体现史书的价值。他说："夫载言示后者，贵于辞理可观。既以无益而书，孰若遗而不载。"① "至若愚智毕载，妍媸靡择，此则燕石妄珍，齐竽混吹者矣。夫名刊史册，自古攸难；事列《春秋》，哲人所重。笔削之志，其慎之哉！"②

刘知幾强调了博采的重要性，但对选取史料之"择善"则更加重视，所以他反对史家忽视史书的职责，把无关紧要的事情写入史书的做法："百家诸子，私存撰录，寸有所长，实广闻见。其失之者，则有苟出异端，虚益新事"。③ "其事非圣，扬雄所不观；其言乱神，宣尼所不语。……务多为美，聚博为功，虽取说于小人，终见嗤于君子矣。"④ 他还把资料选择与史识直接联系起来，表彰范晔，而批评为《后汉书》作注的刘昭："窃惟范晔之删《后汉》也，简而且周，疏而不漏，盖云备矣。而刘昭采其所捐，以为补注，言尽非要，事皆不急。譬夫人有吐果之核，弃药之滓，而愚者乃重加捃拾，洁以登荐，持此为工，多见其无识也"。⑤ 从刘知幾对"择善"的这些论述可以看出，他对"史义"、"史识"更加重视。

刘知幾在进行史学评论的同时，还涉及了历史评论。探讨历史盛衰，他主张从人事的方面进行总结。他说："夫论成败者，固当以人事为主，必推命而言，则其理悖矣"。也就是说，从命的角度来论成败，与理不符。国家的兴旺看似有其定数，其实真正起作用的还是人的品德和才能。"向使四君德不半古，才不逮人，终能坐登大宝，自致宸极矣乎？必如史公之议也，则亦当以其命有必至，理无可辞，不复嗟其智能，颂其神武者矣"。⑥ 他因此批

① 《杂说中》。
② 《人物》。
③ 《采撰》。
④ 《采撰》。
⑤ 《补注》。
⑥ 《杂说上》。

评那些用推命来论兴亡的史家没有尽到“褒贬”、“垂诫”的职责：“夫推命而论兴灭，委运而忘褒贬，以之垂诫，不其惑乎？自兹以后，作者著述，往往而然。如鱼豢《魏略议》，虞世南《帝王论》，或叙辽东公孙之败，或述江左陈世之亡，其理并以命而言，可谓与子长同病者也”。[①]

总的来看，刘知幾对五经、三史是推崇的，并以之为参照评论后世的史学著作。但这并不是说他是古非今。相反，他认为古今不同，后世的人们要随着时代的变化而变化，“盖闻三王各异礼，五帝不同乐，”“《易》贵随时”。否则，“夫事有贸迁，而言无变革，此所谓胶柱而调瑟，刻船以求剑也”。[②] 他对不知时变，盲目模仿古人的做法提出了强烈批评。“盖语曰：世异则事异，事异则备异。必以先王之道持今世之人，此韩子所以著《五蠹》之篇，称宋人有守株之说也。世之述者，锐志于奇，喜编次古文，撰叙今事，而巍然自谓《五经》再生，《三史》重出，多见其无识者矣。”[③] 还有些史家在著作题目上好奇厌俗，习旧捐新，刘知幾认为这样做虽得稽古之宜，但“未达从时之义。”[④] 并批评模仿古人语言的史家是不知质文之变：“夫天地长久，风俗无恒，后之视今，亦犹今之视昔。而作者皆怯书今语，勇效昔言，不其惑乎？苟记言则约附五经，载语则依凭三史，是春秋之俗，战国之风，亘两仪而并存，经千载其如一，奚以今来古往质文之屡变者哉？”[⑤] 指出后世的文章未必不如古人，“其文可与三代同风，其事可与五经齐列，古犹今也，何远近之有哉。”[⑥] 也就是说，古与今是相对的，当前的“今”，就是未来的“昔”。现今既有胜于古昔者，来日必有超过当今者；一切事物都是变化不居的。

对古代和近世史书烦省的问题，他能从“势”的角度予以说明，显示出他的理智态度和认识问题的思路之开阔。他说：“余以为近史芜累，诚则有诸，亦犹古今不同，势使之然也。”[⑦] 古代对史事的记载缺略很多，不如近世详备。但自古论史书烦省的人，“咸以左氏为得，史公为次，孟坚为非”，[⑧] 他们哪里知道，《左传》的简约是由过去史料不详造成的：“是

① 《杂说上》。
② 《因习》。
③ 《模拟》。
④ 《题目》。
⑤ 《言语》。
⑥ 《载文》。
⑦ 《烦省》。
⑧ 《烦省》。

知国阻隔者，记载不详，年浅近者，撰录多备。此丘明随闻见而成传，何有故为简约者哉！”[①] 刘知幾主张撰写史书要简要，反对冗字浮词，如他说的：“夫国史之美者，以叙事为工，而叙事之工者，以简要为主。”“文约而事丰，此述作之尤美者也。”[②] 但他也反对刻意求简，认为史书的烦省，不能以字数多少、篇幅大小来衡量：“夫论史之烦省者，但当要其事有妄载，苦于榛芜；言有阙书，伤于简略，斯则可矣。必量世事之厚薄，限篇第之多少，理则不然”。[③] 从这里所说的“理则不然”，可见他是从理的高度来认识史书的烦省问题的。

关于正统论的问题，应该承认，刘知幾是有正统思想的，并要求在史书编撰中体现出来。如在《编次》篇，他说：“当汉氏之中兴也，更始升坛改元，寒暑三易。世祖称臣北面，诚节不亏。既而兵败长安，祚归高邑，兄亡弟及，历数相承。作者乃抑圣公于传内，登文叔于纪首……夫东观秉笔，容或谄于当时，后来所修，理当刊革者也。”[④] 但总的来看，他的正统观比较开阔。他不赞成以成败论英雄，说：“古者二国争盟，晋、楚并称侯伯；七雄力战，齐、秦俱曰帝王。其间虽有胜负有殊，大小不类，未闻势穷者即为匹庶，力屈者乃成寇贼也。至于近古则不然，当汉氏云亡，天下鼎峙，论王道则曹逆而刘顺，语国祚则魏促而吴长。但以地处函夏，人传正朔，度长絜短，魏实居多。二方之于上国，亦犹秦缪、楚庄，与文、襄而并霸。逮作者之书事也，乃没吴、蜀号谥，呼权、备姓名，方于魏邦，悬隔顿尔，惩恶劝善，其义安归？”[⑤] 在南北朝政权林立的形势下，他认为应该承认各政权的合法性，不宜因为其“乱华”，而称他们为群盗：“续以金行版荡，戎、羯称制，各有国家，实同王者。晋世臣子党附君亲，疾彼乱华，比诸群盗。此皆苟徇私忿，忘夫至公。自非坦怀爱憎，无以定其得失。至萧方等，始存诸国名谥，僭帝者皆称之以王。此则赵犹人君，加以主号；杞用夷礼，贬同子爵。变通其理，事在合宜，小道可观，见于萧氏者也”。[⑥] 他批评魏收称南朝为“岛夷”是“爱憎出于方

---

① 《烦省》。
② 《叙事》。
③ 《烦省》。
④ 《编次》。
⑤ 《称谓》。
⑥ 《称谓》。

寸，与夺由其笔端。”[①] 刘知幾在正统观方面的开阔胸襟与他所处的唐朝大一统时代是有关的，当年的割据地区已经统一于唐朝版图之内，唐朝富有包容气度的民族观念和民族政策，也对刘知幾产生重要的影响。[②]

要之，刘知幾善于运用形式逻辑，以理性的态度评判历史记述，以理性的态度论述史料采择和历史编纂原则，探讨历史盛衰，并以史学的社会功用为标准，评论历史著作的得失，体现了中国史学的人文主义特色。

三 刘知幾理性主义批评精神的局限性

刘知幾少时以文学知名，入仕之后以史学为业，耻于做一文士，且反对以文学之士撰修国史。他自幼善于独立思考和理性探讨，如他在《自叙》所言：“自小观书，喜谈名理，其所悟者皆得之襟腑，非由染习。”这种禀性对他以后撰著《史通》，从理论上反思中国史学的发展是有重要作用的，也是他不满于史馆修史，赞赏“独断”之学的内在因素。刘知幾的理性主义精神，是他的学术品格和学术个性的体现，在中国史学史上是极其可贵的。但毋庸讳言，刘知幾的理性主义精神还有一定的局限性。

首先，刘知幾的理性批判精神在内篇和外篇的表现有差异，外篇表现得更充分些，内篇的思想受“例”的局限比较明显。《史通》内外篇的编排，是经过了刘知幾本人的思考的。《六家》篇第一句“自古帝王编述文籍，《外篇》言之备矣”即能说明这一点。总的来看，内篇比较严整，各篇写的大都比较严谨，主题明确。外篇除《史官建置》《古今正史》外，其他诸篇，从形式上看类似作者的读书札记，而且很可能就是在平时读书随笔的基础上整理成的。因为是札记，所以作者能够不受文章形式的限制，没有思想的束缚，把自己的所思所想直率地写出来，即使是对圣人的怀疑，也不避讳，所以才有《疑古》《惑经》那样有叛逆特点的篇目，才更能放射出理性主义的光芒。刘知幾有意在《外篇》保留和编辑之，反映了他的理性主义批评精神的自觉性。但《外篇》的地位毕竟不如《内篇》重要，它主要对《内篇》起补充、考异以及资料支持的作用。《外篇》中对《尚书》《春秋》《论语》的大胆批评不仅在内篇中基本上没有反映，

① 《称谓》。

② 在《断限》篇，刘知幾也对北方少数民族表现了鄙视的情绪，主要是为了驳斥魏收的编次不当。

相反，刘知幾还在内篇极力称颂这些经书。如“昔《尚书》记言，《春秋》记事，以日月为远近，年世为前后，用使阅之者雁行鱼贯，皎然可寻”。[①]“夫《尚书》者，七经之冠冕，百氏之襟袖。凡学者必先精此书，次览群籍”。[②]“昔尼父裁经，义在褒贬，明如日月，持用不刊。”[③] 等等。内、外篇这种对经书评论的差异，说明刘知幾既有强烈的求实愿望，又竭力尊经、维护经书的权威。他的心态是矛盾的。他既有落落寡合、桀骜不驯、富有个性的一面，又有执着卫道、固守成见的一面。内外篇的这种差别是他这种两面性的反映。

其次，刘知幾的史学批评不仅没有触及名教，而且以名教作为根本批评原则。刘知幾讴歌直书，对曲笔深恶痛绝。然而，他的直笔论是有条件的，那就是必须符合名教。在《曲笔》篇，他说：“肇有人伦，是称家国。父父子子，君君臣臣，亲疏既辨，等差有别。盖‘子为父隐，直在其中’，《论语》之顺也；略外别内，掩恶扬善，《春秋》之义也。自兹以降，率由旧章。史氏有事涉君亲，必言多隐讳，虽直道不足，而名教存焉”。《史通》外篇对《尚书》、《春秋》以及其他史书的批评是大胆的、尖锐的，并提出史官写史要像明镜照物、虚空传响一样，倡言“良史以实录直书为贵”。[④] 但即使如此，刘知幾仍然坚守着名教：“夫臣子所书，君父是党，虽事乖正直，而理合名教”。[⑤] 他因此批评司马相如、王充在自序或自纪中自曝家丑，虽所记不虚，但有违名教：“然自叙之为义也，苟能隐己之短，称其所长，斯言不谬，即为实录。而相如自序，乃记其客游临邛，窃妻卓氏，以《春秋》所讳，持为美谈。虽事或非虚，而理无可取，载之于传，不其愧乎！又王充《论衡》之自纪也，述其祖父不肖，为州闾所鄙，而已答以瞽顽舜神，鲧恶禹圣。夫自叙而言家世，固当以扬名显亲为主，苟无其人，阙之可也。至若盛矜于己，而厚辱其先，此何异证父攘羊，学子名母？必责以名教，实三千之罪人也”。[⑥] 可见，刘知幾所倡导的直书、实录有一个前提，即尊崇名教。如果违背名教，即使是从实而书，也不值得提倡。如果符合名教，即使没有完全据实而书，也不失为实录，不属于

① 《编次》。
② 《断限》。
③ 《浮词》。
④ 《惑经》。
⑤ 《惑经》。
⑥ 《序传》。

曲笔。

对史书体例的批评，刘知幾同样受到名教的影响。他在《本纪》《世家》《列传》篇对司马迁为项羽立本纪，为陈胜设世家等所提出的批评，都是从名教的观点来立论的。他认为本纪“书君上以显国统。”“纪者，既以编年为主，唯叙天子一人。”项羽僭盗而死，未得成君，在世时，也不过是一诸侯，“诸侯而称本纪，求名责实，再三乖谬”。[①]“世家之为义也，岂不以开国承家，世代相续？至如陈胜起自群盗，称王六月而死，子孙不嗣，社稷靡闻，无世可传，无家可宅，而以世家为称，岂当然乎？”[②] 刘知幾的这些批评，显然是不能成立的，反映他受名教影响的局限性。

第三，与受名教的影响有紧密联系的是，刘知幾对史义及史学价值论的论述缺乏深度。刘知幾认为，他作《史通》，着重解决的是“义”的问题：“若《史通》之为书也，盖伤当时载笔之士，其义不纯。……夫其为义也，有与夺焉，有褒贬焉，有鉴诫焉，有讽刺焉。”他对史书的批评，既有技术层面的，又有撰述原则方面的。这个撰述原则，就是他所讲的“义”。而撰述原则方面的批评对技术层面的批评还具有指导作用。刘知幾的“义”指的是什么？从刘知幾对“义”的运用可见一斑：“是则无辜者反加以罪，有罪者得隐其辜。求诸劝诫，其义安在？”[③]“惩恶劝善，其义安归？”[④]“惩其善恶，干宝、范晔，理切而多功，邓粲、道鸾，词烦而寡要，子显虽文伤蹇踬，而义甚优长。”[⑤] 这说明，“义”的基本内涵是劝诫，是惩恶劝善。刘知幾对“史识”的论述也是着重于此点。刘知幾的史才三长之论，没有明确说出史识是什么，但却说：“犹须好是正直，善恶必书，使骄主贼臣，所以知惧，此则为虎傅翼，善无可加，所向无敌者矣”。[⑥] 一般认为这就是刘知幾所说的“史识”，应该说是有道理的。

刘知幾对史学功用和价值的认识与他对史义的看法有密切的联系，他认为，史学的功用和价值在于惩恶劝善。试看他在《史通》中的有关论述：“况史之为务，申以劝诫，树之风声。其有贼臣逆子、淫君乱主，苟

---

① 《本纪》。

② 《世家》。

③ 《惑经》。

④ 《称谓》。

⑤ 《序例》。

⑥ 《刘子玄传》，《旧唐书》卷 102。

直书其事，不掩其瑕，则秽迹彰于一朝，恶名被于千载。言之若是，吁可畏乎！”① “史之为务，厥途有三焉。何则？彰善贬恶，不避强御，若晋之董狐、齐之南史，此其上也。……”② “盖史之为用也，记功司过，彰善瘅恶，得失一朝，荣辱千载。苟违斯法，岂曰能官？”③ “亦有厥类众夥，宜为流别，而不能定其同科，申其异品，用使兰艾相杂，朱紫不分，是谁之过欤？盖史官之责也”。④ “夫能申藻镜，别流品，使小人君子臭味得朋，上智中庸等差有叙，则惩恶劝善，永肃将来，激浊扬清，郁为不朽者矣”。⑤ “夫人之生也，有贤不肖焉。若乃其恶可以诫世，其善可以示后，而死之日名无得而闻焉，是谁之过欤？盖史官之责也”。⑥ “向使世无竹帛，时阙史官，虽尧、舜之与桀、纣，伊、周之与莽、卓，夷、惠之与跖、蹻，商、冒之与曾、闵，但一从物化。坟土未干，则善恶不分，妍媸永灭者矣。苟史官不绝，竹帛长存，则其人已亡，杳成空寂，而其事如在，皎如星汉。用使后之学者，坐披囊箧，而神交万古，不出户庭，而穷览千载。见贤而思齐，见不贤而内自省。若乃《春秋》成而逆子惧，南史至而贼臣书。其记事载言也如彼，其劝善惩恶也又如此。由斯而言，则史之为用，其利甚博，乃生人之急务，为国家之要道。有国有家者，其可缺之哉！”⑦ 刘知幾对史学功用的上述认识，是很精辟的，其语言表达亦很经典，千百年来，为人们所引用和传诵。但他把史学的功用限定在“惩恶劝善”等劝诫方面，无论语言如何精彩，都不能掩盖其思想内涵的贫乏，他在这方面的认识甚至比不上在他之前的刘勰丰富。由此决定了他的批评主要围绕史书的技术层面展开，不能从历史理论上提出深刻的见解。而在他看来，惩恶劝善、评定是非的标准是“名教”，因此，在他的史学批评中，名教是其根本的批评武器。由于他往往过于执于“名”，所以他在史义方面的批评有时显得比较呆板，缺少变通，从而影响了他的理性主义批判精神的深度。

第四，在天人关系问题上，他采取的是一种模糊的、回避的态度。他说：“夫灾祥之作，以表吉凶。此理昭昭，不易诬也。然则麒麟斗而日月

① 《直书》。

② 《辨职》。

③ 《曲笔》。

④ 《品藻》。

⑤ 《品藻》。

⑥ 《人物》。

⑦ 《史官建置》。

蚀，鲸鲵死而彗星出，河变应于千年，山崩由于朽壤。又语曰：‘太岁在酉，乞浆得酒；太岁在巳，贩妻鬻子’。则知吉凶递代，如盈缩循环，此乃关诸天道，不复系乎人事”。[①] “抑又闻之，怪力乱神，宣尼不语；而事鬼求福，墨生所信。故圣人于其间，若存若亡而已。若吞燕卵而商生，启龙漦而周灭，厉坏门以祸晋，鬼谋社而亡曹，江使返璧于秦皇，圯桥授书于汉相，此则事关军国，理涉兴亡，有而书之，以彰灵验，可也。而王隐、何法盛之徒所撰晋史，乃专访州闾细事，委巷琐言，聚而编之，目为鬼神传录，其事非要，其言不经。异乎《三史》所书，《五经》之所载也。”[②] 这两段话表明，他对天人感应的说法不是十分相信，有时甚至表示怀疑。所谓河变、山崩等都是自然现象，与人事没有必然联系，但又认为，灾祥反映凶吉，不可否认；对于有征验的星象占卜还是应该记载的。对于“吞燕卵而商生，启龙漦而周灭，厉坏门以祸晋，鬼谋社而亡曹，江使返璧于秦皇”这些明显违背常理的传说，他也将之当作历史真实，认为“事关军国，理涉兴亡，有而书之，以彰灵验”。他在《书志》、《汉书五行志错误》、《五行志杂驳》等篇列举出许多事例来否定董仲舒、刘向等人对灾异的解说。但这些事例都意在证明他们解释的舛误和乖谬，而不是否定他们的根本理论——天人感应说。总之，在天人关系方面，他奉行的是不可知论，“妖灾著象，而福禄来踵，愚智不能知，晦明莫之测也”。[③] 对于不可知的东西，记载时自然要非常谨慎。他说：“子曰：‘盖有不知而作之者，我无是也。’又曰：‘君子于其所不知，盖阙如也。’又曰：‘知之为知之，不知为不知，是知也。’呜呼，世之作者其鉴之哉！谈何容易，驷不及舌，无为强著一书，受嗤千载也。”[④] 刘知幾的不可知论，在当时来说，是进步的，应该予以肯定。[⑤] 但用理性主义精神来衡量，又可以看出，刘知幾在自然观和社会观方面均有不彻底的地方：一方面富有可贵的唯物主义思想因素，另一方面又没有摆脱天人之际的神秘性。这又是令人感到遗憾而不得不指出的。

① 《书志》。

② 《书事》。

③ 《书志》。

④ 《书志》。

⑤ 侯外庐先生《论刘知幾的学术思想》、白寿彝先生《刘知幾的史学》都对此给予了积极的评价，可以参看。

《绎史》三论

王记录　肖　夏
（河南师范大学历史文化学院，河南新乡　453007；
洛阳市第三中学，河南洛阳　471000）

摘　要：《绎史》是清初马骕编纂的一部上起太古、下至秦末的通史，既详尽叙述了帝王伟绩、治乱兴衰、诸侯争霸、贤人治国等政治内容，也记载了诸子学说、典制名物等文化典制内容。在史料运用上，《绎史》严于甄别文献，对各种文献的价值有独到的认识。《绎史》综合纪传、编年、纪事本末、学案、考证、史论、图表等各种体例于一体，创立了新的综合体裁，对后世影响巨大。《绎史》思想丰富，在政治思想上，有尊君的正统思想，对春秋战国时期诸侯争霸有独到看法，特别重视人才在国家兴衰中的作用。在史学思想上，既有"天人感应"观念，也有无神论思想。观察历史变化时，有历史发展的眼光和朴素的辩证法思想，且勇于怀疑文献和史事。

关键词：《绎史》　马骕　历史编纂　史书体裁　史学思想

在清代史学史上，《绎史》是一部重要的史学著作，无论在当时还是现在，都得到学者们的高度评价，顾炎武称《绎史》为必传佳作，时人还将它与李清《南北史合注》、顾祖禹《读史方舆纪要》合称为清朝"三大奇书"。白寿彝先生认为"这书在先秦史方面是一部重要的名著"①。然而，这样一部重要的史学名著，人们对他的研究却不够深入，从内容、体裁到

① 白寿彝主编《中国通史纲要》，中国友谊出版公司，2012，第235页。

思想，很多问题都需要深入探讨。

一 《绎史》的编撰、内容与史料运用

知人论世，讨论《绎史》的编撰与内容，不能不讨论《绎史》的作者马骕。马骕（1621～1673），字宛斯，一字聪御，自号揽茝斋主人。，山东邹平县孙镇人。马骕出生在一个中小地主家庭中，父亲早逝，从小由母亲与祖父抚养教育。马骕祖父乐善好施，故家有“忠义门”之称。马骕十分孝顺，“少孤，事母以孝闻”。[①] 在这样传统的家庭里成长起来的马骕，自幼受到读书教育和传统道德的熏陶，这对他后来走上仕途和学术研究的影响是不言而喻的。

纵观马骕一生，治学为要，仕途为次。顺治三年，清廷开科取士，时年24岁的马骕积极应考，次年中举人。后因山东抗清斗争之事，山东邹平一度被攻破，马骕难以安心读书，背井离乡，逃到杭州。顺治十六年，马骕中进士，年龄已届四十岁。此后马骕一度在京城做官，“用才望与顺天乡试同考官”[②]，虽为官员，实则“需次家居”[③]，编书为主。康熙六年，45岁的马骕被选授淮安府推官，后补灵璧知县，并卒于任职期间，时年52岁。马骕做官，清廉善治，平反冤案、改革陋弊、救助灾民、安抚民心，深受当地百姓爱戴。死后仍受人怀念，灵璧士民为其修建“名宦祠”，立位世代奉祀。马骕一直想做一名能受君王重用、为民众拥戴的好官，这种政治上的愿望，在其著作里时常可以发现。

马骕做官之余，喜欢读书、著书，他在学术上的贡献远远超过他的政治业绩，“有荼弗吐，君所自处，氓集于枯，煦以甘雨。仕矣弥学，手亡废书，三皇百氏，以佃以渔。於乎其所志者永存，而所啬者万古之须臾！”[④] 人们习惯将清初学者分为三种类型：第一种以前朝遗民自居，坚持自我，如黄宗羲、王夫之、顾炎武等，他们虽在民间，却开创一代学风；第二种是为朝廷重用的大官僚，如李光地、汤斌等，借助国家与众学者之力，从事学术研究，对清代学术也有很大推动作用；第三种虽为官员，实为学者，如马骕、高士奇等，在这类学者眼中，仕途只是生存的方式，学

① 江藩：《汉学师承记》，附《绎史》书后，中华书局，2002，第4256页。
② 施闰章：《灵璧县知县马公骕墓志铭》，附《绎史》书后，中华书局，2002，第4253页。
③ 施闰章：《灵璧县知县马公骕墓志铭》，附《绎史》书后，中华书局，2002，第4253页。
④ 施闰章：《灵璧县知县马公骕墓志铭》，附《绎史》书后，中华书局，2002，第4254页。

术才是其真正的追求，也是其逃避政治烦恼的途径。

马骕自幼聪明好学，喜爱读书，对古书情有独钟，他评价自己“少习六艺之文，长诵百家之说……于《左氏春秋》笃嗜成癖”[①]。江藩评价他：“颖敏强记，于书无不精研，而尤癖《左氏春秋》。”[②] 马骕一生主要著作有《左传事纬》《邹平县志》《绎史》与《十三代瑰书》。其中最重要的两部著作《左传事纬》和《绎史》都与《左氏春秋》有密切的联系。自小对《左氏春秋》的喜爱与痴迷，使得马骕在以后的学术生涯中以此为原点不断扩展。据《灵璧志》记载，马骕白天忙于政务，夜晚操劳学术，兢兢业业，甚是辛劳。后因精研夏、商、周三朝历史，人称“马三代”。总之，马骕治学，用尽一生，虽传世著作不多，但都受到世人喜爱和赞赏。

马骕《绎史》成书，离不开学界诸友的影响。明末清初是一个人才辈出、学者云集的时期，马骕与顾炎武、施闰章、严沆、阎若璩、李清等学者均有学术交往，其思想与方法深受这些学者的启发与影响。

顾炎武是马骕最重要的朋友之一。顺治十五年，顾炎武经过邹平，马、顾同游，至郊外访碑，并记录碑文，由此相识。第二年，顾炎武亲自为马骕校订《邹平县志》，此后二人经常来往，探讨学术。王士祯《池北偶谈》中提到，顾炎武非常欣赏马骕的著作。施闰章督学山东时，马骕与之结识，经常交流学术。马骕的《左传事纬》完成后，深得施闰章赏识。施闰章在马骕卒于官之后，为其作墓志铭。严沆比马骕早两年中进士，善书画诗文，官至户部侍郎。严沆与施闰章看到马骕《左传事纬》后，商议捐资刻印此书一事。阎若璩善于考据，与马骕志趣相投，交往甚密。《古文尚书疏证·卷八》记录了两人最后一次见面，这次会面正是在马骕去世前夕。当晚，马骕与阎若璩秉烛夜谈，讨论《尚书》古、今文有别，马骕听取阎若璩意见，命下属急取《尚书》，彻夜与阎氏共读此书，每卷均验出今、古文。阎若璩比马骕小十七八岁，马骕能虚心听取他的意见，可见马骕对待学术的态度实在是难能可贵。著名史学家李清，明朝官至大理寺丞，明亡后归隐。马骕仰慕李清，托人求其为《绎史》作序，李清在序中对《绎史》称赞有加。这样的学术交往，对马骕成为一名独具特色、学问博大的史学家不无影响。

马骕治学经历大致可分为三个阶段：少年强记，精研史书；中年崭露

① 马骕：《绎史》征言，中华书局，2002。

② 江藩：《汉学师承记》，附《绎史》书后，中华书局，2002，第4256页。

头角，撰写《左传事纬》；晚年十年磨一剑，撰成《绎史》。其成名作《绎史》一书，是在《左传事纬》基础上撰成的。如果想要搞清楚《绎史》的价值，首先应了解马骕中年时期著作《左传事纬》，《左传事纬》是《绎史》的基础。

《左传事纬》共20卷，《事纬》占12卷，共108篇，《附录》8卷。《左传事纬》系改编《左传》而成，主要采用纪事本末体裁，按事件标立题目，每题之后附有一篇“论证”，或考证，或言取舍，或发表观点。撰写此书时，马骕“辨例图谱，悉出新裁，雠正旧失”，“在编制方面，《左传事纬》分类得当，条理清晰，而且图表也考证精详，比高士奇的《左传纪事本末》，要略胜一筹”。[①]《左传事纬》并不是对《左传》的简单摘录，而是对史实的重新整合和诠释，是一种创新。《左传事纬》是马骕撰史的第一次成功尝试，这次尝试颇有可以借鉴之处，如篇目之后附有“论证”、图表的加入与考证等。由此，马骕又用十年时间，撰成《绎史》。《绎史》在《左传事纬》的基础上不仅内容扩展，由春秋一代扩展为从上古至秦末通史，而且体例进一步复杂多样，成为探索新综合体的杰作。[②]

“纵观马骕一生的治学道路，有一个明显的变化过程，即由经学到史学的转变”。[③]《左传事纬》从编撰体例和考证春秋事宜上说，它具有一定的史书性质，但从《左传事纬》史论的出发点“一归正大，期于发明经传而止”[④] 来看，它又是经学性质的著作。《四库全书》将《左传事纬》收录于经部春秋类，而没有收录于史部，其理由是：“三传之中，左氏亲观国史，事迹为真而褒贬则多参俗议；公羊、穀梁二家得自传闻，记载颇谬而义例则多有师承……骕作是书，必谓左氏义例在公、穀之上，是亦偏好之言。”[⑤] 就此来看，《左传事纬》有明显半经半史的性质，而马骕后来的著作《绎史》完全是史书性质的，而且《绎史》中有非常明显的“六经皆史”思想。马骕思想上的这一巨大变化，是要指出来的。

《左传事纬》获得同行的欣赏与赞同，鼓励了马骕，促使他“庸复推

① 张舜徽主编《中国史学名著题解》，中国青年出版社，1990，第176页。
② 陈其泰：《近三百年历史编撰上的一种重要趋势——自马骕至梁启超对新综合体的探索》，《史学史研究》1984年第2期。
③ 陈东：《马骕史学试评》，《齐鲁学刊》1996年第4期。
④ 马骕：《左传事纬》略例，中华书局，1991。
⑤ 永瑢：《四库全书总目》，“左传事纬”条，中华书局，1965。

而广之，取三代以来诸旧书，汇集周、秦以上事，撰为《绎史》”①，将《左传事纬》的优点发扬光大于《绎史》之中，且又在《绎史》编撰中不断创新探索，成就了自己的名山事业。

马骕从37岁时著《绎史》，至50多岁时完成，孜孜矻矻十余年之久。《绎史》内容丰富、条理清晰，是一部史料汇编为主，又加考证、评论于其中的史著。《绎史》所记历史约三千年，上起太古下至秦末。全书由《世系图》、《年表》、“正文”三大部分组成。《世系图》分别为帝王传授总图、太皞、炎帝、黄帝等世系图；《年表》起于太皞庖羲氏，止于秦末，共和之前以帝王纪世，共和之后纪年；“正文”共160卷，分五大部分：太古卷、三代卷、春秋卷、战国卷、外录。“外录”与正文前四部分不同，分别为《天官书》《律吕通考》《月令》《洪范五行》《地理志》《郑氏诗谱》《食货志》《考工记》《名物训诂》《古今人表》。

马骕编纂《绎史》，有明确的指导思想，即“纪事则详其颠末，纪人则备其始终，十有二代之间，君臣之迹，理乱之由，名、法、儒、墨之殊途，纵横分合之异势，了然具焉”②。他要通过对历史事件、历史人物的详尽记载，考察自先秦到秦末历代君臣的事迹，寻找历史治乱兴衰的因由，探讨诸子百家各派的分化，分析礼崩乐坏、各国分合的不同形势。总之，就是要通过编纂《绎史》，把自三皇、五帝、夏、商、周三代到秦“十有二代”之间君臣事迹、政治盛衰、诸侯分合、学术发展等历史面貌呈现出来，以供后人借鉴。

李清对马骕《绎史》所载内容赞不绝口，云：“至于万千百国，十有二代之间，大而洪荒剖判之繇，小而名物训诂之撰，与夫贞元运会之乘除，皇帝王霸之兴废，阴阳淑慝之消长，礼乐兵刑之因革，以迄日蚀星陨、水流山峙之篇，金生粟死，仰骄俛替之说，若内若外，或事或文，莫不网罗囊括于百六十卷之中。控六籍吞百家，驾九流跨四部……惟是秦焚楚火，言湮事轶之后，而能从百世以下，摘抉蒐狝，使茫茫坠绪，烂然复著于斯也，与未烧无异，乃见马侯之有造于斯文不细耳。”③《绎史》内容丰富，反映了社会生活的各个方面，既记述了神话传说、帝王伟绩、治乱兴衰，又记录了诸子学说、典章制度、地理天官、名物食货等。兹将《绎

① 马骕：《绎史》征言，中华书局，2002。

② 马骕：《绎史》征言，中华书局，2002。

③ 李清：《绎史》序，中华书局，2002。

史》内容分列如下：

（一）帝王伟绩、治乱兴衰、诸侯争霸、贤人治国等政治内容

具体篇目有：其一，上古帝王传记，包括太皞纪、炎帝纪、黄帝纪、少皞纪、高阳纪、高辛纪、陶唐纪、有虞纪等；其二，王朝兴衰，包括禹平水土、夏禹受禅、少康中兴、商汤灭夏、太戊盘庚之贤、武丁中兴、周室始兴、文王受命、武王克殷、成康继治、穆王命官训刑、宣王中兴、列国传世、周室东迁、桓王伐郑、周分东西、卫嗣君之治、列国难周、卫鞅变秦法、秦并天下、秦始皇无道、秦亡等；其三，诸侯纷争与兼并战争，包括周建诸侯、郑取虢郐、齐桓公霸业、宋襄公图霸、郑穆公之立、晋文公霸业、楚庄王争霸、晋齐靡笄之役、晋楚鄢陵之战、吴通上国、晋悼公复霸、鲁与邾莒之怨、楚五令尹代政、吴入郢、小国交鲁、齐威王强国、魏惠王治国谈兵、楚子发用兵、齐田忌孙膑破魏、楚威王破越、赵武灵王胡服攻中山、楚怀王客死于秦、乐毅为燕破齐、秦白起长平破赵、郑庄公克段入许、齐灭纪、楚子伐灭诸国、晋灭虞虢、秦穆公霸西戎、晋灭赤狄、楚灭庸舒、郑灭许、晋灭肥鼓、宋景公灭曹、楚惠王灭陈、越灭吴、秦并巴蜀、齐闵王灭宋等。其四，王公篡乱，包括鲁隐公摄位、卫州吁宣姜之乱、宋殇公闵公之弑、鲁文姜之乱、郑厉公篡国、曲沃并晋、鲁庆父之乱、王子克子颓之乱、卫懿公亡国、鲁人颂僖公、齐五子争立、王子带之乱、卫元咺构讼、晋灵公之弑、陈夏氏之乱、王臣乱亡、卫孙宁废立、齐崔庆之乱、陈二庆之乱、楚灵王之乱、晋失诸侯、陈氏专齐、三桓弱鲁、宋公族废兴、王子朝之乱、鲁陪臣交叛、卫庄公出公父子争国、楚白公之乱、三卿分晋、田氏篡齐、燕哙让国之祸、韩咎几瑟争立等；其五，合纵连横，包括秦晋为成、诸侯弭兵、鬼谷纵横之术、苏秦合纵、张仪相秦连衡等；其六，尚贤任能，包括伊尹辅太甲、周公摄政、鲁柳下惠之贤、宋子罕为政、子产相郑、晏子相齐、鲁穆公用贤、吴起仕魏相楚、申不害相韩、齐宣王好士、靖郭君相齐、樗里疾甘茂相秦、孟尝君相齐、魏冉相秦、赵廉蔺赵奢同位、范雎相秦、平原君相赵、魏信陵君之贤、春申君相楚、吕不韦相秦等。马骕以时间为主线，先安排上古帝王传记，然后叙述从夏朝开始至秦亡的史实。从夏禹受禅、商汤灭夏、周室兴始到秦亡等篇目的安排很清晰地反映了从夏朝至秦朝灭亡这段时期的历史兴衰。春秋战国的治乱兴衰包括诸侯纷争与称霸、王公篡乱、合纵连横、尚贤任能等内容。所占比例最大，突出了春秋战国时期社会动荡的主要特点和马骕

尚贤的思想。

（二）诸子生平与学说、学术流派等内容

具体篇目有老子道教、孔子类记、杨朱墨翟之言、子思孟子言行、申不害相韩、列庄之学等，介绍春秋战国时期诸子学说的发展。

（三）典章制度的内容

具体篇目有周官之制、周礼之制、春秋杂记等。另外，《外录》十卷专门记载天文地理、典章名物等，如“天官书”“律吕通考”“月令”“洪范五行”“地理志”“郑氏诗谱”“食货志”“考工记”“名物训诂”等。

《绎史》运用史料丰富、类型多样。和其他上古史著作相比，《绎史》占有史料绝对是最多、最丰富的。马骕一生立志于研究先秦史，以搜救先秦史料为业，“好古敏求”。他自己曾言：“原夫载籍浩博，贵约束以刈其烦；群言异同，宜胪陈以观其备”。[①] “纪事虽止于秦末，而采书实下及梁、陈，事则无微不悉，文则有长必收”。[②] 在《绎史·征言》中，马骕开列的主要书目就有二百多部，加上注引目录，有三百多部。马骕把开列的“经、史、子、集”书目分类对待，比较可靠的文献有《老子》《庄子》《文选》《吕氏春秋》《国语》等；史料虽有疑问，也应利用的文献有《山海经》《竹书纪年》《神农本草》等；应小心鉴别的文献有《孔子家语》《鬼谷子》等；只需存书名或要略的全伪书有《三坟》《六韬》等；汉魏时期文献有《史记》《汉书》《后汉书》《白虎通》《新书》等；谶纬之书有《易》之《乾凿度》、《诗》之《含神雾》、《书》之《璇玑钤》等；“笺、注之言”有《史记索隐》《史记正义》《汉书注》《三国志注》等。《绎史》中史料出处，皆附有书名，既方便查阅，又方便考证。史料纵有疑点，作者在文中不去纠错，保留原样，考证放于篇后，一一列出。除文字资料外，书中还收录《古文字摹印》《天象图》《地理图》《古物图》《建制图》《谱表》等，史料类型多种多样。

时至今日，世人研究先秦史，除重视古籍文献外，也对甲骨文、金文、秦简、楚帛等考古资料给予了足够的重视。马骕生于明末清初，无缘受惠于这些后起的学问。但是，他在《绎史》一书中独具只眼地认识到金

---

① 马骕：《绎史》征言，中华书局，2002。

② 马骕：《绎史》征言，中华书局，2002。

文资料的可贵，并列有专门篇幅介绍有关的材料，以补文献之不足，可见马骕识见的不俗和超拔。

很多学者称马骕《绎史》为考证之良史，从他对史料的搜集、甄选、整理、考证方面来说，马骕确实有一套自己的思想，对待不同类型文献，有不同取舍之法。在马骕看来，常见的经、传、子、史文献，流传广、信息完整且真实可靠，均收录在书中；一些充满疑窦的先秦遗书，标出疑问之处后可采用；文献中真假参半、错综复杂者，要认真鉴别考证，采用其真实可靠的部分；近世之人假托古人之名，凿空立言的书籍，真实可信处较少，只采取其要略；汉魏时期学者所撰文献，因“去古未远”，可与其他文献比较后，兼为采用，缀于书中；为补文献之不足，谶纬之书虽“不可悉载”，但可部分采录；笺、注之文中“存古最多”，亦可整理采用；类书中引用古书名目，“或聊载数语，或但存片言，今皆收之”。[①] 对于诸多文献记载的矛盾之处，马骕在《绎史》中“互见叠出，不敢偏废”[②]，将不同说法一一列出，以供后人判断。马骕对不同文献的史料价值有不同的认识，其见识卓然超拔于同时代人，其见解值得今人思考。

二 《绎史》的体裁与影响

史书需要借助一定的编撰形式存在，其重要性毋庸置疑。编撰体裁运用的恰当与否，直接关系到史书内容的广度与深度，关系到史书价值的高低与社会流传。《绎史》一书体裁新颖独特，其价值值得深入探讨。

其一，以纪事本末体为主。纪事本末体是《绎史》最主要的体裁形式，完整讲述历史事件始末的卷目约80卷，占全书的一半以上。南宋袁枢《通鉴纪事本末》开创了纪事本末体史书，后世不断对其继承与创新，如陈邦瞻《宋史纪事本末》和《元史纪事本末》、张鉴《西夏纪事本末》、高士奇《左传纪事本末》等。梁启超曾说：“盖纪传体以人为主，编年体以年为主，而纪事本末体以事为主。夫欲求史迹之原因结果以为鉴往知来之用，非以事为主不可。”[③] 梁启超认为纪事本末体与他所理想的新史体例最相近，是旧史书体例中最成功的创新。梁启超曾说：“善抄书者可以成

① 马骕：《绎史》征言，中华书局，2002。

② 马骕：《绎史》征言，中华书局，2002。

③ 梁启超：《中国历史研究法》，岳麓书社，2010，第20页。

创作。"《绎史》就是这种创作。《绎史》以时间为"经"，以自立篇目为"纬"，以篇目中选取的事件、人物等为"点"，通过"点""线""面"将历史演变进程展现出来。如齐桓公霸业、晋文公霸业等诸多篇目，历史事件发展脉络清晰可见，极便于总结历史经验。

其二，纪事、纪人相结合。《绎史》虽以纪事本末体为主，但为了展示丰富的历史内容，还把纪人与纪事相结合，合理安排，相得益彰。《绎史》有些篇目以人物为主线，如《太古卷》中卷三《太皞纪》至卷十《有虞纪》均是帝王传记，这几个卷目的安排便采用了司马迁所创纪传体中的本纪形式。《春秋卷》中的柳下惠之贤、晋悼公复霸、老子道教、孔子类记等，《战国卷》中子思孟子言行、楚子发用兵、秦始皇无道等，这些篇目虽以人物为篇名，但马骕将人物参与的重大事件描述得极为清晰。有些篇目以事件命名，如周室东迁、越灭吴、三卿分晋、秦亡等，但都详细记录了与事件相关的人物事迹。很多篇目，纪事纪人兼重，如齐桓公霸业中，马骕既将齐桓公继位、征伐、会盟等事件始末描述出来，又加入管仲的传记，成为纪事与纪人相结合的名篇。

其三，以世系图与年表相补充。《绎史》重视运用图表来表达历史内容，"司马子长作《史记》，有表无图。夫图诚不可阙也。古者左图右史，盖史须繁文而后备，著之为图，则较若列眉焉。后之人不善为图，并古人图籍淹没不传，惜哉……若夫经制之详，疆理之法，天官地舆之形，名物器数之式，今昔异宜，因革殊规，非图莫显，则各附诸篇中，敢曰得古人之精微，庶几里鼓南车之一助云尔"。[①] 马骕编制《世系图》共 37 幅，每幅图开端都有关于此图的介绍，每幅图之后是关于史实的讨论或图中所绘人物关系的引用出处，如图一"按司马贞补《史》，以伏羲、女娲、神农为三皇，《史记》以黄帝、颛顼、帝喾、帝尧、帝舜为五帝，自黄帝以至三王皆同族异号，今依为图。然黄帝下当有少皞，而帝舜不宜祖黄帝，皆史迁之疏也，说见本图"[②]。《世系图》按照先总后分、先概后详的顺序构成。《绎史·世系图》是马骕根据诸多文献编制而成，光是引用的书目就有 29 种，分别为《史记》《史记索隐》《帝王世纪》《汉书》《路史》《伪三坟》《通鉴外纪》《春秋左氏经传集解》《国语》《大戴记》《古史》《山海经》《拾遗记》《左传》《纪年》《尚书》《世本》《家语》《礼记》《史

① 马骕：《绎史》世系图，中华书局，2002。
② 马骕：《绎史》世系图一，中华书局，2002。

考》《唐宰相表》《春秋》《吴越春秋》《吕氏春秋》《越绝书》《陋巷志》《庄子》等。

《绎史·年表》实际是借助编年形式呈现，但比编年便于查阅。“骕谱《绎史》，唯据《周官》外史之所掌，本尼父系《易》之所述，断自庖犠氏始，三皇以来纪世，共和以后纪年”①。年表纵向以时间为线索，共和之后，横向以诸侯国为线索，分为十四个部分，首先是周，其次为周初分封各地的诸侯国：晋、曹、蔡、楚、吴、鲁、燕、越、齐、陈、杞、宋、卫。按照时间顺序分别记载周及各诸侯国大事，春秋战国时期各诸侯国治乱兴衰的变化，在年表中得以体现。

其四，集史、考、论于一书。马骕在《绎史》中引用书目浩繁丰富，经、史、子、集、注、笺等类型多样，前面已经论述。可贵的是，马骕并非单纯堆砌史料，其对史料的采用，存在一定的鉴别与考证，较为严谨。《绎史》对待史料，“疑者传疑、广见闻也”。对某些史料的可靠性怀疑但又无法考证时，文后注明怀疑态度。如先秦诸子记录尧舜之间的问答，马骕云“未足据信”。② 在考证大庭和伏羲世系之时，马骕云“《路史》谓大庭诸氏皆在伏羲之前，《伪三坟》以为皆伏羲臣名，尤不可从也”③。《齐桓公霸业》中，马骕指出《饭牛歌》“不类春秋人语，必后人所拟也”④。对于某些史料错误之处，篇后追加考证。对于同一事件或人物的不同记载，均列出以供参考对比。通过比较各类文献记载，指出某种文献的可靠或不实。如在《齐世系图》中，作者对比《春秋》三传和《史记》的记载，指出《史记》记述齐国诸公世系比其他文献更清楚明白等。马骕还考订史料中讹、误、衍、倒等的文字上的错误，此类例证甚多，不一一列举。

《绎史》最重要的特点之一，是几乎每卷之中或之后都有马骕的评论，表达自己对历史的理解与想法。笔者曾统计《绎史》的史论，其篇后评论总计6万多字，各卷评论之中，字数多则7000余字、少则40余字。其评论主要分布在太古卷、三代卷、春秋卷中。之前有学者把《绎史》作为一部史料汇编的著作看待，不承认它蕴含史学思想。从诸多史论来看，此说或有可商榷之处。中国古代史书中的史论起源较早，刘知幾对《左传》的

① 马骕：《绎史》年表，中华书局，2002。

② 马骕：《绎史》卷十，中华书局，2002，第110页。

③ 马骕：《绎史》世系图，中华书局，2002，第3页。

④ 马骕：《绎史》卷四十四，中华书局，2002，第1013页。

评价是“每有发论，假君子以称之”[①]。宋明时期，史论更为发达。清初史学受汉、宋学术双重影响，既注重史考，也注重史论，《绎史》就是一个典型代表。就纪事本末体史书中的史论来说，袁枢《通鉴纪事本末》的史论，完全出自于《资治通鉴》，章冲《春秋左氏传事类始末》、杨陆荣《三藩纪事本末》、李有棠《辽史纪事本末》《金史纪事本末》和张鉴《西夏纪事本末》都没有自撰史论，陈邦瞻《宋史纪事本末》《元史纪事本末》中的史论，有摘录如吕祖谦、吕中、丘濬等前人之论，也有自己的评论，但史论不是贯穿全书，主要集中在重要历史事件之后。而《绎史》中的均为马骕本人自撰。《绎史》将史、考、论结合，是其体裁上的又一个创新点。

总之，《绎史》在史书体裁上富有创新，该书基本上是以纪事本末体与编年体贯穿始终，但同时又吸收接纳许多体裁的优点。书中大胆利用图表，或附在卷首或安排在卷中，图文并茂，不仅有保存史料之目的，更补文字文献记载之不足。在纪事篇目中有纪人，在纪人篇目中又有纪事，纪人纪事皆详备。书中所列《周官之制》《周礼之制》《春秋杂记》等，运用了典制体。表述春秋战国诸子学术思想时，如《老子道教》《杨朱墨翟之言》《孔子类记》《子思孟子言行》《孔门弟子言行》《列庄之学》《荀子著书》《韩非刑名之学》等，又运用了学案体。《绎史》一书还具有浓厚的考证色彩，并在摘录史料之后自撰史论。这些体例的运用，看似庞杂，实则自成系统，创造出了前所未有的新的史书体裁。

李清在《绎史·序》中评价此书：“一、体制之别创；二、谱牒之咸具；三、记述之靡舛；四、论次之最核。”[②]他将“体制之别创”列在第一位，可见《绎史》因其独特的体例，在当时就深受学界重视。《四库全书总目》评价《绎史》云：“史例六家，古无此式，与袁枢所撰均可谓卓然独创，自为一家之体者矣。”[③]《史通》曾分史书体例为《尚书》家、《春秋》家、《左传》家、《国语》家、《史记》家、《汉书》家等六家，《四库总目》认为《绎史》非六家中任何一种，且与袁枢的《通鉴纪事本末》也有很大区别，是“自为一家之体”的！可惜的是，《四库总目》承认了《绎史》是一种体裁创新，但并没有过多探讨具体是一种怎样的新体裁，

① 刘知幾撰，浦起龙释《史通通释》，上海古籍出版社，1987，第81页。

② 李清：《绎史》序，中华书局，2002，第1页。

③ 永瑢：《四库全书总目》，“绎史”条，中华书局，1965。

加之《绎史》具有浓重的纪事本末体色彩，故《四库总目》把其归为纪事本末体史书。梁启超在《中国近三百年学术史》中评价《绎史》，认为“其体例之别创确有足多者，盖彼稍具文化史之雏形，视魏晋以后史家专详朝廷政令者盖有间矣”[①]。梁启超用近代史学的眼光看《绎史》，认为该书具有文化史的雏形，想必是从《绎史》综合各种体裁，能承载丰富的历史内容上说。当代学者陈其泰先生通过考察自马骕到梁启超对史书体裁的创新后指出，《绎史》是一种“新综合体”，而“马骕是近三百年探索新综合体的第一人”[②]。评论至当。

在《绎史》问世之前，史书体裁已有很多，但这些体裁一般是独立成章，很少是相互交错融合的。马骕《绎史》做到了各类体裁的融合，并且安排得当，井然有序。可以这样说，《绎史》开启了中国史学17世纪以后历史编纂上的新趋势。这种趋势是史学体例要突破一体的限制，兼采多重体例的优点，既要叙述历史脉络清晰、展现历史演变趋势，又要反映出广泛的历史内容，如人物、事件、政治、军事、学术流派、典章制度、地理环境、文化习俗等。而后，许多史学家如章学诚、章太炎、梁启超等沿着这一方向继续前行，章学诚《文史通义》中对史书体例的探讨，章太炎、梁启超发起《中国通史》体例的设想，都是这一思想的延续。改革开放以来，白寿彝先生主编的多卷本《中国通史》，再次将新综合体推向新的高度。围绕大清史编撰，学术界对史书体裁展开激烈讨论，学者们认为，要用“新综合体裁”编著清史。这种理想上的“新综合性体裁”，“以通纪、典志、传记、史表、图录等构成主干，将现代史书章节体的优点糅合到纪传体框架中，通纪用章节体叙述清代历史发展轨迹和演变大势；典志按一定的逻辑关系设置志目，除传统志目外，还要大幅度增加社会经济、文化、风俗等内容；史表设立要反映清代历史特点，增加一些新表；图录则是‘体现新综合创新体’创新特色的重要标志，以增加史书的形象性、直观性，提供极有价值的史料”。[③] 这种史书综合体裁的创新，往上追溯，不能不说是受到《绎史》的启发。

① 梁启超：《中国近三百年学术史》，商务印书馆，2011，第273页。

② 陈其泰：《近三百年历史编撰上的一种重要趋势——自马骕至梁启超对新综合体的探索》，《史学史研究》1984年第2期。

③ 杜学霞：《中国史书体裁创新的理论与实践》，《中国社会科学院院报》2008年3月27日，第3版。

三 《绎史》的思想

《绎史》每卷之中和之后皆有作者对历史的评论和见解，从中我们可以看到丰富的思想内容，而这些恰恰是以往研究关注较少的内容。

（一）《绎史》中的政治思想

其一，正统和尊王的思想。《绎史》有浓厚的尊君意识和王朝正统思想。对于《春秋》，马骕赞叹不已，“读《春秋》者，明于内外详略之宜，考于告赴隐讳之旨，约与周公典策之法，参于变例新出之义，属辞比事，触类而长，庶几笔削之微意，抑亦可窥其万一乎！”① 叹服的是《春秋》“内外详略之宜”“告赴隐讳之旨”等“笔削之微意”。《绎史》将秦朝世系放在战国时期秦国世系表中，没有单独列卷。将三分晋国的韩、赵、魏和取代齐国的田氏放于世系表最后，还比不得诸小国世系。这正是《绎史》维护专制等级、王朝正统的思想所在。马骕并不认同秦朝在中国历史上有开创一番新局面的贡献，而把它看作是战国遗留下来的小尾巴，并不能代表一个全新的时代。战国历史中，三家分晋、田氏代齐是扰乱王朝秩序，破坏王朝正统的行为，《绎史》中也有批评。

《绎史》极力赞扬周朝分封制。认为周之所以存世之久，是因为封邦建国的原因。封建制为何使周久存？在马骕看来，周时期虽诸侯、大夫僭越，但“尊王”思想深存世人心中，道德体系牢不可破，王道自然会被维护几百年之久。马骕云：“封建肇于三皇，至五帝而制备，历夏洎商，爰周郅隆，其法尤密。武王之有天下也，大封公侯于天下，班彝分器，作之屏翰，以卫王室，同姓兄弟之国五十有五，而异姓勤劳以次毕封……强干弱枝，犬牙交错，至矣哉，周详长虑，诚久安之模已。”② 马骕认为分封制强干弱枝，犬牙交错，能使天子安定，在制度设计上“可谓至善”。马骕还说：“迨后上失其制，诸侯僭于天子，大夫僭于诸侯，礼乐征伐，侵寻四溃，而王官方伯黩货，莫能征讨，浸淫不振，以至于亡，故人皆曰，周以弱亡。论者徒见周之弱亡以封建故，而不知其所以长世者，正以封建故也。”③ 马

① 马骕：《绎史》卷九十九，中华书局，2002，第2626页。

② 马骕：《绎史》卷二十一，中华书局，2002，第344页。

③ 马骕：《绎史》卷二十一，中华书局，2002，第344页。

骕在此能认识到封建制既是兴国之制，又是亡国之制。就算是战国七雄、诸侯纷争时，七国仍能共尊一王。此后，秦国并天下，实行郡县制，汉代又两制并用，但都不如封邦建国使国家稳定。马骕后还将郡县制与分封制对比，认为夏商周三代建国，“不闻匹夫横行之祸”。而秦汉设立郡县，“群盗立起，州郡莫有制者”。东周虽然衰落不堪，仍然可以伯侯相持，不至于像秦汉那样骤然而亡。“戍卒亡命，呼号草泽之间，斗胥穿箭，移国柈桓之际，甚矣，郡县不足恃，而封建为可久也”。[①] 通过这一思想，我们可以看到他对“春秋大义”思想的继承，对春秋时期君臣礼仪、道德秩序的向往。由于受这种思想的影响，马骕看不到秦朝创设郡县制是对后世政治制度的贡献，也因此在《秦并天下》与《秦始皇无道》等卷目中舍弃了秦始皇建郡县、设三公、书同文、车同轨等功绩，反而对他的暴政作详细引录。

马骕有着强烈的“尊王”思想，所谓“天无二日，民无二王，国无二主，尊无二上，故诸侯不得相推为王”[②]。他的尊王思想又有自己的特点，那就是极力为君主辩护。《绎史》记述了《左传》对“繻葛之败”的评价：“庄守臣节，桓失怀柔。繻葛之败，直自取尔。”[③] 马骕对此并不认同，他认为这是“不知君臣之间有讨无战”。斥责郑庄公为“春秋首恶”，对郑庄公予以严厉的谴责：“而敢弁髦王章，以修其小怨。庄公之罪，浮于羿、浞矣……郑伯何人，而挟王质子，两掠京畿，天威震怒，敢抗王师，鱼丽拒阵，俨若敌国。”[④] 并列出郑庄公的诸多不义之举：“平、桓之时，诸侯之强诈不仁，无如郑庄公者，而善为伪辞，以文其说。试观其易田曰假，袭纪曰朝，逐其弟而愧糊口，离其母而赋融泄，灭许而分其国，则曰‘我无利此土’，射王而中其肩，犹曰‘不敢陵天子’，其于君臣母子兄弟邻国之间，莫不内肆奸贪而外为恭顺。有圣天子出，必以郑伯为首诛焉。”最后马骕评价说：“君尊臣卑，天下之大防也。君不尊则失为君之权，臣不卑则不守为臣之节。犯乱自此生，而大逆由斯起，古今之纲纪礼义，为之沦胥以亡也。”[⑤] 同样是维护专制统治秩序，但是马骕有一套自己的见解，认为君臣各有责任和义务。同样是“尊王”，马骕与别人“尊王”有明显

① 马骕：《绎史》卷二十一，中华书局，2002，第 344 页。

② 马骕：《绎史》卷二，中华书局，2002，第 14 页。

③ 马骕：《绎史》卷三十五，中华书局，2002，第 835 页。

④ 马骕：《绎史》卷三十五，中华书局，2002，第 837 页。

⑤ 马骕：《绎史》卷三十五，中华书局，2002，第 836 页。

不同，马骕特别注意君王的作风，从以下马骕对三皇五帝功绩的赞扬中，我们可以充分体会他的“尊王之意”：“皇神化而莫违，帝高居而丕冒，王天下所归往，天佑之，民戴之，其德同也。三皇之世如春，五帝之世如夏，三王之世如秋。非春不生，非夏不长，非秋不成，其时不同也而功同。三王异世不相袭礼，五帝殊时不相沿乐。曰作曰述，或革或因，其政不同也而道同。”[①] 马骕把“德同”“功同”“道同”放在重要位置论述，其“尊王”思想是君王必须有君王之“德”“功”“道”，天下归往，人民爱戴，这才是王道。

对于春秋战国时期的诸侯争霸，《绎史》有开明的认识。“春秋大义”主张抑制霸主，平衡各国，维护礼乐秩序，但马骕认为霸主有存在的理由。马骕与《春秋》虽在霸主的问题上有区别，但两者的主要目的是一样的，都是为了“尊王”。在《绎史》中，马骕对霸主的重要性有自己独特的看法。他认为“中国不可一日无霸也，（齐）桓公既没，晋文未兴，旷八年而无霸矣，无霸而有霸，则秦穆公为之也……故曰：晋之霸也，秦穆公其有焉，定献之乱，成文之功，中国再振，是齐桓公不能为者，穆能为之矣”[②]。霸主的交相并起，反映了当时历史的盛衰变化。马骕还有“霸主强，诸侯睦，小国保”以维护王朝秩序的思想。他指出，天下如果没有霸主，小国就会失去保护伞，整日奔走斡旋于各国之间，以求自保，这样难免引起大动乱，不利于维护王朝秩序。在天子和霸主之间，马骕是矛盾的。他指责晋国灭虢时，无视周天子的存在，完全没有仁义畏惧之心。但当鲁国发生“叔孙侨如之乱”时，晋国身为霸主，面对鲁国贼臣叛乱，本应出于仁义，以霸主之令剿灭之。可晋国听人谗言，没能如此，是不可取的。马骕想维护天子的地位，无奈天子实力弱小，于是又希望霸主能够以仁义之心代行天子之事。对于诸侯间的战争，马骕明确表示不支持好战者和不义之战。“呜呼！好宠者乱，好战者危，齐以崔、庆之宠，间高、国之命卿，国所以三世不靖也。其君黩武好勇，叛伐盟主，灵、庄所以弗戢自焚也”[③]。以此看出，马骕反对诸侯、大夫、臣子之间的篡弑、夺位之乱。

其二，察民隐、重民生的思想。对于君王的爱民之心，马骕极力赞

---

① 马骕：《绎史》卷二，中华书局，2002，第 14 页。

② 马骕：《绎史》卷五十四，中华书局，2002，第 1302 页。

③ 马骕：《绎史》卷七十，中华书局，2002，第 1506 页。

扬。他认为尧舜禹三代开国君王，均为百姓谋福利，因此受百姓爱戴，“禹平水土，其施功于民最切，天下之戴禹”。[①] 同时，他批评三代末世之君不察民隐，重民生，最终导致灭亡。“纣一日不亡，民一日不生，民不生，则天心弗忍，取残救民之责，武王又安所让哉”，“纣之无道，亿兆离心久矣”[②]。在《商汤灭夏》中，《绎史》再次阐述了保护民生对于治国安邦的重要性。“夏后传子，禹之德及民者远，卜年有永，虽有中主，享国保世。其后孔甲淫乱，夏政始衰。传及后癸，昏暴纵恣，任威信谗，陵铄诸侯，武伤百姓，而天下始离畔矣”。[③] 在《宣王中兴》中，马骕阐述了“民安则君安”的思想。他以周宣王即位为政为例，指出宣王承周厉王之乱，接受教训，励精图治，安抚民众，所以国家兴盛。随着天下安宁，深宫晏起，慢慢磨平了周宣王的志气，于是“不藉千亩，料民太原，立鲁侯不以适，杀杜伯而非其罪”[④]，所作所为与厉王相似，导致衰落。幽王继位后，只顾贪图享乐，不为民谋福利，几年之内，国君被弑，国家灭亡，于是周朝东迁，从此一蹶不振。

其三，重视人才的思想。马骕充分认识到人才在国家治理中所起到的重要作用，马骕肯定“传贤不传子”的做法，认为“官天下者，以天下为公器，唯贤是择……有至德者登大位，皆以其贤也，非以其亲也”[⑤]。马骕指出，尧善用舜，并禅让之，才使当时混乱的局面得以控制并向好的方向发展。商朝灭亡的主要原因是不用贤人，对殷之三仁微子、箕子和比干的建议不采纳。齐桓公能称霸，关键能用人，“故桓公中主也，得管子而名彰……君子是以知管子之所以贤也，能辅君也；桓公之所以霸也，能用贤也”。[⑥] 宋襄公不用人才，不听进谏，导致祸端，“初，公之立也，以子鱼为左师，自是以来，每事必谏，倘能用其一言，犹堪振祸”。[⑦] 晋文公用贤人宁武子，有利于国，“宁武子之事君也，先无道而后有道，彼元咺之狱，三载而弭，嗣是以来，国家无事，无道短而有道长，若是乎贤者之有益于人国也”[⑧]。秦穆公能用贤人，“穆公悔过，而能用贤，彭衙再败，又复修

① 马骕：《绎史》卷十二，中华书局，2002，第160页。
② 马骕：《绎史》卷二十，中华书局，2002，第318页。
③ 马骕：《绎史》卷十四，中华书局，2002，第193页。
④ 马骕：《绎史》卷二十七，中华书局，2002，第837页。
⑤ 马骕：《绎史》卷八，中华书局，2002，第86页。
⑥ 马骕：《绎史》卷四十四，中华书局，2002，第1148页。
⑦ 马骕：《绎史》卷四十七，中华书局，2002，第1172页。
⑧ 马骕：《绎史》卷五十二，中华书局，2002，第1280页。

德，三举而晋不能争，转败为功，贤孰大焉”①。对于人才在治国安邦中的作用，马骕通过梳理史实，给予高度评价，“国有贤人，社稷之卫也”，“得其人者昌，不得其人者亡”。“管子之秩，不参于高、国，而齐桓用之以霸；子罕之位，不加于华、向，而宋国赖之以安。故曰：国有贤人，社稷之卫也”②。“国非有强弱也，得其人者昌，不得其人者亡。郑小国耳，居南北之冲。自庄厉以来，晋楚交躏其地，国之不亡幸矣。乃以五岁即位之简公，国家内乱，疆埸外扰，悼共方争，边吏日警，而不数年间。外患以平，内政以修，解甲息民。国家晏然称治焉，谓非子产之力乎”③？

（二）《绎史》中的史学思想

其一，“天人感应”与“无神论”共存。虽然《绎史》对占卜、巫术之事表示不满，却又屡屡提及“天人感应”之说。“且帝之所以首重之事何也？人君代天理民，非敬天无以图治，非宪天无以出治，非奉天无以成治，帝惟以兢业钦若之心，懔乎兆民之上，以天道为君道……天降洪水，下民昏垫，胤子不肖，鲧绩无成，凡此者，皆天也”④。马骕认为存在因果报应，并推论冥冥之中自有“天道”在起作用。“亡于陈而兴于齐，犹覆亡而不亡也。实赖公子完之后，有虞氏之胄，元女大姬之所出，社稷可屋，而子孙不可绝，舜之明德远矣。亡陈者楚，亡齐者陈，信乎其有天道也。”⑤《绎史》中虽有“天人感应”之说，但在书中我们随处可见许多肯定“人”在历史发展中作用的观点，比如对黄帝其人其事的评价，“黄帝修德改政，习用干戈，战炎帝于阪泉，禽蚩尤于涿鹿，四征弗庭，罔不率服，诸侯尊之，遂王天下。盖自太古以来，以武定天下，黄帝其首称也”。对于神化黄帝的怪诞说法，马骕认为均不可取。黄帝虽为五帝之首，功绩卓越，但也不能将一切神化怪诞之事放于他身上：“逮秦汉之际，方士者流，始托为神仙之说……谓帝得秘文内诀，召致天神，遍历名山，访真证道，长生度世，骑龙上升，举一切迂怪之谈，悉附会之。”“故备论其事，俾读史者知所去取焉”⑥。对于蚩尤是“铜头铁额，八肱八趾，兴云吐雾，

① 马骕：《绎史》卷四十七，中华书局，2002，第1302页。
② 马骕：《绎史》卷六十五，中华书局，2002，第1446页。
③ 马骕：《绎史》卷七十四，中华书局，2002，第1553页。
④ 马骕：《绎史》卷九，中华书局，2002，第100页。
⑤ 马骕：《绎史》卷九十三，中华书局，2002，第2291页。
⑥ 马骕：《绎史》卷五，中华书局，2002，第70页。

以迷军士。天遣玄女与魃，始克制伏之”的说法，《绎史》认为蚩尤“是姜姓之人，绝非异类”[①]。对于老子学说，马骕给予高度评价：“史称老子所贵道虚无，因应变化于无为。故著书辞，称微妙难识……盖其道以无为为宗，以守柔藏虚为质，清静淡泊，伏处远祸，不与世竞其纷华，史以为瘾君子者也。著书五千言，贵道德而薄仁义，后世道家者流，咸以是为宗焉。”但对于老子的身世、年龄等有关传说，马骕则不以为然：“世之言老子者，多神怪不经，谓寿且数百岁，或言生于周初，而神仙家言，其先天地生，历三皇五帝，变易名号，神化莫测。”之所以出现这种情况，乃“道家称为老氏之书者，多附托，不具录”[②]。表明马骕坚持无神论，反对迷信怪诞之说的立场。

其二，历史发展观和朴素辩证法。评论历史，马骕有历史发展的眼光和朴素的辨证分析方法。在《陈氏专齐》中，马骕把整个历史过程叙述一遍，指出：“夫景公齐国之显君也，然不能权自上操，弭祸乱于方治。惟田猎繁刑之是尚，彼陈氏方且骤施于民，要誉于国，公在位日久，陈氏之得民日深。纵令早建世子，犹恐私行爱憎，间群子以启衅，况加私昵焉，是速之为乱也。”[③] 马骕以历史发展的眼光看待陈氏专齐：“原陈氏所以得行其志者，由于景公之不振，君务为失民而臣务为得民，晏婴言礼可为国，孔子言君臣父子，公善之而不能用，身殁之后，祸不旋踵，三君之死，非景公其谁尤耶？”[④] 马骕清晰具体地分析齐国陈氏从弱变强，由小国发展成大国的发展变化，最后一针见血地指出“陈氏专齐”的深层历史原因。

辩证分析的思想方法在《绎史》中多有运用。在《晋文公霸业》中，马骕对齐桓、晋文两霸进行比较，认为“时势不同，迟速异效。齐桓、晋文之事，所由并著于《春秋》”[⑤]。马骕认识到“时势”对两国不同称霸方式造成的影响。齐桓公以威称霸，晋文公以武称霸，齐桓公不战而屈人之兵，晋文公却在对方投降之后，仍要诉诸武力。齐桓公称霸之时，属春秋开端，乃举“尊王攘夷”之大旗。晋文公称霸时，“诛观状于郑国，责乘轩于曹人，请隧召王，威陵天子，凡其所为，往往报私怨而违礼义”[⑥]。马

① 马骕：《绎史》卷五，中华书局，2002，第70页。
② 马骕：《绎史》卷八十三，中华书局，2002，第1875页。
③ 马骕：《绎史》卷七十九，中华书局，2002，第1730页。
④ 马骕：《绎史》卷七十九，中华书局，2002，第1730页。
⑤ 马骕：《绎史》卷五十一，中华书局，2002，第1274页。
⑥ 马骕：《绎史》卷五十一，中华书局，2002，第1274页。

骕运用朴素辩证法思想探讨“二霸”，认识到“时势”对各国形势产生的不同影响，正因为齐、晋称霸方式不同，其后的发展过程也不同。“《春秋》之于霸者，姑略其心而言其事，若夫齐桓死，五子争立，霸业遂衰；晋则文公既卒，而襄公能继之，墨绖败秦，获狄子，讨楚党，一岁而服三强，文襄之烈，是以并称，又晋之逾于齐者也。”① 马骕对齐桓、晋文霸业进行了上述比较后，认为齐桓以威取重，牺牲小而成功大，因此霸业基础不牢固，管仲死而霸业衰，桓公死，五子争立，国力锐减，很快就失掉了霸主的作用；晋文则在重重困难中创业，以武力克强楚，取威于诸侯，霸业基础较坚实，所以晋文卒，襄公继，文襄之烈并著于史，晋文公的霸业超过齐桓公。

马骕运用辩证法分析历史，比起其他学者的齐、晋之论，颇有新意。在分析夏桀宠爱妹喜、商纣宠爱妲己、周幽迷恋褒姒而误国失政时，马骕同样用辩证比较法，找出了其间的异同。“从来国家之兴，必起于忧危；其衰也，常由于逸豫。人主之勤惕，多生于患难，而懈怠恒积于晏安。宣承厉王之乱，恐惧克励，所以兴也。迨其后，天下安宁，深宫晏起，宣王之志荒矣。于是不藉千亩，料民太原，立鲁侯不以适，杀杜伯而非其罪，所为如此，安得而不复衰？”②

其三，怀疑史书与“历史”的精神。“尽信书，则不如无书”，马骕对此思想深信不疑，他在《皇王异说》中论述道：“自迁之书出，遂令言三皇者，欲备其数而不得，则纷然聚讼，或曰燧人，或曰女娲，或曰祝融矣。夫迁之所本者，《帝系》与《世本》也。然而《帝系》、《世本》，或出于周末，采录固有不可依据者。舜祖虞幕，见于《左氏》《国语》者明甚，而脱漏失纪，是岂可尽信乎？且迁之所记，往往乖刺疑误，合重、黎而为一，是楚有二祖也。齐为四岳之裔，又为伯翳之后，是齐亦有二祖也。以伯翳为皋陶之子，秦、赵方兴，何臧孙有不祀之叹？伯翳佐禹治水，以驯服鸟兽，即《书》所谓益作朕虞，《孟子》所谓使益掌火者矣。《史》于《本纪》既两歧其名，于《世家》又分为二人，何其谬邪！”③ 对于经书，马骕一点也不迷信，将六经作为史料来看待，而且是按“考史”的态度对待它们。“或曰以经为史可欤，曰奚不可！夫唐虞作史而综为经，

① 马骕：《绎史》卷五十一，中华书局，2002，第1275页。

② 马骕：《绎史》卷二十七，中华书局，2002，第837页。

③ 马骕：《绎史》卷二，中华书局，2002，第13页。

两汉袭经而别为史，盖经即史也。”[①]《绎史》叙述史事，无论经书、史书，皆有同等价值，不以经、史分其轻重优劣。

“疑史思想”在《绎史》中也常有体现，如《有虞纪》中说：“疑舜之祖，将并疑高阳、夏后氏之祖，夫岂史迁同族异号之说，茫然无所原本，而肆为妄谬，以待后人之摘发哉？惜乎诸儒疑统系之舛，而未及察世代之疏，仁山金氏发其端，而未究其所以然也。”[②] 又如《高阳纪》中写道：“颛顼，黄帝之孙，而少昊氏兄弟之子也。据《史》嗣黄帝而立，据《世纪》则继少昊而立。少昊一代，即不可泯，则《世纪》为可信乎？然《史》之失，在于轻信而多疏。《世纪》之失，在于牵合而附会。”[③] 马骕对史书中竞相“造史”的做法深恶痛绝，表达了强烈的不满。

---

① 李清：《绎史》序，中华书局，2002。

② 马骕：《绎史》卷十，中华书局，2002，第124页。

③ 马骕：《绎史》卷七，中华书局，2002，第80页。

略论乾嘉时期考据派与浙东学派的文风*

刘开军

（四川师范大学历史文化学院，四川　成都，610068）

摘　要： 对于学术研究与撰述而言，学问当然是第一位的，但文风并非无关紧要，因为它承载着思想的流行与知识的传播，甚至会影响到情感的表达与意义的传递。史学界对史家文风的考察，一则表现为对史家叙事艺术和叙事理论的鉴赏与评论，二则见之于史家风格论。关于文风的研究还有待拓展。不同史学流派在文风上往往表现出明显差异。乾嘉考据派的文风可谓之老吏断狱，具有逻辑严密、思路清晰、证据链环环相扣等优点，是考据家赖以成名的技艺。但它毕竟略显干瘪，缺少生气。这与浙东学派的文风恰好形成一个反衬。浙东学派代表人物章学诚的文风具有驰骋与沉郁的特点。所谓驰骋，是指行文纵横捭阖，不为事累，文以达意。而沉郁之风则表现为言近旨远，意蕴深刻。乾嘉考据派和浙东学派都找到了适合各自风格和路数的文风，从这一点来看，他们都是成功的。对乾嘉史学流派文风的研究，意义又不限于乾嘉时代，因为它上有所承继，下有所引领，对于当前历史撰述的文风也有借鉴的价值。

关键词： 乾嘉考据派　钱大昕　王鸣盛　章学诚　浙东学派

对于学术研究与撰述而言，学问当然是第一位的，但文风并非无关紧要，因为它承载着思想的流行与知识的传播，甚至会影响到情感的表达与意义的传递。换而言之，文风并非只是扮演着学问外衣这样的“次要”角

* 国家社科基金一般项目“清代中期史学批评研究”（16BZS004）的阶段性成果。

色，它是学问的一个有机组成部分。从学术的角度，对“文风”问题进行专门而系统的研究，在文学界已有相当的进展，包括著名文学家的文风、文体与文风、时代与文风、地域与文风、某一文风的形成与转变等。历史撰述离不开属辞比事，同样需要关注文风问题。多年来，史学界对史家文风的考察，一则表现为对史家叙事艺术和叙事理论的鉴赏与评论；二则见之于史家风格论，因为“风格必然包括文风，所谓行文技巧、用字遣句，各具特色。史家以文载史，所载之史势必透露史家的技艺与表现形式”[①]。史学界的文风研究仍在持续，并有待拓展。比如，史家性情、气质与文风的关联，不同学派的史学家在文风上往往表现出明显差异，考据类文章、叙事型撰述与理论性著述的文风也各有特点。这里尝试结合清代乾嘉考据派和浙东学派的文风问题，发表一些浅见。

一　老吏断狱

乾嘉考据派擅长考据，似非文章高手，实则不然。当友人向钱大昕称道方苞的古文时，他特意找来方苞的文章，读后的评语是方苞之文虽胜过“世俗冗蔓猥杂之作”，但仍“未喻乎古文之义法”。原来，钱氏于文章之道自有主张：“古文之体，奇正、浓淡、详略，本无定法”，批评以“情词动人心目”的文风。钱大昕认为友人不过是因为方苞之文“波澜意度近于古而喜之”，实则方苞的文章得“古文之糟粕，非古文之神理也”[②]。桐城派古文自有其在文学史上的地位，钱大昕的批评亦有可商榷之处，但钱大昕对于方苞文章的评论却明白地表达了他的文章审美——不追求情词的动人，也不措意于所谓的“波澜意度”。那么，钱大昕推崇怎样的文风呢？结合他的《廿二史考异》《潜研堂文集》《十驾斋养新录》等论著，或可谓之“老吏断狱”。而这四个字也基本概括了乾嘉考据派普遍的文风。

《史记·酷吏列传》记载了张汤幼时因鼠盗肉而掘窟劾鼠的一段故事：“汤掘窟得盗鼠及余肉，劾鼠掠治，传爰书，讯鞫论报，并取鼠与肉，具狱磔堂下。其父见之，视其文辞如老狱吏，大惊，遂使书狱。”[③]后来，老吏断狱便被用作形容治学的细密、审慎和严苛。如朱熹说读书当“如酷吏

① 汪荣祖：《陈垣史学风格》，《史学理论与史学史学刊》，2011，第51页。

② 钱大昕：《潜研堂文集》卷三十三《与友人书》，载《嘉定钱大昕全集》（增订本）第九册，凤凰出版社，2016，第545～546页。

③ 《史记》卷一百二十二《酷吏列传》，中华书局，1982，第3137页。

治狱，直是推勘到底”[①]。浦起龙提出史学家“判语如谳”[②]。这里则用其本意，专指一种文字风格。钱大昕的《廿二史考异》、王鸣盛的《十七史商榷》、汪辉祖的《元史本证》等考史专书中有关舆地、职官、音韵、历法等问题的札记，于一人、一地、一字、一音作细密的考证，指摘正史之误，并为之“改讹文，补脱文，去衍文，又举其中典制事迹，诠解蒙滞，审核踳驳”[③]，的确给人以老吏断狱的文字感受。刘咸炘论清代考据家的文章“外观朴樕，内实经密”[④]。这八个字与老吏断狱亦相通，试申论之。

钱大昕考辨东晋时期侨置郡县之称呼，并依此批评唐初《晋书》的一段文字，可作为考据派老吏断狱文风的一个案例。《宋书》记载宋武帝永初元年八月，“诸旧郡县以北为名者，悉除；寓立于南者，听以南为号”。[⑤]钱大昕于此句下写道：

> 义熙十二年，以徐州之彭城、沛、兰陵、下邳，兖州之高平、鲁、泰山诸郡封宋国，此寓立于南之郡也。十三年，以徐州之北琅邪、北东莞、北东海、北谯、北梁，豫州之北颍川、北南顿诸郡益宋国，此以“北”为名之郡也。晋世侨置郡县，皆无“南”名。《州郡志》称晋明帝立南下邳郡、成帝立南沛郡，又云“南义阳太守，晋末以义阳流民侨立”，又云“南河东太守，晋成帝咸康三年，征西将军庾亮以司州侨户立”，诸“南”字皆永初以后所加，而休文追称之，非晋时已有此名也。《晋志》，元帝以江乘置南东海、南琅邪、南东平、南兰陵等郡，分武进立南彭城郡，明帝又立南沛、南清河、南下邳、南东莞、南平昌、南济阴、南濮阳、南太平、南泰山、南济阳、南鲁等郡，皆永初以后所加。唐人修《晋史》者，误认为晋制，殊愦愦矣。[⑥]

原来，东晋时期侨置郡县本不曾冠以“南”字。以“南”称谓侨置郡

① 黎靖德编《朱子语类》卷十《读书法上》，中华书局，1986，第164页。
② 浦起龙：《史通通释》卷十九《五行志错误》按语，上海古籍出版社，1978，第535页。
③ 王鸣盛：《十七史商榷·序》，上海书店出版社，2005，第1页。
④ 刘咸炘：《浅书·学文浅导》，《推十书》（增补全本）己辑，上海科学技术文献出版社，2009，第142页。
⑤ 沈约：《宋书》卷三《武帝纪下》，中华书局，1974，第55页。
⑥ 钱大昕：《廿二史考异》卷二十三《宋书·武帝纪下》，上海古籍出版社，2004，第390～391页。

县是南朝宋武帝时期的做法。结果，沈约撰《宋书·州郡志》时草率追称，唐初史家修《晋书·地理志》又受沈约误导，以为侨置郡县冠以“南”字是东晋时事，实则大谬。这条札记无一句无来历，文字老练，是非曲直，一目了然。《晋书》的作者对于钱大昕“愦愦”的批评，当是无法辩解的。

需要强调的是，即便是考据派评论史事的文章，也如同一篇篇判词，同样体现出老吏断狱的文风。钱大昕的好友王鸣盛无疑是这方面的文章高手。《灌婴论》是王鸣盛为西汉名将灌婴撰写的一篇史论。众所周知，西汉初年，诸吕危刘，多赖陈平、周勃而平乱，匡扶汉室。王鸣盛却在文章开篇就写道：“汉诸吕之平也，灌婴之功为大，何则？”王鸣盛先是指出陈平和周勃虽有功，但陈、周二人对诸吕作乱更负有不可推卸的责任，这是读史者常常忽略的：“惠帝崩，高后哭泣不下。此时高后奸谋甫兆，使平、勃能逆折其邪心，安见不可扑灭者？乃听张辟疆狂竖之言，请拜产、禄为将，将兵居南、北军。然则启吕氏之乱者，平、勃也。高后欲王诸吕，王陵守白马之约，而平、勃以为无所不可。然则成吕氏之乱者，亦平、勃也。”而从全局来看，在平定诸吕的过程中，灌婴的作用非同小可：“当留屯荥阳，与齐连和之时，婴之远虑有过人者。”① 王鸣盛所言是有依据的。史载：“太后崩，吕禄等以赵王自置为将军，军长安，为乱。齐哀王闻之，举兵西，且入诛不当为王者。上将军吕禄等闻之，乃遣婴为大将，将军往击之。婴行至荥阳，乃与绛侯等谋，因屯兵荥阳，风齐王以诛吕氏事，齐兵止不前。绛侯等既诛诸吕，齐王罢兵归，婴亦罢兵自荥阳归，与绛侯、陈平共立代王为孝文皇帝。”② 当吕禄得知齐哀王领兵而来时，即派灌婴抵挡。但出乎吕禄意料的是，灌婴反而与周勃、齐哀王里应外合，使吕禄陷入被动，茫然不知如何应对。对于灌婴的做法，有一种观点认为，“非君命而受其使，后卒以靖乱，以此予婴之能权”。王鸣盛则认为灌婴的决定并非权宜之计，“夫婴，高帝宿将，诸吕于此方忌故大臣，而危急之际一旦假以重兵，使得专制阃外，此必婴平日伪自结于吕氏，若乐为之用者，而始得此于产。既得兵权，遂留屯荥阳，待其变而共诛之。”这是揭示出了一段隐藏在《史记》叙事背后的情节。因为灌婴平日善于伪装，故取得

① 王鸣盛：《西庄始存稿》卷二十《灌婴论》，《嘉定王鸣盛全集》第十册，中华书局，2010，第352页。对这篇文章，王鸣盛是非常满意的，晚年整理旧作，稍加改动，收入《十七史商榷》卷五，名为《灌婴于平诸吕为有功》。

② 司马迁：《史记》卷九十五《灌婴传》，第2672～2673页。

了吕禄的信任，但他一旦手握重兵后并不听从吕禄的号令，吕禄不得不有所顾忌。陈平和周勃才得以“从容定计，夺其兵权而诛之。然则平、勃之成功，婴有以助之也”。又有人质问，为何灌婴不趁机与齐哀王“引兵而归，共诛诸吕，乃案兵无动，此婴之心可疑”。王鸣盛解释说：“若婴合齐兵而归，遽以讨吕氏为名，则吕氏乱谋发之必骤。”也就是说，倘若灌婴与齐哀王公开联手，诸吕势必拼死抵抗，其时，吕禄为上将军，握将印，“必将胁平、勃而拒婴与齐之兵。幸而胜之，喋血京师，不戕数万之命不止。我故曰：留屯荥阳与齐连和之时，此婴之远虑也”。[①] 从文风的角度来看，王鸣盛先提出问题，接着摆事实讲道理，反驳对于灌婴的两种质疑。整篇文章浑然一体，结构谨严，援引史事，钩沉索隐，恰到好处，具有很强的说服力。

如果说《灌婴论》已显示出王鸣盛老吏断狱的文风的话，那么《范蔚宗以谋反诛》则将这种文风发挥得淋漓尽致了。

元嘉二十二年（445），刘宋皇权内部发生了一场失败的宫廷政变。宋文帝的弟弟彭城王刘义康欲篡夺皇位，事情败露。《后汉书》的作者范晔也受到牵连。是年十二月，范晔及其四子一弟被杀。这就是中国史学史上有名的范蔚宗谋反案。对于此案之始末原委，《宋书》本传记载甚详。长期以来，史家多认同此说。直到乾嘉时期，王鸣盛为范晔作了长篇辩护。文虽长，然而为了体现其文风，节录其主体仍是必要的：

> 蔚宗生晋安帝隆安三年，宋受禅年二十二，盖当宋台初建即仕刘氏，故国之思既已绝无，新朝之恩则又甚渥。熙先以文帝弟义康出镇豫章，欲弑帝迎义康立之，此真妄想，事之必不能成，下愚亦知，蔚宗乃与共谋乎？且当义康执政，蔚宗以饮食细过为所黜逐，怨义康必甚，熙先钩蔚宗之甥谢综，综为解隙，亦何肯遂以身殉乎？蔚宗于文帝君臣之际，乐游应诏，豫陪赓歌，携伎被弹，爱才不罪，为左卫将军掌禁旅，参机密，深加委任，可谓嘉遇矣。忽欲操戈相向，非病狂丧心，何乃有此：熙先说诱蔚宗以国家不与为婚姻，当日江左门户高于蔚宗者多，岂皆联姻帝室者，而蔚宗独当以此为怨？亦非情理。蔚宗始则执意不回，终乃默然不答，其不从显然，反谓其谋逆之意遂

① 以上引文皆见王鸣盛《西庄始存稿》卷二十《灌婴论》，《嘉定王鸣盛全集》第十册，第352～353页。

定，非诬之邪？……又云："久欲上闻，逆谋未著。又冀其事消弭，故推迁至今。"然则蔚宗特知情不举，乃竟以为首乱之人，何哉？蔚宗善弹琵琶，文帝欲闻，终不肯，其耿介如此。序《香方》，一时朝贵咸加刺讥，想平日恃才傲物，憎疾者多，共相倾陷。《宋书》全据当时锻炼之词书之，而犹详载其自辨语，《南史》并此删之，则蔚宗冤竟不白矣。①

王鸣盛先从范晔的生平讲起，指出了范晔不可能谋反的三点理由。一是，刘宋建立时，范晔已经二十二岁，谈不上对于晋的故国之思，相反他受刘宋朝廷的赏识，被委以重任。范晔实在没有弑君的理由。二是，弑帝拥立刘义康，胜算很小，范晔是一个有眼光的史学家，没有必要铤而走险。三是，范晔与刘义康素有矛盾。元嘉九年（432），刘义康的生母彭城太妃薨，范晔"夜中酣饮，开北牖听挽歌为乐。义康大怒，左迁晔宣城太守。"② 尽管事后范晔之甥谢综从中调和，但范晔也不至于心甘情愿地为刘义康称帝而赔上身家性命。至于《宋书》所载："晔素有闺庭论议，朝野所知，故门胄虽华，而国家不与姻娶。熙先因以此激之曰：'丈人若谓朝廷相待厚者，何故不与丈人婚，为是门户不得邪？人作犬豕相遇，而丈人欲为之死，不亦惑乎？'晔默然不答，其意乃定。"③ 王鸣盛反驳道当时江左门户中高于范晔者尚多，并非都与帝室联姻，范晔因此而要造反，亦不合情理。"默然不答"不等于心意已决。那么，范晔为何被诬为首谋呢？王鸣盛分析是因为范晔狂放不羁、恃才傲物，得罪权贵，加之交友不慎，平日里与范晔有隙或被范晔讽刺过的权贵借此机会落井下石，必欲除之而后快。总之，范晔与真正的谋反者孔熙先等交往甚密，被卷入是非的漩涡，虽与此案有牵连，但并非主谋。

这篇共计约1500字的《范蔚宗以谋反诛》，对这一公案中的疑点层层反驳，从人情、世故、政治以及范晔、刘义康和宋文帝三方的关系入手，有陈述，有反诘；有事实，有解释；既不回避孔熙先等人对范晔的指控，也列出范晔被捕后的自述。王鸣盛为范晔申诉，但并非作无罪辩护。他不否认范晔有罪，只是其罪非如史书所载。就文风而论，此文辨辞犀利，知人论世，能自圆其说。难怪晚清学者李慈铭读到这篇文章时，

① 王鸣盛：《十七史商榷》卷六十一《范蔚宗以谋反诛》，第485～486页。
② 沈约：《宋书》卷六十九《范晔传》，第1820页。
③ 沈约：《宋书》卷六十九《范晔传》，第1821页。

赞叹自王鸣盛此文出，“奇冤始雪。盖蔚宗此狱，揆之以事以势，以情以理，皆所必无”。[①] 这也从一个侧面说明，王氏的文风起到了很好的论辩效果。

总的来看，考据派老吏断狱般的文字，具有逻辑严密、思路清晰、证据链环环相扣等优点，是考据家赖以成名的技艺。这与考据派所秉持的“实事求是”[②] 的治学态度密切相关。同时，这种文风也非常适合于考史和作翻案文章。但它毕竟略显干瘪，缺少生气。这与浙东学派的文风恰好形成一个反衬。

二 驰骋沉郁

浙东学派的代表人物章学诚对历史撰述与文风的关联有高明的认识，所谓“史所载者事也，事必藉文而传，故良史莫不工文”[③]。他自述文字功夫的训练过程，是“向苦文为事役，今觉事自就文。向苦掇拾艰难，今觉位置稍易”[④]。“乃悟行文之道，纵横驰骤，惟吾意之所之”。[⑤] 这是驾驭文字由难而易，运思词句得心应手的生动写照。章学诚意识到“学文之要，在乎养气。养气之功，不外集义。中有所主，而不能畅然于手与心，则博稽广览，多识前言往行，使义理充积于中，然后发而为文，浩乎其沛然矣。”[⑥] 这些领悟塑造了章学诚的文风特点——驰骋与沉郁。

先来说驰骋之风。所谓驰骋，是指行文纵横捭阖，不为事累，文以达意。《文史通义》的《原道》《言公》纵贯千载，吞吐四部，妙语连珠，给人以思想上的广阔空间。《习固》篇论学贵真知，破除习固，于隐微处辨是非，也写得十分精彩。他论北宋诸家之学识，称：“尹氏之识、二刘之学，已各不相蒙。南丰曾氏史学，本于向、歆父子，乃校雠之学，非撰著之才也。神宗欲修国史，用曾南丰，是知其史学，而不知曾非纪传之史所宜。其进《太祖论》，则干宝《晋纪》之俦。如司马氏用以襄事《通鉴》，则近之矣。神宗不当意而改

① 李慈铭：《越缦堂读书记》，由云龙辑，上海书店出版社，2000，第 237 页。

② 钱大昕：《廿二史考异·序》，上海古籍出版社，2004。

③ 章学诚：《文史通义》，叶瑛校注本，中华书局，1985，第 220 页。

④ 章学诚：《章学诚遗书》卷九《与邵二云》，文物出版社，1985，第 81 页。

⑤ 章学诚：《章学诚遗书》补遗《与史余村论文》，第 614 页。

⑥ 章学诚：《章学诚遗书》补遗《答陈鉴亭》，第 614 ~ 615 页。

用苏氏，则又去之远矣。苏长公之于史事，风马牛也。”[①] 此论大开大阖，由北宋史学而上溯东汉刘向、刘歆父子的校雠之学和晋人干宝的史学；又论尹师鲁的史识与刘恕、刘攽的史学不同，再评曾巩、苏轼的史才，胸中自有一番天地。类似的文字还有不少，如：

> 获麟而后，迁、固极著作之能，向、歆尽条别之理，史家所谓规矩方圆之至也。魏晋六朝，时得时失，至唐而史学绝矣。其后如刘知幾、曾巩、郑樵，皆良史才，生史学废绝之后，能推古人大体，非六朝、唐、宋诸儒所能测识。余子则有似于史而非史，有似于学而非学尔。然郑樵有史识而未有史学，曾巩具史学而不具史法，刘知幾得史法而不得史意。此予《文史通义》所为作也。[②]

这条评论囊括春秋以降至于南宋千余年史学发展的得失利病，言明自己撰述的旨趣，既评点了前代史学，也指明了当时史学之理论动向。从文风上看，从心所欲，纵笔所之，有水到渠成之感，无拖泥带水之累，非一般拘泥于雕琢的文字可比。

驰骋的文风能够营造一种宏大气象。名言高论，意蕴充盈。陈濂称章学诚的文章，“惟精斯通，神化变灭，乃造极轨”。因其“才高学富”，故能“取心注手，随所陶铸，因方为珪，遇圆成璧”[③]。此论虽稍有夸饰，但其言说实斋文风，倒是颇得要领。

再来说沉郁之风。这要从章学诚的自评讲起。他曾说：“百年而后，有能许《通义》文辞与老杜歌诗同其沉郁，是仆身后之桓谭也。”[④] 因章学诚将《文史通义》的文风自比为杜甫的沉郁诗风，因此将论述的笔触稍稍引入文艺美学的疆域，作学科间的沟通是必要的。“沉郁”作为一个美学范畴，常用来评价杜甫的诗歌风格。有意思的是，将杜诗和沉郁联系在一起的，也不始于后代的评论家，而是杜甫本人的自我评定。杜甫在其所作《进〈雕赋〉表》中有这样的话：“臣之述作，虽不能鼓吹六经，先鸣数子，至于沉郁顿挫，随时敏捷，扬雄、枚皋之徒，庶可企及也。”[⑤] 宋代诗

---

① 章学诚：《章学诚遗书》外编卷四《知非日札》，第 401 页。

② 章学诚：《章学诚遗书》外编卷十六《和州志一・志隅自序》，第 552 页。

③ 陈濂：《癸卯录存跋》，《章学诚遗书》附录，第 622 页。

④ 章学诚：《章学诚遗书》佚篇《又与朱少白》，第 643 页。

⑤ 杜甫：《进〈雕赋〉表》，仇兆鳌注《杜诗详注》卷二十四，中华书局，1979，第 2172 页。

论家严羽已有“太白不能为子美之沉郁”的说法[1]。此后的文学评论家如清代的方东树、陈廷焯每每以沉郁论杜诗，这在文学批评史上已成定论。

那么，何谓沉郁？“沉”有深沉、厚重、含蓄之意。“郁”则有草木茂盛和忧愁蕴结的双重意思。“从风格论的角度评价‘沉郁’，可以说它是一种最具有理性思致内涵的文学风格了。……反映了作为传统审美观念表述主体的、典型的中国文士（‘士’‘士大夫’）的审美取向。‘沉郁’，概指表现于诗文创作中的深沉蕴藉、凝重抑郁的艺术风格”。[2] 这样的分析固然精彩，但却很难直接移植用于实斋的文风品评，因为论文与评史毕竟不同，杜诗的沉郁和实斋史学的沉郁在艺术手法上也自然有别。

作为批评家，章学诚具有鲜明的批判精神、深刻的见识，其沉郁之风主要表现为言近旨远，意蕴深刻。他痛陈学者不顾自己性情而一味追逐考据风尚之流弊，就体现了沉郁的文风。

> 万物之情各有所至，而一时风尚，必有所偏。学者不求其性之所自近，而充其量之所能极，徒局局焉趋于一偏之风尚，当其势重气盛，趋向所归，莫不人人自谓跻泰山之巅，穷黄河之源，何其壮哉！逮至气衰习变，后人追数从前，则自磊落数子而外，凡所谓依风附景，趋骛声名之众，未有过而问焉……趋向所在，而终身贵贱、升沉、得失系之，于是舍其天然自有之长，而束缚驰骤，赴其质之所未具，岂不惑哉？[3]

论其内容，透露出沉重的叩问和深沉的反思；论其文风，通篇有倾诉之感，有劝诫之意，有心痛之叹，有郁勃之情，反复言说，语句回环曲折又文气一贯，言虽终而余音犹在，足以令人掩卷而思。

屡见于实斋笔下的那些批判门户之见的文字，也具有沉郁的格调：

> 学问之途，有流有别。尚考证者薄辞章，索义理者略征实，随其性之所近，而各标独得，则服、郑训诂，韩、欧文章，程、朱语录，固已角犄鼎峙，而不能相下。必欲各分门户，交相讥议，则义理入于虚无，考证徒为糟粕，文章只为玩物。汉唐以来，楚失齐得，至今嚣

---

① 严羽：《沧浪诗话·诗评》，载何文焕辑《历代诗话》，中华书局，1981，第697页。

② 曹顺庆、王南：《雄浑与沉郁》，百花洲文艺出版社，2001，第149页。

③ 章学诚：《章学诚遗书》佚篇《与钱献之书》，第695页。

嚣，有未易临决者。惟自通人论之则不然，考证即以实此义理，而文章乃所以达之之具，是非有异，何为纷然？①

这段文字思虑极深，连缀紧凑，得失自见。章学诚针砭时弊，借古言今，痛陈史学之弊，文字之中流淌着对学术的忧患之情。他那些批评乾嘉学风、世风的文字和为维护史学家法而为郑樵申辩的篇章是当得起“沉郁”二字的。杜甫经历安史之乱，其家族和国家都由盛而衰，波谲云诡的人生，使杜诗之风趋向沉郁。与杜甫相比，章学诚生逢盛世，表面上四海升平，但社会内部也已露出颓败的征兆。章学诚为生活所困，奔走于江湖，他的学术又不为主流所认同。章学诚的沉郁之风源于伤时感愤，胸怀学术理想却郁郁不得志。至于章学诚落魄的人生和学术边缘化的处境，当然是王鸣盛和钱大昕等人无法感受到的。这也注定了章学诚与钱大昕、王鸣盛在文风上会有所不同。

对于理论性著述来说，驰骋沉郁的文风往往能够产生较好的效果。因其驰骋而牵引读者行走在广阔的学术天地间，又因其沉郁而令人心生感慨，引发共鸣。

三　余论

关于学问功力与文章风格的关系，诚如颜之推所说，“学问有利钝，文章有巧拙”。即便“钝学”，只需“累功”，亦“不妨精熟”②。更何况钱大昕、王鸣盛和章学诚皆有深厚的学术积淀，在各自的文章风格上都达到了“精熟”的水准。考据派多就具体问题而展开，作有限度的铺展，不论篇幅长短，也不管是考订还是评论，多不离具体的史家或史学问题，文风紧凑，以谨严为上。章学诚则不然，他虽也从史家、史书出发，但最精彩的部分往往是理论的阐发，甚至脱离所评论的对象，借题发挥，陈述自己的史学主张，给人以汪洋恣肆的阅读感受。

不同类型的问题，不同宗旨的研究路数，需要有不同的文风与之相应。毫无疑问，考据派和浙东学派都找到了适合自己的研究内容和路数的文风，从这一点来看，他们都是成功的。倘若考据类文字写得驰骋沉郁，

① 章学诚：《章学诚遗书》卷二十二《与族孙汝楠论学书》，第224页。

② 颜之推：《颜氏家训》卷四《文章》，王利器集解本，中华书局，2013，第308页。

会显得不伦不类，甚至让人更加费解。同理，理论性文章若是选择了老吏断狱的文风，在效果上也会大打折扣。

对乾嘉史学流派文风的讨论，当然属于清代史学史研究中的课题，但其意义又不限于乾嘉时代，因为它上有所承继，下有所引领，甚至对于改良当前历史撰述的文风也有借鉴的价值。从乾嘉到当代，在文风上便有一条脉络可寻。陈垣治史之初即深受乾嘉考据派的影响，服膺钱大昕考史之精，文风亦受竹汀熏染，强调“文章最要紧是清楚，我的文章力求简单清楚”，要做到“无一字之费词，一字不可增，一字不可少”。[①] 诚如研究者所言，“陈垣的史学作品，主要属于历史考证性质的，征引资料虽然极其繁富，但却条理清晰，文字简练”[②]。陈垣的史源学杂文考辨前史之误，读来就令人联想到老吏断狱。与陈垣同时期的学者中，梁启超的文章之美是公认的，且有其独到之处，用他自己的话来说，是要追求“飞动”和“感动”[③]。梁启超非常推崇章学诚的史学，他的文字也有章学诚的驰骋之风。20 世纪的史学名家在文风上很好地继承了乾嘉诸贤，今天的史学工作者亦当有所取法。

---

① 陈垣：《史源学实习及清代史学考证法》，商务印书馆，2014，第 36 页。

② 周文玖：《20 世纪史家论历史文学》，《史学史研究》2002 年第 4 期，第 66 页。

③ 梁启超：《饮冰室合集》专集之九十九《中国历史研究法补编》，中华书局，1989，第 27 页。

中国近现代史学研究

从“图不入史”到“图史合一”

——清末民国中小学历史教科书运用地图方式的演变*

姚正平

（南通大学马克思主义学院，江苏南通　226007）

摘　要：传统史学中，虽然一些学者强调地图对史书的重要性，但不少学者并不重视，大部分的史著中也很少插入地图。与一般认知不同的是，清末民初绝大部分的中小学历史教科书亦不插入地图，这有三个方面的原因：第一，没有普遍认可的规范地图；第二，日本史学的影响；第三，继承了传统的余绪。随着近代地理学对史学影响的日益增大，进入20世纪10年代中期以后，已经很难找到不插入地图的历史教科书。但一些学人如吕思勉仍反对在教科书中插入地图。不过，不论从观念还是实践上，“图史合一”在当时已成为基本规范，因此，吕思勉等人遭受诸多批评，并不得不做出相应的调整。从总的趋势来看，清末民国中小学历史教科书对地图的运用经历了从“图不入史”到“图史合一”的转变。这影响了今天的历史编纂。

关键词：清末民国　中小学历史教科书　地图“图史合一”“图不入史”

在今天的历史著作中，特别是通史性著作，地图已经成为辅助历史叙事的重要工具和不可或缺的组成部分。从现在的史学观念来说，一部没有

*　教育部人文社会科学研究青年基金项目“近代中国学术转型中史学与地理学关系的发展与互动研究”（17YJC770039）阶段性成果。

地图的通史著作，显然是有残缺的。不过，在历史教科书中插入地图的做法，不仅在传统史学鲜有先例，就是到晚清民国，也并非时人的共识。[①]其中原因为何？后来发生怎样的变化？围绕着如何运用地图，进行了哪些争议？这些争议背后，又反映了什么样的内容？对后世产生了怎样的影响？这些问题，学界关注甚少，本文试做初步分析。

一　中国古代学者关于史书与地图关系之论说

地图对研究历史的重要，中国古代不少学者提出相当中肯的见解。郑樵在其《通志·二十略》中专门列有《图谱略》，探讨图谱的重要性。这不仅是中国古代史书体例的重大创新，更反映郑樵本人对图谱的高度重视。在《图谱略》第一篇《索象》中，他就开宗明义地指出："古之学者为学有要，置图于左，置书于右，索象于图，索理于书，故人亦易为学，学亦易为功，学而措之，如执左契。后之学者离图即书，尚辞务说，故人亦难为学，学亦难为功，虽平日胸中有千章万卷，及置之行事之间，则茫茫然不知所向。"[②] 郑樵这里的"图"不单指"地图"，亦包括世系图、姓氏谱、历史人物图、昆虫草木图等，但地图显然是很重要的一个方面。如郑樵指出，"总天下之书，古今之学术，而条其所以为图谱之用者十有六：一曰天文，二曰地理……"[③] 十六种学问中，第二项强调的就是地图的重要性。他并列出图书目录，包括他那时代还存在的和已经失传的图。这其中就有众多的地图，如《唐洛阳京城图》《唐长安京城图》《唐长安京城图》《地域方丈图》《地域方尺图》《江图》《地图》《西域图》等。[④]

郑樵对地图的重视为章学诚所继承。章学诚说："图谱之学，古有专门，郑氏樵论之详矣。司马迁为史，独取旁行斜上之遗，列为十表，而不取象魏悬法之掌，列为诸图。于是后史相承，表志愈繁，图经浸失。"[⑤] 他对一些学者所认为的图之所以没有保存下来，是因其本身不能被传习的缺

① 本文所说的"图史合一"模式，主要指在正文中，根据文字表述的需要，适时插入地图。不包括以附录的形式，将地图单独排列。

② 郑樵：《通志·二十略》，王树民校，中华书局，1995，第1825页。

③ 郑樵：《通志·二十略》，王树民校，第1828页。

④ 郑樵：《通志·二十略》，王树民校，第1830～1834页。

⑤ 章学诚：《文史通义·和州志舆地图序例》，叶瑛校注，中华书局，1985，第634页。

陷，而自然导致被淘汰的结果这一说法进行了反驳，“或曰：学者亦知图像之用大矣。第辞可传习，而图不可以诵读，故书具存，而图不可考也，其势然也。虽然，非知言也。夫图不可诵，则表亦非有文辞者也。表著于史，而图不入编，此其所以亡失也”。[①]

虽然郑樵和章学诚如此强调地图于史的重要性，但中国古代史学很少注意插入地图。以正史为例。在他们之前，《史记》以降，从未有任何正史在书中插入地图。在他们之后，郑樵、章学诚对地图的重视，特别是章学诚的图应入史的主张，亦未在正史中有任何回应。章学诚对司马迁以来，历代正史不附地图的做法提出批评。他说：“昔司马氏创定百三十篇，但知本周谱而作表，不知溯夏鼎而为图；遂使古人之世次年月，可以推求，而前世之形势名象，无能踪迹；此则学《春秋》而得其谱历之义，未知溯《易象》而得其图书之通也。夫列传之需表而整齐，犹书志之待图而明显也。先儒尝谓表阙而列传不得不繁，殊不知其图阙而书志不得不冗也。呜呼！马、班以来，二千年矣，曾无创其例者，此则穷原竟委，深为百三十篇惜矣。”[②]

即使郑樵，他虽在《通志·图谱略》中强调地图的重要性，但他也只是提出应著录前人图略之书的目录，而在《通志》中，他本人却未附加，更未自绘任何地图。章学诚批评道：“然郑氏之意，只为著录诸家，不立图谱专门，故欲别为一录，以辅《七略》四部之不逮耳。……故其自为《通志》纪传谱略，诸体具备，而形势名象，亦未为图。以此而议班氏，岂所谓楚则失之，而齐亦未为得者非耶？”[③] 在《永清县志舆地图序例》一篇，他仍指出郑樵在这方面的缺失：“郑樵《图谱》之略，自谓独得之学；此特为著录书目，表章部次之法尔。其实史部鸿裁，兼收博采，并存家学，以备遗忘，樵亦未能见及此也。且如《通志》，纪传悉仍古人。反表为谱，改志称略，体亦可为备矣。如何但知收录图谱之目，而不知自创图体，以补前史之所无；以此而傲汉唐诸儒所不得闻，宁不愧欤？”[④]

不过，也有一些不仅在理论上阐明地图的重要性，而且确实在书中附入地图的史书。如清代马骕所撰的《绎史》。他首先就在理论上指出地图对于史书的重要：“司马子长作《史记》，有表无图。夫图诚不可阙也。古

① 章学诚：《文史通义·和州志舆地图序例》，叶瑛校注，第635页。
② 章学诚：《文史通义·永清县志舆地图序例》，叶瑛校注，中华书局，1985，第731页。
③ 章学诚：《文史通义·和州志舆地图序例》，叶瑛校注，第634页。
④ 章学诚：《文史通义·永清县志舆地图序例》，叶瑛校注，第634页。

者左图右史，盖史须繁文而后备，著之为图，则较若列眉矣。后之人不善为图，并古人图籍湮没不传，惜哉！骕纂《绎史》，述太古以迄亡秦，为谱世系于简端，俾观者考究焉。若夫经制之详，疆理之法，天官地舆之形，名物器数之式，今昔异宜，因革殊规，非图莫显，则各附诸篇之中，敢曰得古人之精微，庶几里鼓南车之一助云而。"[①] 在其书一百五十五卷讨论完《地理志》后，专门有一篇《地理图》，附录了上古到秦的地图，共分为八，分别是《古初地图》《禹贡九州岛图》《商地图》《周职方地图》《西周地图》《春秋地图》《战国地图》和《秦置郡县图》。[②]

章学诚本人亦很好贯彻他的理论，将地图附入方志中。如他的《湖北通志》，虽然此书未能完整保存下来，现存的《湖北通志检存稿》、《湖北通志未定稿》亦未附有地图，但从《湖北通志》目录来看，此书是有地图的。如目录"图三"所列"方舆图第一　沿革图第二　水道图第三"。[③] 而在《永清县志》里，则清晰可见各种地图，包括舆地图、建置图、水道图。[④]

可以说，对于史书与地图的关系，郑樵、马骕、章学诚等人或在理论上，或在实践上，体现出了相当的卓识，做出了重要的贡献。但他们的论说显然是曲高和寡，并未在当时及后世引起多大的反响。正史仍不收图，就是最好的证明。郑振铎就指出："我国史书，素不重图谱。"[⑤] 即使郑樵、马骕、章学诚等人，他们在史书中运用地图的方式亦与现在有很大的不同。现今史书中，对于地图的运用，主要有两种方式，一是"图""史"分离，史书自身无地图，而是参考相关的地图。二是"图史合一"，即根据正文文字的需要，适时插入地图。而传统史学对地图的安排很少以后一种方式出现，基本上秉承的是"图不入史"的理念。这可能就是郑樵的《通志》虽重地图，但亦未插入地图的原因。即使马骕的《绎史》，亦不是在正文中插入地图，而是专门列了一篇"地理图"，以附录的形式专门将相关地图排列出来，这与本文所说的"图史合一"方式还是有一定的差

① 马骕：《绎史·绎史世系图》，王利器整理，中华书局，2002，第1页。

② 马骕：《绎史·地理图》，王利器整理，中华书局，2002，第4003～4018页。

③ 章学诚著《湖北通志检存稿　湖北通志未定稿》，郭康松点校，湖北教育出版社，2002，第25页。

④ 分别参见章学诚《永清县志》卷六、卷七、卷八，清乾隆四十四年刻本。

⑤ 郑振铎：《中国历史参考书图谱序跋》，张静庐辑注《中国近现代出版史料》第6卷，上海书店出版社，2003，第476页。

别。章学诚所修的方志虽运用类似于今天普遍采用的"图史合一"模式，但方志究竟是史书还是地理书，仍有较大的争议，而且同我们探讨的纯粹历史学方面的史书还是有很大不同。总之，中国古代史书甚少插入地图，二者是分开的。

二　清末民初历史教科书插入地图的情况及其原因分析

上述可知，中国传统学术范畴中，虽不乏地图于史学之重要性的论述，但事实又是，传统史学中鲜见插入地图的史著。那随之而来的问题是，现在史著"图史合一"的做法是如何成为常识性的观念的？考察晚清民国的历史教科书，或许能有助于找出答案。

尽管中国传统史学没有"图史合一"的传统，但现代史著特别是历史教科书中插入地图以辅助历史叙事，这种做法是如此之普遍，以至于它已近乎成为一种规范而被现代的学者所遵循。所以，当我们带着这种先入为主的观念去考察晚清民国的中小学历史教科书时，如果没有进行深入的探究，我们可能会以为晚清民国没有或者很难找到不插地图的中小学历史教科书。但实际上，除了极少数的历史教科书，如丁保书的《蒙学中国历史教科书》（文明书局，1906 年）、李秉钧的《新制东亚各国史教本》（中华书局，1915 年）插入地图外，清末民初绝大部分的中小学历史教科书未见一图。①

这是一个值得注意的现象。我们知道，因为传统学术范畴中史学同地理的密切联系，以及近代西方地理环境论的广泛传播，地理知识已被当作一种重要甚至是必不可少的组成部分，而被写进历史教科书中。许多没有插入地图的历史教科书，实际上本身对史学和地理的关系有清晰的认识，如吕瑞廷、赵澂璧的《新体中国历史》就将二者的关系比作"精神与肌肤"，并对此有详细的阐述。② 而更为重要的体现则是在开篇首谈地理或在正文中注重对地理进行描述。③ 既然如此重视地理对史学的重要性，那与史学有极密切关系的地图，为何全然不附呢？

---

① 有研究者对此进行了统计，参见姚正平《论中国近代史学转型中的史学与地学——以史地期刊和中小学历史教科书为中心》，北京师范大学 2014 年博士学位论文。

② 吕瑞廷、赵澂璧：《新体中国历史》，商务印书馆，1911，第 6 ~7 页。

③ 参见姚正平《"从地理谈起"：晚清民国中学历史教科书的书写模式》，《史学理论研究》2015 年第 1 期。

第一，没有普遍认可的规范地图。夏曾佑在解释其《最新中学中国历史教科书》何以不附地图的原因时就说："历史必资图画，然中国古图画不传，后人所补作者，甲造乙难，迄无定论，是编一概不录。"[①] 可以看出，夏曾佑意识到地图的重要性，但因没有取得学界公认规范的地图，所以概不收录。夏曾佑对历史教科书中包括历史地图在内的历史图片真实性的极力强调，并不仅是其个人之认识。如傅运森编的《共和国教科书新历史》就指出，"本书插入人物各图务取真确而有兴味者"[②]，傅纬平的《复兴初级中学教科书本国史》也强调，"书中所插图表、地图等皆有根据，宁缺毋滥"。[③] 杨喆、庄启传编的《新式历史教科书》更明确说，"本书之图画，必符史家征信之例"，并具体指出其书如何体现这一点，如对古人肖像，"或取诸碑版，或取诸收藏家，必有所据"，"古人之器物、墨迹、祠宇亦采入之，以志景仰，惟必求其真确"。而对于地图，则"以当时地名为限，详略适当"。[④] 不少学人还特别强调自己的历史教科书所绘制图片的真实性，不同于他书之"凭空臆造"。[⑤] 这些都表明清末民国学人对历史教科书中包括地图在内图片的真实性的重视。而上述夏曾佑等人的言说，似也提示我们一部分学人虽然明确认识到地图于史书的重要性，但可能对于地图正确性的高度重视，促使其并未在历史教科书中插入在他们看来并不具有确定性的地图。

第二，日本史学的影响。这一时期诸多在晚清民国甚有影响的日本历史教科书也不附或甚少在书中插入地图[⑥]，如桑原骘藏的《东洋史要》[⑦]，田口卯吉的《中国文明小史》[⑧]，元良勇次郎、家永丰吉的《万国史纲》[⑨]。市村瓒次郎的《支那史要》虽另附地图一册，但在文中亦完全未插地图。[⑩]

---

① 夏曾佑：《最新中学中国历史教科书》第1册，"凡例"，商务印书馆，1904。

② 傅运森：《共和国教科书新历史》第1册，"编辑大意"，商务印书馆，1913。

③ 傅纬平：《复兴初级中学教科书本国史》第1册，"例言"，商务印书馆，1934，第2页。

④ 杨喆、庄启传：《新式历史教科书》第1册，"编辑大意"，中华书局，1923。

⑤ 参见姚祖义《最新中国历史教科书》上册，"编辑大意"，商务印书馆，1906；冰壶主人：《注释白话中国历史教科书》第1册，"例言"，会文堂书局，1923。

⑥ 参见赵少峰《略论广智书局的日本史书译介活动》，《史学史研究》2016年第3期。该文深入地分析了作为民办出版机构的广智书局译介出版的日本历史图书的原因、内容、特点以及图书在流传过程中产生的影响。

⑦ 桑原骘藏：《东洋史要》，金为译，商务印书馆，1913。

⑧ 田口卯吉：《中国文明小史》，刘陶译，广智书局，1902。

⑨ 元良勇次郎、家永丰吉：《万国史纲》，邵希雍译，商务印书馆，1906。

⑩ 市村瓒次郎：《支那史要》，陈毅译，广智书局，1905。

而坪井马九三的《中学西洋历史教科书》在文中虽插入大量的历史人物、历史景观图片，但对地图却附入极少，只在下卷第4页附了一幅世界地图。[①] 那珂通世的《支那通史》亦仅在第一篇末插入一幅《禹贡九州岛图》，其余完全是文字叙述。[②]

我们知道，这些日本历史教科书在晚清民国时期的中国有着很大影响。如桑原的《东洋史要》，此书1898年出版，1899年就被翻译成中文，在近代中国影响甚巨。傅斯年在1918年对国内历史教科书在历史分期方面完全照搬《东洋史要》而不知变通，提出了批评，“日本桑原骘藏氏著《东洋史要》（后改名《支那史要》），始取西洋上古、中古、近古之说，以分中国历史为四期。近年出版历史教科书，概以桑原氏为准，未见有变更其纲者。……尽量取用，遂不可通”。[③] 这里主要说的是中国历史教科书在历史分期方面所受桑原之影响。但在历史教科书对地图的处置方面，晚清民国历史教科书在书中不附地图，亦应是受到以桑原为代表的诸多日本历史教科书的影响。

第三，继承了传统的余绪。这种“余绪”主要体现在中国古代史书向不插入地图的传统的延续。恰如前述，从主流方面来说，中国传统史学素不重地图。理论上，能对二者密切关系进行阐明的很少，实践上，能真正做到用地图辅助历史叙事，体现“图史合一”的则更是鲜见。这种在史书中对地图的长期漠视状况，虽有郑樵、章学诚等人的大力呼吁，但始终没有改变。一直到晚清民国时期，史书中地图被忽视的局面仍普遍存在。郑振铎的一段话很能说明情况：“在许多的历史书里，则更不易找到什么插图了。而历史书却正是需要插图最为迫切的。从自然环境、历史人物、历史事件、历史现象，到建筑、艺术、日常用品、衣冠制度，都是非图不明的。有了图，可以少说了多少的说明，少了图便使读者有茫然之感。过去的许多历史书，除了小学或一部分中学的历史课本里，偶然附有很简的插图之外，许多中国通史，除了翦伯赞的中国史纲之外，几乎全都是不著一图。……对这个有文无图的历史，却是久已不满的。”[④] 作者用“偶然”一词来形容晚清民国插入图片的中小学历史教科书，亦不是很多，当然值得商榷。其实这一时期，特别是一十年代中期以后，毋庸说插入图片，就是

---

① 坪井马九三：《中学西洋历史教科书》，吴渊民译，广智书局，1908。

② 那珂通世：《支那通史》，中央堂，1888。

③ 傅斯年：《中国历史分期之研究》，《北京大学日刊》1918年4月17日。

④ 郑振铎：《中国历史参考图谱序跋》，张静庐辑注《中国近现代出版史料》第6卷，第479页。

插入地图的历史教科书，在数量上也绝对占主流。不过，此词也反映了晚清民国的确有一批中小学历史教科书未运用地图的局面。这种现象的出现可以说直接上承传统学术范畴中史书无图的传统。

三 民国学人关于历史教科书如何运用地图的争议与“图史合一”模式的确立

虽然，清末民初的中小学历史教科书多不附地图，但随着近代地理学对史学影响的日益增大，用张其昀的话说就是“历史之‘地理化’尤为著明，”[①] 这种“图史合一”的模式已被学人广泛运用到历史教科书中，因此，20 世纪一十年代中期以后，已经很难找到不插入地图的历史教科书。[②]

不过，仍有一些历史教科书却通篇不插入一幅地图，如傅运森的《新学制历史教科书》[③]、钟月秋的《高中本国史》[④]、白进彩的《高中本国史》[⑤]、顾康伯的《本国文化史》[⑥] 等。其中，不少学者还明确说出其不插地图的理由。王钟麒说：“年表和地图为读史者必不可缺的要件。若仅具简表与略图来迁就课文，则不但挂一漏万，无补大体，而且容易伴安于苟简的心意，反足阻碍自动搜求的进路。故教学时务宜另备专著应用，本书中概不插入。”[⑦] 持有类似观点的还有周予同与杨人楩。周予同在其《开明本国史教本》中所给出的理由与王钟麒基本一致，“地图与年表等，是研究历史的必要工具，应该另备专书。本书为慎重起见，不愿养成学者安于苟简的心理，所以一切略图与简表概不插印”。[⑧] 杨人楩则更认为在历史教科书中插入地图占篇幅，而且功效不大，不若另辑一册地图，特别是如果老师备地图，要比学生备地图更为有效。[⑨]

---

① 张其昀：《地理学之新精神》，《史地学报》第 2 卷第 7 期，1923 年 11 月。

② 有研究者对此有较为详细的统计，参见姚正平《论中国近代史学转型中的史学与地学——以史地期刊和中小学历史教科书为中心》，北京师范大学 2014 年博士学位论文。需指出的是，清末民国中小学历史教科书中放入地图的方式，基本是本文定义的“图史合一”的模式，而像马骕在《绎史》中以附录的形式统一排列地图的做法其实极难见到。

③ 傅运森：《新学制历史教科书》，商务印书馆，1926。

④ 钟月秋：《高中本国史》，湘芬书局，1932。

⑤ 白进彩：《高中本国史》，文化学社，1935。

⑥ 顾康伯：《本国文化史》，大东书局，1933。

⑦ 王钟麒：《新时代本国历史教本》，“编辑大意”，商务印书馆，1929，第 2 页。

⑧ 周予同：《开明本国史教本》上册，“编辑大意”，开明书店，1934，第 2 页。

⑨ 杨人楩：《高中外国史》上册，“序”，北新书局，1933。

最具代表性的是吕思勉。1924年，吕思勉在其《新学制高级中学教科书本国史》中明确指出，历史教科书里无须插入地图，“地图、年谱、系表都是读史者必须备的书，故本书中概不附入”。① 值得注意的是，此书还是附了一些地图，共计11幅。但是这些地图的主题内容，相对高中历史教学来说，实在是过于专深，如书中的西汉时期西南夷分布图、《隋书》中所见靺鞨分布图、唐时六诏分布图等。②

而对于一般历史教科书中常见的历史地图，也应该更为学生所了解、掌握的历史地图，如各代初期、鼎盛、末世的疆域图、政区沿革图、中外交通路线图等，作者却一概不录。甚至像魏晋南北朝时期的政权对峙、五代十国时期各政权的分布等这样因其头绪比较繁杂，在大多数历史教科书中都会重点用地图来进行说明的历史内容，吕思勉亦基本是通过文字来叙述，完全不绘制地图。③ 这倒也印证他自己所强调的，一般的地图，可以求之于专门的历史地图册，而其“偶然附入地图、系谱数处，都是为普通地图系谱所不详的”。④ 十年之后，在其《复兴高级中学教科书本国史》里，吕思勉基本上把在《新学制高级中学教科书本国史》里对地图和历史教科书关系的认知，又重说了一遍：“读史地图、年表、系谱，都是读史者当备的书，所以本书中不再附入。偶或附入，则是普通图谱所不具；或则读课文时必须对照的。有时径以此代叙述。改求简明，亦以养成读图谱的能力。”⑤

应指出的是，在两部历史教科书中，作者虽都表示历史教科书中不必插入地图，偶插入者，也是不常见的地图，但是在具体的实践中，两者却表现出很大的不同。在《新学制高级中学教科书本国史》里，插入的地图虽不多，且相当专深，但毕竟还有地图，还能应和“例言”中所说的偶附图谱。到《复兴高级中学教科书本国史》，作者虽有相似表述，但在具体

---

① 吕思勉：《新学制高级中学教科书本国史》，“例言”，商务印书馆，1927，第8页。此书于1924年初版。

② 吕思勉：《新学制高级中学教科书本国史》，第77、153、156页。

③ 熊梦飞后来在评判《复兴高级中学教科书本国史》时，批评其取材欠精，该详的很略，该略的反倒叙述甚详。参见熊梦飞《对于吕思勉先生著高中本国史的批评》，《文化与教育》第61期，1935年7月。另可见熊梦飞《评吕著高中本国史》，《教与学》第1卷第1期，1935年7月。姜季辛也有类似批评，参见姜季辛《略论中学历史教科书的缺点（三）》，《教育通讯》第2卷第18期，1939年5月。这个批评用来批评吕思勉对地图的如此处置亦十分合适。

④ 吕思勉：《新学制高级中学教科书本国史》，“例言”，第8页。

⑤ 吕思勉：《复兴高级中学教科书本国史》，“例言”，商务印书馆，1934，第6页。

写作中，却把地图彻底摒弃，通观全书，完全不见一幅地图。

以吕思勉为代表的上述学者，这种反对在历史教科书中插入地图的态度，显然不合当时的规范。可能因其名气之大，特别是其所编的众多历史著作，包括这两本历史教科书，在民国影响甚巨，[①] 吕思勉的这种做法自然也就成了众矢之的。[②] 熊梦飞就直接反驳了上述吕思勉给出的不插历史地图的理由："地图，表系，各种历史画片照片，对于教者学者兴趣，理解，各方面，都有极大的帮助。按照现在学生经济负担能力，自购历史图表，为事实所不许，纵令学生有此购买能力……史地简图，实物简画，都不能求于坊间出版物中。所以教本插入图表，依然有其必要。此书无地图，无画片，仅仅有几张不大有意思的表，实在是一个缺点。"[③]

作者似乎批评得不够尽兴，事隔不到一个月，他又发表一文，把矛头仍指向吕思勉的《复兴高级中学教科书本国史》，"前曾写《评吕著高中本国史》一文，在《教与学》月刊创刊号发表，因篇幅关系，未能畅所欲言，兹再就原文加以引申，付诸本刊"。[④] 不过，此文的攻击力显然要比前文强烈得多。他利用自己作为北平师范大学附属中学历史教师的优势，以"学习吕思勉先生著本国史所感觉的困难"为题，统计了其学校高一、高三共 115 名学生，在读完《复兴高级中学教科书本国史》后所做的报告，将结果进行了归纳。作者为了强调他所调查的这 115 名学生的代表性和说服力，特别指出"师大附中学生程度，在过去历史及去年会考榜上，都是高人一着的。学生有否批评教科书之能力，原来还成问题，但是他们阅读教科书所感觉的困难，与困难点之所在，未尝不可作我们评判上的参考"。[⑤] 在这份统计报告里，作者对这本教科书在文字、材料方面的诸多问题进行了排列，

① 如：黄现璠称吕思勉的《新学制高级中学教科书本国史》，"实较胜其它课本，所以时至今日，高中尚多采用之"。参见黄现璠《最近三十年中等学校中国历史教科书之调查及批评》，《师大月刊》第 5 期，1933，第 85 页。而《复兴高级中学教科书本国史》影响更大，"现在国内最行运的一种历史教科书，恐怕要算商务印行的吕思勉先生之高中本国史了。从去年二月出版，到今年四月出版到了八版，每版以五千部计算，至少有四万个高中学生，在那里抱着它'朝夕讽诵'"。参见熊梦飞《对于吕思勉先生著高中本国史的批评》，《文化与教育》第 61 期，1935 年 7 月。此外，此书再版多次，到 1948 年，已是第 82 版。参见李永圻、张耕华编《吕著中小学教科书五种》，"前言"，上海古籍出版社，2011，第 4 页。

② 恰如柯林武德所说，"有能力的思想家或作家没有一个会浪费时间去攻击一个稻草人的"。参见柯林武德《历史的观念》，何兆武、张文杰译，商务印书馆，1997，第 53 页。

③ 熊梦飞：《评吕著高中本国史》，《教与学》第 1 卷第 1 期，1935 年 7 月。

④ 熊梦飞：《对于吕思勉先生著高中本国史的批评》，《文化与教育》第 61 期，1935 年 7 月。

⑤ 熊梦飞：《对于吕思勉先生著高中本国史的批评》，《文化与教育》第 61 期，1935，第 13 页。

其中就指出此书“缺乏插图及实例”“无历代疆域图”“未列简单地图”。[①]而且，把他之前在《评吕著高中本国史》一文中，对吕思勉所著历史教科书中不插地图的批评，又完全未作改动在此文中重新阐述了一遍。[②]

一位名为姜季辛的学人对吕思勉的《复兴高级中学教科书本国史》不插地图的做法表示十分诧异：“最可怪者，吕思勉氏的《高中本国史》一书，完全不载图表，并在该书‘凡例’中说：‘图表为学生应备的工具，所以书中不载’。这未免近于掩耳盗铃了！”[③]

郑鹤声亦特别强调历史教科书中插入地图的必要性，不满一部分学人不重视在历史教科书中对地图的运用，尤其提到吕思勉所编的《高中本国史》，批评其通篇“找不出一张历史地图”，他并认为“虽然历史插图教师在课室上应尽量备有，总不如学生自已在教科书能看到为便利”。[④]

因在历史教科书中插入地图已成为一种风气，加之迫于学术界的批评，吕思勉在 1935 年 6 月出版的《初中本国史》中不仅插入了大量的图片，而且配上相当多的地图。值得注意的是，这些地图再也不像之前《新学制高级中学教科书本国史》里插入那样过于深僻的地图，而是代之以一些与课本内容密切相关，更应该让学生了解、掌握的地图，如“禹之九州岛图”“郑和经历路线图”“清初之疆域图”等，这些地图的选取与其他历史教科书已没有什么不同。而在此书的“例言”中，吕思勉对历史教科书中插入地图的表述，也较之前有了很大的变化，“教学历史各种设备，如挂图、图表等，均非本书所能该。本书但就讲授时所必须者，附着课文中。此项图表，均极简明新颖，既便讲授时之指示，并可为学生自制之模范”。[⑤]

余　论

尽管民国时期仍有部分历史教科书全然不插一幅地图，但总的来说，历史教科书中“图史合一”已是大势所趋。这不仅在于插入地图的历史教科书在数量上已占压倒性的优势，更体现了一种观念，即历史教科书是应

① 熊梦飞：《对于吕思勉先生著高中本国史的批评》，《文化与教育》第 61 期，1935，第 13～14 页。

② 熊梦飞：《对于吕思勉先生著高中本国史的批评》，《文化与教育》第 61 期，1935，第 20 页。

③ 姜季辛：《略论中学历史教科书的缺点（三）》，《教育通讯》第 2 卷第 18 期，1939，第 15～16 页。

④ 郑鹤声：《中学历史教学法》，正中书局，1936，第 54～55 页。

⑤ 吕思勉：《初中本国史》，“例言”，中学生书局，1935 年再版，第 3 页。

该插入地图的。而且，这种观念已被当作一种规范而被普遍遵循，并作为标准评判历史教科书的优劣。

著名历史学家黄现璠于1933年发表《最近三十年中等学校中国历史教科书之调查及批评》一文，对1902～1932年的中学历史教科书进行了考察。对运用地图的历史教科书，颇多赞赏。如他在评价钟毓龙的《新制初中本国史教本》时就说："疆域战争，多附以图，繁复事项，必列以表，尤为胜人一筹。"[①] 值得注意的是，他在评判历史教科书时常会使用三个标准、历史分期、研究范围和地图的使用。如在评价《普通新历史》[②] 时说："此书纪叙简略，且全系政治，文化甚少，实无足取。至其划分上古至汉为上古史，亦与普通不同；又总览全书，未见一图，固一居简行简之作也。"[③] 再如陆光宇编的《新撰初级中学教科书本国史》[④]，黄现璠亦从这三个方面对此书作了评判。[⑤] 他还用上述标准来对不同的历史教科书进行优劣评判。如黄现璠在评价潘武的《实用历史讲义》[⑥] 时，将其与潘武所编的另一本历史教科书《中华中学历史教科书》[⑦] 作了比较："此书节目，尤其是文化方面，较彼书减少，例如上古史，同为文化一项，彼书有文化发达一节，此书则无，相形之下，未免逊色，不过历代疆域及战争，此书皆附以地图，彼书则无，亦可云'失之东隅，收之桑榆'也。"[⑧]

黄现璠这里从是否扩大历史研究范围，是否插入地图对二书进行了优缺点评价，肯定了《实用历史讲义》中对地图的运用。值得注意的是，黄现璠把历史教科书是否插入地图，与是否扩大历史研究范围、是否使用新的历史分期，同作为重要的标准，来考察晚清至20世纪30年代中学历史教科书的发展。我们知道，使用新的历史分期、扩大历史的研究范围这两种观念，经梁启超的提倡，再由夏曾佑、刘师培等人将理论付诸实践，久

① 黄现璠：《最近三十年中等学校中国历史教科书之调查及批评》，《师大月刊》第5期，1933，第81页。

② 普通新学室：《普通新历史》，商务印书馆，1913。

③ 黄现璠：《最近三十年中等学校中国历史教科书之调查及批评》，《师大月刊》第5期，1933，第80页。

④ 陆光宇：《新撰初级中学教科书本国史》，商务印书馆，1925。

⑤ 黄现璠：《最近三十年中等学校中国历史教科书之调查及批评》，《师大月刊》第5期，1933，第86页。

⑥ 潘武：《实用历史讲义》，中华书局，1915。

⑦ 潘武：《中华中学历史教科书》，中华书局，1912。

⑧ 黄现璠：《最近三十年中等学校中国历史教科书之调查及批评》，《师大月刊》第5期，1933，第83页。

已为国人所熟知并当作常识性的观念。黄现璠撰写此文，将对地图的插入与这两者同作为重要的评判标准，正表明历史教科书应插入地图，已经成为时人的一种共识。但凡违背此共识的做法，都会遭到不同程度的批评。上述吕思勉的历史教科书遭遇的批评，此处黄现璠从是否插入地图的角度所做的优劣评判，恰都说明了这一点。

其实，晚清民国以来，认为历史教科书不需要地图的观点，极为罕见。吕思勉等人不主张在历史教科书中插入地图，并非不重视地图，只是认为地图应以其他的方式展示出来，如另附专门的地图册或参考地理教科书的相关地图。换言之，双方对历史教科书应采取“图”“史”结合这一认识上，并没有本质上的不同。但在运用方式上，一方主张“图史合一”，一方则仍坚持“图不入史”。不过，不论从观念还是实践上，“图史合一”显然是大势所趋。从晚清到民国，历史教科书对地图的运用方式也经历了从“图不入史”到“图史合一”的转变。在这一背景下，一些仍坚持“图不入史”的学人自然感受到了压力，并不得不做出符合趋势的调整。而此博弈的结果所产生的影响，一直延续到今天。

张星烺与辅仁大学史学系

李　乐

（北京大学历史系，北京　100871）

摘　要： 在中国现代学术史上，辅仁大学史学系具有相当重要的位置。自 1927 年起，张星烺应校长陈垣的邀请担任该系主任，其个人的治学风格对史学系的教学导向有决定性作用。幼年秉承张相文家学，留学欧美接受自然科学的训练，使张星烺形成独具特色的学术风格。他对中西交通史及相关领域的研究，对地理学、人类学等辅助性学科的重视，以及对史学科学性的追求都影响到三四十年代辅大史学系的课程设置。他还注意沟通海外汉学，介绍西方的史学观念和方法，通过教员延聘、课程设置将西方史学引入辅史学系，这种做法适应中国现代学术发展的潮流，也为中西学术交流做出历史性的贡献。

关键词： 张星烺　辅仁大学　中西交通史　课程设置

张星烺（1889～1951），字亮尘，中国著名的历史学家、地学家，中西交通史研究领域的代表人物。他曾执教于厦门大学、辅仁大学、北京大学、燕京大学、清华大学等高校，又与中国地学会、中德学会等学术机构来往密切。自 1927 年 8 月至 1949 年 3 月，除了一学年因病休假外，始终担任辅仁大学史学系主任一职。[①] 张星烺掌该系之发展长达二十余年，对学科发展、人才培养、课程设置的影响既久且深。辅仁大学史学系在二十

① 根据辅仁大学人事类档案，张星烺 1927 年 8 月到校，1946 年第 2 学期因病由荷兰籍神父胡鲁士（Henry Kroes）代理系主任，1949 年 3 月由柴德赓接任。此外，1948 年史学系改称历史学系，为便统一，文中皆称史学系。

世纪上半叶中西学术交流格局中占有重要地位，在现代学科的转型过程中也有自身特色，张氏作为长期主事者在其中扮演的角色至为关键。与其学术地位相比，学界的关注和研究十分不足。目前对于张星烺的研究主要是讨论其在中西交通史领域的成就，此外还有数篇回忆纪念文章，[①] 对于辅大史学系的个案研究，及张氏与史学系关系的考察尚付阙如。本文利用公开出版的文章、著作结合档案史料，探讨张星烺进入辅仁大学史学系因缘关系，并尝试对张星烺在史学论著中所反映的理念、方法加以梳理，考辨这些理念对辅大史学系课程设置的内在关联，从而使张氏在历史学科建设方面的特色、在中国现代学术史上的地位更加清晰。

一　张星烺入系因缘

辅仁大学史学系可以追溯到民国初年的香山辅仁社时期。1912 年，中国天主教知识分子马相伯、英敛之上书罗马教宗，请派高才硕德之教士来华创设公教大学。1913 年秋，在教廷明确回应之前，英敛之先在香山设辅仁社，招各省教中青年子弟十数人，专攻国学，旁及教会文献与史实之考订。1925 年，在教宗庇护十一世（Pope Pius Ⅺ）倡导，美国本笃会（The Order of Saint Benedictine）的协助下，北京公教大学附属辅仁社（又称国学专修科）成立，社长英敛之拟定《北京公教大学附属辅仁社简章》，使国文、历史、哲学三系规模初具。从为教中青年进修中国文史最初理念到专业学科的设置，辅仁大学史学系渊源有自。

1925 年 10 月北京公教大学开学时，张星烺的父亲张相文曾有短暂任教的经历。张相文，字蔚西，是中国现代地理学的倡导者，1909 年 9 月发起成立了中国最早的地理学术团体“中国地学会”，在组织、经费和出版等方面主持筹划。因与英敛之的关系，成为最早受聘北京公教大学国学专修科的主讲之一。与此同时，陈垣、郭家声、李泰棻、高润生等人文领域的著名学者也到校主讲，次年张相文、李泰棻去职，又有朱师辙加入。据

① 专题研究有王东平《张星烺先生对中西交通史研究的学术贡献》，《史学史研究》2002 年第 3 期；修彩波：《张星烺与〈中西交通史料汇编〉》，《史学史研究》2010 年第 3 期。回忆纪念文章有：甲凯：《怀念三位研究中西交通史的学者》，《传记文学》1983 年第 43 卷第 4 期；刘逖：《学贯中西的史学家——纪念张星烺先生诞辰一百周年》，《中国边疆史地研究》1989 年第 1 期；张至善：《记张星烺先生》，《史学史研究》1992 年第 3 期；来新夏：《鹤发童颜亮尘师——记张星烺老师》，《中华读书报》2007 年 6 月 20 日等。

《泗阳张沌谷居士年谱》称是年秋天，“英敛之先生与美国神父奥图尔等创立辅仁社，请先君在社中教课数月”[①]。张相文在辅仁社的授课内容不可得知，联系到他曾应蔡元培之邀，在北京大学主讲中国地理沿革，并编写了考证历史疆域、行政区域和都市变化等内容相关的课程讲义[②]，其在辅仁时的授课内容很可能与此相关。在早期校方刊物《辅仁英文学志》（*Bulletin of Catholic University of Peking*）中，还有一段对张相文的英文介绍，提到他创办中国地理学会和编辑《地学杂志》的成就，及发现成吉思汗陵墓在学界引起的反响。[③] 尽管张相文很早便辞去了教职，因其在学界享有崇高名望，1929 年的辅仁大学校董会名单上仍然在列。[④]

当张相文为辅仁大学讲师时，张星烺正寓居青岛，编纂《中西交通征信录》（即《中西交通史料汇编》）。张星烺是理科出身，1906 年后在哈佛大学和柏林大学学习化学和生理化学，1912 年归国。除短暂从事化学技师和教学工作以外，[⑤] 他的志趣逐渐转向历史和地理方面，这种学术兴趣在留学时期已有所表现。1912 年以前，他在《地学杂志》上接连发表文章，如地理学译文《地轴移动说》、美国博物学家评传《阿加息斯氏小传》，以及留学德国期间的游历见闻——《夏季欧洲旅行记》《德国旅行记》，文中有不少对德国人文、历史、地理的记述[⑥]。在柏林留学时，张星烺还通过德国朋友介绍，从皇家图书馆借得亨利·玉尔（Henry Yule）译注的《马可·波罗游记》加以研读，“发愿译成汉文，介绍是书于汉土之历史地理学家”[⑦]，回国后即专注于翻译工作，历时十余年始成。1920 年间受蔡元

---

① 张星烺：《泗阳张沌谷居士年谱》，《南园丛稿》，沈云龙主编《近代中国史料丛刊》第三十辑，台北文海出版社，1968，第 2435 页。

② 参见张相文撰《中国地理沿革史》，张星烺校，收入《南园丛稿》卷十五、十六，沈云龙主编《近代中国史料丛刊》第三十辑。

③ The Macmanus Academy of Chinese Studies, *Bulletin of the Catholic University of Peking*, No. 1 (Sept 1926), pp. 44 - 45.

④ 《辅大校董会名单及其他》，辅仁大学档案，案卷号：5（现藏于北京师范大学档案馆）。

⑤ 根据教职人员履历表，张星烺曾任汉阳铁厂化学师一年，南京民国政府实业司技正一年，湖南长沙省立工业专门学校应用化学科主任一年，北京大学化学教授三年，北京盐务学校盐质化验处主任二年，胶济铁路四方机厂化学师三年，兵工厂督办处技正一年，财政部化验所技师一年。《辅大教职员履历表（1934 ~ 1938）》，辅仁大学档案：案卷号：29。

⑥ 晚清中国出版机构从境外输入的史学知识主要来自英国、美国、日本，而从德国输入的较少。参见赵少峰《略论广智书局的日本史书译介活动》，《史学史研究》2016 年第 3 期。

⑦ 张星烺：《马哥孛罗游记导言》，《地学杂志》1924 年第 3 期。

培委派，作为北大国史馆特别编纂员前往日本。[①] 他后来回忆称，“在东京时，每有闲暇，辄往上野帝国图书馆查阅玉尔所引用之书。”[②] 1923 年所译导言分期发表在《地学杂志》上，1924 年《马哥孛罗游记导言》作为受业堂丛书之第一种出版，由中国地学会发行。他也在这一时期开展对中西交通史的中外资料的汇编和研究工作。

自 1926 年春英敛之去世以后，陈垣接任北京公教大学附属辅仁社社长一职。张相文、张星烺父子与陈垣关系密切，对后者的学术研究评价甚高，张星烺之所以能进入辅仁大学史学系，很大程度上是得益于这层人脉关系。透过中国地学会，张相文很早便与陈垣相识，对其国学根底大为赞赏，在他看来，“陈援庵垣精于考据，然于清代汉学家支离破碎者不同。所著如牟尼教入中国考、元也里可温考、元西域人华化考，搜罗宏富，抉择精详，于朝章国故，关系极巨”[③]。1924 年张相文还一度将地学会会务交给陈垣全权处理。[④] 张星烺与陈垣的初次相见，则是经英敛之介绍。1917 年 3 月，张星烺在香山静宜园的见心斋养病写书，陈垣也在此时造访香山辅仁社，借社中课题撰写了第一篇古代外来宗教论文《元也里可温考》，社长英敛之便介绍二人相见。按陈垣回忆二人交游情境，“月夜无灯，相与攀谈于岩石湖边之下，甚乐也。”[⑤] 张星烺既与陈垣同辈，又同致力于中西交通史研究，经常砥砺切磋。据张星烺自述，“余每有问题，所

---

① 张相文、张星烺父子与蔡元培交情深厚。1901 年，蔡元培在上海南洋公学任总教习时，张相文也在此任教。张星烺在德国柏林留学期间，就租住在蔡元培寓所楼下，“晤谈甚便”。中华民国成立后，蔡元培任教育总长，对中国地学会积极给予赞助。1916 年，北京大学校长出缺，时任众议员的张相文力荐蔡元培担任该职。北大国史馆编纂处的专职编纂员共有十五人，其中就有张相文、张星烺父子二人。《马哥孛罗游记》的翻译工作也得到蔡元培的支持，曾为“觅人代译古法文拉丁文诸节”。事见张星烺《泗阳张沌谷居士年谱》，《南园丛稿》，沈云龙主编《近代中国史料丛刊》第三十辑；张星烺：《德国旅行记》，《地学杂志》1912 年第 3 卷第 1 期；张星烺：《马哥孛罗游记》自序，受业堂丛书第一种，1924。

② 张星烺：《德文译本阿梨爱克伯尔之中国志之介绍》，《地学杂志》1936 年第 2 期。

③ 《沌谷笔谈》卷一，《南园丛稿》卷九，沈云龙主编《近代中国史料丛刊》第三十辑，第 821 页。

④ 张星烺：《泗阳张沌谷居士年谱》，《南园丛稿》，沈云龙主编《近代中国史料丛刊》第三十辑，第 2433 页。张相文、陈垣两人不仅在学术上关系密切，民初还曾同为众议院议员。张去世后，陈垣敬挽：“与君共事议曹，谠论迈时流，著述等身订元史；偕我同襄辅校，地文精学派，渊源两世接宗传。”参见《泗阳张沌谷居士荣哀录》，《南园丛稿》，沈云龙主编《近代中国史料丛刊》第三十辑，第 2466 页。

⑤ 陈垣：《中西交通史料汇编》题词，中华书局，1930。

答辄过余所望”，故陈垣对于《中西交通史料汇编》的著成“多有献替”。又因陈垣在此领域的著述“材料宏富”、“言极精赅”，张星烺称他为“吾国现今最博洽历史考古著作家”。①

在辅仁社正式开学前，张星烺致信陈垣，可能由于张相文受聘辅仁社的缘故，对于这所新兴的教会学校已有所注目，信中写道：“京中美国人将办一本笃大学，据云规模宏大，将延马湘伯为校长（按：此处应为英敛之）。烺在青已将三年，所编之书亦将告成，对于理工技术无多大兴味，拟回京择一相当学校有史地学门者仍从事写书，不知该新立学校有此类功课否？先生能为烺介绍否？”② 从中也可以看出，张星烺这时的兴趣已经完全转到史地研究，希望择一学术机构继续完成中西交通史料的汇辑工作。但他还未进入这所新立的教会学校，1926 年 9 月即应邀南下，参与厦门大学国学研究院的成立工作。

当时的厦大国学院主任为沈兼士，以北京大学研究所国学门为样本，主张用科学方法研究国学，在文献研究之外进行考古实物研究。在首批确定的研究项目中，便有张星烺的“马哥孛罗游记”、“中西交通史”、“闽省姓族迁移史”三个研究项目，他还承担了国学院组织的《中古图书志》地理部分的编纂工作。1926 年 10 月 31 日至 11 月 3 日，他参与泉州的访古调查，对这一“中古文化交换地点”抱有极大兴趣，根据考察做了题为“中世纪之泉州”的演讲，并把讲演稿整理成《泉州访古记》一文。③ 同行的还有厦大同事陈万里、德国学者艾克（Gustav Ecke，一译艾锷风）。10 月底沈兼士离厦回京时，张星烺代理其职务，后接任国学院主任一职。不过在给陈垣的信中，张星烺已流露出对国学研究院办理情形的失望：“此间情况不见甚佳，国学研究院的牌子已挂出，而内中并无的款办理一切。目下仅筹一种国学季刊而已”。④ 信中提到的经费问题确实存在，值此之故，《国学季刊》（收录张星烺《中国史书上关于马黎诺里使节之记载》、《泉州访古记》两文）虽已编就，但实际并未印行。由于厦大国学院经费支绌，加之人事纷争，⑤ 张也无久留之意。

---

① 张星烺：《中西交通史料汇编》自序。

② 陈智超编注《陈垣来往书信集》，生活·读书·新知三联书店，2010，第 234 页。

③ 张星烺：《泉州访古记》，《史学与地学》1928 年第 4 期。

④ 陈智超编著《陈垣来往书信集》，第 241 页。

⑤ 桑兵：《厦门大学国学院风波》，收入氏著《晚清民国的国学研究》，北京师范大学出版社，2013，第 193～215 页。

1927年2月中旬厦门大学国学院停办，沈兼士几乎同时出任辅仁大学文学院的院长。张星烺也在此时动身回京，继沈兼士之后，8月进入辅仁，成为史学系教授兼系主任。9月辅仁大学已获教育部准予立案，正式开办，以本笃会神父奥图尔（George Barry O'toole）为校长，陈垣为副校长，文学院下设国文系、外语系、史学系和哲学系，理学院、教育学院在筹划之列。作为直属于罗马教廷的天主教高等学府，又获得当时中国政府的认可，辅仁大学具备了前所未有的优势和资源。张星烺正是在这种背景下进入辅大史学系的。在北大国史馆和厦大国学研究院这两所学术机构的任职经历，对张氏的学术发展历程无疑有重要影响，为其积累教学和研究经验，拓展人脉，对以后主持辅大史学系也有一定影响。

二 张氏学术理念与实践

张星烺受聘于辅大史学系既有人情因素，也因为他在专门领域的研究才华及与此紧密相连的史学理念，对于该系的起步和发展有推动作用。在进入辅仁大学之前，张已广收博采，将上起上古，下至明代的中国与欧、亚、非洲的物质文化交流史料汇辑成《中西交通史料汇编》，1930年作为“辅仁大学丛书第一种”出版，为中西交通史领域的学者提供了丰富的研究资料。这也与自香山辅仁社以来的学术传统相契合，由于宗教经历和信仰，英敛之注意对明清天主教文献的整理；陈垣在明清天主教的中文文献的收集和整理方面用力更勤；张星烺曾留学美、德，对西方文献记载最为熟悉。他延续并发扬这一学术传统，进入外国汉学家所擅长的中西交通史研究领域，并自觉接受西方先进的治学理念与方法。

由于学术分科日细，与历史学相互关涉的领域也愈多，尤其是中西交通史，本身包含民族迁徙，血统、语言、习俗之混合，宗教之传布，文字之借用，生物之移植等内容，要求研究者具备多学科的视野和方法。辅助学科的发达也是外国汉学研究的优点之一。[①] 冯承钧评陈垣《摩尼教入中国考》时便指出，“惟比较陈君与沙畹、伯希和二氏之撰述，陈君之范围较小”，“盖彼方有多数之德、法、俄、英、比、荷、义、匈等国学者研究之成绩，互相参考，又有波斯文、康居文、突厥文、梵文等语

① 梁绳祎：《外国汉学研究论》，《国学丛刊》第3册，1941。

言专家，以相辅助，此等皆我国所缺乏也”[①]。可见语言学等相关学科之重要与当时中国学者对相关学科掌握之不足。1941 年在辅仁大学史学会的成立会上，张星烺做了题为“历史之辅助学科与基础”的演讲，阐明其学术主张。在张氏看来，“凡研究一种学问，除其本身应注意外，而各种辅助学科亦应注意之，以其能助理解，决疑难也，研究历史亦然”。他将历史的辅助学科分为天文学、地理学、生物学三种，并以地理学为基本。上述三种是基本科学，其他如人类学、民俗学等也是研究历史的重要学科。社会学、考古学、语言文字学是并等科学，政治学、经济学、法律学都是历史之辅助学科。[②] 这种提法与二十年代朱希祖对历史辅助学问的阐发有相通之处，不过，朱氏并未将天文学等自然学科纳入考量，也未将地理学摆在最基本的位置上。[③]

在上列的辅助学科中，张星烺对地理学最为谙熟。这是由于他秉承蔚西先生家学，耳濡目染，自幼接受这方面的教育与熏陶。据他描述，“当时上海徐家汇土山湾天主堂出版之地理备说等书，（张相文）皆购置之，常于晚间命儿子阅地图，讲地理”[④]。除了家学因素外，对于地理（尤其是域外）的关怀，也与中西交通史研究直接有关。他认为地理学是历史学最重要的基础，“历史学建造于稳固之地理学之基础上，而地理学又建造于地质学，气候学，人类学，以及其他之各种科学之基础上”。[⑤] 在研究和教学中他经常强调历史与地理环境之间的关系，并自觉将地理因素纳入史学译著。自 1937 年开始，张星烺利用课余之暇，翻译德国学者哈兴额（Hugo Hassinger）的《历史之地理基础》（*Geographische Grundlagen der Geschichte*），1940 年完成，作为中德文化丛书第十七种出版。在指导辅仁大学史学系毕业学生的论文题目时，张星烺想到中国古史上有甚多战争由于气候所逼而造成，便命学生搜查史迹按类编次，由他连贯成《中国历代战争与气候之关系》一文，阐明其中关系。[⑥] 在张氏的学术理念乃至实践中，史学与地学相辅相成，关系密切。对古代地理和方位的熟悉，对地理环境

---

① 冯承钧：《摩尼教流行中国考》译序，商务印书馆，1931。

② 张星烺讲，张雅琴、刘淑英记《史学会讲演录：二、历史的辅助学科》，《辅仁生活》1941 年第 16 期。

③ 《畸形的史学》，《益世报·学术周刊》1928 年 11 月 19 号。

④ 张星烺：《泗阳张沌谷居士年谱》，《南园丛稿》，沈云龙主编《近代中国史料丛刊》第三十辑，第 2385 页。

⑤ 张星烺：《历史之地理基础》汉译序，商务印书馆，1940。

⑥ 张星烺：《中国历代战争与气候之关系》，《中国学报》1945 年第 3 卷第 1 至第 4 期。

因素的注重，也有助于中西交通史的研究。

在地理学之外，张星烺还尤其重视人类学、考古学等方法对历史学的辅助作用。他在厦门大学国学院时，与俄国学者史禄国（Sergei Mikhailovich Shirokogoroff）有短暂的共事经历，[①] 对史氏研究中国人种问题至为推崇，尝称研究中国人种，“史氏殆开其端”。通过阅读著作并与之交谈，张星烺了解到人种学中的人类学方法，其中依照人的面貌骨骼，可以确定各民族之互相关联。他服膺于这种研究方法，称“人性志与人类学方法，相辅而用，则民族枝派之分辨，或可得其真确情形也”。由于搜集中西交通史方面的材料多年，注意到葱岭以西的人群入籍受华化的故事，张星烺提出“中国人种中，有西方印度日耳曼种人”的设想，并利用体质人类学和民族志方法细致考察中国古代人种问题，以“补吾友史禄国之缺点”。[②] 1929年先在东方考古学协会讲演会上报告，后写成《中国人种中印度日耳曼种分子》一文发表。受厦大国学院重视考古发掘和实地调查的学风影响，张氏对考古学作为学术研究方法的意义也颇为重视。他在“中世纪之泉州”的演讲中，阐述了考古学与史学的关系，“谓考古学之于古代历史，犹地质学之于古代地层史。考古学家搜罗古物，参观古迹，亦如地质学家发明地层构造之学说然，常能对于古史有别开天地之见解”。[③]

多年学习和从事自然科学方面工作的经历，也使张星烺重视历史的科学问题。因为在昔日所读的化学、物理等科中皆有算学方程式，可以推算各种问题之结果，有各种定律可以解说一些事实，转向史学研究后，他也试图在史学书中寻求一种类似的哲理定律。[④] 他提出研究历史变迁中的地理、气候等自然因素很可能与此有关。事实上，自梁启超首倡“新史学”以来，史学的科学化便内在于20世纪中国史学发展的理念中。1902年，梁氏在《新史学·史学之界说》中明确提出史学研究“人群进化之现象”，“求得其公理公例”[⑤]，他又通过不断的写作和讲演活动努力将历史学发展成“科学”。其中《中国历史研究法》一书为张星烺所购读，1923年张氏

① 史禄国1926年9月到厦门大学，在国学研究院教授人类学课程。国学院解体后，史禄国函告张星烺在厦门无足与言学问者，张星烺遂介绍给罗常培，让史禄国在中山大学语言历史研究所继续从事学术研究。参见《学术通讯（一）：张星烺——罗常培》，《国立第一中山大学语言历史研究所周刊》1928年第1卷第13期。

② 张星烺：《中国人种中印度日耳曼分子》，《辅仁学志》1929年第1卷第2期。

③ 《国学院学术讲演》，《厦大周刊》第164期，1926年11月20日。

④ 张星烺：《历史之地理基础》汉译序，商务印书馆，1940。

⑤ 梁启超：《新史学》，《饮冰室合集》第1册，文集九，第10页。

写有书评指出该书在西文材料征引、历史年代判定等方面的谬误，表明“惟史地学亦为切实科学（concrete science）之一种，与天然科学（natural science）相仿，皆注重事实（facts）与证据（proofs）”。[①] 在他看来，科学是建立在实证的基础上，探寻人类历史发展的规律也是考订史实与综合分析的基础上，不能抛开历史证据，“如报章杂志上之论文，可以信口开河也”。在厦大国学院成立大会上，他发表演说，也强调欧西各国对于一切事物，无不悉心研究，力求明确，对于中国之事，尤考求不遗余力，故应用西方调查、实验、实证分析等科学方法来研究国学。[②] 可见张氏对于史学研究中的科学和规律已有自觉意识，并落实到具体的实证研究中，但这些想法仅散见于各种文章和演说中，并未形成系统完整的论述。

张氏对于历史与地理、人种、科学关系的理解，无不体现西方史学理论和方法的渗透。尽管他在历史地理方面，未尝受到异域之传，但自留学时候起便关注西方学者所从事的汉学研究工作，重视与西方学者的沟通交流，吸取他们在汉学研究上的优长。《马哥孛罗游记导言》刊发后为法国工程师、地学家沙海昂（Antoine Henry Joseph Oharignon）所得，便引为同道。张星烺在青岛编中西交通史料时与他有信函往来，后来到北京，在沙氏家中发现藏书甚多，对其学问精神敬佩不已，又盛赞其晚年所做的马哥孛罗游记注释三册，“注释较之以前法国人鲍梯（Pauthier）及英国人玉尔（Yule），颇有独到之处”[③]。三十年代中期，德国波恩大学东方学院院长保尔·卡莱教授（Paul Kahle）将阿里·阿克巴尔的波斯文名著《契丹志》（*Khitayname*）全文译为德文，并通过当时已为辅大教员的艾克，找到在中国研究历史地理又通晓德文的张星烺。从1934年到1936年间张氏与卡莱保持书信往来，讨论翻译和材料问题。[④] 张氏此前已从俄国学者布雷特施奈德（E. Bretschneider）的《中世纪研究》（*Mediaeval Researches*）中略知此书，但始终未能得见原本。在辗转得到《契丹志》的德文译本后，他将书中二十章内容择要译出，先期发表在《地学杂志》上。[⑤] 由于在中西交

① 张星烺：《〈中国历史研究法〉纠谬》，《史地学报》1923年第2卷第3期。

② 《国学研究院成立大会纪盛》，《厦大周刊》第159期，1926年10月16日。

③ 张星烺：《法国地学家沙海昂略传》，《地学杂志》1930年第3期。

④ 卡莱和张星烺的合作翻译未果，两人往来书信共四十余封，现存于意大利都灵大学卡莱图书馆中。八十年代该书由张星烺哲嗣张至善主持翻译并出版。参见〔波斯〕阿里·阿克巴尔著《中国纪行》，张至善、张铁伟、岳家明译，华文出版社，2016。

⑤ 张星烺：《德文译本阿梨爱克伯尔之中国志之介绍》，《地学杂志》1936年第2期。

通史领域的专长，1937 年波恩大学还请其前去讲学。[①]

张星烺还是中德学会（Deutschland - Institut）的长期会员，1941 年初参与会刊《中德学志》的编辑工作，成为主要撰稿人之一。1933 年，中德学会创立于北平，辅仁大学也在该年转由德国圣言会（Society of the Divine Word）接管。由于位置相邻、人员往来频密，三四十年代两所学术机构之间联系紧密。首任会长谢礼士（Ernest Schierlitz）的主要公职是辅仁大学图书馆馆长[②]，后继者福华德（Walter Fuchs）也为辅仁大学聘请，编辑出版耶稣会的地图册《康熙朝的耶稣传教地图》（*Der Jesuiten - Atlas der Kanghsi - Zeit*）[③]。傅吾康（Wolfgang Franke）自 1939 年秋在辅仁大学参与司徒资（Joseph Stulz）教授关于历史研究方法论的英语讨论课，1945 年到 1946 年间又在辅大史学系有教学任务。[④] 福华德、傅吾康和艾克等德国汉学家在北平形成紧密的学术圈子，由于在中德学会和辅仁大学都身兼要职，张星烺也进入了这一圈子。这种联系使张氏可以及时了解西方尤其是德国学术文化的动态。

张星烺至少掌握英、德、日三门外语，对于英语、德语文献尤为精通。在继承乾嘉治学方法的基础上，打破传统治学方法仅限于以中文资料比证中文资料的格局，从西方学者的著作及与他们的交往中发现西文资料，又能运用西文资料与中文资料相互证明补充，这是他与陈垣治学路径的不同所在。作为中国第一部中西关系史料辑注，《中西交通史料汇编》每册皆列举中西书籍上所载之相互关系，大量摘译玉尔、布雷特施奈德著作的资料，并参照中文资料对人名、地名等进行考证。他在完成《马哥孛罗游记》的翻译工作时，也曾总结到，“常将西人研究与吾国史书互相参证，辄觉西人之说有理。徇其理而旁证之，时能得有新证据，足以阐明西

① 《张星烺将赴德讲学》，《科学》1937 年第 21 卷第 5 期。根据张至善的记述，张星烺受邀是卡莱教授力主的，但因为七七事变的发生未能成行。参见张至善《〈中国纪行〉的启示和中文译本的编译过程》，收入《中国纪行》。

② 谢礼士在辅仁大学任西洋语言文学系教授暨图书馆主任并西文图书课课长，1930 年 7 月到校。见《关于“旅华西人与西学”调查用表（外籍教士名册）》，辅仁大学档案，案卷号：72。

③ 又名福克司，1938 年以名誉教授的身份到辅仁大学，开设“舆图学”“满洲文学史”“海外汉学研究”课程。见《二十八年度中外教职员履历一览表》，辅仁大学档案，案卷号：59。另见〔德〕傅吾康著《为中国着迷——一位汉学家的自传》，欧阳甦译，社会科学文献出版社，2013，第 90 页。

④ 〔德〕傅吾康著《为中国着迷——一位汉学家的自传》，欧阳甦译，第 150 页。

人之说者。又西人之说，谬误之处，间亦有之，翻译之时，参证中国史书，据实改正者，亦时有之。”① 由此可见张氏对于中西不同体裁的史料的熟悉和掌握程度，以及对教内与教外典籍互证方法的自觉。

作为中西交通史研究领域的先进，张星烺关注并借鉴了西方学界的诸多新思路和新成就，强调多种学科（尤其是地理学）与历史学的密切关系，并广泛搜集和运用中外史料进行比勘互证；受自然科学训练的影响，他力图在历史研究中贯彻科学和实证的原则，在考订史实、分析综合的基础上，获得对历史发展的规律性认识。上述学术理念也反映在张星烺教学和研究的实践中，对辅大史学系的教学导向、课程设置有决定性的作用。

三　史学系课程设置及其特点

早在香山辅仁社时期，英敛之便设置课题使青年子弟引据经典，研究与中国天主教史相关的诸问题，但当时尚未对教中青年进行系统的史学训练。1925 年，在英敛之和陈垣共同拟定的学科大纲中，史学系计划开设中国通史，中国文化和文明史，中外关系史，断代史分析批评研究，中国政治、社会、经济史分析批评研究，史学研究，中国艺术和建筑史，中国历史地理等课。② 不过，这份教育大纲中并无教员、学分、年级等更为详细的课程信息。现存较早的辅大史学系课表登载于 1930 年的《辅大校刊》上，体现了从第一学年至第四学年完备的课程设置③：

第一年：史学通论（朱希祖，2 学分），中国学术史（尹炎武，2 学分），中国史（秦以前）（张星烺，3 学分），西洋史（Genadius Diez，2 学分），地理学概论（谌亚达，1 学分），世界近世史（李佑金，2 学分），英文，德文法文或日文，逻辑学。

第二年：中国史（秦汉）（余嘉锡，2 学分），中国史（魏晋南北朝）（尹炎武，2 学分），西洋史（Genadius Diez，3 学分），文字学（沈兼士，2 学分），目录学（伦明，1 学分），中国近百年史（朱希祖，2 学分），英文，德文法文或日文，认识论。

---

① 张星烺：《马哥孛罗游记》自序。

② A General Prospectus of The Institution, *Bulletin of Catholic University of Peking*, No. 1 (Sept 1926), p. 15.

③ 《大学部各系科课程表》，《辅大校刊》第 2 卷第 2 期，1930 年 10 月 22 日。

第三年：中国史（隋唐五代）（瞿宣颖，2学分），中国史（宋辽金元）（张星烺，3学分），西洋史（Genadius Diez，3学分），史学研究法（陆懋德，2学分），中国史学名著评论（陈垣，2学分），历史的地理（柯昌泗，2学分），金石学（陆开钧，2学分），考古学（陆懋德，2学分），德文法文或日文。

第四年：中国史（明清）（柯昌泗，2学分），东方史（方壮猷，3学分），中西交通史（张星烺，3学分），近世中国外交史（刘彦，3学分），西洋史（续）（Genadius Diez，2学分）。

由上可见，中国史和外国史课程是辅大史学系教学构成中重要的部分。中国史又以古代史为要，分为秦以前、秦汉、魏晋南北朝、隋唐五代、宋辽金元、明清六段，四学年完成，现代史由“中国近百年史”和“近世中国外交史”构成，共计19学分。世界史主要由“西洋史”构成，分段讲授，该年由西班牙籍教授狄希纳（Genadius Diez）一人独立承担，此外还有“世界近世史”和“东方史”两门，共计16学分。从学分构成上看中西并重，使学生对本国与外国各个时代都有深入且通贯的认识。为求对史学主体的认识，开设“史学通论”“史学研究法”和“中国史学名著评论”[①] 等史学理论课程。在辅助性学科方面，有“地理学”两门，“考古学”“金石学”各一门，还开设“文字学”“目录学”方面课程，以培养学生释读古代文献的能力。作为学术的必备工具，外语能力是史学系、国文系应当重视的一个环节，[②] 英文被列为必修课程，德文、法文和日文开设选修课程。

依据《辅仁大学学则》的有关规定，这份课表很有可能出自系主任张星烺之手。这时在辅仁大学兼课的朱希祖，已任北京大学史学系主任多年，制定并实施了新课程大纲。他将史学系课程分为中外通史及断代史、专门史、基本科学、辅助科学、史学史及史学原理、外国语六大系统。这种制度实施后，国内公私立大学史科，纷纷仿行。[③] 通过比对也可发现辅

① 参见陈垣著，陈智超编《中国史学名著评论》，商务印书馆，2014。

② 文学院院长沈兼士代理校长职务期间，在开学讲话中勉励史学系、国文系的学生“应当努力于外国文的练习，其他各系更不消说，因为这是今日研究学术的重要工具”。《沈校长开学训辞》，《辅仁大学校刊》第3卷第1期，1931年12月1日。

③ 傅振伦：《先师朱逖先先生行谊》，收入张国华编《文史大家朱希祖》，学林出版社，2002，第217～218页。

大史学系与北大史学系所开设的课程颇为相近。尽管无直接证据表明张星烺对朱希祖所订课表的参考，不过以他和朱希祖的私人交谊,[①] 及北大史学系课程大纲的影响力，他对此必有所知。随着1931年初朱希祖辞去系主任一职，北大史学系的课程设置也发生了重大变化。辅大史学系却将这种制度保持下来，三四十年代的课程设置较原初又有了很大的扩张，呈现出以下比较鲜明的特色：

其一，在教学门类上重视历史上的中外关系，设有“中西交通史”及与之相关的课程。在1920年教育部颁布的大学令中，历史学门中国史及东洋史学类，并没有将“中西交通史”列入其中。国内研究学者又相对较少，作为一门专门化程度较高的课程，并非一般教员都能胜任。由于没有制度和人员的保证，它的开设往往时断时续。辅仁大学重视这方面的教学与研究，是有其传统的。民国初年英敛之设香山辅仁社时，所拟习题就有“太古中西同源考”“景教碑考”“元也里可温考”“清四库总目论教中先贤著述辨”等[②]，使教中青年引据儒家经典阐发天主教义，或从教会与教外典籍中追寻中国天主教的史迹，成为辅仁大学学生探究中国天主教史、中西交通史的先声。

张星烺的加入为辅仁大学史学系设置此类课程提供了人员保证。他在厦门大学时就已开设了“中外文化交通史”和“南洋各岛史”两门课程，前者讲授中外文化交互之关系及其经过，并从各种科学方面证明之，后者讲授南洋各民族之来源、风尚及其东西各国文化交通各方面之关系及过程。[③] 1927年之后，他把这两门课程带到辅仁大学史学系。除了教授“中西交通史”，还负责中国史的秦以前和宋辽金元部分，以及“南洋史地”“欧化东渐史”“四裔传研究”“中国历史的地理”等课程。中西交通史的讲授在国内具有相当创新意义，引起史学界的重视，北平各校史学系纷纷相邀讲授此类课程[④]。张星烺还为“中西交通史”课编写了讲义，内容大体取材于《中西交通史料汇编》第一编“古代中国与欧

① 朱希祖为《中西交通史料汇编》作序时以“吾友”相称。

② 方豪：《中国天主教史人物传》下册，中华书局，1988，第308页。

③ 《文科课程》，《文科学程纲要》，《厦门大学布告》1926年第5卷第4期。

④ 张星烺1931年至1934在北京大学史学系隔年开设“南洋史地”和“中西交通史”课程，1933、1934年在北平师范大学历史系讲“中西交通史”。1928年至1935年在清华大学“中西交通史”和“南洋史地”轮流开班，1930年还代讲“宋辽金元史”。1928年至1936年在燕京大学主讲“宋辽金元史”，亦讲“南洋史地”、“西北史地”。参见王应宪编校《现代大学史学系概览（1912—1949）》，上海古籍出版社，2016。

洲之交通"[①]；作为中西交通史之续，"欧化东渐史"的课程讲义更为精要，分为"欧化东传之媒介""有形欧化即物质文明之输入""无形之欧化即欧洲思想文明之输入"三章，[②] 自1933年初版后多次再版。1946年，方豪也曾应辅仁大学史学系之聘承担"中西交通史"课程任务，[③] 第二年又开设"南亚史""考古学""中国宗教史"等课。

其二，注意开设与历史学相关的辅助性学科，如地理学、人类学等课，作为历史学之深造必不可少的学术训练。就历史地理而言，由于研究这门学问的人不多，也不是当时各大学普遍开的课。[④] 不过，辅仁大学史学系很早便设有"地理学概论"和"历史的地理"两门必修课，到系任教的都是精研地理学的代表，不少还是中国地学会的会员。按1933年"地理学概论"课程说明，该科教学之主旨"在于概括的阐明人类活动与自然环境相关之理法，予学者以地理学之基本智识与门径，及课外自由研究之机会"；该科关系之重要"盖因历史之研究，必须籍地理以作基础，过去时代人类文化之进展，多有地理的背景，以地理解释历史，实为历史研究之一种新趋势"。"中国的历史地理"则讲授历代地理知识，提出和研究"地方区划之沿革（割据与封建附）、各都邑及军事重镇之建置兴废、名山与大川（名称之改易，水道之变迁）、边疆与四裔"四项专门问题。取材除正史地志及一统志外，兼及各地方志，并唐宋以来诸家考订校释地理之作。[⑤] 该年，"地理学概论"课由王庸负责，"中国历史的地理"课由谭其骧主讲，在辅大史学系就读的史念海便选修了"中国历史的地理"一课，初次接触到历史地理学专门学科。[⑥]

作为研究历史的重要科学，人类学、民俗学方面的课程大多由外籍教员承担。张星烺与史禄国私交甚好，1932年他把正在清华大学社会学系任教的史禄国请到系里，开设"人种学概论"等课程，"讲授人类科学之分系，人群之划分，人群之纪述，人种单位之性质及其功用"[⑦]。1944年文

---

① 李孝迁：《域外汉学与中国现代史学》，上海古籍出版社，2014，第166页。

② 参见张星烺《欧化东渐史》，商务印书馆，2015。

③ 该年张星烺因病休养，"中西交通史"课程委以方豪讲授。按方氏自述，"张亮尘先生竟屈驾光临寄寓，以教授数十年之中西交通一课相让，令人愧怍"。方豪：《六十年来之中西交通史》，《华学月刊》第25期，1974年1月21日。

④ 台静农：《辅仁大学创校点滴》，《大成》1980年第82期。

⑤ 《辅仁大学文学院（民国二十二年度）》，辅仁大学出版社，1933。

⑥ 史念海：《河山集》第9集，陕西师范大学出版社，2006，第1页。

⑦ 《私立北平辅仁大学二十一至二十二年度学科报告表》，辅仁大学档案，案卷号308。

科研究所增设人类学部之前，人类学、民族学、民俗学等课程大多在史学系或研究所史学部开设。史学部成立于 1937 年，以张星烺为主任，[①] 自第二年开始辅大校务长雷冕（Rudolph Rahmann）讲授人类学课程。雷冕是德籍圣言会神父，维也纳大学及伦敦大学哲学博士，曾任《人类学杂志》（*Anthropology*）总编辑。1939 年他还创办了人类学研究会，作为隶属于史学研究所科目之一，“研究对象大别分为二类：（1）人类学研究方法学（2）由历史人类学观点研究不同地理区域内之人类文化生活包括宗教，艺术，风俗，社会，经济等项。”[②] 引入其他学科的知识和方法，指导学生作专门领域的高深研究，实际也推动了历史学教学和研究的繁荣。三十年代末至四十年代，史学系及研究所史学部的人类学、民俗学课程日渐丰富。[③]

其三，为引导学生达到更高的研究目标，开设史学理论和方法课程，使西洋史学方法和中国传统治学方法并存。一方面介绍西方科学的分析方法，如“历史学原理”一课，分为历史学的性质与任务、史源学、历史学的辅助科学和历史学与其他社会科学的关系、欧洲近代通行的几种历史观四个部分，由姚从吾主讲。[④] 姚氏曾在德国柏林大学进修，从汉学家福兰阁（Otto Franke）、海尼士（Erich Hänisch）专治蒙古史。他在辅大讲授“蒙古史研究专题”以外，还向学生介绍西方史学研究状况，传授西方知识理论和经验。德籍教授司徒资也长期在欧美地区从事历史哲学、历史研究法的教学和研究工作。他向史学系本科生介绍西洋历史演进的程序，特别注重一些重大史事，及其所以重要的基因；对于研究生，他极力介绍研究历史的科学方法，使他们能在考证史实的基础上，建立有系统的历史。[⑤] 他在研究所史学部开设的“西洋史学方法”一课，意在“指示历史为一种科学而非艺术，阐明其特殊的及普遍的对象。并探讨与是项对象有关之各种心理问题，最后根据心理的认识论讲授解释东西历史之方法。”[⑥]

另一方面，史学系也存在以陈垣为代表的旧学根底深厚，重视实学不

---

① 辅仁大学 1936 年拟开办文、理科两研究所，1937 年春筹备完竣，呈部备案，于是年 6 月奉令准予开办，先设立文科史学部。见《私立北平辅仁大学一览（民国二十七年度）》，辅仁大学出版社，1938。

② 《人类学民俗博物馆工作积极》，《辅仁生活》1941 年第 14 期。

③ 参见张志娟《北京辅仁大学的民俗学教学与研究——以〈民俗学志〉（1942 - 1948）为中心》，《民俗研究》2014 年第 5 期。

④ 《二十三至二十四年度学科报告表》，辅仁大学档案，案卷号：309。

⑤ 乔明顺：《忆司徒资先生》，《辅仁生活》1941 年第 16 期。

⑥ 《二十七年度学科报告表》，辅仁大学档案，案卷号：311。

重疏通的一派。陈垣在辅仁大学史学系为本科生开设多门学术研究方法和理论课程，如“史源学实习”“中国史学名著评论”“中国史学名著选读”，也为研究生开设“清代史学考证法”一门。按 1933 年的一份课程说明，史源学课程“择近代史学名著一二种，逐一追寻其史源，检照其合否，以练习读一切史书之识力及方法，又可警惕自己论撰时之不敢轻心相掉也”[①]。姚从吾“历史学原理”的课程说明中也有“史源学”一项，可见此原则原理对历史初学者的重要性，不过姚在讲此类课程时推崇兰克学派，以德国学者伯恩汉（Ernst Bernheim）的著作为主要依据。[②] 陈垣的“史源学”课程则融中国的目录、版本、校勘、避讳、年代等多种学问为一体，使学生接受考证基本功的训练，所用课本有赵翼《廿二史札记》、顾炎武《日知录》等。由于中国传统治学方法就包含了西方的实证方法和科学精神，这两种课程在一定程度上有相通之处。它们能在辅仁大学史学系并存，也与系主任张星烺的学术理念及实践密不可分。张氏既深悉中国之史学与地学传统，又对西方史学理论、科学方法宽容地吸收，既能进行具体的史实考证，也能把握历史发展的规律或脉络。故在其主持下，辅大史学系的学术研究方法课呈现出独具一格的风貌。

还要提到的是，史学系重视课外的学术探讨活动，通过组织学会推进史学的教学和研究。除了上述的人类学研究会以外，1941 年 4 月 25 日校长陈垣、教务长胡鲁士、系主任张星烺还发起成立了辅仁大学史学会。张星烺、陈垣二人曾参与朱希祖发起的中国史学会的筹组和各项事务，有学会组织方面的热忱和经验。[③] 辅仁大学史学会起步虽晚，但久有计划且目标甚高，“中外史学界巨子荟萃一堂”，“藉以有系统的沟通世界文化”。[④] 该会由陈垣领导，史学系教职员、研究生和本科二三四年级学生组成，以教师讲演和学生报告为主要活动。专题讲演由文史学科的教员轮流担任，

① 《二十一至二十二年度学科报告表》，辅仁大学档案，案卷号：308。另见陈垣著，陈智超编《史源学实习及清代史学考证法》，商务印书馆，2016。

② 参见姚从吾《历史方法论》，陈捷先、札奇斯钦编《姚从吾先生全集》第一集，正中书局，1971。后记中提到，姚从吾在课堂上，以一半以上的时间，介绍德国从兰克（Leopold von Ranke）到伯恩汉的史学，还曾将伯恩汉的《历史学导论》（*Einleitung in die geschichtswissenschobt*）译成中文，用为参考讲义。

③ 1929 年 1 月 10 日朱希祖与张星烺、罗家伦共同拟定中国史学会简章，在 13 日成立会上张星烺、陈垣都当选为史学会委员。参见《朱逖先先生年谱》，《朱希祖先生文集》第六册，九思出版有限公司，第 4228 ~ 4230 页。

④ 《辅仁史学会成立》，《辅仁生活》1941 年第 15 期。

如陈垣讲“官书与史书”，张星烺谈“历史之辅助科学与基础”，余嘉锡谈“论治史学当自出手眼”，牟润孙讲“拓跋晃与崔浩”，柴德赓讲“宋代宦官参预军政”，[①] 沈兼士论“近三十年来中国史学之趋势”[②] 等。这类讲演或是发表对某一历史问题的研究成果，或是提出历史研究中应该注意的问题，或是总结中国史学发展的趋势，对于开拓学生视野，激发学术探究兴趣大有裨益。与此同时，学生会员在每次开会时还要报告近期读书心得，其自主学习和研究的能力也在这一过程中得到提升。

从史学系的课程设置来看，张星烺在人才培养上不仅注重学科基础，更重视学生研究分析的能力。中西交通史课程主要由张氏一人独挑大梁，它的开设几乎从未中断；地理学、人类学等张星烺所注重的辅助学科，都由该领域有精深研究的中外学者主讲；史学理论和方法课以传统考据为背景，融合西方实证方法，既能适应史学科学化的潮流，也继承发扬了乾嘉朴学的治学方法；史学会的设置切实推进了教员与学生之间的交流，提升学生研究历史的兴趣和能力。在这种学科体系之下，辅仁大学培养出一批著名的历史学者，如史念海、乔明顺、尹敬坊、刘乃和、史树青、来新夏、李瑚、刘家和等。[③] 他们日后的学术成就，与这种培养模式有很大关系。

结　语

在20世纪上半叶，像张星烺主持史学系长达二十余年的情况并不多见。这一方面是由于与校长陈垣亲密的学术交往和私人友谊。自1917年两人初次相见，即引为学术同道。陈垣对外来宗教史有极精深的研究，并为中外学人所推服，但他从未在辅仁大学史学系开设该类课程[④]，仅讲授中国传统史学著述和方法，与中西交通史有关的课程都由张星烺独立承担，足见陈对张的信任和两人的默契配合。另一方面，也和该校的学术资源和

① 《本校学术消息：史学会成立经过》，《辅仁学志》1941年第10卷第1～2期。

② 1946年6月辅仁大学史学会讲演词，载1947年8月14日《经世日报·读书周刊》第一期，收入沈兼士著，葛信益、启功整理《沈兼士学术论文集》，中华书局，1986。

③ 参见北京辅仁大学校友会编《北京辅仁大学校史：一九二五——九五二》，中国社会出版社，2005，第142～144页。

④ 陈垣曾在燕京大学讲“中国基督教史研究”，为三、四年级选修课，可见他也能胜任此类课程。参见王应宪编校《现代大学史学系概览（1912—1949）》下册，第522、531页。

氛围密不可分，曾在北大国史馆任编纂员的张星烺称，“北大党派意见太深，秉事诸人气量狭小，其文科中绝对不许有异己者”，又“几成为政治运动专门机关”。[①] 延续北大国学门班底的厦大国学院，人事上存在错综复杂的矛盾，经费上常有掣肘，也不是他理想的学术机构。与之相比，辅仁大学作为带有西方背景的教会大学，对外学术文化交流活跃；校内不存在像北大、厦大那样的派系与门户之争，又对国内政治运动介入较少，可以做纯粹的教学和研究工作。

长期担任辅仁大学校长的陈垣对该校文史之学有着不可忽视的影响，主要体现在不拘一格为文史两系延揽人才上。[②] 这是以往论者比较注重的面向。唯其在学术上以考订中国史籍为根本，由于语言的局限对于域外材料极少涉猎，对输入西方史学也无太大兴趣，在沟通中西学术方面似乎不如张星烺积极。由于在欧美学习自然科学的教育背景，张推论学问，搜求文献都极为注重西方学者的研究成果。他对西方汉学的熟悉程度，以及对西方学术的接纳和包容，为辅仁大学史学系教学和研究开辟了新境。作为史学系教授，他能将所精研的领域与课堂教学相结合，《中西交通史料汇编》及与中西交通相关的大学课程在学术拓荒期均有典范意义；作为系主任，凡他所重视的辅助学问、学术理念也都能延请国内外学者名师到系讲授。从这个层面上说，辅仁大学文史学科的发展固然与校长陈垣密切相关，如果没有张星烺的理念与实践，一种反映时代潮流的课程体系是不可能建立并长期保持下来的。

张星烺努力介绍西方的工具、资料和方法，从事西方学界感兴趣的领域和问题，来促进中国史学的发展，这一做法也有学术史的特殊背景。自20世纪20年代起的中国学者，大多有“把汉学中心夺回中国”的想法，张氏在《中西交通史料汇编》的序言中称其十多年辛勤治学的动力是有慨于中国学术之落后，“中国史地西洋人且代吾整理”的现状。要与西方、日本学者争胜，就必须进入他们所擅长的领域，不仅在研究领域上把握国际学界的关注点，而且在方法和工具上同步。辅仁大学史学系诞生于这种与西方汉学争胜的历史语境，自起步时便制定了崇高的理想目标，倚赖大学的便利条件，在与海外学术的融汇和沟通中提升中国学者的研究地位。

---

① 陈智超编注《陈垣来往书信集》，第240页。

② 相关回忆参见牟润孙《发展学术与延揽人才——陈援庵先生的学人丰度》，《海遗丛稿》（二编），中华书局，2009；台静农：《北平辅仁旧事》，《龙坡杂文（增订本）》，生活·读书·新知三联书店，2002，第107~108页。

中国现代学术的发展，在某种程度上就是西方汉学界与中国学界互动的结果。张星烺居于其间既是受益者也是实际推动者，凭借深厚的国学基础，丰富的治史经验，将西方学术介绍到中国，在中国学术的现代转型中有重要的意义。

缪凤林通史研究再探*

颜克成

（云南大学历史与档案学院　云南民族大学人文学院历史系，昆明　650500）

摘　要： 缪凤林在承袭柳诒徵学脉的基础上于通史研究多有创建，其《中国通史要略》曾作为教育部定大学用书刊行。缪氏的文化民族主义思想贯穿于他的通史研究中，在抗战时期一系列文章和著作中，重点着墨于汉族与诸族相竞争、相融合为一个中华民族的历史过程来为抗战服务。在讨论文化时，缪氏、钱穆等民族主义史家正是在抗日卫国战争中，一同唤起民众发现和恢复中国独特的民族文化认同。但是从民国时期诸家评论缪氏的《中国通史纲要》《中国通史要略》时，则亦有见仁见智之感。

关键词： 缪凤林　中国通史　中华民族　文化民族主义

自章太炎、梁启超在20世纪初提倡编著新体裁的《中国通史》直到1949年，学界撰写的通史著作有近80部，缪凤林所属的“史地学派”学人更是在通史编纂中异军突出。早在1902年，柳诒徵即据日本那珂通世的《支那通史》，续增元、明两朝，汇编为《历代史略》六卷本。蔡尚思曾言是“我国第一部历史教科书”①。其后又有《中国文化史》刊印，虽署名

* ［基金项目］本文为国家社科基金西部项目“抗战时期中国民族史编纂与民族国家建构研究”（项目号：18XZS002）阶段性成果。

［作者简介］颜克成，云南民族大学人文学院历史系讲师，云南大学历史与档案学院中国史专业博士后。

赵梅春：《二十世纪中国通史编纂研究》，中国社会科学出版社，2007，第315～320页。

① 蔡尚思：《中国文化史导读》，柳诒徵著《中国文化史》，华东师范大学出版社，2001，第2页。

文化史，于帝王朝代、国家战伐多从删定，重以制度、学术、生产、文教、交通等，但可以窥见其通史研究的脉络。胡适曾对是书以较高的评价说："柳先生的书，可算是中国文化史的开山之作。"① 柳氏以阐发中国文化要义为旨趣，他说"清季迄今，学校林立，历史一科，人多忽之。稗贩欧风，几亡国性。"② 其以通贯的形式表述国史，其目的就是要增强民族的向心力和凝聚力，唤起国人的民族自信。缪氏袭柳氏之学脉，于通史编写为其治学之重，在1932年就有《中国通史纲要》（第一册）、《本国史》（上册，高中教学用书）出版，1933年、1935年陆续出版了《中国通史纲要》二、三两册（止于隋唐两代），1943年删并"纲要"，续写宋元明清部分，成《中国通史要略》，其书中文化、制度、学术对柳氏《中国文化史》多有参考，政治、民族、社会经济等内容则融合了自己30年代之前的研究成果。与柳氏《中国文化史》、钱穆《国史大纲》、金毓黻《中国史学史》、黎东方《中国历史通论》等同被定为"部定大学用书"。③ 缪氏书自发行以来褒贬各有，如顾颉刚、金毓黻、童书业、夏鼐等皆有不同的看法。④ 另外如果把缪氏在20世纪40年代为激励国人抗战所写就的《从国史上所得的民族宝训》、《中国民族之文化》等具有通贯视野的小册子和中国通史对读来看，其民族主义思想的来源、文化思想的阐释与对民族性的深刻理解则更值得做出剖析。

一 注重民族文化传承的文化民族主义史观

传统中国史学一直是作为维系民族与文化稳定发展不可或缺的精神资源。尤其是国难急剧之时，人类学家科恩（Anthony P. Cohen）说："一个社会群体只有在被逼到自身文化的边界时，才会'发现'本身的文化，并对此一文化加以重新评估。"⑤ 这种"评估"于民国时代，在胡适、陈独秀

① 胡适：《书籍评论》1933年第8卷第2期。

② 柳诒徵：《中国史学之双轨》，《史学与地学》1926年第1期。

③ 黎东方：《平凡的我——黎东方回忆录》，中国工人出版社，2011，第206页。

④ 当下学者吴忠良的《南高学派的通史理论及实践》（《西华师范大学学报》2018年第5期）一文认为缪氏通史的著述风格有四：宣扬民族主义以期发扬民族精神；尊重传统文化与制度；注重通史理论；信、疑之间。另外刘永祥的《缪凤林的通史编纂风格》（《陕西师范大学学报》2015年第4期）认为缪氏通史的特点是：从民族主义角度构建了中国通史编纂理论；着意书写中华民族之整体性与独特性；信古不泥古和体裁上的综合趋向。二文对缪氏通史撰述旨趣、编纂体例多有研讨。

⑤ Anthony P. Cohen，The Symbolic Construction of Community，p. 69. 转引自沈松侨《我以我血荐轩辕：黄帝神话与晚清的民族建构》，《台湾社会研究季刊》1997年第28期。

等人看来，则是对旧文化的大加挞伐，他们认为本身的文化已经腐旧，而必须借用西方的民主、科学、自由等新文化思想植入和改造国人头脑，以建立和西方的标准并驾齐驱的新社会（当然陈独秀和胡适所选择路径的不同又是另一回事）；而在章太炎等国粹派学人和柳诒徵、吕思勉、缪凤林、钱穆、张荫麟等人看来，在面对危机和创伤时则更要坚守文化本位，并认为中国之所以能在世界历史文明中不至坠亡，就是因为中国有其独特的文化背景。而历史就是他们发挥文化本位思想的重要源泉。缪氏说："故爱国雪耻之思，精进自强之念，皆以历史为原动力，欲提倡民族主义，必先昌明史学。"[①] 其这种民族主义史学观点在当下多以"文化民族主义史学"目之，如田亮的《抗战时期史学研究》，就把以上柳、吕、钱、缪诸氏统而称之"文化民族主义史学"。[②] 陈勇在评论此书时指出，"文化民族主义史学"就是把"文化、民族与历史三者联系起来考察，认为历史就是民族文化精神的展开和演进，研究历史就在于研究历史背后所蕴藏的民族精神和文化精神。换言之，在文化民族主义史家看来，历史学家的责任不仅仅在于复原历史的结构，追求历史事实的真实，更重要的在于追寻民族文化传承的血脉，肩负起一种文化托命的责任。"[③] 以此来看，"历史"是其表达和宣传爱国思想的载体与形式，"民族"发展轨迹是他们着手建构的对象，"文化"是他们在建构对象中抽离出来的真正"灵魂"，这种"灵魂"表现在史迹上则为中国民族所独有的物质与精神的总和（详后），在文化民族主义史家看来这种"灵魂"正是中国几千年来得以生生不息的根本。

首先，缪氏在阐释"民族"时认为：初民"聚而同族，合为部落，谓此部族为个人生命惟一之保障；谓必部族存在，个人始有所托命；谓部族重于个人，个人应为部族故贡献一切，遂以团结自卫，以维护部族者维护一己：是原始之民族主义。"[④] 其认为由民族而生成的"民族主义"思想来源就是个人为保卫生命，聚而同族。其又以《说文解字》解释"族"字意谓：从旗、从矢，古代行军狩猎，以旗为标志，弓矢之兵，亦多聚于其下。盖古人以旗区族，故民之属一旗者，即为同族，尤后世之称部属也。"种族部落各据一方，互争雄长，强凌弱，大吞小，不知经若干之岁月，

① 缪凤林：《中国通史要略》，东方出版社，2008，第11页。

② 田亮：《抗战时期史学研究》，人民出版社，2005，第241～299页。

③ 陈勇：《历史学家的民族意识和文化关怀——读〈抗战时期史学研究〉》，《抗日战争研究》2007年第2期。

④ 缪凤林：《从国史上所得的民族宝训》，新中国文化出版社，1940，第2页。

又渐出诸部族而集为大群。民族主义，既益推而益广，民族间竞争亦愈演愈烈。群体之个人与群体自身，其需要团结自卫之民族主义亦愈亟。故由赓史言之，民族主义虽导源于皇古，而产生是种主义之环境与需要，一日不变，民族主义永为至高无上的主义。以民族之最高的要求，莫大于维护民族生命，欲维护民族生命，非团结全民族之力是不为功也。”[①] 我们可以看出，其眼中的“民族主义观”是发源于初民维护自身生存的自卫、战斗的民族主义。他在其通史中就直接表达了这种观念，言：“当此神圣抗战之会，既不能执干戈以临前敌，苟对我先民盛德宏业，尤弗克论载，罪莫大焉。”[②] 其通史的编写就把重点放在汉族与诸族相竞争，而相融合为一个中华民族的历史来为抗战服务。

其次，再来看“文化”，缪氏认为“文化”就是人类所有精神的、物质的各种创造、各种成就的总称。分为“文史、政治、经济、科学、哲学、伦理、宗教、工艺、美术、人物”十类。那么“民族文化”的标准，缪氏分三项说明：“第一是否能以自力创造上述种种文物政教学艺人物；第二与他种文化民族接触时，是否能吸收他民族的文化，以补其缺；第三前人已创造、已吸收者，是否能继续显扬，并不断的创造吸收。”[③] 可以归结为创造—吸收—融合下的创造三点，用此三点来观国史，缪氏以为可分为三期：

> 自上古以迄秦汉为吾民族独立创造文化的时期；自东汉以迄明季，为印度文化及伊斯兰文化输入吾国，与吾国固有文化相抵牾而融合的时期；自明季以迄今日，则为欧西文化输入吾国，吾国政教学艺相激相荡而卒相合的时期。大抵第一时期多创造，第二、第三则多吸收与继续。[④]

第一期的中国文化为中国所首创，这在他批驳中国人种西来学说时已论述。然后在论述汉代文化时说道：“汉世文化，尚有一盛世，为前古所无者，则西方文物之传入是也。汉通西域，主因虽为政治关系，然其影响于商业及文化甚大。”[⑤] 并认为自汉以来，“吾民族虽时时吸收外族的文化，

---

① 缪凤林：《从国史上所得的民族宝训》，第 3 页。
② 缪凤林：《中国通史要略・自序》，第 2 页。
③ 缪凤林：《中国民族之文化》，新中国文化出版社，1940，第 7 ~ 10 页。
④ 缪凤林：《中国民族之文化》，第 14 页。
⑤ 缪凤林：《中国通史要略》，第 111 页。

但一方面古代的文化，依旧不断的继续保存，且能于继续保存之中，时时加入新的贡献；另一方面，固有的文化创造力并未衰退，各种个别文化的发明和进步，依旧随时处处表现，又被吸收的外族文化，吾民族亦能以自力融合之、传播之，发扬之，使之改变为中国文化，乃至某种外来文化在其发源地已凋零衰落者，吾民族仍能保持之，继续之，使勿坠失也。”[①] 在缪氏看来，中国文化之所以流传几千年而不坠，就是因为一方面本民族的文化不断的独创，而又逐渐添加新传入的文化的结果。再者，中华文化还有极强的同化性。他认为历史上少数民族“器械异用、章服异制、政教异齐、言语不不通、嗜欲不通，然一与吾族接触，或平和交际，或力政经营，自一二远方殊族外，固已扶服厥角，以奔吾民。”“习吾文教，仿吾服物，用夏变夷，革以华俗。”虽然历史上亦有异族统治者入主中原，但华夏虽时有亡国之痛，永无沦胥之惑。民族融合的加大，造成血统的混乱，亦让缪氏看到：“吾民今日诚多蛮夷后裔。”“金、安、冒、康本为异族之姓，然无有自华夏而欲别为一族者。”[②] 虽然这里他以华夏族为中心论述“以夏变夷”的思想，有些“大汉族主义”，但是他更认为：“‘中国’之所以为中国，专以礼仪、文化为标准，而无种族亲疏之别，故数千年混杂数百人种，而其称中国如故。吾中国人之责任亦惟以文化孕育异族，使进于文化同于中国而后已。是虽后起之义，而高尚广大，与今世国家以侵略为能事者，相去远也。”[③] 其言外之意直指当时日本的侵略中国。从缪氏所定的民族文化三个标准，中华民族显然都具有，这足以引起国人的自豪。

再次，缪氏不是盲目的种族主义者，对中国民族性的剖析更为深刻，并以史为鉴，得出多项民族宝训。他把中国民族性分为六种，优缺点俱在其中：一为家族主义，孝为根本，人以家族为重，邦国为轻，甚或置国度外；二为中庸主义，中国之一言国名，而国性即以此表现。其弊为习于消极妥协，不思进取，以因循为美，以敷衍为能，政治社会奄无生气；三为世界主义，以评天下为理想，化育外族，施不责报，但缺乏国家观念，外患如至，每鲜同仇敌忾之心；四为和平主义，不嗜杀人，而怀柔远人，但流于文弱，与外国遇，常致失败；五为政治上不干涉主义，执政者惟听讼收税，一切民事悉听自为，但以政治为少数人之事，民不之问，政治遂鲜

① 缪凤林：《中国民族之文化》，第 14 页。

② 缪凤林：《中国通史纲要》（第 1 册），钟山书局，1932，第 47、48 页。

③ 缪凤林：《中国通史纲要》（第 1 册），第 250 ~ 251 页。

改进之望；六为实用主义，以利用厚生为鹄，务本舍末，习于勤劳，但重实利而轻理想，可与乐成，难与虑始，不容有远见先知之世，名理之学研究者寡，遂鲜纯粹之科学。[①] 以上六点的分析，鞭辟入里，抗战时在此基础上写了《从国史上所得的民族宝训》小册子以供宣传，得出了十二项可供借鉴的经验，这十二项大都针对上列前六项国人之优、缺点而发，笔者在此合为十点，列述如下：

一、民族主义至上。

二、国家至上。

三、吾民族自力更生之表现，为民族赓续生存发达之基础。

四、民族思想之不坠，为吾民族屡蹶屡兴不至于卒亡之关键。

五、民族自力之充分的发展与表现，首在国家之统一；次在上有统率指导之领袖，下有克尽义务之全体国民；又在全民族身心之康健；汉唐明之往史可证。

六、颓废、浪漫之思想与行为，足致民族国家于危亡，西晋之往事可证。

七、历代民乱之因原于内者，为灾害流行，为生产不足，为官吏之横征暴敛，为贫富之分配不均，汉唐明之季世可证。

八、各种规制与礼俗之产生，均原于实际之需要，后人可努力改善，而不能轻言废除。

九、农田水利与分配，为周代所并重，今言改进田制，亦应兼及二者，授田制既不能悉复，则有限田法等可稍资补救。

十、地方自治，为吾华立国之基础，今后政治之改革，应自健全的地方自治始。[②]

他在这里表彰了汉、唐、明盛世宏业的根由，又总结了史上乱世之病源，钱穆在《国史大纲》里也有相同之思想，钱穆言“一民族一国家历史之演进，自有其生力，亦有其病态焉。”“治史者，必明生力，明病态。生力自古以长存，病态随时而忽起。今日之中国，显为有病，病且殆也，万不容讳。然尤有所希冀者，其人虽病，尚有内部自身生力可以为抗。”[③] 钱

① 缪凤林：《中国通史要略》，第5~7页。

② 缪凤林：《从国史上所得的民族宝训（目次）》，第1~2页。

③ 钱穆：《国史大纲·引论》，商务印书馆，1991，第25、26页。

穆分析了当下之病后，认为

> 以一年半之艰苦抗战，而国人逐渐知“自力更生”之为何物，盖今日者，数十年乃至数百年社会之积病，与夫数千年来民族文化之潜力，乃同时展开于我国人之眼前，值此创巨痛深之际，国人试一翻我先民五千年来惨淡创建之史迹，一棒一条痕，一掴一掌血，必有渊然而思，憬然而悟，愀然而悲，奋然而起者。要之我国家民族之复兴，必将有待于吾国人对我先民国史略有知。①

民族自力更生的盛世与纷乱衰世之往史，使缪、钱二人都看到了抗战时国人遭受的痛苦只不过是历史发展中所存在的一种现象，如何度过这艰难的时代，必先明“我先民文化所贻自身内部获得其生机”的道理。美学家宗白华（当时为缪氏中央大学同事）在1941年元旦读缪氏文之后说：“多谢缪先生给我们这一份珍贵的伟大的新年礼物，它增厚我们的自信力，同时也给予我们深刻的警惕的历史教训。它激起我们伟大的兴奋，也指示我们沉着的有计划的努力方针。这是历史哲学对于民族解放战争的贡献，第五、六、七条（即上引第五条）三宝训尤引人深思，令人奋发，我希望它能发生影响像费希特（Johann Gottlieb Fichte）的《告德国书》。”② 何兆武后来回忆求学西南联合大学的经历时说：“当时教中国通史的是钱穆先生，《国史大纲》就是他的讲稿。和其他大多数老师不同，钱先生讲课总是充满感情，往往慷慨激昂。据说上个世纪末特赖奇克（Heinrich Vou Tretschke）在柏林大学讲授历史，经常吸引大量的听众，对德国民族主义热情的高涨起了很大的鼓舞作用。我的想象里，或许钱穆先生讲课庶几近之。”③ 费希特和特赖奇克皆为18世纪末期德国著名的民族主义思想家，特赖奇克在其《政治学》一书中就说过“一次正义的战争能在高尚的国度里唤起神圣的爱的力量，这已为无数感人的事例所证实。”④ 缪氏、钱穆等民族主义史家正是在抗日卫国战争中，唤起人们重新发现和恢复独特的民

① 钱穆：《国史大纲·引论》，第31页。

② 宗白华：《〈从国史上所得的民族宝训〉编辑后语》，《时事新报·学灯》（渝版），1939年1月3日第31期。

③ 何兆武：《历史理性批判散论·自序》，《历史理性批判论集》，清华大学出版社，2001，第7页。

④ 参见（美）史蒂文森（B. Stevenson）编《世界名言博引词典》，周文标等译，辽宁人民出版社，1990，第992页。

族文化认同。

二 从诸家论评“缪著通史”看该书之价值

台湾史家黎华赵在研究张荫麟《中国史纲》时，曾列诸家论张氏通史，① 现仿该例，简略枚举，以探缪著通史在同侪中之风貌若何：

1. 柳诒徵：是编条理朗晰，本末赅备，儒先精粹及近人钩锁辩难之文，大略在是；持论矜慎，不为异说所惑。②

2. 田义生：体例笨拙，全书一半的地位都被引录的史料或他人的意见所占据；仅将别人意见生吞活剥，难令人满意；古今多人讨论过的问题，也应该发表一些意见，不应该完全靠别人替自己说话；未免过于信古。③

3. 张德昌：与顾颉刚《古史辨》、郭沫若《中国古代社会研究》鼎足而三；就编制的用心，分量的收集说，可与夏曾佑的《中国历史》可与相与并论；站在民族主义的立场，以历史为民族的原动力；新出土资料的应用；无条件的信古；新旧兼收于读者甚大便利。已做到了无一句无出处，从头到尾见又所见，不是胸无成竹，全然折衷派的做法。④

4. 吴景贤：近年来金文、甲骨、碑阙、封泥、简牍等之发现与考订等项材料，均能为著者尽量吸收应用；推算出当时助禹治水人数为三百八十八万，这种统计更觉骇人。⑤

5. 夏鼐：笃信经传，仍信唐虞夏之史迹为确有；不应泥古而不化。⑥

6. 童书业：就上古史而论，对于中国民族西来说、中国民族分类说、三皇五帝说、封建制度叙述皆有可观；非极端“信古”“是古”，受崔述影响颇深，有民族主义的态度；大致寻不出它的大疵病；书中

---

① 黎华赵：《张荫麟的史学成就》，广东省东莞市政协编《张荫麟先生纪念文集》，汉语大词典出版社，2002，第61页。

② 《柳诒徵序》，《中国通史纲要》，第1页。

③ 田义生：《评缪著〈中国通史〉第一册》，《清华学报》1932年第8卷第1期。

④ 张德昌：《评缪凤林著〈中国通史纲要〉》，《图书评论》1933年第1卷第6期。

⑤ 吴景贤：《近代中国历史研究法与通史之检视》，《教与学》1935年第1卷第4期。

⑥ 夏鼐：《夏鼐日记》（卷一），华东师范大学出版社，2011，第248页。

解释古人“感天而生”为母系社会杂交，此一点不合理；超过夏曾佑《中国古代史》，不仅可供大学通史教学，还可作为一般想研究历史的人的阶梯。①

7. 金毓黻：近人治中国通史者，首推钱宾四，次则张荫麟，若缪君赞虞则似不及。②

8. 罗香林：近人所著通史中，以缪凤林之《中国通史要略》最为简明，文字亦甚优美。③

9. 顾颉刚：通史较近理想的，有吕思勉《白话本国史》《中国通史》、邓之诚《中华二千年史》、陈恭禄《中国史》、缪凤林《中国通史纲要》、张荫麟《中国史纲》、钱穆《国史大纲》。④

10. 程光裕：以全史为经，纬以百家，本传统的儒家明经通史的方法，以讲微言大义为史观；民族主义的态度；书生报国的立场。⑤

以上诸家所论中可以看出，批评者主要集中于缪氏书中“信古”的立场，如田义生（2）、张德昌（3）、夏鼐（5）等，另外田义生认为缪氏引用史料过繁，不敢发表自己的见解（这亦是柳诒徵、张德昌所赞之点）。与田义生不同的是张德昌，张氏虽然说缪氏为“无条件的信古”，但对于缪氏在书中的见解，就认为“见有所见，不是全然折衷派的做法。”缪氏对于“中国民族西来说”“三皇五帝”的论辩曾有专文探讨，而且缪氏《纲要》中有关这些问题的讨论大都取自原来的研究成果，缪氏是在参考大量的古今资料而得出的论断，并且从童书业（6）的评论中就可以看出，童氏说书中关于中国民族西来说的辩驳“这是任何人所不能反对的”；对“三皇五帝”传说的研究是“本书中最精彩的一点”，“层层设证，原原本本的把三皇五帝传说的来源和演变考了出来”；对封建制度的叙述“说亦精确”。⑥ 所以田义生的评论似不甚公允。对于缪氏的“信古”，童氏并说书中“如中国民族由分而合，非由合而分，后世学者每以上古之世寓郅治

① 童书业：《读缪著〈中国通史纲要〉第一册》，《大公报》（天津）1937 年第 127 期。

② 金毓黻：《静晤室日记》（7），辽沈书社，1993，第 5059 页。

③ 周亿孚：《中国史籍提要》，香港中文出版社，1965，第 208 页，转引自黎华赵《张荫麟的史学成就》，第 77 页。

④ 顾颉刚：《当代中国史学》，上海古籍出版社，2002，第 81 页。

⑤ 程光裕：《七十年来的中国通史研究》，《常溪集》（2），中国文化大学出版部，1996，第 728～729 页。

⑥ 童书业：《读缪著〈中国通史纲要〉第一册》，《大公报》（天津）1937 年第 127 期。

之理想，与事实适相反。(《中国通史纲要》第172～179页；亦见《中国通史要略》第25页)”，“后世言汤武征诛，美多溢美（《纲要》第284～285页），桀纣之恶，汤武所言已不尽合事实，后世所称，其事多同，必多附会（《纲要》第287～291页；亦见《要略》第31页）诸条虽他人已有所论，但本书则以极谨严的态度采录阐发之，亦是贡献。”所以说童氏言缪氏不是极端“信古”“是古”的人。[①] 从以上可以看出，倒是继承了顾颉刚“疑古”衣钵的童书业，对缪氏书的评价比田、张、夏三氏要持论公平。

当然，缪氏“信古”是难以驳倒的事实，如吴景贤（4）所说根据古书中的记载，缪氏考出大禹治水人数为三百八十八万人，这对于疑古思潮弥漫的整个学界来说，大禹有无还一个未知的问题，再考证治水的人数当然会得到其他人的惊诧。虽然上引顾颉刚（9）的话，他把缪氏书作为“较近理想的”之一，其实他内心并不真正的认同，他在《当代中国史学》中接下来着重介绍的是钱穆的《国史大纲》、吕思勉的《白话本国史》、《中国通史》，张荫麟的《中国史纲》。[②] 1947年有人采访顾颉刚问及现有的几本中国通史，顾氏说：“夏曾佑的《中国历史教科书》很不错，钱穆的《国史大纲》和吕思勉的《中国通史》都有自己的见解。”他并且又说道：“至于邓之诚的《中华二千年史》等不过是把现成的材料集中集中而已。”[③] 在这两次的着重评论中，缪氏的著作却被排除在外了。金毓黻（7）也认为如与钱穆、张荫麟的通史相比，缪氏书“则似不及”。

在民国学人眼中，最为理想的通史正如金氏和顾颉刚所言，为钱穆的《国史大纲》，钱穆的《国史大纲·引论》发表时，陈寅恪曾对来访的张其昀说：“近日此间报端有一篇大文章，君必一读。”[④] 牟润孙在也后来品鉴道：“钱氏怀爱国之热忱，于我国文化之构成发扬递嬗诸端，阐述最为明详细。举凡历史上重大事件如统一、分裂、强盛、衰亡，钱氏悉能掌握其原因、结果、发展线索，予以清除叙述。盖其所重者，在政治、经济、制度、文化、社会、民族各方面，而非徒如前人之拘牵于朝代帝室之兴衰。钱氏书中爱国家、爱民族思想洋溢满纸，于世之持卑贱论者痛加针砭，立

---

① 童书业：《读缪著〈中国通史纲要〉第一册》，《大公报》（天津）1937年第127期。
② 顾颉刚：《当代中国史学》，第82页。
③ 蒋星煜：《顾颉刚论现代中国史学与史学家》，《文化先锋》1947年第6卷第16期。
④ 钱穆：《八十忆双亲·师友杂忆》，生活·读书·新知三联书店，2005，第218页。

论足使人感动。”① 如把缪氏通史与钱穆通史比较会发现，如下几个问题：

首先，两人虽都基于文化民族主义立场而作，但《国史大纲》的侧重点与缪氏有所不同，《国史大纲》在撰写内容上，“不仅重政治，也重经济、制度、学术、文化、社会、民族、宗教道德、文学艺术等方面的叙述，旨在反映各个历史阶段社会生活的全貌。”不过钱穆“由于始终坚持学术思想为历史‘最中层之干柱’，他决定着‘上层之结顶’的政治制度，远比‘下层之基础’的社会经济重要，因而《国史大纲》的撰述仍以学术思想和政治制度为主要内容。”② 可以看出钱穆的重心是把中国文化中的学术与政治制度作为历史发展中的主干。而缪氏通史的重心却是“汉族与诸族相竞争而相融合为一个中华民族之历史也。”他把国史过程中汉族与诸族势力之消长各析为五期③：汉族第一期扩展是黄帝至夏商周时代，春秋战国为第二期，秦汉为第三期，隋唐为第四期；明为第五期。诸族初起而南下第一期为西周至春秋时代；汉时匈奴兴至南北朝分裂为第二期；唐突厥强大，宋困于辽夏，继迫于金元为第三期；明室外患，北鞑而南倭，满族入主内地为第四期；近代以降西力东渐，挟炮舰而东来，岛夷日本成旷古未闻之巨寇，兹为第五期。缪氏似乎在通史中过分重视汉族与诸族相斗争之史实，他的思想根源是“‘内夏外夷’之民族思想，遂为吾中华民族之传统精神。吾华之所以屡蹶屡兴绵延数千祀而不至卒亡者，亦惟此种精神之不坠有以致之。”④ 这仍旧还是中国传统的“夷夏之辨”说法，他认为中国民族文化的轴心问题是“中华民族建立的人伦道德和伦理道德”⑤ 而“夷夏之防”或者“夷夏之辨”便是这伦理道德之一，这与他说的“国史主人，今号中华民族，其构成之分子，最大者世称汉族。自余诸族，无虑百族”有异。诸族是“平等的”国史主人，而却又在强调“内夷外夏”，这两者无疑产生了冲突和矛盾。虽然“夷夏之辨”这个概念中还蕴涵着“夷狄而华夏者，华夏之”的“以夏变夷”思想，但正是这种思想的存在，朝鲜和日本因远被华夏文化久之，“在满清入关后的很长一段时间内，朝鲜就因满族为夷狄，而不承认清的地位；日本也有类似的说法，即自清朝

① 牟润孙：《记所见之二十五年来史学著作》，杜维运编《中国史学史论文选集》(2)，华世出版社，1976，第1122～1123页。

② 陈勇：《略论钱穆的历史思想与史学思想》，《史学理论研究》1994年第2期。

③ 缪凤林：《中国通史要略》，第4～5页。

④ 缪凤林：《从国史上所得的民族宝训》，第6页。

⑤ 缪凤林：《中国民族之文化》，第24页。

灭明以后，这一区域的夷夏关系就变了，控制中原的清人既然是夷狄，则华夏的中心已传到日本，即他们才是夏。类似的观念后来间接支持了日本对中国的侵略。”[①] 也就是说正因为传统儒家文化中这一观念的开放性在现代国家（古代中国显然是无国家观念，而仅有天下观念）关系中应用时，却造成了中国与周边国家区域国际关系的紧张。但缪氏所强调的，肯定不是这种开放性，而是这一观念的封闭性。沈松侨指出“近代中国民族主义乃是在特定的历史条件下，被人为地建构出来的文化产物，这个建构的过程，就受到前近代中国‘族类’论述的重要制约与囿限”[②]。他认为：

> 中国的民族主义者，往往是透过对各种混杂交错的“既存认同标志”的挪用与重编，来建立一套整合性的民族认同。在这个过程中，一方面，前现代中国的各类文化“意符”被扯离其旧有脉络，被改变其原有的意义；中国由分歧多样的声音所构成的“过去”，也在民族主义意识形态的支配下，透过一套由“特定的框架、声音与叙事结构”所组成的论述策略，被改造成以“民族”为主体的单一性、目的性的民族历史。[③]

缪氏“内夏外夷”的华夷之辨思想，是把传统儒家文化的这一“意符”，在近代国势日蹙的情境下，投入到现代国家民族观念“特定的框架”和“叙事结构”中，来为增强民族信心力服务。何止缪氏，在钱穆、陈寅恪等那个时代众多学人的学术思想里，都可以看这种思想的烙印。只是缪氏在通史里表述较为突出而已，但表述的愈加突出，反而愈会凸显这种思想的“制约性”和“局限性”。

其次，在叙述历史时，缪氏书还有一个缺失就是罗列甚至堆积史料。这样做虽表示出治学的严谨性，但却失之“滞”。当代史家王家范也指出缪氏书确有“条列史实，缺乏见解”之嫌疑。[④] 如在对待远古时代至夏代

① 罗志田：《夷夏之变和文野区分》，王铭铭编《中国人类学评论》（第 21 辑），世界图书出版公司，2012，第 68 页。

② 沈松侨：《近代中国民族主义的发展：兼论民族主义的两个问题》，《政治与社会哲学评论》2002 年第 3 期。

③ 沈松侨：《近代中国民族主义的发展：兼论民族主义的两个问题》，《政治与社会哲学评论》2002 年第 3 期。

④ 王家范：《中国通史著作编纂历程》，《史家与史学》，广西师范大学出版社，2007，第 157 页。

文明时，钱穆以十五页的篇幅就勾勒了上古时期早中晚旧石器时代、新石器时代各地区、殷墟发掘、华夏文化发祥、夏代帝王世系、虞夏大事等，如“层累遗失说”等问题的提出，虽是简述，但不乏断制精准处；缪氏对于此时期的描述则用了近百页，细数史前之岩石记载、北京人之发现、石器时代、旧石器时代、外蒙之史前时代、新石器之发现、分期与年岁、遗存与古史、上古史之派别、五帝之传说、三皇五帝传说与帝皇之混合、部落种族之战争等问题。如叙上古史时，中间则加入“上古史之派别”的论述，从司马迁至崔述诸家所论上古史分为几派悉列入其中（大半取于已刊行的《古史研究的过去与现在》之说）。这一方面固然表明如柳氏所言“儒先精粹及近人钩锁辩难之文，大略在是，持论矜慎”，但是对于通史性质的著作而言，读起来则极为枯燥。再次，如从文笔上看，钱穆书“爱国家、爱民族思想洋溢满纸”，钱穆笔下饱含热情，读来让人有动容振奋之感；再如与张荫麟《中国史纲》相较，张氏书文笔清秀，顾颉刚评道：“以极简洁的笔调，集合数人的力量，写一部通俗的通史，不加注脚，不引原文，使有井水处，人人皆熟于史事。”① 缪氏似乎不及钱、张二氏文笔。其实缪氏《中国通史纲要》本为其教学时所编讲义，合而为书，受众群体为大学生，如童书业所言可供大学通史教学，还可作为一般想研究历史的人的阶梯。因书中对于史事疑难处的各种学说皆罗列其间，这对于研究者来说殊为重要。金毓黻在1957年，收到缪氏《纲要》第三册隋唐五代部分时说：“余久求而不得，一旦获之，为之大喜过望。”② 缪氏在1943年删定并续写《纲要》，成《中国通史要略》时，则又被罗香林赞为“文笔优美”，并被收入部定大学用书，这说明缪著通史在民国学界自有其特殊的风貌和价值。

余　论

如果把缪凤林学术分为前后时期来看的话，在其入职中央大学之前重心在史学、哲学、文学、佛学等学科理论的阐发上，那么在中大就职后，研究重心则转到中国通史以及各专史的撰写上来。尤其是“九一八”事变之后国势日蹙，缪氏编订《日本论丛》时言道：“倭寇侵凌，国势隳坠，

① 顾颉刚：《当代中国史学》，第82页。

② 金毓黻：《静晤室日记》（10），第7463页。

如鱼烂而土坼，士子血沸心卤，奔走呼号，无裨毫末，盖近世国族之斗争，欲求其胜利，必先求全民族活动之任何地方皆能与敌人相抗。……有志于编纂《日本通史》来与日本抗衡，以雪国耻。”[①] 此后，学术致用史学之心一直贯穿于缪氏学术生涯。缪凤林在 20 世纪 30 年代后也曾有《中国民族史》刊印，[②] 书中对民族精神与缺点的分析、民族思想之消长在当时民族史著作中独树一帜，并于日后撰写通史中继承下来。缪氏以上的学术功业，即是抗战时期多数学人所共有的思想，也是南高史学一以贯之的学术旨趣。

① 缪凤林：《日本论丛·弁言》，中山书局，1933。

② 该书是缪氏在中央大学的讲义，东南印刷公司代印，刊印时间待考。从内容上看，由缪氏已经发表过的《中国民族史序论》《中国民族由来论》等内容可知是在进入 20 世纪 30 年代后写成，但是书为未完之作。

董作宾与历史语言研究所殷墟发掘（1928～1937）*

苏晓涵
（华东师范大学历史系，上海　200241）

摘　要： 在殷墟发掘中，董作宾作为历史语言研究所中河南籍学人，虽受制于时代政治与学术制度，却能官方接洽与私人交谊并用，利用其对省情民情之熟悉，在化解中央学术机构与地方、域外学人等矛盾中发挥重要作用，为发掘工作塑造良好外部环境。董氏参与发掘工作的实践，使得其考古学、史料等观念发生了转变，同时也保障该机构之发掘主导权，继而确保了其在20世纪中国古史重建运动中的地位。

关键词： 董作宾　殷墟发掘　历史语言研究所

1928～1937年，由中央研究院历史语言研究所领导的殷墟15次大规模考古发掘，发现大量与殷商研究有关的甲骨、器物等新史料，故在20世纪中国古史重建运动中占有重要位置。在殷墟发掘中，河南政府和地方士人出于区域利益的衡量而反对由中央学术机构主导发掘；机构内发掘人员新旧观念的差异；域外学人对于发掘权的觊觎等因素均使史语所主导的殷墟发掘面临停顿的危险。其中，化解各方矛盾，确保史语所工作顺利进行的关键人物，是河南籍的史语所研究人员董作宾。通过回顾董氏受聘史语所主持殷墟调查的经过，及史语所殷墟发掘困境中董氏在中央机构学人、

* ［基金项目］本文为上海市教育委员会科研创新计划重大项目“重构中国：中国现代史学的知识谱系（1901～1949）”（项目编号2017－01－07－00－05－E00029）的阶段性成果。

河南地方人士、域外学术机构之间的斡旋，在澄清史实基础上探讨现代学术机构建设过程中由于“人的因素”而导致的成败得失，借此对中国现代史学发展中，学术研究与社会实践相互塑造、彼此缠结的现象作一管窥。①

一　殷墟发掘的初步尝试

自晚清甲骨首现河南，即引起学界的瞩目与讨论。1928 年傅斯年受命组建史语所，随即通过中央研究院把“殷墟发掘”纳入工作范围。彼时，董作宾因母病，自广州中山大学返回河南南阳，在省立南阳中学兼课，随后便收到傅斯年的邀请，成为史语所通信员，负责殷墟的调查工作。②

傅斯年在致中央研究院的专函中不仅称赞董氏“年少绩学，天资学力俱茂”，在提到选择董作宾担任首次发掘的调查人之理由时，一方面，言：“董君著文亦多创见，如其商正王静安君《唐韵》之作，即可见其从学之方术。”③ 另一方面，认为：“他是一位河南学者，他的意见对河南省会的教育界及乡镇的人士们有决定性的影响。”④ 事实上，相较同时期的学人，董作宾的从学之路确实颇具特色。他 1895 年生于河南南阳一户寒门家庭，无家学背景；1918 年在河南育才馆从时经训学习，始知甲骨文字，同时，结识乡贤张嘉谋。受其举荐，董氏 1922 年至北京大学旁听同乡学者徐炳昶的课程，以油纸影写《殷墟书契》前编拓本。⑤ 1923 年成为北大国学门研

① 就笔者目力所及，目前学术界可能尚无依据“史语所档案”、信札、日记等重回历史现场，直接探讨董作宾在殷墟发掘中重要作用的文章，但在论述董作宾的古史研究、“史语所”的考古活动等方面时，对该主题略有涉及。参见聂玉海《董作宾与安阳殷商都城的科学发掘》（《殷都学刊》1991 年第 2 期）；王学春《豫籍甲骨学家董作宾》（《开封大学学报》1995 年第 1 期）；孙心一《董作宾先生在开封》（《河南大学学报》1996 年第 2 期）；郭新和编《董作宾与甲骨学研究》（河南大学出版社，2003）；李雪山编《董作宾与甲骨学研究续编》（中国社会科学出版社，2007）；陈洪波《中国科学考古学的兴起：1928 - 1949 年历史语言研究所考古史》（广西师范大学出版社，2011）。而新近发现的材料，可以为考察董作宾在殷墟发掘中的具体活动提供重要参考。

② 杨家骆：《董作宾先生自订年谱节录》，《学粹》1963 年第 6 卷第 1 期。

③ 《傅斯年、顾颉刚、杨振声呈中央研究院》（1928 年 6 月 6 日），王汎森等编《傅斯年遗札》第 1 卷，社会科学文献出版社，2015，第 101 页。

④ 李济：《南阳董作宾先生与近代考古学》，《传记文学》1964 年第 4 卷第 3 期。

⑤ 严一萍：《董作宾先生年谱初稿》，《董作宾先生全集》乙编第 7 册，艺文印书馆，1978，第 1 ~ 36 页。

究生后，他不但加入考古学会，与顾颉刚、马衡等共同参与清宫文物点查等活动，[①] 更编校《歌谣周刊》，于早期民俗调查活动着力甚多。

可以看出，加入史语所前，董氏的行学轨迹虽无西学背景，但其确在北平、河南学界诸学人中积累下交谊。加之董氏又知晓甲骨文字，这无疑使得担心发掘活动受到地方阻碍的傅斯年对其十分倚重。

1928 年 6 月，董作宾拟定调查办法大纲三则，时间上以两个月为限，地点上“拟先向安阳调查小屯村及殷墟所在，次向洛阳城东寻求前岁发见三体石经之地”，此方法，与傅氏所提倡“第一步想沿京汉路，安阳至易州”，“第二步是洛阳一带，将来一步一步的西去，到中央亚细亚各地”之工作步骤十分切合。[②] 同时，董氏亦希望“须大学院发给‘调查河南古迹古物委托状’为凭”。[③] 傅氏对此甚满意，将大纲列入向中央研究院汇报的专函中。

1928 年 7 月，董作宾正式赴开封与当地接洽考察事宜，寓住于“开封北仓女子中学”。[④] 此校系早年引荐董氏入读北大研究所国学门的张嘉谋所创立。[⑤] 彼时张氏，已是兼通河南政、学二界的要人。与张氏商议后，董作宾敏锐注意到了与此前设想不同的情况。一方面，董氏向傅斯年建言：“此间学界窘甚，挪借颇不易，弟已请杏佛先生将款汇下，能全由银行汇来更好，否则先汇若干，以供急需。银行不便，商务印书馆亦可代汇也。”当时恰值河南刚结束长期战乱，冯玉祥名义上服从中央时期，地方学界已无力挪借考察费用。另一方面，其言：“弟本拟请研究院给以凭证，以便向地方政要接洽，继思倘一张扬或恐无知土人反对，于调查诸多不便，犹不如私人探访为宜。”并提醒傅氏：“惟将来发掘，则非有中央明令不可。因豫民顽固，故非有政府高压，不易举办也。”[⑥] 可以看出，董氏希望先凭借自身在豫省的私人交谊，试探清楚各方态度，再以中央学术机构的名义进行正式交涉。

在以私人探访形式了解清楚各方面情况后，董氏即向傅斯年汇报：

---

① 许凯：《北京大学对故宫博物院早期事业的贡献（1924－1933）——以研究所国学门为中心的探讨》，李文儒编《故宫学刊》第 8 辑，故宫出版社，2012，第 314 页。

② 傅斯年：《历史语言研究所工作之旨趣》，《历史语言研究所集刊》第一本第一分，1928。

③ 《傅斯年、顾颉刚、杨振声呈中央研究院》（1928 年 6 月 6 日），《傅斯年遗札》第 1 卷，第 101 页。

④ 《董作宾致函傅孟真》（1928 年 7 月 13 日），《史语所档案》：元 23－41－2。

⑤ 曾克编《春华秋实—开封北仓女子中学回忆录》，河南人民出版社，1985，第 2 页。

⑥ 《董作宾致函傅孟真》（1928 年 7 月 13 日），《史语所档案》：元 23－41－2。

“关于派员主办一事，兄与颉刚、金甫三人中能来一人最好！因涉及交涉进行诸多便利，亦足以昭示郑重。”[①] 初次安阳调查时，傅氏虽未亲至，但对董氏在安阳的接洽情况非常关注。

此外，董氏亦深知与地方协作之必要。他在主持发掘前夕，曾致函傅斯年，商讨发掘团人选。其言：“在汴曾请省委员张统三君吃饭，适李春昱君亦到省，即邀同聚餐。李号赓阳，为北大地质系新毕业同学，人极诚恳，一见如故。赓阳又善摄影，已允担任此项工作。”[②] 可见，有近代地质学背景、河南省籍加上与董氏、傅氏有师生同窗之谊的李春昱，此时成为董氏心中负责发掘摄影测绘工作和沟通地方的人选。傅氏对此安排亦十分满意，曾于致董作宾信中直言：“李君报酬似可加若干，如何?”[③] 同时，董氏亦向傅氏汇报在豫接洽的情况，他谈道：“由汴同行者为郭宝钧（子衡），教育厅委员，为弟帮忙者。昨日一面迁居彰德高中，一面由弟与郭子衡君同赴小屯调查。高中校长赵志臣因公赴沪，其教务主任梁枢庭君亦郭君同学（师大），招待甚备，为弟等安置住室五间，与该校教员住宅在一起，即在一起搭伙，甚为方便。”[④] 其实，郭氏自 1906 年起便与董作宾为同学，他从“北京高等师范（即北京师范大学前身）卒业后，即回南阳师范服务，教数学，董作宾先生尚是他的高年级的学生”[⑤]。彼时，郭氏除了为董氏在安阳的考察提供住宿等便利外，更是动用自身在河南教育厅的政治资源，为董氏引荐了建设厅长张钫等要员。而董氏于郭宝钧，亦多有提携。其在殷墟发掘工作展开之后，致专函于傅斯年，力荐郭宝钧为史语所助理研究员，说：“拟邀郭宝钧君为弟等帮忙，郭君上次曾被河南教育厅派往协助，于接洽地方，办理交际乃计划发掘，襄助之处甚多，又喜研究考古及文字学，著有《新法检字书》及《河南故都考》，于田野工作亦极有兴趣。倘能由本所聘为助理员，于发掘前途，当有不少裨益。”[⑥] 因地方政府动荡交替，任职教育厅秘书的郭宝钧，经济颇为困窘，董氏为此更向傅斯年建言：“今若给以每月百廿元之报酬，彼可辞去汴中一切职务，

① 《董作宾致函傅孟真》（1928 年 8 月 30 日），《史语所档案》：元 23－1。

② 《董作宾函傅孟真》（1928 年 10 月 9 日），《史语所档案》：元 23－41－6。

③ 《傅斯年致董作宾》（1928 年 11 月 3 日），《傅斯年遗札》第 1 卷，第 115 页。

④ 《董作宾函傅孟真》（1928 年 10 月 9 日），《史语所档案》：元 23－41－6。按：（）中内容为信函作者所加，下同。

⑤ 石璋如：《殷墟发掘员工传》，中研院史语所，2017，第 345 页。

⑥ 《董作宾致傅孟真》（1928 年 12 月 18 日），《史语所档案》：元 23－41－15。

专从事于田野工作。”① 但傅斯年当时未曾任用郭氏。直到1930年，面临发掘受阻的困境，傅氏赴开封协调后，感慨道：“多用一位有才学之河南人，兼能对付者。此人以郭宝钧君为相宜。”“弟此次在汴，见此人颇妥。如早用他，或可免去季如此大战矣。”②

可以看出，董氏为史语所考古组能顺利进入河南安阳，官方层面，建议傅氏以投递公文的方式解释发掘工作的学术意义，并希望以中央名义令饬地方政府给予便利；官方之外，更是利用“河南省籍”身份，以私人交往的方式在地方接洽斡旋，为史语所考古组即将开展的发掘活动塑造良好外部环境。

二　于新旧学术观念间的抉择

在得到河南地方政府与士人的许可后，在傅斯年代表的中央学术机构支持下，1928年10月13日到10月30日，董作宾主持了殷墟第一次发掘。

值得注意的是，傅斯年用人颇以新求是，秉持“应找新才，不应多注意浮华得名之士”的方针。③ 然而，董氏不通外文，治学取径上，老派的因素确占了大部分。有学者指出：“董作宾的教育背景中并无现代考古学的训练，所以他对殷墟的预期，与前一代史家罗振玉相近。”④ 事实上，在殷墟发掘期间，董作宾亦曾与罗氏有直接交流。他在自藏的《殷墟书契前编》批注道：“民国十九年夏（1930年），余偕希白兄东渡，谒罗叔言先生于旅顺，得初印《前编》一部以归。”⑤ 一方面，罗振玉对于甲骨文字研究的方法与认知，始终未能得到傅斯年认同。傅氏甚至感叹：“不知罗振玉‘大获’时，地下情形如何，当时不知注意及此，损失大矣。”⑥ 另一方

① 《董作宾致傅孟真》（1928年12月18日），《史语所档案》：元23－41－15。按：信函中提及：“郭君现任教育厅秘书，月薪百八十元，惟实发常不及半数。合计教书薪金亦仅实收百余元。”

② 《傅斯年致杨铨》（1930年1月28日），《傅斯年遗札》第1卷，第199页。

③ 《傅斯年致蒋梦麟》（1934年5月8日），中国社会科学院近代史研究所中华民国史组编《胡适往来书信选》下册，中华书局，1980，第531页。

④ 王汎森：《什么可以成为历史证据——近代中国新旧史料观点的冲突》，《中国近代思想与学术的系谱》（增订版），上海三联书店，2018，第386页。

⑤ 张秉权：《记先师董作宾先生手批〈殷墟书契前编〉附论前编的几种版本》，《历史语言研究所集刊》第五十四本第二分，1983。

⑥ 《傅斯年致董作宾》（1928年11月3日），《傅斯年遗札》第1卷，第157页。

面，董氏在日后评价罗氏学术成就时，却难掩钦佩之意，其言：

> 《铁云藏龟》问世后，孙仲容作《契文举例》首为考释，而考定小屯为武乙之墟，审释卜辞帝王名号者为先生。至若文字之考释，其所著《殷商贞卜文字考》一书，实上承孙氏未竟之绪，下启文字考释之端。其于殷契材料之流布，则有《殷虚书契前编、后编、续编》及《殷虚书契菁华》等书之印行。①

与傅氏迥然相异的评价，其实何止是对罗氏学术的总结，亦是印证董作宾心中学术观念的夫子自道。

董氏在早期的调查大纲中，虽有“随时参考故籍，测量地形，画成各时代图，以便多得可供发掘之点”的测绘地形等计划，但终究不过是为了“访问安阳、洛阳人士，以前发见甲骨及石经情形”。② 至安阳调查期间，更以罗振玉之前的调查为参考，其言：“小屯之行，已确定发掘点较之弟前此所知者范围更大，即在前云沙丘之西棉花地，及其北之谷地。又于地中捡得有字骨片一枚，足为证券。”③ 可见，使得董作宾认为值得发掘一试的，是在罗氏未记录的地方拾得“有字骨片”。说明其初期参与发掘时仍采取“旧眼光”，即重视有字甲骨或铜器，并以此作为继续进行发掘工作与否的判断标准。

有现代考古学背景的吴金鼎在回忆此次发掘时，谈到董氏对于近代测绘、拍摄仪器等并不十分熟悉的情况：“照相用 Kodak（科达）的 Rollfilm Camera（胶卷照相机），一卷 8 张，拍了十来张后，看看还有两三张没有拍完，原来有好几次拍后忘记转过底片。”“掘到墓葬，以为一定是和尚墓，因为头上没有头发，头发是千古不坏的，这头颅上没有头发，可见本来便没有的。”④ 吴氏言论虽激，却从侧面佐证了受过西方人类学、心理学训练的李济对于此次发掘的印象：“彦堂此次发掘，虽较罗振玉略高一筹，而对于地层一无记载，除甲骨文外，概视为副品，其所谓副品者，有唐磁，有汉简，有商周铜石器，有冲积期之牛角，有三门纪之蚌壳，观之令人眼忙。”⑤

---

① 董作宾：《罗雪堂先生传略》，黄爱梅编《雪堂自述》，江苏人民出版社，1999，第 7 页。

② 《傅斯年、顾颉刚、杨振声呈中央研究院》（1928 年 6 月 6 日），《傅斯年遗札》第 1 卷，第 101 页。

③ 《董作宾致函傅孟真》（1928 年 10 月 9 日），《史语所档案》：元 23 - 41 - 6。

④ 《夏鼐日记》卷二，华东师范大学出版社，2011，1937 年 5 月 15 日，第 109 页。

⑤ 《李济致函傅孟真》（1928 年 12 月 20 日），《史语所档案》：元 25 - 3。

可以看出，董氏此次发掘与傅氏“要把历史学、语言学建设得和生物学、地质学等同样”之目标，[①] 确有不小差距。傅斯年在收到董氏第一次发掘的情况报告时，即敏锐注意到此点。他说：“我等此次工作目的，求文字其次，求得地下知识其上也。盖文字固极可贵，然文字未必包新知识。”[②] 除了含蓄地劝董氏以近代考古学眼光去看待发掘工作的价值外，傅氏更言“李济之先生今日过此”，“盼与商之，他是中国此时于近代考古学上惟一有训练之人也”。[③] 可见，在彼时史语所中，傅斯年、李济代表着新眼光，而董氏则代表了旧方法。

董作宾在面对史语所内部新旧学术观点之争时，亦感受到其与李济调查关注点之不同，其言“李先生谓高楼庄后，洹河岸，铁道旁甚可做，田地面瓦片甚多，据谓做去甚有把握也”，他认为，由甲骨到瓦片，这种关注点之差异反映出：“弟之目的在于得甲骨文字，而李先生则考古学之眼光视之，故一片瓦砾，皆为甚极有趣味之材料，而可供专门研究者也。”[④]

在随后的报告中，董氏即开始尝试扩充治学于甲骨文之外的关注点。其言：“现纵沟了一部分，已有大发现，弟所监视之坑为商人冶金之厂。”继而谈道：“最奇者为治炉之红土，铜炉（如绿石），炼渣，铜屑，铸铜器之范，嵌铜器之绿松石，且有错金之金块，金叶子（薄如纸，工极精）凡此皆冶金厂之证也。”[⑤] 可见曾被董氏在报告中认为是“副产”之物品，此时亦开始进入其关注范围。此前调查中，因有字甲骨未能大获曾让董氏感叹“买得残片无几，成绩犹远不如前次”。[⑥] 此时面对松石、铜屑之属，董氏则言“此次工作仅六日，而重要之品已超越前次”，“此可喜之消息，可转告丁徐二公及所中诸友人也”。[⑦]

这种考古学观念的转变，更集中地体现在董作宾于1930年所作《新获卜辞写本后记》中。其言“地下知识，为吾人此次发掘之创获”，董氏除了将殷墟地形情况、发掘地层问题等纳入考察视野，还认为“同时出土之古器物研究”至为重要。[⑧] 傅斯年对此曾谈道：

---

① 傅斯年：《历史语言研究所工作之旨趣》，《历史语言研究所集刊》第一本第一分，1928。

② 《傅斯年致董作宾》（1928年11月3日），《傅斯年遗札》第1卷，第115页。

③ 《傅斯年致董作宾》（1928年11月3日），《傅斯年遗札》第1卷，第116页。

④ 《董作宾致函傅孟真》（1928年12月18日），《史语所档案》：元23－41－15。

⑤ 《董作宾致函傅孟真》（日期缺），《史语所档案》：元23－8。

⑥ 《董作宾致函傅孟真》（1928年10月9日），《史语所档案》：元23－41－6。

⑦ 《董作宾致函傅孟真》（日期缺），《史语所档案》：元23－8。

⑧ 董作宾：《新获卜辞写本后记》，《安阳发掘报告》1929年第1期。

所中同人看了大高兴，以为彦堂这次发掘虽然依旧是继续十七年夏之调查，不居于发掘的本身，然而若干考古学的基本问题，已在这实验的发掘中列出。例如，河道与殷墟的问题，甲骨之地下情形由于冲势，商代历法之设想，卜辞工具之举例，一个字体之“发生式”的演化等。①

可见，在学术上，董氏容纳了与自己“旧方法”不同的“新眼光”，在观念上由只寻找有字甲骨转变为渐注意到发掘工作本身。对于学术之外的人事，董氏更用“此后筹备事宜，完全由济之先生负责，弟可专力于契文之编纂整理，对发掘负一部分责务而已”②，化解了史语所内部学术观点之争。

同时，董氏对于李济主导下的殷墟发掘，亦多有辅助。在面对如何组织发掘次序时，他曾向傅斯年说：“惟棉花地未收割，约须月余之后，然谷地多空白，亦正可做。弟常为济之策划，先作白地，一来不偿钱，二来少毁人禾稼，免得估人怨也。”③ 从中可见董氏对河南民情地况的熟悉。诚如李济事后感叹：“惟彦堂人极细心，且亦虚心，略加训练，可成一把手，并极愿与济合作，斯诚一幸事。”④

三　在中央、地方矛盾中的斡旋

殷墟发掘时，因地方动荡而导致对发掘甲骨、瓦片等古物的担忧，始终萦绕在董氏心头。其在首次发掘时即言：“惟现在所可虑者为土匪而已。急待进城。”⑤ 至李济主持第二次发掘后，安阳局势持续动荡。1929 年 5 月，冯玉祥因军队编遣问题与南京政府矛盾激化。所谓：“军事突兴，驻军忽不知去向，县长亦逃。土匪并起。”⑥ 董作宾与李济遂携部分甲骨及仪器图书等运至北平。此举，无疑使得原本就对中央机构主持发掘心存戒备的河南地方政府更加警惕。曾受命与董作宾同时办理“以掘出古物留存开

① 傅斯年：《〈新获卜辞写本后记〉跋》，《安阳发掘报告》1930 年第 2 期。

② 《董作宾致函傅孟真》（1929 年 1 月 12 日），《史语所档案》：元 23 - 41 - 16。

③ 《董作宾致函傅孟真》（日期缺），《史语所档案》：元 23 - 8。

④ 《李济致蔡孑民、杨杏佛函》（1928 年 12 月 20 日），《李济致涵傅孟真》（1928 年 12 月 20 日），《史语所档案》：元 25 - 3。

⑤ 《董作宾致函傅孟真》（1928 年 10 月 9 日），《史语所档案》：元 23 - 41 - 6。

⑥ 傅斯年：《本所发掘安阳殷墟之经过》，《安阳发掘报告》1930 年第 2 期。

封古物陈列所”的河南图书馆馆长何日章，率先发难。其采用省政府名义，于1929年10月至安阳禁止李济、董作宾等工作。第三次发掘遂中止，李、董二人返回北平。

何氏一方面禁止史语所发掘工作，另一方面，安排河南省教育厅之《河南教育日报》进行宣传。10月8日，其言：“何馆长因中研院不顾信义，违反协定，又且克期赴安阳继行开掘。乃复呈请省府，一面向中研院据理交涉，一面设法自行开掘。”① 至10月21日，其在头版刊出“河南图书馆馆长何日章奉令拟定自掘办法十二条”，更言：“安阳甲骨从此不外运矣！”② 彼时何氏所代表的地方政府态度之强硬，可窥一斑。

面对如此情况，董氏在北平先于10月29日以“古物保管委员会”的名义，召集会中委员商议对策，了解情况。后于10月30日致电傅氏，言：“查何存心破坏，非解除伊职无以善后，请速办。”③ 11月1日，又致长函于傅氏详细说明委员会各方面之态度。会中，因同与何日章供职于图书馆系统的袁同礼“颇替何说话”，董氏随即“托其向何说，令停工”，但“何态度倔强”。董氏遂与徐炳昶共拟一电致河南省政府及教育厅，但董氏亦对此电文无甚信心，彼时政局动荡，中央政令难达河南，其言：“此次发电后，未必有大效力，然亦可使豫政府知反对此事者之大有人也。”公开通电传达态度之外，董氏更注意人事上的斡旋。其建议由徐炳昶出面，在徐宅中召集了李时灿等河南省籍人士商议对策。令董氏颇意外的是，局面并不顺利，其函云：“除徐先生主持严厉对付外，别人多持调停态度。嘱弟作稿函豫当局，然其中命意太平庸，且多无聊条件，如以‘省政府工作人员参与吾人工作’等等。”董氏本希望借河南省籍学人意见压制何日章的发掘，而诸如“省政府工作人员参与工作”等条款皆非董氏原意。故其最终断定：“此事可暂缓，候京方主涉及时局转变再谈。吾人本意请豫人说公道话，若因此而添许多麻烦，反不如不请其说话为妙。”④

先持“看来此事易解”的傅氏，⑤ 在11月3日亦回函董氏言：“军兴中，国府令达县不能速。”⑥ 并希望通过吴稚晖等国民政府委员，电令时河

① 《安阳龟骨文字将自动发掘》，《河南教育日报》1928年10月8日。
② 《河南图书馆馆长何日章奉令拟定自掘办法十二条》，《河南教育日报》1928年10月21日。
③ 《董作宾致函傅孟真》（1929年10月30日），《史语所档案》：元141－3b。
④ 《董作宾致函傅孟真》（1929年11月1日），《史语所档案》：元151－9b。
⑤ 《傅斯年致李济、董作宾》（1929年11月2日），《傅斯年遗札》第1卷，第115页。
⑥ 《傅斯年致李济、董作宾》（1929年11月3日），《傅斯年遗札》第1卷，第116页。

南省政府主席韩复榘“务办到发掘由院负责，不受限制掣肘”，[①] 均未果。彼时，何氏“称已得甲骨三百余片”，并“乘此机会，日雇数十人，大施其破坏”[②]。傅斯年遂只能亲赴河南协调，董氏此时为傅氏引荐诸如张嘉谋、张钫等一批河南地方人士。最终协调成《解决安阳殷墟发掘办法》，详细列举了中央与地方合作的具体方式及文物发掘权、处置方法各条款。

傅氏离汴后，地方势力反对之声又起，何日章以两次散发传单之举博得地方舆论的支持，并“自（1930 年）二月七日起，在彰日用工人七八十人”[③]。面对困局，傅斯年在董作宾的影响下，强硬态度亦发生转变，主张“对何日章以后采取怀柔态度”，[④] 不仅马上聘任董氏此前专函推荐的，曾任河南教育厅秘书的郭宝钧，更上调了郭氏的薪资待遇。傅斯年更言“拉拢上几个河南有力量之人，特别是张伯英（钫）”。张氏因董作宾引荐而与傅氏相熟，彼时正需筹措赈款，故傅氏在信中又云：“目前接到张伯英电，既以振款为名，自不能拒绝。”“捐第一、二期报告各五百份于赈款，如此真表示吾等对河南人之好意，且又是张伯英事也，好在此报告销路必不错，稍定贵点亦不妨。”[⑤]

此时董氏为谋求与地方的合作，曾致专函于郭宝钧言：“本所开工时期，拟展缓几日，故对日章方面接洽，亦拟从长计议。”其亦敏锐注意到何氏背后的地方舆论动向，指出：“因此时日章倘仍以破坏安阳工作为目的，则前途实不堪设想。”除了与何日章书面磋商外，董作宾更是从实际发掘工作出发，针对河南省内其他两处发掘工作，提出：“辉县、洛阳发掘工作，以豫方为主体，本所派人协助，并予以经济上的协助。”在经济上、学术上支持河南保持自身发掘权之外，董氏对于文物的处置权的观念亦发生转变，提出“辉县、洛阳出土古物，由豫方保管存放。但本所得派人随时至古物所在地研究”。可见，董作宾更多是出于对确保史语所拥有安阳殷墟发掘权及文物处置权的衡量，故在安阳之外，另择两处为河南发展本省考古事业。董氏向郭宝钧言：“如此办去，似是一举两得之事，一则不致与省府成案冲突，二则豫人亦有发展。”[⑥]

---

① 《傅斯年致杨铨》，（1929 年 11 月 7 日），《傅斯年遗札》第 1 卷，第 120 页。

② 《董作宾致函傅孟真》（1929 年 11 月 1 日），《史语所档案》：元 151 - 9b。

③ 傅斯年：《本所发掘安阳殷墟之经过》，《安阳发掘报告》1930 年第 2 期。

④ 《傅斯年致杨铨》（1930 年 1 月 28 日），《傅斯年遗札》第 1 卷，第 199 页。

⑤ 《傅斯年致杨铨》（1930 年 1 月 28 日），《傅斯年遗札》第 1 卷，第 200 页。

⑥ 《董作宾函郭宝钧》（1930 年 2 月 18 日），《史语所档案》：元 141 - 21b。

至1931年，河南地方形势稳定后，史语所发掘工作得继续以进行。处于中央、地方矛盾间的殷墟发掘工作，虽体现出学术活动受制于社会变动层面的影响，然学术之外的人事互动，亦是理解学术活动发展轨迹的一个因素。董作宾在河南地方人士与中央机构学人的斡旋，是史语所可以独立于安阳殷墟进行发掘、研究出土资料的重要环节。

四　对涉足发掘工作的域外学人之态度

20世纪30年代，中外学界文化交流日渐频繁。东亚渐成国际学术界关注的重心，殷墟发掘也不例外。在1929年史语所发掘工作受阻时，董氏一方面斡旋于中央与地方之间，确保了该机构在河南的独立发掘权，另一方面，可能更在阻止域外人士涉足发掘的过程中扮演了重要角色。

“东方考古学协会”为中日合作建设的组织，殷墟发掘工作亦在其关注的范围内。[①] 在1925年10月，日本学人滨田耕作和原田淑人至安阳进行了首次实地考察。[②]

同时，原田淑人等更希望联络“协会”中的原北大国学门考古学会成员。其乘发掘朝鲜乐浪汉墓的机会，邀请马衡赴朝参观，更在信中详言发掘情况：“椁及其他之发掘状态之相片，已摄有三百以上，但以洗印少暇，致无供呈清览之机会，行将期致他日。现先将平壤附近地图，小泉君单摄中之略图，及拓影数页，寄奉。”[③] 可能在某种程度上，日本学人希望通过马氏来联络通晓甲骨文字的董氏。原因是马衡本与董氏交谊较笃，甚至董作宾与傅斯年之相识，亦有马衡的因素在其中。1927年间，“张作霖派刘哲为教育总长，并国立九校”，受此影响，原任“北京大学研究所国学门干事”的董作宾，颇有去意。[④] 此时正逢旅欧归来的傅斯年受命建设中山大学语言历史研究所，原拟聘任的容庚未能南下。正是马衡举荐，董氏接到了中大聘书。6月10日，董氏致函容庚，谈道：“前闻叔平先生言广州中大拟请兄归去任课，兄不欲离京，叔平先生拟荐弟前往，弟恐难胜任，

① 桑兵：《东方考古学协会论述》，《历史研究》2000年第5期。

② 吉开将人：《近代日本学者与殷墟考古》，李永迪编《纪念殷墟发掘八十周年学术研讨会论文集》，中研院史语所，2015，第25～50页。

③ 原田淑人：《日本原田淑人先生自朝鲜平壤汉乐浪古墓发掘地致马叔平先生书》，《北京大学研究所国学门月刊》1926年第1卷第1期。

④ 严一萍编《董作宾先生年谱初稿》，《董作宾先生全集》乙编第7册，第1～36页。

故一时犹豫不决。”[①] 以董氏于学术领域尚未有突破性成果的境况观之，函中“恐难胜任”“犹豫不决”等语或不全是谦辞。然犹豫之后，董氏终于南下，并结识傅斯年，得以参与史语所殷墟发掘。[②]

1929 年 9 月，马衡曾透过傅氏试探董作宾参加“东方考古学协会”活动的意向。彼时恰值安阳局势动荡，面临史语所发掘受阻困境的傅氏旋以“若以董先生个人名义参加，可由其自便，斯年个人不便转以为请”推辞，[③] 但马衡坚持要求傅斯年致函董氏，至再至三，傅氏遂将相关内容函董氏，并另附一信，言明缘由。在安阳的董氏接函，即向傅斯年汇报相关情况，其言：“弟决不参与。其理由：一，为此间工作正忙，不克分身，又发掘之处，与殷墟遗迹关系至深，弟兴致所在，不愿中间隔断。二，弟个人与此会毫无关系，无列席之必要，此事若马再询及，请为代答。（顷接马叔平先生函云弟是北大考古会会员，但亦决不往。）”[④] 董氏一方面不愿因此离开史语所发掘团队，失去开辟学术新天地的机会；另一方面，可能也含蓄点明了对“协会”是中日合作建立组织的顾虑。但值得注意的是，即使在“东方考古学协会”中，中方人员对日本学人关于考古发掘主导权等问题的处理方法，往往多有警觉戒备。作为“协会”的中方重要学者，马衡亦是如此。虽然日本学人可能希望透过马衡与董作宾的关系参与史语所殷墟发掘，而马氏的积极态度似体现了其对于自身学术发展的规划。至于其邀请董作宾入会而被婉拒，更大程度上可能与傅氏对章门弟子的排斥有关。[⑤]

事实上，董氏在民族认同中，所持观点与傅斯年亦颇多相近。1933 年，董氏在接到郭沫若关于日本考古界活动情况的专函时，曾致函傅斯年言：“日人大举入满洲考古，有大规模地发掘渤海国东京城之举，水野、原田诸人已先入满矣。”其后于函中长叹：“痛心之至！”[⑥] 诚然，当时中日学界交流已渐趋紧张。原田淑人曾于 1937 年致函李济：“东京人类学会日本民族学会在东京开一联合大会，热望先生之来临，万一不能来时，望董

① 《董作宾致容庚书》，广东省立中山图书馆编《广东省立中山图书馆馆藏名人手札选萃》，商务印书馆，2002，第 15 页。

② 严一萍编《董作宾先生年谱初稿》，《董作宾先生全集》乙编第 7 册，第 1 ~ 36 页。

③ 《傅斯年致沈兼士、马衡》（1929 年 10 月 22 日），《傅斯年遗札》第 1 卷，第 234 ~ 235 页。

④ 《董作宾致函傅孟真》（日期缺），《史语所档案》：元 23 - 8。

⑤ 周文玖：《朱希祖与中央研究院史语所》，《史学史研究》2013 年第 4 期。

⑥ 《董作宾致函傅孟真》（1933 年 6 月 10 日），《史语所档案》：元 23 - 5。

作宾、梁思永两先生之中，任来一位。”[①] 梁思永立即回函婉拒，其言：“承邀往参加东京人类学会日本民族学会之联合大会，惟李济先生现正在英国讲学，而董作宾先生及敝人奉派出发河南等处从事田野工作，届时均不能前往参与大会，尚祈见谅。”[②] 其防范之严，可窥一斑。直至20世纪50年代，董氏随史语所迁台，彼时对日态度，才有所改善。为拓展史语所的学术活动，董氏曾与日本学界互赠书刊等。如住友吉左卫门、北海道大学的板野长八、京都大学文学部等，均向董氏回函致谢与交流。[③]

同时，董氏在致傅斯年函中亦谈道：“承示欧游之意，弟所至感，行当勉力学习西文，不负兄之雅意。”[④] 可见傅斯年为使董氏安心史语所工作，于加入“东方考古学协会”之外，为董氏提供了另一选择，即出国赴欧开拓学术视野。董氏对此亦甚感兴趣，并时常勉励新入史语所的年轻研究人员学习外语。[⑤] 事实上，面对殷墟发掘中涉及的国际面孔，董氏并不是全部回避。1930年，早年醉心甲骨收集，又在华交游广泛的加拿大人明义士（James Mellon Menzies）再赴安阳参观发掘。10月22日，董氏致函李济，言：“只明义士两来参观，弟与谈甚畅，此人似尚忠实，于中国古学亦极有兴趣，颇能寻问题研究，新在犹太参加发掘古城工作，据谈甚有经验，彼拟近三两天即赴彰德，仍主办该地教会，将来吾等到彰，更多一熟人也。”[⑥] 早在五个月前，针对明义士的工作问题，董氏就积极为其谋划，其曾致函闻宥言：“闻明义士有来华之说，齐大尚能容纳否？”[⑦] 为其日后受聘齐鲁大学开辟道路。由此可见，民族认同之外，董氏一方面看重的是明义士之科学考古学发掘经验与其早年收集之甲骨资料，另一方面，则是明氏“尚忠实”，即明氏对史语所在殷墟的发掘权及古物处理权并无威胁。

---

① 《原田淑人函李济》（1937年2月11日），《史语所档案》：考12－4－37。

② 《梁思永函原田淑人》（1937年2月17日），《史语所档案》：考12－4－38。

③ 参见《住友吉左卫门致董作宾》（1953年12月29日），《史语所档案》：杨7－1b。《北海道大学武田信一板野长八函董作宾》（1952年3月31日），《史语所档案》：杨3－11b等函。

④ 《董作宾致函傅孟真》（日期缺），《史语所档案》：元23－8。

⑤ 《董作宾由香港写给李霖灿信函（局部）》（1946年10月2日），李霖灿：《悲欣交错黄叶中——董作宾与李霖灿的师生之情》，文史哲出版社，2013，第97页。按：董氏信中云：“霖灿可以把美国情形告诉他们，使他们往远景的前途瞻望，以免消极。”

⑥ 《董作宾函李济》（1930年10月22日），《史语所档案》：元25－9。

⑦ 《董作宾函闻宥》（1930年5月21日），闻广编《落照堂集存国人信札手迹》下册，中研院文哲所，2013，第620页。

可见，殷墟发掘工作的主导权，始终是董氏和傅斯年在殷墟发掘初期与域外协会及学人商议合作时的重要因素。类似的矛盾，可能不独存在于“东方考古学协会”、日本学人与董氏之间，在美国弗利尔艺术馆（Freer Gallery of Art）与傅斯年、李济之间亦如是。史语所亦因傅氏、董氏等学人的坚持而在1931年河南政府受制于中央后，能独掌殷墟发掘的主导权。

在20世纪早期中国史学发展中，面对疑古思潮激荡，学界将古史重建事业留待考古学的发达。渐次兴起的现代学术机构，为建设史学的科学化及发现新材料，亦对具有跨学科治学取向的考古发掘活动多有着力。史语所主持的殷墟十五次发掘为其中重要部分。事实上，诸如“殷墟发掘”等史学活动，并不只是单纯的学术问题，更牵涉到社会的诸多面相，而其主体，依然是参与入其中的史家。董作宾面对发掘工作困境，一方面，把保障史语所发掘主导权与古物研究权作为处理争议的首要目标。其以官方接洽与私人交谊的方式并用，利用对省情民情之熟悉，为史语所在河南的研究工作构筑了良好外部环境；另一方面，针对史语所内部新旧观念差异，强调对不同治学观点的容纳与沟通，保障了机构的稳定。这种努力与实践，既确保了史语所在20世纪中国古史重建运动的重要位置，又能为当下认识中国现代史学发展中学术研究与社会现实间的互渗共生等现象提供有益参考。

张孟伦先生的史学成就与治学特点

赵梅春
（兰州大学历史文化学院，甘肃兰州　73000）

摘　要： 张孟伦先生是20世纪著名的史家。先生有关魏晋人名与饮食文化的考证研究，以及有关宋代兴亡的探索，对促进社会文化史、宋代历史的研究具有积极的推动作用。先生在中国史学史研究领域也取得了令人瞩目的成就，所著《中国史学史》旁征博引，立论独到，是20世纪80年代中国史学史研究的代表作。先生治学，一是重视学问的功底，强调史料在史学工作中的重要性，主张论从史出；二是讲求自得，探赜索隐，自成一家之言。

关键词： 张孟伦　史学成就　治学特点

张孟伦先生（1905～1988），出生于江西万年县石梓埠一个小工商家庭。童年时正值社会新旧交替之际，先在乡间私塾接受教育，背诵古文、诗、词，后入新式小学学习。因成绩优异，一学期后升入中学。1929年考入武汉大学历史系，在刘掞藜、李剑农等史家的指导下，学习治学方法，阅读《资治通鉴》，并重读《尚书》、《左传》、《礼记》等经典，收到“温故知新”之效。大学毕业后，先后在江西萍乡中学、省立樟树中学、国立十三中学、中正大学、南昌大学任教。1950年，响应党和国家的号召，投身建设大西北事业，来到条件艰苦的兰州大学任教授。1958年被错划为右派分子，随即被调往条件更为艰苦的张掖师专。1962年，由时任兰州大学历史系主任的李天祜先生请回兰大从事教学工作。“文革”期间，先生遭受批斗，历经磨难。“文革”结束后，先生再度焕发出学术青春，1978年被批准为“文革”后第一批硕士研究生导师，招收中国史学史专业研究生，从此积极从事中国史学史学科建设与硕士研究生的培养工作，先后开出中国史学史等四五门研究生课程，为兰州大学中国史学史学科建设殚精竭虑。1985 年北京师范大学史学研究所举办第一届全国史学史座谈会，旨在交流学术，切磋问题，促进史学史学科的健康发展。此时先生已年届八旬，应邀赴京，与白寿彝、陈千钧、张芝联、郭圣铭等著名学者共同商讨史学史学科的教学与研究工作。座谈会上，先生提出的研究生要读经书的主张，引起与会学者的共鸣。

先生任教樟树中学时，受到校长徐廷展的器重和照顾，开始从事学术研究。在《大公报·史地周刊》、《中南日报》等报刊上发表有关古代饮食方面的研究成果，撰有《汉魏饮食考》、《汉魏人名考》两部专著。在抗日战争与内战时期动荡不安的岁月中，先生坚持学术研究，在中正大学校长胡先骕、系主任王易的支持下，出版了《宋代兴亡史》一书，“以明一代之成败安危存亡之理”，借古喻今，抒发书生报国情怀，还撰写了《辽金元史略》、《中国上古史》、《两汉政治史评》等著作。到兰州大学任教后，先生主要担任中国古代史、秦汉史、历史文选、中国史学史等课程的教学，学术研究的领域也从社会史、饮食文化史、宋史扩展到历史文献学、中国史学史等领域，出版了《中国史学史论丛》、《中国史学史》（上、下）等著作，发表了一系列有关中国史学史研究方面的论文。在半个多世纪的治学生涯中，先生凭借渊博的学识，深厚的史学功底，严谨求实的治学态度，在社会文化史、宋史、中国史学史等领域，取得了令人瞩目的成就。

一　有关社会文化史的研究

先生的学术研究是从探讨古代的饮食文化开始的，1937 年发表在《大公报·史地周刊》上的论文为《豆豉考略》，1940 年 2 月又在《中南日报》上连载《于定国饮酒数石不乱考》一文。《汉魏饮食考》（成书于 20 世纪 30 年代，经整理修订于 1988 年由兰州大学出版社出版）一书，则是先生研究饮食文化的代表作。此书通过仔细爬梳散见于各种史籍中的有关资料，旁征博引，详细地阐述了汉魏间各种饭食、饼饵的用途、制作原料与方法，猪、牛、羊、狗、兔、鹿、鸡、鹅等各种肉类食品的产区、烹调方法、用途，各种鱼类食品的养殖、制作方法，蔬菜的种类及其功用，酱、豆豉等调味品在汉魏饮食中的地位、酿造方法，姜、椒、蒜、葱等调味品的产地、性能，酒的创制、功用、酿造技术、原料、种类，茶的起源与制作方法，栗、枣、梨、桃、李、梅、柰、桔、瓜、甘蔗等各种果品的产区、功用、质量、吃法。虽然只有15万余字，内容却十分丰富，涉及汉魏饮食问题的方方面面，是了解汉魏饮食文化，乃至中国古代的饮食文化不可或缺的一部参考书。

先生研究饮食文化时，注意考察与饮食有关的经济、制度、习俗，尤其是与饮食有关的典故、逸闻轶事。如叙述饼的种类、制作时，特意讨论了“卖饼者”这一称号，说明在汉代重农轻商的政策下，商人尤其是做小买卖者地位低下，卖饼者被视为无赖、小人的代名词。故凡社会地位低下，被人看不起的人，便被骂为“卖饼家”。从而喜好《左传》，不好《公羊传》的钟繇“谓《公羊》为卖饼家”[①]。说到蔬菜时，则指出汉魏时期有些人以种菜为名却别有用心。其中，刘备种菜旨在避祸；吴将陆逊在曹魏大军压境之时催人种菜，则意在示人从容闲暇以退敌兵；汉献帝时李孚种植薤不为食用，而“欲以成计。有从索者，亦不与一，茎亦不自食”[②]。这些人名为种菜，实则另有所图。汉魏时期以蔬菜为食者多是平民百姓，达官贵人之饮食则是美味佳肴，而以蔬菜为恶食。倘若食之，则常为人耻笑。从而甘于蔬食，就成为文人、官吏情趣高尚、清正廉明的象征。如汉明帝时临淮太守朱晖离职后，“屏居野泽，布衣蔬食，不与邑里通。乡党讥其介。”[③] 而朱穆为官几十年，布衣蔬食，两袖清风，家无长物，公卿们请汉桓帝表彰他。不难发现，汉魏时期的社会风气，在菜食方面可略见一斑。述脍鱼之美，先生则兼及《世说新语》所载张翰故事。张翰在洛阳，见西风起，思念故乡吴郡菰菜羹、鲈鱼脍，说：“人生贵得适意，何能羁宦数千里以要名爵?”因而辞官归家。读之令人垂涎向往。酒在中国具有悠久的历史，逐渐形成了一种独特的酒文化。先生在考证酒的起源、功用、种类、酿造方法的同时，还以大量的篇幅叙述了汉魏时期与酒有关的社会生活，如酒家、酒价、禁酒、榷酒、酒令、酒量、酒徒、酒狂、使酒坐骂、名士旷达嗜酒、沉湎于酒色的社会习气以及当时人与后代人对此的箴规、寄政于酒、备酒求学、借酒劝善等，不啻是汉魏酒文化简史。先生论及酒家时指出，汉代有卖酒的专市，酒家门前往往高悬着酒星旗以招揽顾客，有美人或胡姬当垆，也有豪杰之士隐身酒肆为酒保的。卓

① 张孟伦:《汉魏饮食考》，兰州大学出版社，1988，第33页。

② 张孟伦:《汉魏饮食考》，第88页。

③ 张孟伦:《汉魏饮食考》，第91页。

文君当垆曾传为千古美谈，汉初名将栾布穷困时曾卖佣于齐，为酒家保。赊酒之风在汉魏时，颇为盛行，亦有典衣卖马以换酒者，汉晋名士则嗜酒以示旷达。这些记述，生动地展现了魏晋时期的社会风貌。可以说，《汉魏饮食考》填补了饮食文化研究的空白，对发扬中华传统饮食文化有重要意义，对魏晋史的研究也有重要的参考价值。

《汉魏人名考》是先生任教于樟树中学时撰写的另一部研究社会文化史的专著，1988 年由兰州大学出版社出版。此书在当时曾获江西省教育厅学术审议会奖金，中正大学文学院王易教授和中正大学校长著名学者王星拱曾为其作序。此书共十三章，对人名的起因及其与字的关系、汉魏时期命名取字的缘由，尤其是对汉魏时期以古朝代名、古圣先贤之名、天干地支、禽兽鱼虫、福禄寿喜等命名取字，以及改名换字的情形和原因、兄弟长幼排行、避讳等问题，进行了细致入微的考证研究。同时，还对汉魏人名中常带有“阿”字这一特殊现象，以及汉代著名的隐者商山“四皓”的称号、姓名进行了讨论。其“第十二章　同姓名”以表格形式列举出汉朝宗室同名者及同名者之关系，说明汉代纲常伦理、避讳制度并非如后世之严格，以致有父子、叔侄、兄弟，甚至祖孙同名者，并指出历代学者从名教观念出发认为《汉书》所记父子同名必有一误之说，是想当然的错误认识。本书涉及汉魏时期人名问题的各个方面，内容丰富充实，是姓名学的一部力作。

值得注意的是，《汉魏人名考》对汉魏人命名取字、改名背后所反映的时代风尚、政治情状，所体现的社会心理诉求，也进行了深入的分析探讨。对中国人来说，名字不仅仅是一个称呼、符号，而是具有丰富的内涵，其中寄托着命名取字者的意愿、期望，体现了其性情、信仰，包含着其对社会的认识。在某种程度上可以说命名取字是社会的一面镜子，颇能折射出人间百态。本书正是透过汉魏时期命名取字之趋势，揭示出其社会风貌、时代特点。书中指出，汉魏人喜欢以唐、虞、夏、商、周之名，古圣人尧、舜、禹之名，先贤如孔门弟子、管仲、子产、孟尝君、蔺相如等命名取字，反映了一种浓厚的慕古社会风气。而这种社会风气与汉代尊崇孔子，尤其是汉武帝罢黜百家、专尊孔子密切相关。孔子推崇古圣王贤能之人，随着孔子定于一尊，其地位与日俱增，“相应地，他崇古慕古的思想意识，也就逐渐渗透到社会的各个角落，蔚然成风。在汉魏人的命名取字中，就充分体现了这一点。”① 本书还通过对人们多以福、禄、君、臣、

① 张孟伦：《汉魏人名考》，兰州大学出版社，1988，第 18 页。

公、卿、寿、延年、延寿、益寿、千秋、万岁等命名取字这一习俗的考察，指出汉魏时期普遍存在着一种期望吉祥万福，希冀高官厚禄、延年益寿的社会心理。嫖、嫚、开明、合欢、娥等字，含有邪淫、轻佻之意。如嫖是邪淫狎妓之意，嫚为淫嫚之意，开明、合欢有狎嫚亵渎之意，而貌美轻佻为娥。然两汉时期女子多以此取名，如汉文帝长公主名嫖，外戚梁竦的女儿名嫚，东平王之婢名合欢，王莽的侍者名开明，名娥者则更多。先生指出，这种以妖冶之字为女子命名的现象，是汉代淫泆社会风气的反映。"秦代统治天下，防民正俗，严禁淫泆，男女一律；汉则不然。'其时宫廷淫逸之习，固已毫无忌讳。《东方朔传》谓自董偃后，公主贵人，多逾礼制。盖上行下效，势所必至'。而女子命名，也都诲奸诲淫，充满了邪妖娇娆的意味。"① 在这种社会风气下，女子以妖艳之字命名，习以为常。这种对汉魏时期命名取字所包含的丰富社会内容的探究，使本书脱离了单纯的人名考证，从而从日常生活层面深刻地揭示了魏晋时期社会风貌。诚如评论者所指出的："《汉魏人名考》主要是考证，但又不仅限于考证，它也注重'义理'；它论述的主题是人名，但又不仅限于人名，它还论述了其他内容。作者说：本书'说来虽是人名考，实际上却是上及政治，下涉社会，包罗万象'（第二章），这不属自夸；序者说：本书'探究人名，而隐赜所及，上自政制，下至风尚，莫不囊括包举'，这并非溢美。"② 从这个意义上说，《汉魏人名考》也是一部研究汉魏史的重要著作。

20 世纪初，在梁启超"史学革命"的倡导下，史学界形成了一股新史学思潮。批判"君史"，撰写"民史"，是新史学的一个重要内容。"夫所贵夫史者，贵其能叙一群人相交涉、相竞争、想团结之道，能叙一群人所以休息、同体进化之状，使后之读者，爱其群，善其群之心，油然生焉。"③ 与国家、社会、民众生活密切相关的制度、经济、学术、风俗、艺术、婚姻、民族、交通等文化史、社会史，受到学者的重视。先生所撰《汉魏人名考》、《汉魏饮食考》，是新史学思潮影响下的产物，同时也是对这一思潮的积极回应。20 世纪六七十年代由于极"左"思潮的影响，一部丰富多彩的中国历史日益被简化为阶级斗争史。为了改变这种局面，80 年代的史学研究者积极倡导文化史的研究和社会史的复兴。1987 年《历史研

① 张孟伦：《汉魏人名考》，第 68 页。

② 张兴杰：《汉魏史研究的重要成果——张孟伦〈汉魏人名考〉评介》，《兰州大学学报》1989 年第 3 期。

③ 梁启超：《新史学》，载《饮冰室合集 · 文集之九》，中华书局，1989，第 3 页。

究》第1期发表评论员文章《把历史的内容还给历史》，将复兴和加强社会史的研究作为开拓史学领域、改革史学研究的契机。此后，社会史的研究蓬勃发展，成为中国史学研究的重心之一。《汉魏人名考》、《汉魏饮食考》的出版适逢其时，无疑有助于社会文化史研究的发展。

二 有关宋代兴亡的探索

先生史学研究的另一个重要领域是宋史，研究成果主要反映在《宋代兴亡史》一书中，着重探讨了赵宋皇朝建国之由及其兴衰盛亡之故。其中，有关赵宋皇朝内部政治纠纷与外部民族矛盾的分析，深入独到，给人以启迪。

探讨宋代之兴亡，先生特别重视社会风俗、教育、人才培养、士人风操等因素的影响，指出重视人才、讲求气节和良好的社会风气，是宋代兴隆之根本所在。宋代对待人才，朝廷精于遴选，人主慎于接待，大臣乐于延誉，故而人才辈出，国家日盛。自太祖尊崇节义、敦励名实、褒奖韩通，范仲淹厉风节，胡瑗、孙复明正学，欧阳修等倡直言于朝，宋代社会风气为之一变。士存正气，以名节、廉耻相砥砺。国家危难之时，忠义蜂起。尤其是程门弟子，以国事为己任，忠君忧国，为反抗恶势力的领袖，抗击外族入侵的急先锋。在这种风气之下，人民亦怀抱忠义，既有誓志恢复国土的义士，亦有义愤起兵除奸之匹夫，故宋朝能危而复安。至于宋代之衰亡，先生认为，主要缘于姑息苟安、内部纷争不断，以及在处理敌对国家问题上的软弱无能。宋以文立国，其君贤者则仁慈，柔懦者则姑息苟安，优柔守文则有余，拨乱反正则不足，英达奋发之君，不可多得。其臣莫不墨守成规，不达权变，求其果毅驰骋之士，亦不易见。朝廷上下不思进取，暮气沉沉。这种因循苟且之风，表现为在内安土重迁、姑息弛刑，对外则是偷安苟幸，不图远略。北宋立都于无险可据的开封，南宋苟安于偏于一隅之杭州，高唱国之安危在德不在险的陈腐论调，苟且偷安而不愿迁都以应敌。太祖曾欲留洛阳，最终都长安，终为大臣所阻挠。南渡后张浚建议都建康（南京），以为建康可以北望中原，使人常怀愤惕，不敢暇逸，而临安（杭州）僻于一隅，内则易生安逸，外则不足号召远近。又有人倡议立都于建业（武昌）。皆不为一意求和的宋高宗所采纳。孝宗时，陈亮又建议迁都建业，孝宗欲用之，亦为大臣所沮。先生指出，都城有关一代盛衰，其自然形势实与政治人文相表里。宋若不是苟安，以洛阳为都城，则中原不至于沦陷。若都关中，则金兵南来，犹有形势可据，不像汴（开封）之一无所倚，致敌长驱直入。而南宋以临安为都城，僻处海隅，更加苟安而无恢复中原之志。宋朝不诛违命败军之将，不斩祸国殃民之奸人，甚至赏罚倒置。先生认为，不能明典正刑，无国法纪律，姑息违命败军之将，则将领难以统帅，无望将士出兵御敌。姑息像张邦昌那样的僭叛之人，无以激励天下以图恢复。保全、褒奖黄潜善、汪伯彦、秦桧、贾似道那样的奸臣，则丧失民心。

先生还指出，宋人好意气用事，以疾忌排挤为能事，而宋代则在这种内耗中不断衰落。在宋代，不仅小人陷害君子，君子之间亦相互倾轧。真宗时，王钦若、丁谓嫉恨排挤守正疾恶的宰相寇准，使之一贬再贬。宁宗时，韩侂胄引用群小，排挤贤者，斥朱子之学为伪学。理宗时，权臣史弥远的亲信陷害程朱学者魏了翁、真德秀。宋末当权的贾似道更是嫉贤妒能，必陷之而后快。所谓君子也以议论攻击为尽职，好持高论，不肯舍己从人。一遇不合，就动气相攻，攻之不已，就罢官而去，不以国事为意。王安石变法，援引面谀之人，硕德众望被罢斥。而元老重臣也不肯考察新法之恰当与否，一切指为不善。元祐年间司马光秉政，彻底罢去新法，排斥新党。吕夏卿执政，元祐党人被斥。徽宗时立党人碑，称之为奸党。新旧党人相互意气用事，纷争不已，直至北宋灭亡。司马光、欧阳修、吕诲、范纯仁、吕大防等皆是正人君子，却因议论不合，势同水火。胡瑗与孙复争名，遂不相见。范镇攻击陈执中，以为其无学术，非宰相之器。苏轼与程颐门人相互攻击，遂成洛、蜀、朔三党。张浚与赵鼎同时为相，偶以意见不合，就反目。张浚因岳飞与己意相忤，遂不复相容。在揭露宋人热衷于内讧这种做派之后，先生沉痛地指出：“宋之名臣，往往如此，国家又几何不衰而且灭也！”①

宋朝在对外问题上，只知一味地退缩，纳币割地以求苟安。先生认为，这种以苟且偷安为上策的做法，也是导致宋代之衰亡的重要原因。先生指出，在处理与辽朝关系上，谨守修德以来远人之陈说，武备松弛。大臣多以弭战息民、修好为言。太祖时议伐北汉而取幽、燕，为赵普所阻，太宗欲亲征幽州，亦为大臣所阻。岐沟之战后，像曹彬那样的良将，也苟安言和了。澶渊之盟后，辽人步步逼近，宋则以增纳岁币、割地求苟安。对此，先生不禁悲愤地责问道：“何宋代之苟且优柔，畏惮契丹之

---

① 张孟伦：《宋代兴亡史》，台湾商务印书馆，1972，第100页。

至于此也！”[①] 对待西夏，宋朝则企图以爵禄予以羁縻，以恩惠予以笼络。举措失当，坐失良机，养痈遗患。至元昊时，西夏势力强大，疲于应付。对此，先生叹息道：“何宋代君臣之一味优柔仁懦，力行姑息而无远略也！”[②] 在对待金与蒙古的问题上，宋人亦复如此。金人第一次南下时，以割地求得苟且，朝廷上下弹冠相庆，不知防范。当金人再次南下，唯有惶恐，不知计之所出，而归罪于抗敌将领李纲，自坏长城。南渡后，高宗以秦桧用事，一意求和，迫害抗金志士，使岳飞抗金事业毁于一旦。孝宗曾锐意北伐，失败后，亦狃于苟安之习，不思进取。当蒙古南下时，当权的贾似道昧于攻战，只知享乐，割地求和以图苟延残喘。而在朝大臣则平日空谈心性，自命甚高，临危则逃遁。“辽人入寇，则增岁币；夏人讲和，则增岁币。驯至金师来犯，割地避敌；蒙古南下，称臣纳贡。故曰宋之衰亡，姑息苟幸之弊也！”[③]

先生寄情宋代之兴亡，绝非发思古之幽情，而是借宋人之杯酒，浇心中之块垒。中国自 19 世纪后期以来内忧外患，与宋代的情形颇为相似。先生探究宋代之兴亡，“以明一代之成败安危存亡之理”，旨在以史为鉴，对抗战建国有所裨益。

赵宋一代在中国历史上的地位，近年来日益为学界所关注，内藤湖南、陈寅恪等所提出的宋代近世说，也为学者所熟知。殊不知先生亦是此说的倡导者。先生指出：“昔人每言秦为中国史中之上古与中古之一大关键，愚尤以宋为近古与近代之一大关键。举凡中古之政治思想，社会伦理，风俗教化，莫不经赵宋廓而清之，矫而正之，而另示近代以规范，近代诚受其影响特深，而奉其一切为圭臬者也。”[④] 认为赵宋一代是中国从古代转向近代之关键，要了解近代中国之思想、政治、风俗，须溯源于宋代。在先生看来，赵宋王朝虽富强声威不及秦汉隋唐，但其风俗文物之盛，道德仁义之风则超迈汉唐，媲美三代。

20 世纪上半叶，从事宋史研究的虽有张荫麟、邓广铭、蒙文通、陈乐素、张家驹、聂崇岐等诸多学者，但先生的《宋代兴亡史》却是有关宋代历史较早的一部系统的断代史专著，筚路蓝缕，嘉惠后学。此书在海内外颇有影响，台湾商务印书馆曾多次予以重印，20 世纪 90 年代中华书局出

---

① 张孟伦：《宋代兴亡史》，第 74 页。
② 张孟伦：《宋代兴亡史》，第 76 页。
③ 张孟伦：《宋代兴亡史》，第 72 页。
④ 张孟伦：《宋代兴亡史・自序》，第 2 页。

版的民国丛书也将其收入其中。也正是这部著作奠定了先生在宋史研究领域的地位。

三　有关中国史学史的研究

进入兰州大学后，先生将学术研究的重点转向文献学与中国史学史领域，因担心自己的研究跟不上学术发展形势，虽然撰写了不少论著，但并未公开发表。“文革”结束后，先生迎来了学术研究的又一春天。在生命的最后十年（1978～1988年），整理、撰写了《中国史学史论丛》、《中国史学史》（上、下）两部著作，发表了若干有关中国史学史研究论文，对孔子、李焘、马端临、顾炎武、章学诚等史家，隋代史学、宋代重修《唐书》、宋代统治阶级在撰修国史上的斗争、《汉书·地理志》、小说的史料价值等中国史学史上的重要问题，进行了深入的探讨，取得了令人瞩目的学术成就。

先生对所研究的史学问题，多有创见。即便有所偏颇，亦不失为一家之言。孔子是私人修史的开创者，其所删订的《尚书》、述作的《春秋》对中国史学产生了巨大的影响。先生所撰写的《孔子与中国古代史学》① 一文，纵览中国史学发展历程，旁征博引，从体裁体例、历史思想、史学观念、撰述方法等方面，详细地阐述了孔子的史学对中国古代史学发展的深远影响，并以司马迁撰《史记》、班固修《汉书》为例，说明中国古代史学是如何师承孔子史学的，从而使孔子为中国史学祖师一说落到实处。此文是研究孔子史学的代表作。从20世纪20年代开始，章学诚的史学日益受到学者的重视，评价也愈来愈高。先生《章学诚的史学》② 一文，辨析了章学诚对待考据的态度、所提出的“六经皆史”观点，还着重分析了其史学为清政权巩固统治服务的实质。在章学诚史学研究日益兴盛，章学诚学术地位日隆的今天，重读此文，不啻是一副清醒剂。在《宋代统治阶级在撰修国史上的斗争》③ 一文中，先生详细地阐述了宋太祖与太宗帝位之争、王安石变法新旧党人之争对宋代实录、起居注、时政记、国史撰修的影响，秦桧、韩侂胄、史嵩之、贾似道等权臣对史家的迫害、史书的篡

① 《史学史研究》1987年第1期。

② 《华南师范大学学报》1984年第3期。

③ 《兰州大学学报》1981年第4期。

改，及其对修史活动的干扰、摧残。这是将史学发展置于一定的政治环境中予以考察，揭示了政治斗争对史学的深刻影响，说明良好的社会环境对史学发展的重要性。在《关于宋代重修〈唐书〉》[①] 一文中，先生从政治和学术两个层面探讨了宋代重修《唐书》的原因，以及宋代在重修《唐书》过程中所出现的纠纷，并对宋人所夸耀的《新唐书》特点“其事增于前，其文省于旧”进行了辨析，指出这正是《新唐书》的缺点所在，其所增之事，多无根据，所省之文，则有关军国大事。其以文省事增为能事，则违背了当初重修《唐书》的宗旨。在《关于马端临〈文献通考〉人民性的问题》[②] 一文中，先生对学者提出的马端临《文献通考》具有人民性、民族正义感、敢于对现实作抗议的观点，进行商榷。首先，提出“评论一部历史著作是否有人民性，有民族正义感，就得：第一，必须把它放在一定的历史情况下，一定的环境中去考虑。第二，必须从它本身的总的倾向性，全部的主要意旨去分析。”如果研究者不从作者所处的时代、其著作撰写的背景，不从其著作总的精神实质出发，所得出的结论难以使人信服。其次，分析了马端临所处的时代及其对时代的回应、《文献通考》对史实的处理及其思想倾向，认为马端临的史学思想很难说具有人民性、民族正义感。先生指出，马端临身处国家民族危难之时，面对广大人民群众如火如荼的反抗民族压迫斗争，却躲进书斋，逃避现实。宋亡后，又以元顺民自居，称宋为宋朝，不敢称国朝或我朝，并出任元的书院山长。这与胡三省以宋遗民自居，以文天祥守节伏死自励，在《通鉴》注中抒发民族爱国情感，且不许子孙仕元，截然不同。马端临所撰《文献通考》成书于元成宗大德十一年，本应写到宋亡，使宋朝一代典章制度首尾完整。但因害怕元代统治者的猜忌而影响自己的身家性命，却止于宋宁宗嘉定五年(1212)，不敢记载宋朝亡国痛史，更不敢歌颂民族斗争的悲壮事迹。与此同时，大量宋遗民所著之书与诗文，不惧祸患，多忠愤激烈，黍离麦秀之悲，溢于言表。马端临对南宋抗金名将岳飞、韩世忠、刘琦“一遇女真，非败即遁”的评价，不合乎历史真实。在江南人民反抗民族压迫之时，马端临不歌颂岳飞等抗金英雄，以鼓舞人民的反抗斗争，反而不顾事实进行污蔑，这是他顺民心理的反映。因此，很难说马端临具有民族正义感、敢于对现实进行抗议。同时，马端临在《文献通

① 《兰州大学学报》1984 年第 3 期。

② 《兰州大学学报》1980 年第 1 期。

考》中极力散布消极因素，如鼓吹遵循三年之丧的礼制、宣扬落后于时代的车战、要求在征战中讲求堂堂正正之举。在广大人民处于反侵略斗争的关键时刻，这些主张无疑是有害的。马端临在《文献通考》中否定、诋毁王安石变法，逐条指斥王安石所变之法。因此，很难说马端临史学思想具有人民性。

《中国史学史论丛》，是先生研究中国史学史的论文集。《中国史学史》①，则是先生自20世纪60年代以来从事中国史学史研究的心血的结晶，也是一部史学史研究力作，阐述了自先秦至鸦片战争前的中国史学发生、发展、繁荣至嬗变的历程，反映了先生对中国史学史的系统认识，至今仍被研究者视为学习、研究中国史学史的一部重要参考书。在当时所出版的众多中国史学史著作中，此书特色最为鲜明②。一、将各个历史时期史学发展概况的阐述与专题研究有机地结合起来。书中的各部分，分之则可独自成篇，合之亦为一部完整的著作。既展示了中国古代史学发展的历程，又对重要问题进行了深入阐述。既是一部中国史学史教材，又可视为中国史学史专题讨论集。二、详人所略，略人所详，不求面面俱到。如有关司马光及其《资治通鉴》的论述，着重分析了《资治通鉴》编撰成功的原因，并将宋代重修《唐书》的情形与《通鉴》的撰修进行比较，说明众人修史须有一负责任、善于领导史局的主裁，以及志同道合的专家相互配合，精诚合作，才能取得成功。而对《通鉴》及其学术价值则基本上没有进行评论。三、旁征博引，立论独到。据学者不完全统计，全书所引用的文献达近七百种之多，大凡与中国史学有关的资料，莫不加以搜罗。并在丰富的资料基础上提炼出独到的认识，无论是对一代史学的评价，还是对一部史著、一个史家的认识，皆新见迭出。可以说，在已出版的众多的中国史学史论著中，此书资料最为丰富，识见也最为独特。如对裴松之、刘知幾、马端临、章学诚等史学家的评价多不同于其他学者。四、注意研究政治与史学间的关系，揭示时代对史学的深刻影响。这主要表现在两个方面，一是考察政治对史书编纂的影响，尤其注重考察史书编纂的政治背景。如述及唐初撰修前代诸史的原因时，着重分析了唐代统治者在政治上的动机。而论及唐代国史的撰修时，则详细地考察了统治阶级内部的政

① 《中国史学史》（上、下册），甘肃人民出版社，1983、1986。

② 参见汪受宽《史学史园地的一朵奇葩——喜读〈中国史学史〉》（《甘肃版图书评论集》，甘肃人民出版社，1986）、朱仲玉：《读张孟伦先生著〈中国史学史〉》（《兰州大学学报》1986年第3期）。

治、思想斗争在撰修国史上的种种表现。二是关注史籍在流传过程中因各种政治因素影响所经历的曲折复杂的历程。如论及《战国策》一书时，着重阐述了其从汉代到清代因与儒家思想格格不入致被现实政治所排斥而遭遇的曲折命运。五、爱而知其丑，憎而知其善。一般的史学史著作多着眼于总结中国史学的优良传统和成就。本书总结了中国史学的成就，同时对中国史学上的缺点与不足，甚至丑恶现象进行揭露。对史家史著的评价，尽量做到“毋固”“毋我”，既不虚美也不没其所长。如对于马端临及其《文献通考》，既批评了马端临在民族斗争如火如荼之时，逃避现实，闭门著述《文献通考》，以成名山之业，以及为了避免元统治者的猜忌，在书中回避宋末历史，只记载到宋宁宗嘉定五年，缺乏民族正义感。同时，也肯定了《文献通考》是一部典章制度巨著，绝非章学诚所说的只是一部类书之学。六、重视历史上的学者对有关史学问题的认识，或对其进行论辩，或以之作为自己立论的佐证。如有关《左传》的作者，是一个长期以来争论不休的问题。本书首先梳理了中唐以前的学者如司马迁、严彭祖、班彪、桓谭、王充、班固、许慎、卢植、杜预、荀逊、孔颖达、刘知幾等有关《左传》及其作者的认识，说明在中唐以前根本不存在《左传》是不是左丘明所做的问题。其次，对汉代有关《左传》的争执问题进行讨论。指出汉代在《左传》上的争论，一是述事解经（《左传》）与训诂解经（《公羊传》）之间的斗争；二是政治问题，即以哪一部春秋传为汉代服务的问题，不是《左传》作者真伪问题。再者，对中唐以来的学者如严助、陆质、郑樵等所持《左传》非左丘明所做的有关论点进行批驳。在此基础上，指出《左传》作者无疑就是左丘明。这种通过详细地剖析不同时代各家各流派学者的有关认识以阐明自己见解的方式，既便于读者了解所研究的问题的来龙去脉，也使作者的立论底蕴深厚，观点鲜明。当然，要做到这一点，需要具有深厚的史学根底。这也是本书不同于一般的中国史学史教科书，而具有学术专著性质的一个重要方面。总之，与同类著作相比，先生这部《中国史学史》风格最为独特，故而被学界称为“别具特色的专家之作”。朱仲玉先生评价道：“读张孟伦先生的《中国史学史》，则令人感到这书确是跳出了大多数人在不知不觉中形成的框框，充分显示了自己独特的风格，既不与别的同一类书相似，而别的书也很难与之相似。”①

① 朱仲玉：《读张孟伦先生著〈中国史学史〉》，《兰州大学学报》1986年第3期。

四 治学特点

先生治学深受传统史学的影响，孔子是先生最为崇敬的史学家。先生认为“无论从史家私人修史，还是从史学体例来说，我们都得尊奉孔子做中国史学的祖师。”孔子倡导的有疑则缺，无征不信，深为先生所信服。在史、论关系上，先生主张“论从史出”，重视学问的功底，强调史料在史学工作中的重要性，所撰论著总是旁征博引，探赜索隐。在《中国史学史·自序》中，先生强调：“又因无征不信，无征则难于发现问题，分析问题，得出有理有据而较为可靠的结论。以故采辑史料较多。”在《中国史学史论丛·前言》中，先生指出：“十个专题，有些地方所要求古史学名家的，如果有所偏颇，也都是力求‘论从史出’，不是‘以论带史’的。”可见“论从史学”是先生所遵循的治学宗旨。先生的史学论著，皆以资料丰富、立论精当见长。所征引的资料遍及经、史、子、集四部，对一般治史者不太留意的笔记小说、诗文、戏曲、医书、农学书籍、佛教经典等，也予以搜罗引用。如“《人名考》以《四史》为纲，博采旧闻遗逸，广览经、子、集部。搜集证据，推勘事故，虽毫末细微，不肯稍事疏忽；措辞立论，则审慎权衡，平心察其是非，精意求其义旨。”“出入乎汉魏史乘之林，旁及乎逸闻轶事之微。”① 《中国史学史》“据粗略统计，张先生共征引了六百七十多种典籍。他不只是把目光集中在史部文献上，还注意探讨群经、诸子与其注疏，汲取后人有关研究成果，参考了与史有关的一百五十多种集部文献，征引了自《蔡中郎集》至《饮冰室合集》以集名书的有九十种之多。”②

先生治学重视史学根底，对研究生的培养也是如此。先生认为研究生应学点文字学、提高古籍阅读的水平、学点“经书”、加强通史的学习、掌握撰写史学论文或史学专著的方法。这些要求都是着眼于培养研究生治学的根基。先生为提高学生阅读古代文献的能力，开设了《左传》选读课，以中华书局出版的《左传选》为教材。不仅在课堂上对《左传选》中的篇章进行详尽地讲解，而且撰写了《〈左传选〉注释管见》一文，对《左传选》应注释而没有注释的、已注释而欠妥善以及注释不全的，进行

① 《汉魏人名考》，王易序、王星拱序。

② 吴荣政：《张孟伦先生〈中国史学史〉读后》，《甘肃社会科学》1987年第3期。

增补与修正。曾听过《左传》选读课的罗炳良教授对先生严格要求学生，注重治史基本功的培养，印象深刻，并认为自己后来从事中国史学史研究结缘于兰州大学读研究生时与先生的接触。他说，期末考试，张先生采取类似于科举考试帖经的方法，要求默写《左传》中有关内容，即给出首尾两句，学生写出中间内容，他希望以撰写论文代替这种考试，未被允许，只好硬着头皮去背诵《左传》。但正是张先生这种严格要求，给他打下了日后从事中国史学史研究的底子。若干年后，《左传》中的著名史论仍然记忆犹新①。

讲求自得，是先生治学的一个重要特点。孟子说："君子深造之以道，欲其自得之也。自得之，则居之安；居之安，则资之深；资之深，则取之左右逢其源，故君子欲其自得之也。"② 许多史学大家都将自得作为治学最要紧的事，先生也是如此。先生所撰《中国史学史》自序云："与时贤立论，本不敢立异；然见仁见智，终究在一些问题上，也又有所不同。"这是《中国史学史》的撰述旨趣，也是先生治学讲求自得之学的表白。为先生所撰之《汉魏人名考》作序的王易教授曾指出，《汉魏人名考》"探究人名，而隐赜所及，上自政制，下至风尚，莫不囊括包举，慧眼见真，独创一家之言。"王星拱则在序中说："发凡创例，一空倚旁，探赜索隐，成此传世之名著。使世之览者，于名字本末先后，时势升降，礼俗醇醨之际，了然于胸次而毫无所憾，则其大有造于学术也可知矣！"这里所说的"独创一家之言"、"发凡创例"，是对《汉魏人名考》在学术研究上创造性贡献的充分肯定。对史学史上的诸多问题，先生也以丰富的史料为基础，提出了新的认识。先生所撰《中国史学史》一书论及裴松之注《三国志》时，虽然肯定裴松之的贡献，但不赞成运用"补缺"、"备异"、"惩妄"、"论辩"这四种方法注史是裴松之的创作之说，指出在裴松之之前已经有人分别使用过这四种方法，最早综合使用这四种方法的也不是裴松之，而是孙盛的《异同评》。述及范晔史学时，则对《后汉书》在体例方面创立了皇后纪与逸民、列女、孝子、文苑等传这一传统观点进行了辨析，指出这些纪、传并非范晔所首创，而是向前人学习来的。因为，晋华峤《后汉书》有皇后纪，以反映东汉多幼主继位而又母后临朝执政这一客观事实，范晔《后汉书》是以华峤之书为蓝本的，那么首创皇后纪的应该

① 罗炳良：《18世纪中国史学的理论成就·后记》，北京师范大学出版社，2000。

② 杨伯峻译注《孟子译注·离娄章句下》，中华书局，1960，第189页。

是华峤，而非范晔。《东观汉纪》为隐居不仕的逢萌、周党、黄霸、严光等人作传，梁鸿则撰有《逸民传》。刘向、皇甫谧、綦毋邃等撰有《列女传》，刘歆、曹植等曾撰《列女传颂》。晋肖广济、刘宋郑缉之、王韶之等都著有《孝子传》。秦汉以前没有以文章名家的，到了汉代才开始有了词人。随着文艺的发展，晋朝有《文苑钞》。那么，《后汉书》中的《逸民传》、《列女传》、《孝子传》、《文苑传》也不是范晔所创制的。所以，范晔在史书体例上没有创制之功。在先生的史学论著中，像这样的新见，在在多有。

辛安亭先生在《中国史学史》序言中指出："张先生学问渊博，功力深厚，阐述前贤史学，钩稽载籍，探究精微，不但广征于史，而且博取于经，旁及子、集，鉴空平衡，慎之又慎。故能采缀百家之菁华，创成一己之旨趣，别开生面，而'不同人共生活'，弥足珍也。"这是对先生学术的精当概括。

唯物史观与《历史教学》创刊*

武晓兵
（华东师范大学历史学系，上海　200241）

摘　要：1949 年 10 月，伴随着政权鼎革及新时代的来临，马克思主义史学跃居主导地位并渐趋体制化。1950 年夏，在思想改造运动的热潮下，以李光璧为首的七位“进步史家”，主动、自发地创办了新中国第一份史学专业期刊——《历史教学》。究其创刊主因，一是在于他们有共同的政治认同；二是无论从学术谱系上还是从教育背景、活动地域上，他们都有着密切的交往与联系。创刊初期，此刊在经费、组稿等方面存在困难，但随着影响力及发行量的上升，终成新中国“十七年”时期最重要的史学专业刊物之一。该刊作为新理论、新知识的学术载体，以运用唯物史观指导历史研究与历史教学为宗旨，对马克思主义指导下的主流史学的形成做出了重要贡献。

关键词：唯物史观　《历史教学》　学术体制　马克思主义史学

1949 年 10 月，新中国成立，政治秩序的变动，催使社会、经济、思想、学术等各个领域发生全面性的变革。马克思主义指导下的学术研究渐成主流之势。同时，相应的学术体制开始重建与改造，反映在史学领域，则是马克思主义史学体制化的过程。这一过程，主要表现在以下几方面：其一，学术权威团体、机构的建立。1951 年中国史学会的再建，继之天

---

* 本文是上海市教育委员会科研创新计划重大项目“重构中国：中国现代史学的知识谱系（1901－1949）”（批准号 2017－01－07－00－05－E00029）的阶段性成果。

津、上海、河南、山东等各地分会陆续成立；1950 年中国科学院成立以及下设历史、考古等研究所相继建立。其二，全国高等院校调整后的历史系重组与课程设置。院系调整及历史系重组，导致学术权力的再次分配，马克思主义权威史家成为各大高校领导者或历史系负责人。历史系课程的设置，又多仿效苏联模式，重视意识形态、革命史观的贯彻；其三，史学专业刊物的创办。1951 年 1 月地方性的《历史教学》、《新史学通讯》（《史学月刊》前身）、《文史哲》以及 1954 年全国性的《历史研究》相继创刊，都旨在宣传唯物史观的研究范式。

其中，《历史教学》月刊①由李光璧（1914～1976）、杨生茂（1917～2010）、张政烺（1912～2005）、丁则良（1915～1957）、傅尚文（1921～1994）、孙作云（1912～1978）、关德栋（1920～2005）等七位“进步史家”，自发组织创办，并于 1951 年 1 月 1 日正式出刊。该刊是“1949 年后最早创办的历史学专业刊物”。② 学术期刊作为学术知识生产、传播的重要渠道，《历史教学》等新式的史学刊物的诞生，不仅在期刊史上具有重要的意义，亦为马克思主义史学成为主流史学提供了广泛传播的学术载体。所以，厘清《历史教学》创刊的来龙去脉，在历史中再现创刊者的行为，有助于理解新中国初期的政治生态、文教政策以及部分知识分子的学术心态。

一

新中国肇始，马克思主义成为新政权的指导思想。不久，随着中共中央的号召，全国范围内掀起了一场学习马列主义、毛泽东思想的热潮。马

① 目前，《历史教学》有关的研究、回忆文章，几乎都载于《历史教学》上，重要的有：《〈历史教学〉月刊的三十五年》（《历史教学》编辑部编《〈历史教学〉三十五年总目索引》“前言”，天津历史教学社，1986）；《历史教学》创刊 60 周年（2011）纪念系列文章《1951 年的〈历史教学〉》（第 1 期）、《1952 年：整顿与偏重教学》（第 3 期）、《1953 年：既重教学，亦重学术》（第 5 期）、《“为中学历史教学服务”方针的确立》（第 9 期）、《新历史教科书与风声渐紧的政治运动》（第 15 期）、《阶级斗争指导下的历史教学》（第 21 期）；傅尚文、杨生茂：《美好的回忆》（1986 年第 1 期）；杨生茂：《〈历史教学〉创刊第一年》（2001 年第 1 期）；钱君晔：《忆〈历史教学〉创办人之一——李光璧教授》（1986 年第 1 期）；罗澍伟：《因为挚爱，所以收藏——我心目中的〈历史教学〉》（2001 年第 1 期）等等。

② 王学典主编《20 世纪中国史学编年（1950－2000）》（上），商务印书馆，2014，第 15 页。

列主义、社会发展史等内容的“从头学起”，是社会各界人士步入新社会、新时代的首要任务。1949 年 3 月，鉴于广大政府干部、知识分子的政治理论学习，中共中央重新编辑（又经毛泽东亲自审批）了一套必读书目，共计 12 种，具体是:《社会发展史》、《政治经济学》、《共产党宣言》、《社会主义从空想到科学的发展》、《帝国主义是资本主义的最高阶段》、《国家与革命》、《共产主义运动中的“左派”幼稚病》、《论列宁主义基础》、《联共（布）党史》、《列宁斯大林论社会主义建设》、《列宁斯大林论中国》、《马恩列斯思想方法论》等。[①] 同时，为了配合、辅助思想改造运动，中央宣传部在 1949 年 9 月 15 日创办《学习》杂志，借以批判过去“封建的、资产阶级的思想观点”，帮助读者正确地理解辩证唯物主义、历史唯物主义。[②] 可以说，《学习》是中共直接宣传意识形态的产物。[③]《学习》创刊号随即刊发艾思奇《从头学起——学习马列主义的初步方法》一文，提出“从头学起”的命题，主张以社会发展史、历史唯物主义等为主要内容，建立基本的马克思主义立场、观点和方法。[④]

具体而论，知识分子思想改造的过程，可总结为三步：首先是研读马列主义、毛泽东思想等相关著作以及党政政策文件，了解社会发展史、中共政策方针等新知识、新内容；其次是知识分子通过学习文件，开展批评与自我批评。在此过程中，大部分知识分子不得不检讨自己过去的“旧思想”，试图与过往“划清界限”，努力融入“新社会”；最后是在实践中更好地学习、改造，例如知识分子下乡、参加土改等活动。在思想改造运动中，大多数从民国步入共和国的知识分子，或自觉或被迫地作了自我批判，如陈垣、冯友兰、马寅初、吴晗、费孝通、顾颉刚、郑天挺、华岗、赵俪生、张维华、童书业、吕思勉、裴文中、金岳霖等等，他们纷纷自我检讨，从思想上根本否定过去的一切，主动、积极地接受马列主义再教育，树立新的世界观、人生观。

在这样的政治背景、思想氛围中，有七位“进步史家”在政治认同的

---

① 毛泽东:《在中共七届二中全会上的总结》（1949 年 3 月 13 日）注释 2,《建党以来重要文献选编（1921－1949）》第 26 册，中央文献出版社，2011，第 201 页。

② 参见《本刊征稿启事》,《学习》1949 年第 1 卷第 2 期。

③ 《学习》杂志“在一定程度上代表了中共的声音”，体现了“中共的思想动态和理论、方针、政策。”参见张亚《新中国成立初期的马克思主义学习运动——以〈学习〉杂志为视角》,《中共党史研究》2013 年第 7 期。

④ 艾思奇:《从头学起——学习马列主义的初步方法》,《学习》第 1 卷第 1 期，1949。

前提下达成共识，共同组织、创办了《历史教学》杂志。作为此刊最早发起人的明史专家李光璧，在北平解放不久，即主动放弃北大副教授职位，自发要求前往华北大学政治研究所学习。[①] 同期在此研究所的还有《历史教学》另两位创刊人，一是孙作云，一是关德栋。他们都积极地向新政权靠拢，主动学习马克思主义，努力改造"旧思想"。华北大学政治研究所，在华北大学迁往北平后于 1949 年 4 月正式成立。此政治研究所的"学生"，据有关资料显示，多是招收社会不同领域的专家、学者，尤其是所谓的"旧史家"，来此即是专心学习"新思想"、改造"旧人生"。正如时任校长的吴玉章说，"政治研究所的同学，有不少是各方面的专家，学问经验都有一些；问题就在要能掌握正确的立场、观点和方法，来从思想上改造一番，以期能够掌握马列主义毛泽东思想，好好地为人民服务。"[②] 有亲历者亦曾言及，华北大学政治研究所不接受公开报名，主要接收"高级知识分子和较有声望的民主人士和统战对象入学，帮助他们学习马列主义和毛泽东思想、党的政策，自觉改造思想，树立新的革命人生观。"[③] 当时，很多著名史学家都进入此校进修、学习。譬如，谢国桢在解放不久曾经马克思主义史家范文澜介绍，进入该所。如他回忆说，"承党的感召和范文澜同志的照顾，叫我到华北大学政治研究所去学习，初步学了一些马列主义和毛泽东思想，试图用新的观点来指导科研工作，写出新的论著。"[④]

在政治倾向上，孙作云、关德栋、丁则良等人，其实早在抗战后期便倾向左翼。据孙作云的女儿孙心菲女士回忆，其父曾"参加左翼作家联盟的外围组织"，"思想甚是'左'倾"。[⑤] 关德栋则于 1948 年在北京投身革命，后又以随军代表身份前往甘肃接收兰州大学，并且出任西北军政委员会副主任江隆基的秘书。[⑥] 丁则良在 1947 年夏秋之际，考取战后教育部仅

---

① 《历史教学月刊情况了解报告》，天津档案馆藏，档号：X0057 - Y - 000039 - 004。

② 吴玉章：《学习的重点在改造思想——在华北大学政治研究所二、三班开学典礼上的讲话》（1949 年 11 月 28 日），中共四川省委党史工作委员会编《吴玉章文集》（上），重庆出版社，1987，第 406 页。

③ 王晋：《华北大学的历史与业绩及其深远影响》，王晋、汪洋主编《华实录：华北大学回忆文集》，中国人民大学出版社，2003，第 28 页。

④ 谢国桢：《我的治学经历》，《谢国桢文集》第 7 册，北京出版社，2013，第 659 页。

⑤ 孙心菲：《白云千载空悠悠——记我的父亲孙作云教授二三事》，河南大学历史文化学院编《孙作云百年诞辰纪念文集》，河南大学出版社，2014，第 2 页。

⑥ 刘光裕：《吾师关德栋教授》，《粤海风》2017 年第 3 期。

一次的中英庚款留学，作为唯一的历史专业留学生远赴英伦，攻读苏俄史并习俄文。新中国成立后，他放弃博士学位而急切归国。据王永兴回忆说，“全国解放的消息传到伦敦，则良极度兴奋，他向导师提出辍学回国，为祖国效力。”① 何炳棣也忆及，丁则良于1949年秋冬之际致信与他，激动地表达了对中共的好感。他说，“英国费边式社会主义福利国家无光无热，就要建国的中共有光有热。”② 在经历建国初期的思想洗礼后，他们更加坚定与过去决裂。杨生茂自求“弃旧图新”，不惜焚烧解放前发表的所有文章底稿。晚年时，他自述其因，一是因“偏激情绪所驱，认为可与旧思想一刀两断之表白和自勉”；二是“害怕为文字所累，其实前所写内容为中性，为外交关系，未涉及国事，庸人自扰。”③ 虽有害怕“文字所累”的缘故，但与“旧思想一刀两断”的“表白和自勉”，如此的激进态度，也足见其当时的政治立场与思想心态。

政治认同之外，几位创刊者彼此间的网络关系，或是他们聚于一堂共商创刊的另一因素。从宏观上来看，他们七人多出生于20世纪初，在“五四”后接受大学教育。若按现代学术谱系划分，应同属第三代学人。相比“五四”一代学人在思想、文化上的关怀，他们更加重视专业知识，姑且称之为“知识精英”。再从教育背景上分析，他们则以北大、清华以及后来的西南联大为主。例如，李光璧、张政烺二人在北大求学，交往甚密。据张政烺回忆，“李光璧是文学系学生，河北安国人，比我低一级，住在东斋。我们比较谈得来。他后来搞历史了。”④ 大学期间，他们又都选修胡适文学史课程，“侍适之先生讲席”。⑤ 胡适曾在课堂提及《封神演义》作者问题，李光璧受其影响而作《〈封神演义〉考证》一文。课后，张政烺与其闲谈，得知此事，也作《〈封神演义〉的作者》一文“率尔以对”。⑥ 再如，孙作

① 王永兴：《丁则良文集》“序”，丁则勤、尚小明编《丁则良文集》，清华大学出版社，2009，第4页。

② 何炳棣：《读史阅世六十年》，中华书局，2014，第182页。

③ 杨生茂：《随笔·谈天、谈地、谈自己》1996年5月记，杨令侠、朱佳寅编《中国世界史学界的拓荒者——杨生茂先生百年诞辰纪念文集》，南开大学出版社，2017，第116页。

④ 陈智超：《张政烺先生访问记》，《揖芬集——张政烺先生九十华诞纪念文集》，社会科学文献出版社，2002，第2页。

⑤ 李光璧：《封神演义考证》附录《杨联陞先生来函》，《中和月刊》1941年第2卷第12期。李光璧因在民国时期与胡适有所过从，在1954年举国批判胡适思想时亦不例外的参与，发表了《批判胡适反动实验主义的历史考据学》（《历史教学》1955年第9期）一文。

⑥ 张政烺：《〈封神演义〉的作者》，《张政烺文史论集》，中华书局，2004，第61页。

云虽在清华大学，但与李光璧等人亦彼此相识，交谊颇深。大学毕业后，他们分别于1940年、1941年，进入北京大学文学院任教，直至1945年抗战胜利。据孙作云回忆，他和李光璧、杨联陞、姚鉴等曾一起组织读书会，经常交流、互阅文字。[①] 孙作云所作《中国古代图腾研究》的初稿，便是在那时读书会上的报告，后于1941年刊登在《中和》月刊上。

此外，从1949年前后七位创刊人活动的地域上观察，他们主要聚集在京津地区，供职于高校、博物馆、图书馆、出版社等单位。时在天津的有三位，如李光璧在河北师范大学中文系、杨生茂在南开大学历史系、傅尚文在天津知识书店任，另有四人则是在北京工作，如张政烺在北京大学历史系、丁则良在清华大学历史系、孙作云在北京历史博物馆、关德栋在国立北京图书馆（今国家图书馆）。总而言之，因其共同的政治立场、彼此间的密切关系，以李光璧为首的七位史家共聚一起，创办了新中国第一份史学专业刊物——《历史教学》。

二

1950年夏，李光璧与杨生茂、张政烺、傅尚文、丁则良、孙作云、关德栋等七位学人商议，拟创办一份新式史学专业刊物——《历史教学》。这里，有一点需要注意，就是该刊的最早发起人问题。有文章推测，《历史教学》最初办刊的想法出自傅尚文。[②] 此说法有误。该刊最早的发起人应是李光璧，确信无疑。天津档案馆藏《历史教学》创刊的几则审核材料，明确称李光璧是此刊的负责人，而且特附李光璧个人资料一份及其办刊想法的谈话内容。据李光璧谈论此刊的创办，其想法早在解放前即萌生。如他说："以前曾想办一个关于教学历史的刊物，借着这个刊物，研究、教授历史的同志们可以交流经验，并为一般教员、学生解决一些教学历史上的问题，因为没有适当出版家，未成。现由于知识书店可以在印刷发行上给一些协助，所以又重新组成资金由编委出，赔了也没有什么关系，因为最多（一本不卖）每人也只能赔出三四十美元，编委现仍继续邀

① 孙作云：《中国古代图腾研究》，《孙作云文集》第3卷，河南大学出版社，2003，第3页。

② 其文称："傅尚文曾在北京四中、天津三中、保定师专当过教师，还干过报纸主笔，创刊时的职业是知识书店的经理。杂志要兼顾教学研究，大概只有当过中学教师的人才会有这种想法。"参见任世江《杨生茂先生对〈历史教学〉的贡献和关爱》，杨令侠、朱佳寅编《中国世界史学界的拓荒者——杨生茂先生百年诞辰纪念文集》，第596页。

聘各文教机关的工作同志参加，在天津已约定教育者杨思慎和王德培二人。”[①] 面临新时代、新社会的需求，李光璧重提创办史学刊物的想法，得到天津知识书店以及几位好友的支持，遂而开始筹办此刊。后来，傅尚文、杨生茂回忆，新中国初成立初期的大多数历史学工作者，都“积极学习马克思列宁主义”，愿以“辩证唯物主义、历史唯物主义”为指导，“提高教学和科研的水平”。为了“传播各地史学工作者在教学和科研上所取得的经验和成果”，达到“互相促进和共同提高”的目的，他们在1950年夏，开始商议、计划出版《历史教学》杂志。[②]

10月16日，他们七位创刊者以《历史教学》月刊社的名义致函天津新闻出版处，登记办刊的具体情况。其中，刊物的资金开始由几位创刊者自己提供，每人各出50美元，共350美元。[③] 此处颇有意思的是，资金以“美元”为单位。据笔者猜度。之所以美元的形式出现，或与新中国初期的经济环境有关。美元、金条之类，不易贬值，故易被作为当时的价值标准。登记之后，天津新闻出版处呈请天津文教委、新闻出版总署审查、批准。11月20日，天津文教委指示新闻出版处，调查创刊人的政治背景，并嘱咐在出刊后每月按期寄送刊物一份。[④] 新闻出版处的调查结果，方便读者更深入地了解当时的情形，笔者现全录如下：

> 对该刊负责人李光璧的了解：他从文物局调到天津来不久，对其过去历史不了解，因为他的调动，文物局不□（笔者注：似是“愿”字）同意，所以有关他的材料还没有介绍过来。现仅知他对明清历史有研究，判批过去历史还正确，学生对他的反映是很卖力气。在一般历史教授中是比较进步的，大概不致有什么问题。
>
> 从王金鼎同志□（笔者注：似是“处”字）对该刊编委杨生茂的了解：过去是所谓中向偏右的人，现在是靠近我们的。据知识书店傅尚文谈：这个刊物的发起人都是在史学研究上有些名气的教授，也都是进步的。李光璧在解放前，就表现得很积极，解放后北大曾聘为副教授，但他自己却要求去华大学习改造，杨生茂是天津新史学研究会

---

① 《历史教学月刊情况了解报告》，天津档案馆藏，档号：X0057－Y－000039－004。

② 傅尚文、杨生茂：《美好的回忆》，《历史教学》1986年第1期。

③ 《历史教学月刊情况了解报告》，天津档案馆藏，档号：X0057－Y－000039－004。

④ 《关于历史教学月刊申请登记准其出刊等由》，天津档案馆藏，档号：X0057－Y－000039－004。

的主任委员，也很积极。学校组织上对他很器重。他二人都已申请入党，对其他编委的了解如：张政烺是史学界老前辈郑振铎介绍为商务□（笔者注：似是“编”字）中国原始社会和奴隶社会。关德栋在北京国立图书馆负责历史编辑工作。其余则不甚了解。据他说：他们对教学是很热心的，他们办刊物不是为赚钱，是为了发表他们所教所学的东西，交流经验。①

在查证、核实刊物发起人的政治、教育、学术等背景后，天津文教委批准《历史教学》创刊，李光璧任主编，其他人为编委。1951 年 1 月 1 日，《历史教学》正式出刊。当时，因李光璧、杨生茂、傅尚文三人都在天津，而张政烺、丁则良、孙作云和关德栋四人均不在津，编辑部最后落在天津，各项业务由李、杨、傅三人分担。② 又据创刊人回忆，杨生茂时为天津市干部讲授“世界近代史”，结识军管会文教部同志，在刊物创办获取政府支持、批准上起了很大作用。傅尚文则在知识书店任职，熟悉出版程序和细节，在出版、发行方面提供了诸多帮助。《历史教学》创刊初期，属私营性质刊物且并无任何挂靠单位，完全是同人杂志，与同时期创办的《新史学通讯》（《史学月刊》前身）、《历史研究》等都有所不同，故初创时期在经费、稿源及运行等方面颇为困难。该刊第 1 期的出版，费用由天津知识书店暂为垫付。③ 之后由于发行量的可怜，又无资金的支持，经常亏欠印刷厂、甚至邮局的费用，几位创办人只能一起拼凑出版费用，部分编委不得已变卖存书。譬如，李光璧曾为此卖了部分“善本明清文集”。④ 张政烺则卖了一部百衲本二十四史，也有称其“卖掉两部心爱的书，一部是郑振铎编的《世界文库》，一部是《三代吉金文存》。”⑤ 甚至“有的先生还卖掉自己的皮袄”。⑥ 直至 1952 年，随着发行量的提升，又在天津银行的支持下，经费问题方得到初步的缓解。

稿源同样也是《历史教学》最初存在的问题。为了保证《历史教学》顺利出版，各位创刊人不仅自己笔耕不辍、撰写大量文章。李光璧在刊物

① 《历史教学月刊情况了解报告》，天津档案馆藏，档号：X0057 - Y - 000039 - 004。

② 杨生茂：《〈历史教学〉创刊第一年》，《历史教学》2001 年第 1 期。

③ 杨令侠：《杨生茂先生与世界历史教学》，《历史教学》2016 年第 16 期。

④ 钱君晔：《忆〈历史教学〉创办人之一——李光璧教授》，《历史教学》1986 年第 1 期。

⑤ 孙言诚：《他把一生献给了学术——记张政烺先生的学术生涯》，《揖芬集——张政烺先生九十华诞纪念文集》，第 31 页。

⑥ 杨令侠：《杨生茂先生与世界历史教学》，《历史教学》2016 年第 16 期。

初期，撰写文章将近30余篇，“撰文最多”。[①] 他在解放后的文章几乎全部刊登在《历史教学》上。其他几位创刊人也著文多篇。据粗略统计，1957年前，杨生茂撰文7篇、丁则良7篇、张政烺5篇、孙作云3篇、关德栋1篇。[②] 另外，刊物编委同时又向全国各地的著名史家约稿。与李光璧“交谊甚深”的钱君晔回忆，“光璧同志在史学界联系较广，他亲自写信向当时的知名史学家约稿”。[③] 根据现存档案资料显示，《历史教学》1951年的组稿对象，以京津地区高校、研究所等单位居多，如“北大、清华、南开、师院各大学进步教授、国立科学院、近代史研究所、文化部、国立北京图书馆、历史博物馆一部分历史专家”，以及一般“有声誉的中学教师”，具体约稿学人如徐特立、郑振铎、翁独健、王重民、裴文中、梁思永、郭宝钧、贾兰坡、向达、刘桂五、吴廷璆、徐海、余元盦、赵荫棠、温公颐、胡厚宣、夏鼐、成汉三、马非百等。[④] 所约稿件的学人虽不少，但除徐特立为刊物题写刊号之外，几乎没有几位学人赐稿。

譬如，张政烺在1950年、1951年多次给胡厚宣去信，为《历史教学》征稿。1950年11月19日信说：“弟近与几位朋友在天津知识书店（原市委会）出版一个杂志，名《历史教学》，想尽一点力量与大家共同学习历史。望祈吾兄费神给写几篇文章！（有稿费，数目尚未定。）”1951年2月21日信又说：“希望吾兄暇时能给《历史教学》写几篇关于上古史的文章，便可成一专号。”1951年5月28日信再说：“敬祈惠赐鸿文以光篇幅，至感至盼。”[⑤] 张政烺虽然多次向胡厚宣征稿，但并未获得赐稿。内中原因，如今已无法知晓。不过，根据特殊时代背景推测，其缘故或许由于建国初期知识分子思想改造以及系列政治运动的缠身。

---

① 杨生茂：《〈历史教学〉创刊第一年》，《历史教学》2001年第1期。

② 《历史教学》编辑部撰写的《1951年的〈历史教学〉》（《历史教学》2011年第1期）一文说，本刊“创刊初期稿源紧张，但我们查遍1951、1952年各期，没有孙作云、关德栋的文章，显然他们无暇顾及。”此说有误。孙作云、关德栋二人在创刊初期都有文章刊载在《历史教学》上，分别是《从上官大夫的夺稿说到屈原因〈离骚〉而得祸》（1952年第6期）、《英帝侵略西藏的开始》（1951年第5期）。该文又称“丁则良虽然写了不少，但从他1957年就去世推测，此人身体欠佳，又在北京，可能心有余而力不足。”此说又误。丁则良在1957年自杀，是因其被错划右派而自沉于北大未名湖，并非“身体欠佳”。

③ 钱君晔：《忆〈历史教学〉创办人之一——李光璧教授》，《历史教学》1986年第1期。

④ 《历史教学月刊组稿现况及特约撰述人名单》，天津档案馆藏，档号：X0057－Y－000039－004。

⑤ 张政烺：《致胡厚宣的四封书信》，《张政烺文集》卷五《苑峰杂著》，中华书局，2012，第109～111页。

葛剑雄《悠悠长水：谭其骧传》（《葛剑雄文集》第3卷，广东人民出版社，2014年）第十一章《从思想改造到肃反运动》，详细地梳理、再现了复旦大学1952年历史系学人经历思想改造、三反运动的过程，胡厚宣时任思想改造小组副组长。在思想改造的过程中，多数学人不止一次作了自我检讨，胡厚宣也不例外。另外，抑或是忙于其他著作的编辑出版，而无精力、时间再投稿《历史教学》。查阅胡氏在1949年至1955年间所发论文，仅有《美日帝国主义怎样劫掠我们的甲骨文》（同时刊载在上海《大公报》和天津《进步日报·史学周刊》1951年4月27日）一篇。但是，这期间却出版了几种编著，如《古代研究的史料问题》（上海商务印书馆，1950）、《五十年甲骨文发现的总结》（上海商务印书馆，1951）、《战后宁沪新获甲骨集》（上海莱薰阁书店，1951）、《战后南北所见甲骨录》（上海中华书局，1951）、《五十年甲骨学论著目》（上海中华书局，1952）、《战后京津新获甲骨集》（上海群言出版社，1954），等等。①

三

期刊的办刊方针，是一份学术刊物的总导向。《历史教学》虽无正式的发刊词，但在创刊号上载《编者的话》仍有说明："本刊定名'历史教学'，'教'是研究如何讲授历史课程，'学'是要讨论如何研习历史科学，前者是历史教育党性的阐发问题，后者是唯物史观历史科学的研究问题，两者都是现在思想战线战斗领域的一环，更都是当前历史教师和一般学习历史的人们共同的工作。"② 不言而喻，《历史教学》的宗旨，主要有两方面：一是历史教育方面的"党性"阐发，一是历史科学研究的马克思主义化。换言之，即是以"普及"与"提高"相结合，运用马克思主义立场、观点和方法研究历史科学与历史教育，服务"思想战线领域"。新中国时期，宣传唯物史观的研究范式，清理所谓"封建"、"资产阶级"的思

① 胡振宇：《胡厚宣先生著作选目》，张永山主编《胡厚宣先生纪念文集》，科学出版社，1998，第348～355页。

② 参见《编者的话》，《历史教学》1951年第1期。《历史教学》1951年第1、2期，刊载了余元盦翻译苏联《历史教育法》1950年第4期的文章《苏联历史教育法——思想战线的战斗领域》，强调历史科学与教育的"党性"原则，以及作为"思想战线战斗领域"的重要性。《历史教学》的办刊宗旨，突出以"党性"、"思想战线战斗领域"的话语表述，似乎互有关联。再者，苏联有《历史教学》杂志，天津《历史教学》也转译了很多此刊的文章。《历史教学》的创刊是否受苏联《历史教学》的影响，却不得而知了。

想意识的影响，是文教领域建设的重要任务。面临这样的政治、学术生态，《历史教学》性质的定位，似乎是切合实际的。正如宋史专家漆侠所说：清理过去“旧社会”遗留下的被地主阶级、资产阶级“歪曲、颠倒了的历史”，“重新予以颠倒过来”，建立以马克思主义为指导的“新的人文社会科学”，是社会主义意识形态的需要。[①]《历史教学》的创刊，正是承担了这一现实使命，期冀为新中国的史学建设“破旧立新”。

《历史教学》创刊号上发表了11篇文字，包括：运用唯物史观分析历史且与现实紧密结合的“专论”文章7篇，如周一良《东学党——朝鲜的反封建反帝斗争》、杨生茂《美帝侵华政策的演变》、李有义《帝国主义操纵下的西藏政府》、张政烺《汉代的铁官徒》、赵俪生《说蜀汉的兴起》、贾兰坡《中国猿人及其文化》、丁则良《关于宋初王小波、李顺的起义》等；与历史教育相关文章2篇，如王德培《论中学历史教学的理论与实际》、余元盦译的《苏联历史教育法——思想战线的战斗领域》等；“书评”1篇，即徐海的《一九二七年后的国民党军阀大混战——评胡华〈中国新民主主义革命史初稿〉第五章国民党军阀混战部分》；“史学文摘”1篇，即范文澜的《鸦片战后山穷水尽的经学》。此外，还有文物考古发现方面的“史学消息”3则。这些文章，虽在具体运用唯物史观上存在问题，但无论从内容上还是形式上，都切合《历史教学》的基本办刊原则和方针。

1952年，杨生茂前往中央党校学习。在思想改造运动的号召下，李光璧、傅尚文二人均“感到属于私营性质的同仁刊物应当交由公家经营”，[②]遂在同年7月，他们将《历史教学》的经营转由刚成立不久的中国史学会天津分会主办。1951年10月，天津史学分会成立，选出干事9人，分别是吴廷璆（总干事）、杨思慎、钱君晔、李光璧、李鼎芳、刘纵一、王树民、杨生茂、来新夏等。[③]该会宗旨宣称是以马克思主义为指导思想，推进历史科学发展和提高历史教学水平，服务社会主义文教事业。[④]实际上，在天津史学分会成立之时，《历史教学》创刊人便有将此刊转归其名下的想法。傅尚文、杨生茂回忆说，“1951年秋，我们便想与中国史学会天津

---

① 漆侠：《〈历史教学〉创刊50周年贺》，《历史教学》2001年第1期。

② 杨生茂：《〈历史教学〉创刊第一年》，《历史教学》2001年第1期。

③ 《中国史学会天津分会成立》，《历史教学》1951年第11期。

④ 《中国史学会天津市分会会章》（1956年10月），天津档案馆藏，档号：X0065－Y－000516－011。

分会联合起来，扩大编委会成员，把刊物直接归属于史学分会。”[①]《历史教学》转属天津史学分会主办，成立了新的编委会，吴廷璆任总编辑，李光璧为副总编，并邀请郑天挺、王金鼎、魏宏运、来新夏、钱君晔、尚钺、荣孟源、嵇文甫等担任编委。该刊从最初的私营性质转变为带有官方性质的学术刊物，1952 年第 7 期刊出的《历史教学月刊社声明》（以下简称《声明》)，便是这一转向的宣言书。

这一《声明》检讨了《历史教学》过去工作的缺点：其一，办刊方向不明确，同人中还有“执着旧的学术水准”，从而忽略了“思想性”，导致若干“不关重要的专门学术性论文”、“脱离实际的考据文字”发表；其二，编辑审稿不够谨慎和认真，一些文章存在“观点上的问题”，以及有些史料的介绍被不加批判地刊载；其三，在配合政治任务上，不够主动。《声明》又进一步指出，以上诸多问题的主因在于过去的刊物“缺乏健全的思想领导，编辑者人数少，理论水平低，又不够负责。”随着知识分子思想改造的深化，过去的一切已“不能符合新形势的要求”。此后刊物的中心任务将“放在普及历史研究与提高教学质量上”，“帮助中小学历史教师和一般学习历史的同志正确地理解历史，教好历史”。

私营期刊收归官方性质团体或机构经营，实属势所使然，不仅是国家新闻出版政策渐趋收紧的体现，亦是意识形态增强的表现。与其说是创刊者主动呈请天津史学会承办，毋宁说是迫于外在政治环境的压力不得已而为。另方面，《历史教学》的发行量渐增，影响力逐渐扩大，也是刊物属性变化的因素之一。1951 年，该刊发行 2000 份，1952 年增加到 10000 份，“已由一个地方性的刊物逐渐成长为全国广大文教界特别是历史教育工作者的读物”。[②] 1954 年以后，《历史教学》社务一度又由政府直接干涉，进而确定“为中学历史教学服务”的办刊方针，贯彻直到“文革”前。[③] 刊物方针，因适应当时历史教育普及化的需求，其在文教领域的影响更加扩大，到 1954 年后的发行量达 4 万多份。[④]

《历史教学》的办刊原则，最初以“普及”与“提高”二者的结合为依归，之后随着政治、社会、教育、学术的需求以及刊物性质的适当变

---

① 傅尚文、杨生茂：《美好的回忆》，《历史教学》1986 年第 1 期。

② 参见《历史教学月刊社声明》，《历史教学》1952 年第 7 期。

③ 《〈历史教学〉月刊的三十五年》，《历史教学》编辑部编《〈历史教学〉三十五年总目索引（1951－1985)》，天津历史教学社，1986，第 3 页。

④ 王玉哲：《〈历史教学〉的艰苦创刊》，《历史教学》2001 年第 1 期。

化，指导方针随之更改而趋于“普及”一面。事实上，建国初期创刊的史学刊物，几乎都以“普及”与“提高”为基本导向。1951 年 1 月 31 日创刊的《新史学通讯》，便是秉持毛泽东在延安文艺座谈会上的讲话即“在普及基础上提高，在提高指导下普及”，“积极进行马列主义新史学的研究工作”。[①] 其性质，与《历史教学》同出一辙，都是兼顾“普及”与“提高”，将马克思主义唯物史观贯彻于学术研究和历史教学中。但是，《新史学通讯》在 1957 年改名《史学月刊》，转变办刊方针，侧重于“学术性”一途。[②]《历史教学》仍沿着“为中学历史教学服务”的宗旨继续前行。两份刊物的同性及后来不同的走向，虽受制于时代环境的制约，但也是学术刊物自身的弹性所在。学术刊物承载的“普及”与“提高”的思想方针，彼此所处的矛盾、张力以及如何处理二者的关系，是当时学术界、教育界普遍面临的问题，即使置于现今，仍具现实意义。

---

① 参见《新史学通讯·发刊词》，《新史学通讯》创刊号，1951 年 1 月。

② 孙卫国：《〈史学月刊〉与新中国“十七年”史学典范之构建》，《河南大学学报》（哲学社会科学版）2016 年第 6 期。

外国史学研究

继承与发扬：狄奥多鲁斯对史学功能的认识

余春江
（北京师范大学历史学院、史学理论与史学史
研究中心，北京　100875）

摘　要： 对史学功能的辨析是西方古代史学的重要命题之一。狄奥多鲁斯既继承了前辈史学家对史学功能的基本认识，又进行了升华和创新。他将镜鉴作用置于史学功能的首位，更加强调史学经世致用的实用价值。他基于历史记忆的长久性、广泛性，进一步强化了史学道德审判与劝诫教谕的功能。他还首次提出“历史可以增强语言表达的力量”，丰富了史学功能的内涵。他认为，史学作品涵盖的内容越广博，史学功能的发挥越充分，进而提出普世史才是最佳的史学作品，并因此立志编纂《历史集成》。他对史学功能的认识超越了某一个历史事件或历史作品，而是上升到整个人类历史和广义历史学的高度，较前人更加全面、系统和深入，是对西方古代史学思想的继承和发扬。

关键词： 狄奥多鲁斯　史学功能　认识

历史研究有何意义？史学创作有何价值？这是古代史学家首先要面对和回答的问题。历史研究对人类发展有积极意义，史学创作于社会进步有推动作用，史学家才会有撰史编史的热情与信心。与中国古代历史记载自官方开始，史学活动纳入政权建设和运转，史学的功能主要体现在资政、惩劝、垂训等政治层面不同，西方古代的历史创作多系个人自发行为，既无固定的经济支持，也难以获得仕途功名的回报。① 驱动史学家的，一方

---

① 乔治忠：《中国与西方古代史学的异同及其理论启示》，《学术研究》2007 年第 11 期，第 81～87 页。

面是个人的历史意识与兴趣爱好，更深层次还是其对史学价值的认识与认同。从希罗多德首次明确治史是“为了使过去的记忆不被时间掩盖，以及希腊人和异邦人伟大而令人惊叹的事迹，尤其是他们兵戎相见的原因不致被遗忘”①，到波利比乌斯提出“历史要求以人们的言行活动的真实记录，对富有求知欲的人提供亘古不变的教训和指南”②，西方古代史学家对史学功能的认识逐渐丰富，史学的价值也越来越受到肯定。狄奥多鲁斯甘愿花30年时间编撰《历史集成》，与他对史学功能的深刻认识与高度认同密不可分。本文就根据《历史集成》文本，对狄奥多鲁斯的史学功能观做一分析和归纳。

一 狄奥多鲁斯对史学镜鉴功能的认识

狄奥多鲁斯在《历史集成》第1卷开篇，首先阐述了自己对史学价值与功能的认识：

> 毋庸置疑，所有人都应当深深感激那些编撰了普世史的作家们，因为他们立志于凭一己之力，造福整个人类社会；因为他们通过展示历史事件的形式，提供了一种有益的教育，让读者不必历险便可获得极其精彩的体验。虽然从历经世事、饱尝苦难中获得的经验确实让人能够在各种情况中明辨利弊——这就是为什么那位阅历最丰富的英雄，在“见识过不少种族的城邦，知晓他们的思想”③之前遭受巨大不幸的理由——然而，学习历史，了解他人的成败，可以让人不必亲历坎坷便深受教益……这是多么美好的事：能够以他人因无知犯下的错误为警示，纠正己过；能够在面临人生中的无常变化时，效法前人的成功经验而不必探究眼前正在发生的情况。毫无疑问，人们在寻求建议时，都更愿意征求年长者而非年轻人的意见，因为前者的经验是在岁月的长河中积淀的。但不可否认的是，从历史中汲取的智慧更为宏富。因为，正如我们所知，历史包含着更多的事实。④

---

① Herodotus, *Histories*, 1.1.

② Polybius, *The Histories*, 2.56.11 - 12.

③ 这里的英雄指的是：奥德修斯。Homer, *Odysseusy*, 1.3.

④ Diodorus Siculus, *The Library of History*, 1.1 - 2.

从这段论述可知，狄奥多鲁斯认为，史学的首要价值是可以为人类活动提供借鉴和参考，即经世致用的镜鉴功能。前人饱经苦难获得的经验，可以帮助今人规避风险，避免重蹈他人覆辙。其次，经验具有可复制性，即他人实践的经验可以帮助自己明辨利弊，前人的经验可以为后世所借鉴。再次，阅历越丰富，能够为他人借鉴的经验也就越多。作为个体，要历经坎坷、付出极高的代价后，才能获得有限的直接经验；要获得他人的间接经验，必须向阅历丰富的年长者请教。但学习历史，本人不必亲历坎坷就可获得和利用前人的经验。而且，历史汇聚了无数个体的经验，包含着更多的事实，学习历史比请教他人可以获得更为宏富的经验。“所以，一个人应当坚信，学习历史知识在任何情况下都是最有用的。历史赋予年轻人长者的智慧，让长者的经验成倍地增加。”①

总之，历史之中蕴含着最丰富的间接经验，可以为读者提供有益的教育。并且，狄奥多鲁斯认为，善于参考间接经验，而非以身试险才是明智之举。在后文中，他借用罗马执政官埃米利乌斯（Aemilius）在俘虏马其顿国王珀尔修斯后，以珀尔修斯傲慢自大、最终自取灭亡的教训，教育下属的训词再次强调：“愚昧者与明智者的不同之处，就在于前者从自己的不幸中汲取教训，而后者从别人的不幸中借鉴经验。”② 历史中有许多埃米利乌斯一样的智者，也有许多珀尔修斯似的愚者，他们的故事形成无数正反两面的案例与教训，可供人们引为镜鉴，指导自己的思想与行动。

在狄奥多鲁斯之前，古典史学家对史学功能的认识，逐步从单纯的记事求真拓展到镜鉴垂训。从希罗多德首次提出“我的职责是记录人们讲的一切。但我并没有义务来相信每一件事情，这适用于整个这本书”③，到修昔底德强调“我所描述的事件，不是我亲自看见的，就是我从那些亲自看见这些事情的人那里听到后，经过我们仔细考核过了的”④，希腊史学家首先认识到历史的记忆功能，重点关注对历史真相的探究，其创作目的主要是记录重大的史实、保存人类的功业。后来罗马史学家逐渐认识到史学的实用功能。罗马第一位史学家费边·皮克托（Fabius Pictor）创作的《罗马史》，检讨了罗马人的失误。波利比乌斯等史学家进一步提出，历史研究是政治家、演说家和士兵们的训练场，他们可以从过去学会如何发现事

① Diodorus Siculus, *The Library of History*, 1.2.

② Diodorus Siculus, *The Library of History*, 30.23.

③ Herodotus, *History*, 7.152.

④ Thycydides, *History of the Peloponnesian War*, 1.1.22.

情的真正要义①；而且，“历史之特殊功用就在于能使人明白某种政策或政见的成败原因”②。直到与狄奥多鲁斯同时代的李维，才更直率地指出“历史学的独特的功用”就在于能够指导现实的行动：“在认识往事时，尤其有利而有益的在于：你可以注意到载于昭昭史册中各种例子的教训，从中为你和你的国家吸取你所应当效仿的东西，从中吸取你所应当避免的开端恶劣和结局不光彩的东西。”③ 上述史学家已经认识到史学的镜鉴功能，但像狄奥多鲁斯这样将史学的镜鉴功能置于首位，却并不多见，这是其史学思想的独特之处。④

狄奥多鲁斯作为罗马治下的希腊史学家，其对史学功能的认识，显然印有深刻的罗马实用主义思想的烙印。他对史学镜鉴功能的认识，与李维的思想如出一辙。这说明虽然希腊人是罗马人的史学老师，但到罗马共和国晚期，罗马的实用主义思想很有可能影响到希腊史学家。这一方面是受整个罗马社会注重实用、急功近利的思想文化所影响；另一方面，也是更重要的，是罗马大征服带来的地中海世界的剧变，激发史学家去总结历史经验、反思当前政治。尤其是作为博览群书的希腊裔史学家，狄奥多鲁斯很可能在书中读到过雅典与斯巴达等希腊城邦昔日的辉煌，又亲眼见证罗马征服包括希腊在内的整个地中海世界，势必激发他去反思希腊因何衰败、罗马何以崛起。同时，在这一波澜壮阔的历史进程中，发生了许多改变个人命运、影响国家兴亡的重大事件。个人的起落、民族的兴衰有何原因和规律，成为当时史学家思考的重大问题。在《历史集成》中，狄奥多鲁斯对这些问题都做了反思和总结，形成了自己的认识与经验，以为后人提供借鉴。比如，他从希波战争局势的逆转中认识到，“生活的反复无常

---

① R. L. Roberts，“Tacitus’ Conception of the Funcion of History”，*Greece&Rome*，vol. 6，No. 16（Oct.，1936），p. 9.

② Polybius，*The Histories*. 1. 1.

③ Livy，*Roman History*，1，Preface. 中译本参见〔古罗马〕李维《建城以来史（前言·卷一）》，穆启乐等译，上海人民出版社，2005，第 21 页。

④ 按照西方哲学的理性主义传统，变动不居的历史只能提供有限的“意见”（doxa），而不像数学、几何学那样，能够通过逻辑推演提供具有普遍性的、确切的知识（episteme）。因此，能否提供具有普遍性的“教训”，提出的所谓“教训”又有多大意义，都是颇可怀疑的。因此，深受这种思维方式影响的古希腊思想家没有发展出中国史学中的发达的“以史为鉴”传统。参见刘家和《关于“以史为鉴”的对话》，《北京师范大学学报》（社会科学版）2010 年第 1 期；易宁：《关于西方古代史学“实质主义”的思考》，《史学史研究》2008 年第 4 期。

总是令人困惑。好事总是伴随坏事，坏事也可能带来机遇”[①]；从对叙拉古僭主频出的原因分析中得出“精英而非常人摧毁了民主”[②] 的精辟论断；从亚加亚同盟（Achaean League）的毁灭中得出“不能冒失地与罗马人作战”[③] 的教训。这些内容我们将在后文专门论述。

二 狄奥多鲁斯对史学记忆与教谕功能的认识

记忆功能是史学最基本的功能，正是历史学保存了人类文明的轨迹。[④]正如兰克所言，“（人类）种群屹立于文明开始的地方，甚早于白纸黑字之记载，但唯有白纸黑字能够成为历史的载体，历史之所能力及，实乃凭此载体之所能及”。[⑤] 卡德姆斯（Cadmus）、狄奥尼修斯（Dionysius）、赫卡泰乌斯（Hecataeus）等早期记事家的作品已经散佚，无法确认他们是否已经认识到并专门论述史学的记忆功能，但他们的作品客观上起到了记录人类活动的作用。从“历史学之父”希罗多德明确提出治史的基本任务或目的是记载和解释人类的活动，尤其是重大功业开始[⑥]，史学家普遍认同希罗多德的观点，把记录前人事迹作为史学的重要功能。狄奥多鲁斯亦肯定历史可以保存伟人的丰功伟绩，也能记录卑鄙者的累累罪行。而且，“历史永久保存了他们的业绩，他们要么获得了英雄的美誉，要么获得了与神灵同辉的荣光，而且这些赞誉都是实至名归的。其他的纪念物总是因世事变化而频遭毁厄，不能长久。可是，纵然时间能摧毁一切，但历史的力量

① Diodorus Siculus, *The Library of History*, 12. 1. 1.

② Diodorus Siculus, *The Library of History*, 19. 1. 1.

③ Diodorus Siculus, *The Library of History*, 32. 26.

④ 对记忆的重视是古典知识界的一个颇为值得注意的现象。不唯历史著作，碑铭、仪式、诗歌等都是记忆的重要载体而在古典世界受到高度重视。相关论述参见〔法〕雅克·勒高夫《历史与记忆》，方仁杰、倪复生译，中国人民大学出版社，2010，第 66 页。J. Toynbee, *Death and Burial in the Roman World*, The Johns Hopkins University Press, 1996. Maureen Carroll, *Spirit of Death: Roman Funerary Commemoration in Western Europe*, Oxford: Oxford University Press, 2006, pp. 30 – 58. Alain M. Gowing, *Empire and Memory: The Representation of the Roman Republic in Imperial Culture*, Cambridge: Cambridge University Press, 2005, pp. 1 – 15. Dieter Timpe, “Memoria and Historiography,” English translation by Mark Beck, in *Greek and Roman Historiography*, edited by John Marincola, Oxford: Oxford University Press, 2011, pp. 150 – 174。

⑤ 〔德〕利奥波德·冯·兰克：《世界史》（1），陈笑天译，吉林出版集团股份有限公司，2017，前言部分，第 1 页。

⑥ 郭小凌：《西方史学史》，北京师范大学出版社，2011，第 32 页。

却能远播整个人类所居之地，穿越时间的长河，代代相传，永不磨灭。”①

同时，狄奥多鲁斯进一步认识到，历史记忆并非对前人故事的简单记录，还兼具道德审判的作用。历史记录“可以直白地将罪恶的行径和高尚的德行都描述清楚，从而达到惩恶扬善的效果”。② 即历史既可以赞颂正义善良的美德，也能批评谴责罪恶的行径。这种赞誉或毁誉虽对当事人没有直接的、实质性的益处或惩罚，却能够被永远铭记且流传至千秋万代。而任何人在内心都渴望他人的尊重与认可，不愿被否定和谴责。面对历史的审判，人们都希望流芳百世而非遗臭万年。人们对名誉的重视，让人们敬畏历史；人们对历史的敬畏，让史学有了惩恶扬善的力量。因此，“记述过去的人的故事，是作家们的一项艰巨使命，对社会的益处却难以估量。”在记述完毕达哥拉斯学派的代表人物及其德行后，狄奥多鲁斯专门论述了历史如何让美德永存于世：

> 很有必要让后人明白，人生在世选择的生活方式会被后人铭记。坚持这个原则至关重要，这样后人才知道，把自己的名字刻在石头上很快就会消失，而学习智慧、养成美德，则会被各地的人们交口称赞。时间会让其余一切都随风消散，但却会让美德永存于世，年代越是久远，他们的生命力就越是强劲。我们前面所讲的那些人就很好地证明了这一点，因为虽然他们生活的年代已经久远，但如今的人们还在谈论着他们，仿佛他们都活在今天一样。③

同时，狄奥多鲁斯还从人性的角度，分析出任何人都不愿意被他人谴责和指控，即使恶人坏人也是如此。狄奥多鲁斯在批判雅典三十僭主和叙拉古僭主狄奥尼修斯时，专门就这一问题进行了详细阐述：

> 人都是天生地反感听到他人对自己的诋毁。事实上，即使对于那些在各个方面都恶行昭彰，以致都无法为自己开脱的人，他们也不愿成为被谴责的对象，并且当面对指控的时候，也会努力做出回应。因此，所有人应极力小心不要做任何坏事，尤其是那些有野心从政或已经拥有惊人天赋的人；因为从各个方面来讲，由于这些人的与众不同，

① Diodorus Siculus, *The Library of History*, 1. 2.

② Diodorus Siculus, *The Library of History*, 10. 12.

③ Diodorus Siculus, *The Library of History*, 10. 12.

他们的生活一目了然，无法掩饰自己的愚昧。因此，不要让任何小有成就的人抱有这样的希望：如果犯了重罪，他能永远免于被关注和谴责。因为即使在他自己的一生中，他逃脱了责罚的审判，在日后真相也将水落石出。因此，邪恶的人死后留给后人的是艰难的命运和不可磨灭的印象。即使像某些哲学家始终宣扬的，那些死后的事情与我们无关，然而，死亡之前的生活也会因为那些邪恶的记忆，而变得愈发糟糕。证明这一点的例子，读者可以通过阅读本书中详细的故事发现。①

从这段论述可知，狄奥多鲁斯认为，历史可以永久地记录和谴责恶人的罪恶行径，使他们永远被钉在历史的耻辱柱上，死后也被人审判和唾骂。这种在名誉上残酷而永久的惩罚，在心理上可以给人有力的震慑，从而警示和劝诫人们不要作恶。

狄奥多鲁斯还列举几个典型的例子予以证明。比如：雅典三十僭主为了一己私利而变成独裁统治者，不仅给自己的国家带来不幸，也让他们的不耻行径永载史册。斯巴达人在赢得希腊世界的霸权后，抛弃善意与正义，企图牺牲同盟利益、实施不公平政策而失去领导权，成为历史的反面教材。叙拉古僭主者狄奥尼修斯不仅活着时不断遭受暗算，以至于迫于恐惧穿着铁甲胄，并且他死后依然被众人咒骂。②

总之，狄奥多鲁斯既与前辈史学家一样，高度认同历史的基本功能——记忆功能，而且进一步认识到，相比其他纪念物，历史记载流传的范围更广，可以广及整个人类世界；留存的时间可以更久，久至千秋万代。历史记载不仅会决定一个人生前的评价，还会影响其死后的声名。他既可让伟人的丰功伟绩永垂不朽，也可让恶人的累累罪行遗臭万年。这种广泛而持久的传播力、影响力，使人们不得不敬畏历史，重视自己当世德行在历史记载中的评价与影响。③ 这就使历史具备了另一项重要的社会功能：道德上的教谕功能。④ 从历史记载中，人们看到什么样的伟人、什么样的功业被赞颂，就会向那些伟人学习、去创造类似的业绩；看到什么样

---

① Diodorus Siculus，*The Library of History*，14. 1 – 2.

② Diodorus Siculus，*The Library of History*，14. 2.

③ 与此相似，古典作家认为诗歌也具有类似的功能。参见 Horatius，*Epistulae*，2. 1. 248 – 250；*Carmina*，4. 8. 13 – 22. Propertius，*Elegiae*，3. 2. 17 – 26. Ovidius，*Artis Amatoriae*，3. 534 – 538。

④ Hau，Lisa Irene，*Moral History from Herodotus to Diodorus Siculus*，Edinburgh：Edinburgh University Press，2016。

的恶人、什么样的行为被批判，就会远离类似的恶人、避免犯下相同的恶行。这样，历史就可以“让普通人具备领袖的资质，以不朽的荣誉激励领袖们从事最崇高的事业；它让士兵们为了牺牲后的颂赞而在保卫国家时更加奋勇，让奸恶之徒因惧怕遗臭万年而不敢妄动邪念”①。历史就具备了引导人们崇尚真善美、远离假丑恶的功能，能够劝诫人们选择正确的人生道路和生活方式，进而塑造人的品质，造福整个人类社会。

> 正是历史对丰功伟绩的纪念，激励了一些人去建立城邦，激励了一些人去制定法律以给人们的社会生活提供保障，激励了一些人去投身科学与艺术的创新以造福人类。如果说只有兼事这些活动，才能获得完满的幸福，那么对激励这些活动的最主要的原因——历史，我们应当献上最高的赞颂。我们必须这样看待历史：它是守护伟人崇高业绩的卫士，是揭露卑鄙者丑恶罪行的证据，是造福全人类的恩人。如果关于冥王哈得斯的神话（暂且不论其内容是虚构的）有助于培养人们忠诚、公正的品德，那么，我们应该坚信，历史作为真理的先知，并且可以说作为整个哲学体系的母邦，更有力量塑造人的品质，让人过上高尚的生活！芸芸众生，皆本性脆弱，不过沧海一粟，短暂即逝。对于那些一生毫无建树的人而言，他们在肉体死亡时，和其生前有关的一切也都烟消云散；对于那些因美德而闻名的人，神圣的历史之音将广为传扬，让他们的事迹垂诸永远。②

狄奥多鲁斯的这一认识与中国古代先贤“君子以多识前言往行，以畜其德”③ 有着高度相似性。而且，罗伯特·德鲁斯亦发现，狄奥多鲁斯一次又一次地重申这一目标，不时提醒读者注意下文即将记述的道德教训，以使他的努力不被忽视。④ 学者们普遍认为道德说教是狄奥多鲁斯的著史目的之一，而丽萨·伊琳妮·豪（Lisa Irene Hau）通过对《历史集成》文本的分析，更提出《历史集成》本身就是一部道德说教的作品。狄奥多鲁斯通过巧妙引用和修改参考的史料，使《历史集成》中的道德说教课程，

---

① Diodorus Siculus, *The Library of History*, 1. 2.

② Diodorus Siculus, *The Library of History*, 1. 2. 1.

③ 《易·大畜》。孔颖达疏：多记识前代之言，往贤之行，使多闻多见，以畜己德。

④ Robert Drews, "Diodorus and His Sources", *The American Journal of Philology*, vol. 83, no. 4 (Oct., 1962), p. 384. Diodorus Siculus, *The Library of History*, 10. 12; 11. 3. 1, 11. 38. 6; 11. 46. 1; 14. 1; 15. 1; 15. 88. 1; 23. 15. 1; 31. 15. 1; 37. 4; 38 –39. 18. 1。

整体上具有高度的一致性。①

基于对史学教谕功能的深刻认识与高度认同，狄奥多鲁斯将历史的作用与价值提升到"守护伟人崇高业绩的卫士"、"揭露卑鄙者丑恶罪行的证据"、"造福全人类的恩人"的高度，远超此前的史学家。与此关联，由于史学具有造福全人类的重要价值，历史创作实践的价值也随之凸显。狄奥多鲁斯认为，史学家从事历史研究的行为，是"以普通的劳动换得不朽的荣誉是一项卓绝非凡的事业"，与赫拉克勒斯在凡间时甘愿投入到繁重而无休止的苦劳之中，是为了造福人类并因此永垂不朽的伟大事业具有相似的重要意义。也正是基于这种对史学价值的高度认同，激发了狄奥多鲁斯进行历史研究的热忱。正如他本人所言，他之所以能够克服各种困难完成《历史集成》的创作，"首要的，也是最重要的，是做事的热忱，它激励着我们每个人完成看似不可能完成的任务"②。正是这种对创作普世史的热情与执着，甚至迷恋，使他可以安心、专心地著书30年不动摇，从青春少年变成垂垂老者；激励他不畏艰险，在交通远不如今天便捷的时代，到亚洲和欧洲亲自考察所有重要地区和尽可能多的地区；鞭策他不遗余力地调查希腊人和异邦人记录的历史，广泛阅读罗马人的历史记录，最终创作出40卷本的巨著《历史集成》。

对史学教谕功能的重视与发挥，在很大程度上影响了狄奥多鲁斯的叙述方法。为充分发挥历史人物与事件的教谕功能，他借鉴波利比乌斯的做法，主要采用夹叙夹议的叙述方式。他不仅翔实地记述典型历史人物的事迹与品德，还会适时发表有针对性的评论，对读者进行道德劝诫，并以此为全书的基本原则之一。"我们全文都在用自由的言论讲述历史，增加了对好人恰当行为的适当赞美和对坏人错误行为的正当谴责。我们相信，通过这种方式，我们可以引导本性善良的人遵循美德，因为正义的行为能为他们赢得不朽的美名；同时，通过适当的说教，我们也能让本性邪恶的人控制实施恶行的冲动。"③ 在文中，他时而称颂英雄的伟大、赞扬智者的睿智，时而鞭挞暴君的残忍、批评愚者的贪婪，以教育和警示读者。

比如，在述及迦太基战争中，罗马将军阿提流斯（Atilius）因获胜后逼迫迦太基人导致后者拼死抵抗，使罗马人损失10多万军队这一事件时，

---

① Lisa Irene Hau, *Moral History from Herodotus to Diodorus Siculus*, Edinbuugh University Press, 2016, pp. 74 – 75.

② Diodorus Siculus, *The Library of History*, 1.2.

③ Diodorus Siculus, *The Library of History*, 15.1.

狄奥多鲁斯发表的评论很有代表性。他首先说明发表评论的原则和目的："我们认为这段历史应当予以重视，不管领导人的政策是好是坏，我们应当予以评论。因为谴责他们的错误，其他可能犯同样错误的人就可以悬崖勒马，而赞扬他们的高尚品行，也可以敦促很多人纠正自己的行为。"[①] 随后批评了阿提流斯的愚蠢和自大。"面对成功带来的压力他手忙脚乱，最后不仅使自己名誉扫地，还给国家带来了灾难。虽然他本可以接受有利于罗马人的求和条件，同时将迦太基人羞辱一番，也可以让自己的宽容、仁慈被世人铭记，但他把这些抛到脑后，在对待不幸战败的敌人时极其自大，提出的条件极为苛刻，这不仅激怒了神灵，也将敌人逼迫到背水一战的境地。结果，就出现了现在这种局面，是他激起了迦太基人的反抗。之前迦太基人因为战败而惊慌失措，处于绝望之中无法自拔。现在他们觉醒了，他们又重新燃起了打败敌人的勇气，给了罗马人致命一击，以致曾以步兵称霸的罗马人，再也不敢主动出击。最终，这场战役成了有史以来历时最长的一次战役，其间还发生了多次海战，在海战中罗马人及其盟友损失了大量舰船和不少于十万名士兵，包括那些因沉船而丧生的。至于所花费用，人们可以根据维持这样庞大的海军和进行十五年战争所需的人员物资进行估算。造成这一切的罪魁祸首也受到了相应的惩罚。他的自高自大换来的是无尽的耻辱，他用自己的不幸教导他人在行使权力时一定要宽容。最糟的是，他不可能再获得人们给予失势者的那种谅解和同情，不得不忍受别人的傲慢无礼。因为之前他就是这样对待那些不幸的人的。"最后，他将阿提流斯与迦太基将军科桑西普斯进行比较，进一步凸显阿提流斯的不明智，并得出"智慧能成万事，善用战术胜过蛮力"的经验。[②]

狄奥多鲁斯借阿提流斯这面镜子，论述和强调了仁慈宽大的重要性。在真实案例的支撑下，其说教显得自然而深刻。又比如，对于雅典人驱逐地米斯托克利（Themistocles），狄奥多鲁斯用一连串的反问表达了自己的

① Diodorus Siculus, *The Library of History*, 23. 15.

② 狄奥多鲁斯进一步用科桑西普斯反衬阿提流斯的不明智。他写道："相反，科桑西普斯通过个人才能，不仅将迦太基人从绝望中拯救出来，还扭转了整个战局。因为他战胜了比自己强大的人，是他的胜利让因战败陷入绝望的人们能再次蔑视敌人。结果，他的功绩被传到了国外，所有人都对他的能力感到惊讶。因为人们几乎不敢相信，仅仅多了这一个人，迦太基人就发生了如此巨大的改变，他们刚刚还在被围困，现在却把敌人包围了。他们本应该逃到小城邦避难，坐等被俘，现在却作战勇猛，在陆地和海上都占了上风。然而，对于一个天生聪慧又有实战经验的将军来说，战胜一些看似难以克服的困难，也不足为奇。"参见 Diodorus Siculus, *The Library of History*, 23. 15。

不解与不满，“在所有城邦中，雅典是最为智慧和公正的城邦，但她对地米斯托克利的流放，是极为残忍不公的。”① 对投靠波斯的波桑尼阿斯（Pausanias），他则直斥其卑鄙无耻、背叛祖国、玷污名誉。② 在述及斯巴达在留克特拉和曼丁尼亚被底比斯人打败而失去希腊霸主地位时，他谴责斯巴达人粗鲁、蛮横地对待盟友、四处树敌而罪有应得。③《历史集成》中充满类似案例。

三 狄奥多鲁斯对史学功能认识的丰富

狄奥多鲁斯在深刻认识、深入阐述了史学的镜鉴、记忆与教谕功能之外，还首次将史学与语言学结合起来，提出了“历史可以增强语言表达的力量”的观点。

> 历史也可以增强语言表达（Speech）的力量，我们很难找到比语言更高贵的事物了。正是语言，让希腊人强过外邦人，让文明之士强过无教养者。此外，仅仅凭借语言，一个人便能够力压众人。一般说来，言说者运用各种方法得到的效果与他所展现的力量是一致的，并且我们用“值得言说”来形容伟大、杰出之人，就好像他们在言说中赢得了至高的奖赏。当我们把言说分门别类时，便会发现：诗歌带给人更多的是愉悦，而非实用；法律惩罚罪恶，但不引导众生。类似地，所有其他形式的言说要么不能给人快乐，要么利中有弊，甚至颠倒是非。唯有历史完美地结合了文字与事实，在表述中蕴含着其他同样有益的品质：教人公正，惩恶扬善。总之，为读者提供了一座巨大的经验宝库。④

狄奥多鲁斯认识到，语言不仅是表达与沟通的工具，还能因承载内容的不同产生特殊的力量，发挥不同的作用。诗歌更多给人情感的愉悦，法

① Diodorus Siculus, *The Library of History*, 11.59.3. 另参见 Plutarch, *Life of Themistocles*, 22. 有关修辞的功能和力量，参见 George Kennedy, *A New History of Classical Rhetoric*, Princeton NJ: Princeton University Press, 1994, pp. 81 – 10。

② Diodorus Siculus, *The Library of History*, 11.46.1. 另参见 Thucydides, *History of the Peloponesian War*, 1.128 – 1.130.

③ Diodorus Siculus, *The Library of History*, 15.1.

④ Diodorus Siculus, *The Library of History*, 1.2.

律主要惩戒犯罪，历史则能将文字与历史事实有机结合，通过大量史实来教育读者、给读者提供经验教训，从而赋予静态的语言无穷的力量。在《历史集成》中，狄奥多鲁斯通过生动的叙述与精彩的评论，让伟大的人物更加伟大、卑劣的人物尽显卑劣，让高贵的品质无上光荣、可耻的行为尤为可耻，给人强烈的震撼和启迪。他运用历史中蕴含的丰富史实，将语言的作用发挥到极致。

一方面，记述历史事件的文字，因为承载着真实发生的历史事件，蕴含着前人用沉重代价乃至生命总结的经验教训，而显得格外凝重且富有力量。比如，作为西西里人，狄奥多鲁斯完整连贯地记载了西西里与迦太基的多次战争。他对战争的记述细致而生动，既把双方将士在战争中的英勇、睿智、胆怯、贪婪等不同特征刻画得淋漓尽致，也把战争给双方民众带来的损失与伤害反映得全面充分。通过对历史语言的巧妙运用，他可以让读者跟着自己的文字与意志，时而悲愤、时而欣喜、时而感叹，虽然时空远隔却如同身临其境，并从中获得深刻的教益。我们以《历史集成》第13卷中关于前409年迦太基军队攻陷西西里塞利努斯城（Selinus）的记述为例来进行分析。

首先，狄奥多鲁斯将塞利努斯人民突遇友邦迦太基攻击的恐惧，以及恐惧之后为求生存，男女老少全民出动、积极备战的顽强意志刻画得入木三分：

> 塞利努斯人很久没有遭受过围攻之苦，在迦太基与吉伦的战争中，西西里的希腊人中也只有他们支持迦太基，因而从未想到自己会被友邦人民逼入如此险境。看到敌人巨大的战争机械和数目庞大的军队后，他们万分恐惧，几乎绝望。然而，他们尚有一丝求生的希望，以为叙拉古人和其他盟友会迅速驰援，便众志成城地抵挡进攻。所有正值壮年的男子都全副武装、拼死作战，年长一些的则忙着运送物资。同时巡视城墙时请求年轻人努力作战，不要向敌人屈服；妇女和少女们为保卫祖国的勇士运送食物和箭矢，全然忘却了和平时期的谦逊和温雅。形势如此危急，以致妇女都要走上前线。①

其次，通过对攻防双方你死我活、激烈战斗的细节描述，尤其是城破后塞利努斯妇孺用砖瓦与石头继续抵抗的细节，让塞利努斯人民英勇不

① Diodorus Siculus, *The Library of History*, 13.55.

屈、誓死捍卫独立自由的悲壮形象与伟大精神跃然纸上：

要征服那些为自己生存而战的人，却是不可能的事情。双方都损失惨重。但是，迦太基人总有新的部队接替进攻，而塞利努斯人则没有后援。激烈的战斗持续了九天之久，迦太基人杀敌无数，自己也伤亡不少。伊比利亚人爬越坍塌的城墙时，站在屋顶的妇女们发出大声的尖叫，塞利努斯人以为城市已经陷落，大为惊恐，便放弃城墙，成群结队地聚集到街巷入口处，以防守街道，使得敌人很久都难以推进。迦太基人加紧进攻，逃到屋顶的妇女小孩则向敌人投掷石头和砖瓦。迦太基人一度进退两难，由于房屋墙壁的阻挡，他们无法包围街巷中的敌人，同时，由于妇孺从屋顶发动攻击，他们在战斗中又处于劣势。然而，战斗持续到中午时，从屋顶发动攻击的守军箭矢耗尽，而迦太基军队则不断替换那些损失惨重的部队，从而始终保持着良好的战斗状态。最终，由于城内士兵不断减少，而攻入城中的敌兵不断增多，塞利努斯人被迫退出街巷。①

最后，狄奥多鲁斯用悲怆的文字记录了城破后迦太基人的血腥屠城与塞利努斯人的悲惨遭遇，将战争的残酷性、破坏性以及失败者的可怜充分展现：

城市陷落时，希腊人哀哭不已，而蛮族人则欢呼雀跃；前者看到自己被重重灾难包围因而恐惧不已，后者则被胜利鼓舞，催促指挥官下令屠城。塞利努斯人聚集到市场，全部战斗到最后一刻；蛮族人在城中四处劫掠，抢走房屋中所有值钱的东西，把屋里的有的人与房屋一起埋掉，有的被逼到街巷中，不分男女老幼一律毫不留情地杀死。他们根据自己的习惯，甚至对死者进行蹂躏，他们有的砍下成捆的手臂，有的割下自己用标枪刺死的敌人的头颅。至于那些带着孩子藏在神庙中的妇女，他们请求指挥官免其一死，他们只是保全了这些人的性命。然而，他们这么做并非出于对不幸者的同情，而是担心这些妇女会因为绝望而焚烧神庙，那样的话，他们就无法劫掠贡献给神庙的大量财宝了。野蛮人的残暴超乎寻常，虽然其他民族由于不愿亵渎神灵，一般会赦免那些躲在神庙中的人，而迦太基人则恰恰相反，他们

① Diodorus Siculus, *The Library of History*, 13.56.

> 赦免敌人的目的恰恰在于劫掠神庙。天黑之时，整个城市陷落了，房屋有的被焚毁，有的被夷为平地，整个地区尽是血渍和尸体。一共有一万六千人死去，还有五千多人被俘虏。①

同时，他记述了其他西西里希腊人城邦也不能幸免的厄运，尤其是无辜的妇女、儿童遭遇的屈辱：

> 与迦太基人结盟的那些希腊人，在思考不幸的塞利努斯人的厄运时，也为自己的命运感到悲哀。女人们失去了过去安逸奢侈的生活，被迫苟活于敌人的淫欲下，忍受可怕的侮辱，有的人还要面对自己达到婚龄的女儿遭受过分虐待的残酷场面。因为残暴的野蛮人不管她们出身如何、是否贞洁，都对其施加残酷的折磨。因此，当妇女们想到自己在利比亚惨遭奴役的厄运，想到她们与孩子一起将不受法律的保护、忍受残暴的对待、屈服于主人的淫威，想到她们的主人言辞粗鲁、犹如禽兽时，她们像哀悼死者一样为自己活着的孩子感到哀伤，敌人的每一次暴行都会让她们内心深受煎熬，悲惨的生活让她们绝望而悲痛；她们对英勇战死的父亲和兄弟深感欣慰，因为他们不会看到任何有辱其英名的悲惨景象。②

狄奥多鲁斯通过生动的文字、典型的事例，既描述了塞利努斯人面对强敌入侵的恐惧心理、绝望中为了生存而拼死抵抗的顽强与勇敢，又记录了迦太基人为了金钱疯狂进攻、破城后血腥屠戮的凶恶与残忍。尤其是他对妇孺悲惨遭遇的记述，残酷展示了失败者的可怜无助与施暴者的凶残无耻，把迦太基人的罪恶凸显到极致，也血淋淋地展示了亡国奴的悲惨命运。笔者认为，作为西西里同胞，狄奥多鲁斯如此翔实地记录一场战斗，既是对迦太基人罪恶的鞭挞，更是提醒读者和今人好战必亡、忘战必危、时刻不能忽视国家安全的教训。由于这些文字承载了真实发生的血淋淋的史实，给人的触动与教训才能深入骨髓。

另一方面，在历史人物的刻画方面，狄奥多鲁斯也善于通过关键细节或经典语言的展现，塑造他们高贵的品质与精神，使其成为读者和后人学习的榜样。比如，对于他最推崇的英雄人物之一——底比斯的政治家、军

---

① Diodorus Siculus, *The Library of History*, 13.57.

② Diodorus Siculus, *The Library of History*, 13.58.

事家伊巴密浓达（Epaminondas），他通过其在曼提尼亚之役的英勇表现与临死前的对话，树立起他的伟岸形象。

他首先强调曼提尼亚之战是希腊人之间参战兵力最多、双方知名将领最多的一次战斗，凸显了战斗的激烈与艰难。“希腊人之间发生战争时，从来没有这么多人参加，也没有如此多有声誉、有能力的将军曾在战斗中显示出这样的勇气。当时最具战斗力的步兵——彼奥提亚人和斯巴达人面对面列成战线彼此战斗，置生死于度外。”① 然后，他用洗练的文笔描述了当时双方战斗激烈、难分胜负的胶着状态。“第一次投枪战时，因投枪密度太大，大多被彼此打散。此后，他们开始用短剑作战。虽然他们的身体紧密靠近，遭受了各种创伤，但他们并没有逃跑；在相当长的时间里，他们一直在坚持，而且双方都显示出极大的勇气，战争一直相持不下。每个人都不顾个人安危，渴望实现光辉的业绩，都愿意慷慨赴死，并以此为荣。战斗进行了很久，局势并没有偏向任何一方。”紧接着，他记录了伊巴密浓达如何在战斗的关键时刻挺身而出、身先士卒突破敌军阵线：

> 伊巴密浓达认为是时候用自己的勇猛夺取决定性胜利了。于是他立即带领最精锐的士兵，让他们排成密集阵型冲入敌军中央。他带领自己的营，率先投出标枪，击中了斯巴达人的指挥官。然后，他手下其余的人也立刻与敌人展开近距离战斗，他杀死了一些敌人，让其余敌人陷入恐慌，打破了敌人的方阵。斯巴达人被伊巴密浓达的名声和他率领的有绝对优势的队伍吓到撤出了战斗，但彼奥提亚人继续战斗，不断杀死后方的敌人，许多尸体堆积了起来。②

随后，伊巴密浓达成为众矢之的，身负重伤后英勇牺牲：

> 斯巴达人看到伊巴密浓达在激烈的战斗中奋勇杀敌，便开始攻击他。当箭矢又密又快地向他发射过来时，他躲开了一些，从身体中拔出了一些以抵挡敌人的攻击。当他奋勇争取胜利时，胸口受了致命伤。当矛被掰断箭头留在他身体里时，他因元气大伤突然倒地……伊巴密浓达被抬回营地时还活着，医生来了以后说，一旦把矛头从他的

① Diodorus Siculus, *The Library of History*, 15.86.

② Diodorus Siculus, *The Library of History*, 15.86.

胸膛中取出来，他马上就会死，最终伊巴密浓达英勇赴死。伊巴密浓达第一次召唤的是给他携带装备的人，问他是否留下了他的盾牌。他回答是，并拿到他跟前。他又问道，哪一方取得了胜利。男孩回答彼奥提亚人取得了胜利，他说：'现在是死的时候了'。并命令他们拿出胸腔里的矛头。他的朋友们哭着表示反对，其中一人说："伊巴密浓达，你尚无子嗣，怎么能死！"说完大哭起来。他回答说："是的，那是天意。但我留下两个女儿，留克特拉和曼提尼亚，我胜利的果实。"然后，矛头被拔出来，他平静地咽下最后一口气。①

狄奥多鲁斯通过记述伊巴密浓达壮烈牺牲的情形，将伊巴密浓达以国为家、把公共利益置于个人利益之上的伟大品格生动地凸显出来。尤其是伊巴密浓达在牺牲前，朋友们为他没有子嗣而惋惜，他本人则视留克特拉与曼提尼亚为女儿的对话，悲壮而凄婉，读来令人深受震动。狄奥多鲁斯不可能亲眼看见曼提尼亚之役的情况，这段记述当为其个人的文学加工。他巧妙地运用语言表述的技巧，突出了伊巴密浓达的伟大精神，为后人树立了榜样。同时，通过记述伊巴密浓达的高尚言行，他也让语言表达在传递信息之外，具备了歌颂先贤、感染读者、教化后人的强大力量。《历史集成》中到处皆是类似的例子。

史学可以增强语言表达的力量，这是此前史学家们几乎未曾认识到或论述过的观点，是狄奥多鲁斯对史学功能认识的丰富与发展，体现了他对史学语言特点的深刻理解，亦是他史学思想的又一独到之处。

四　狄奥多鲁斯对普世史特点的认识

狄奥多鲁斯不仅对史学的功能有着深刻的认识和高度的认同，亦对如何充分发挥史学的功能，即史学编纂的方法有着独到的见解。

狄奥多鲁斯认为，历史经验具有累加效应，读者知道的历史经验越多，能够汲取的教益就越大；史学家记载的历史范围越广，就越能造福读者。要把史学的作用发挥到极致，史学家就应当记录下全世界从远古至今的所有重大事件。通过对历史学学术史的梳理，他发现前人恰恰未能做到这一点，这也就是他创新史学、超越前人的方向：

① Diodorus Siculus, *The Library of History*, 15.86 - 87. Xenophon, *Hellenica.*, 7.5.17 - 27.

> 我们在关注先前的历史学家时，虽然对他们的志向深信不疑，但并不认为其作品在带给人类的福祉方面已尽善尽美。历史包含着不计其数、丰富多彩的事件，并通过它们给读者以教益。然而，大多数作家仅仅记录了一个民族或一个城邦发起的孤立的战争，几乎没有谁记载从远古到他们所在的时代与所有民族息息相关的事件——有些作家要么没有将历史与当代的一些事件相联系，要么对异族的事迹视而不见；还有些作家由于在处理古代传说上遇到困难而忽略它们；有的则命运不济，还未完成预定的写作计划便英年早逝。有些作家尝试着写作全人类的历史，但所记的事件在时间上都未跨过马其顿时代。他们撰述的内容，有的到菲利普，有的到亚历山大，有的到“后世英雄”（Epigoni）或者到亚历山大大帝的继承者们（Diadochi），在这之后直到当下的许多重要事件都付之阙如。由于工程浩大，还没有哪位历史学家尝试将这些内容都编撰在同一部作品中，因此这些事件发生的日期和过程都分散记录在不同作家卷帙浩繁的作品里，使得我们很难通晓、记住其相关知识。[①]

狄奥多鲁斯指出，历史之中蕴含的、可以给人教益的事件无限丰富，前人虽然已经创作了许多史著，要么在空间上局限于一国一邦的历史，要么在时间上局限于近代或某一时段的历史，尚无一部涵盖全人类从古至今历史的著作。这就造成历史事件分散记录在不同史著中，让读者难以知晓人类历史的全部，也就无法最大限度发挥史学的价值，在造福人类方面并不是尽善尽美。因此，他决定“编纂一部给读者带去最大教益，同时造成最少困扰的历史作品……记录下全世界从远古至今的所有重大事件（只要它们像某座城市的往事一样，还一直保存在人们的记忆中）。”[②] 而且，这部作品要便于人们阅读，也便于人们效法其展现历史的方式，故要“在叙事上自成一体，在内容上包含一系列有关联的事件”。[③] 这一治史目标决定了狄奥多鲁斯要创作的不是单一的国别史、断代史或人物传记，而是一部纵观古今、囊括中外的普世史。

同时，狄奥多鲁斯认为，人类社会是普遍联系的，普世史更能建立和展示这种联系。他明确提出，“各个种族虽在普遍意义上有亲属关系，却

---

① Diodorus Siculus, *The Library of History*, 1. 3.

② Diodorus Siculus, *The Library of History*, 1. 3.

③ Diodorus Siculus, *The Library of History*, 1. 3.

为时空所分隔，而这些作家立志将全人类整合为一个有序的整体。从这一点来看，这样的历史学家如同造物主的使者。因为造物主在可见的星辰的秩序和每个人的本性之间建立了普遍的联系，永不停歇地为它们指引路途，分配命运的指令。编撰普世史的历史学家们也是如此。他们就像记载一个城邦的事务那样记载整个世界的大事，使他们的著作成为一个记录所有往事的账本、一个共享历史知识的交易所。”① 他已经认识到，人类世界的各个种族虽然分布在不同地区，却并不是孤立发展的，而是有着紧密的联系，甚至如同亲属一般。普世史作家通过自己的创作，可以揭示和建立这种联系，促进人类历史知识的共有共享。如兰克所言，世界史学的任务就是要认识诸民族间的关系性，并展示出能够将各民族联系起来的占统治地位的大境遇下的历史发展；而诸民族间的关系性的唯一正解便是：它们相互影响，交替出现，一起构成了一个生命的契合。诸民族之斗争，实乃一部共同历史。② 作为罗马大征服的目击者，狄奥多鲁斯显然已经敏锐地认识到，在地中海世界统一归于罗马的大境遇下，各民族间交流影响的更加紧密深入，地中海世界已经成为一个命运共同体。作为史学家，要全面而准确地认识和记载人类历史，已经不能局限于某一个民族或国家的历史，而是要放眼整个已知人类世界。因此，他选择创作普世史作品。也正是基于上述认识，他在《历史集成》中同步记述了地中海世界各主要民族的历史，并清晰地展现了埃及、亚述、波斯、迦太基、希腊、罗马等民族相互影响、交替发展的世界历史脉络。

当然，狄奥多鲁斯也充分认识到创作普世史的复杂性与难度。与记述单个国家或单一事件的其他类型史著相比，普世史是一项更为复杂的系统工程，其区别“犹如整体之物与部分之物、连续之物与断裂之物、日期明确的历史事件与日期不明的历史事件在有用层面的区别”。③ 他总结出创作普世史的两大难题。首先是选材困难。普世史因涵盖的时空范围广阔，必须大量学习和借鉴前人的作品。但前辈史学家灿若星河，前人作品浩如烟海，要从众多史学家的作品中选出自己所需的著作，殊非易事。其次是统稿困难。每位史学家的史学思想、作品体例与文字风格等都各不相同。编纂普世史不仅参考的作品数量极大，加之不同作品的风格差异巨大、卷帙

① Diodorus Siculus, *The Library of History*, 1.1.

② 〔德〕利奥波德·冯·兰克：《世界史》(1)，前言，第2~3页。

③ Diodorus Siculus, *The Library of History*, 1.3.

繁多、表述方式各异，给作者统筹作品内容、统一记述方式等带来极大困难。

为克服上述困难，狄奥多鲁斯很可能进行了多种设想和尝试，最终选择采用总体以时间为序、参考辑录前人史著的编纂方法创作《历史集成》。他用“集成”（Bibliotheca）命名全书，即坦诚地表明这部作品主要是参考和辑录前人作品而成，而非完全原创。从现存文献推测，他广泛收集和参考了赫卡泰乌斯等众多前辈史学家的作品。不过，由于狄奥多鲁斯并未清楚地说明自己的史料来源，加之其参考的史料多已佚失，故难以精确判断《历史集成》各部分具体参考了哪些作品。研究推测狄奥多鲁斯究竟使用了哪些史料，一度成为学者们爱好的活动。① C. H. 欧德发、布拉德福·韦尔斯、R. M. 吉尔等学者在翻译《历史集成》时，对相关卷章的史料来源做了分析考证②；N. G. L. 哈蒙德③、罗伯特·德鲁斯④、查尔斯·E. 蒙次⑤、阿纳尔多·莫米利亚诺（Arnaldo Momigliano）⑥ 等学者，也就《历史集成》个别卷章的史料来源进行了考证。

综合欧德发和罗伯特·德鲁斯等人的研究，《历史集成》总体上主要参考了埃弗鲁斯、赫卡泰乌斯、卡迪亚的希罗尼姆斯、波利比乌斯、波塞冬尼乌斯在当时比较出色且更流行的史学家的作品。其中，关于埃及、亚述、波斯、印度等亚洲地区的部分，主要参考了希罗多德、赫卡泰乌斯、阿瑞斯托布鲁斯、克特西亚斯、麦加塞尼斯等人的作品；关于希腊神话的

---

① Lisa Irene Hau, *Moral History from Herodotus to Diodorus Siculus*, p. 74.

② C. H. Oldfather, *Diodorus Siculus I*, *Introduction.* xvi – xxi; xxvi – xxvii, 见 Diodorus Siculus, *The Library of History*, LCL, Cambridge, Mass.: Harvard Univerity Press, 1933.; 关于第 1 – 2.4 的史料来源，参见 C. H. Oldfather, *Diodorus Siculus I*, *Introduction.* xxvi – xxvii; 关于第 2.35 – 4.58 的史料来源，参见 C. H. Oldfather, *Diodorus Siculus II*, *Introduction.* vii – x; 关于第 16 ~ 17 卷的史料来源，参见 C. Bradford Welles, *Diodorus Siculus VIII*, *Introduction.* 2 – 18.; 关于第 18 ~ 20 卷的史料来源，参见 Russel M. Geer, PHD., *Diodorus Siculus IX*, *Introduction.* vii – xii.

③ N. G. L. Hammond, “The Sources of Diodorus Siculus XVI”, *The Classical Quarterly*, vol. 32, no. 3/4 (Jul. – Oct., 1938), pp. 37. 151.

④ Robert Drews, “Diodorus and His Sources,” *The American Journal of Philology*, vol. 83, no. 4 (Oct., 1962), pp. 383 – 392.

⑤ Charles E. Muntz, “The Sources of Diodorus Siculus. Book 1”, *The Classical Quarterly*, New Series, vol. 61, no. 2 (Dec., 2011), pp. 574 – 594.

⑥ 〔意〕阿纳尔多·莫米利亚诺（Arnaldo Momigliano）：《公元前 3 世纪的雅典与陶罗麦尼翁的蒂麦乌斯〈历史〉对罗马的发现》，《论古代与近代的历史学》，晏绍祥译，北京大学出版社，2015，第 50、59 页。

部分，主要参考了米提尼的狄奥尼修斯的作品；关于希腊历史的部分，主要参考了埃弗鲁斯、希罗尼姆斯的作品；关于西西里和西地中海地区的部分，主要参考了提麦奥斯、杜里斯的作品；关于罗马的历史，参考了费边·皮克托和波利比乌斯的作品。其余部分因仅剩残篇，难以做进一步的分析。

表 1　狄奥多鲁斯主要参考的史家及史著列表

序号	姓名	出生地（祖籍）	生卒年	作品名称	《历史集成》参考该著作的相关部分
1	狄奥尼修斯	米利都	约前 6 世纪后半叶	《波斯史》（5 卷，已佚失）	第 2 卷及关于波斯的有关内容
2	赫卡泰乌斯	米利都	约前 550 ~ 前 478 年	《大地环游记》；《谱系志》（已佚失）	第 1 卷及关于埃及、亚细亚的有关内容
3	希罗多德	小亚的哈利卡尔那索斯	约前 485 ~ 前 425 年	《历史》	第 1 ~ 3 卷
4	菲利斯图斯（Philistus）	叙拉古	前 430 ~ 356 年	《西西里史》（11 卷记述了从远古到前 363 年的西西里史，仅剩残篇）	关于西西里的有关内容
5	埃弗鲁斯（Ephorus）	库迈	前 405 ~ 前 330 年	《历史》（30 卷，已佚失）	第 11 ~ 16 卷关于希腊历史的有关内容
6	克特西亚斯（Ctesias）	克尼克多斯（Cnidus）	前 5 世纪末 ~ 前 4 世纪前半叶	《波斯史》（23 卷，已佚失）	第 2 卷
7	泰奥庞普斯（Theopompus）	开俄斯岛	约前 380 ~ ? 年	《希腊史》（58 卷）、《腓力王传》，已佚失	关于希腊历史的有关内容，难以确定具体位置
8	希罗尼姆斯（Hieronymus）	卡迪亚（Cardia）	前 4 世纪	一部记录 Diadochi 及其继承者事迹（前 323 ~ 前 272 年）的历史，已佚失	第 1 ~ 3 卷 第 18 ~ 20 卷

续表

序号	姓名	出生地（祖籍）	生卒年	作品名称	《历史集成》参考该著作的相关部分
9	提麦奥斯（Timaeus）	西西里陶尔米纳	约前 350 ~ 前 260 年	《历史》（38 卷，仅剩个别残篇）	第 4 ~ 5 卷、第 13 ~ 14 卷第 19 ~21 卷关于西西里和西地中海地区的有关内容
10	麦加塞尼斯（Megasthenes）	塞琉古王国	前 4 世纪 ~ 前 3 世纪	《印度志》（仅存一些残篇）	第 2 卷
11	杜里斯（Duris）	萨摩斯	前 340 ~ 前 260 年	《马其顿人史》（已佚失），《阿加托克利斯传》、《萨摩斯历史年表》	第 18 ~ 21 卷
12	克雷塔尔库斯（Cleitarchus）	亚历山大里亚	亚历山大时代	《亚历山大大帝的历史》（仅剩残篇）	第 17 卷有可能参考
13	欧奈西克瑞塔斯（Onesicritus）	阿斯泰巴利亚（Astypalaea）	亚历山大时期	有一部赞颂亚历山大大帝的作品	第 17 卷有可能参考了其作品
14	阿瑞斯托布鲁斯（Aristobulus）	卡山德里亚（Cassandreia）	亚历山大时期	有一部关于压力山大的史著，已佚失	第 17 卷有可能参考了作品
15	阿伽撒尔基德斯（Agatharchides）	克尼克多斯	前 215 年 ~ 前 145 年左右	《论红海》（5 卷）、《亚洲纪事》、《欧洲纪事》（仅剩残篇）	第 1 卷、第 3 卷
16	马特瑞斯（Matris）	底比斯	前 3 世纪	《赫拉克勒斯颂歌》	第 2 卷、第 4 卷等有关赫拉克勒斯的内容
17	费边·皮克托	罗马	前 254 ~ ?	《罗马史》	第 19 ~ 20 卷
18	波利比乌斯（Polybius）	麦加洛波利斯	约前 200 ~ 前 118 年	《历史》（40 卷，部分留存）	27 – 32. 26
19	狄奥尼修斯（Dionysius）	米提利尼（Mitylene）	前 2 世纪	《寰宇记》（已佚失）	第 4 卷

续表

序号	姓名	出生地（祖籍）	生卒年	作品名称	《历史集成》参考该著作的相关部分
20	波赛冬尼乌斯（Posidonius）	叙利亚的阿帕美亚（Apameia）	前135～前51年	《历史》（52卷，已佚失）	32.27－38

由于采用辑录前人作品而非完全原创的方法创作《历史集成》，狄奥多鲁斯饱受一些近代史家的诟病，称其为缺乏独立史学思想的“抄袭者”。实际上，如果我们以当时的历史条件来分析，就会发现这种观点非常苛刻。在交通与通信技术落后、信息收集与交流效率极低的古代，如果只是记述某一场战争，如希罗多德的《历史》、修昔底德的《伯罗奔尼撒战争史》、色诺芬的《远征记》、恺撒的《高卢战记》；或某一国一邦一个阶段的历史，如色诺芬的《希腊史》、克特西亚斯的《波斯史》、波利比乌斯的《历史》，史学家还有可能根据自己的亲身经历，或在广泛走访目击者后，再逐字逐句、原汁原味地原创出自己的作品。但是，创作大部头的普世史却无法这样实践。希腊史学传统的方法不可能把各种特殊的历史集合成一种包罗万象的历史。[①]因为作者不可能亲历或目睹自人类起源至今上千年的历史，也没有条件实地调研走访完世界各个地区。正如柯林伍德指出的，“一部世界史是不能仅凭活着的目击者的证词写出来的。所以就需要一种新的方法，即编纂。”[②] 参考和借用他人已有的研究成果、采用“剪刀加糨糊”的方法成为一种无奈的必然。只不过要尽量选取“权威”的原材料罢了。因此，我们不能理想化地期望能以希罗多德、修昔底德的原则和方法来创作普世史，亦不能以非历史主义的态度，用今天的时代条件、发展水平、认识水平去衡量和要求狄奥多鲁斯，苛求前人取得只有后人才能实现的业绩。即便在交通、通信技术高度发达的今天，研究和创作世界史、人类文明史的学者们，仍然需要站在古人的肩膀上，同样是在大量参考和借鉴前人作品的基础上进行创作。

事实上，由于驾驭的历史范围太大，在当时的条件下，即便是采用辑录前人史著的编纂方法，狄奥多鲁斯要完成《历史集成》，依然是一项需要投入大量时间和劳动的宏大工程。根据他的自述，这部40卷本的巨著耗

① 〔英〕柯林伍德：《历史的观念》（增补版），何兆武等译，北京大学出版社，2017，第28页。

② 〔英〕柯林伍德：《历史的观念》（增补版），何兆武等译，第34页。

费了他30年时间，[①] 这几乎是一个人职业生涯的全部。没有足够的财力支持和经济基础，没有极强的专业精神和坚韧意志，不可能完成这样的艰巨事业。狄奥多鲁斯本人对此也有深刻的认识。他总结道，能够克服困难完成创作《历史集成》的计划，“首要的，也是最重要的，是做事的热忱，它激励着我们每个人完成看似不可能完成的任务”[②]。即驱动他完成《历史集成》的首要动力还是内心对史学的热情与执着。

不过，狄奥多鲁斯的这一方法确也有着明显的弊端。受制于史料或其个人判断等原因，他对历史事件的展示并不均衡。有的事件记述的非常细致，也有些重大事件却被高度简化、甚至忽略。[③] 对人物、地理、经济、社会等其他内容，乃至于不同地区、不同民族历史的总体处理上，亦存在厚此薄彼、不够协调的不足。

当然，另一方面，普世史著作的出现、狄奥多鲁斯创作《历史集成》的成功，首要条件还是客观环境的变化，特别是罗马大征服带来的地中海世界各民族的交流与融合。首先，罗马大征服促进了“世界城邦”的形成。由于生存发展的需要和海上交通的便捷，地中海世界各民族的经济文化交流一直不断。希波战争、亚历山大东征又以军事冲突的特殊方式，增进了东西方不同民族与文明的交流，大大拓展了人们的认知范围。随着罗马大征服的完成，地中海世界统一归于罗马治下且和平繁荣，人们知晓的世界和活动的范围从东南西北各个方向扩展到了“人类世界的边界”[④]。在罗马统一治下，由斯多葛学派提出的“世界城邦”正在成为现实，全人类正逐渐形成“共同”的文明，一个“共同”的社会。这种变化进一步激发和强化了狄奥多鲁斯等人的“世界”意识，并让他认识到人类世界的不同地区和不同民族，虽然为时间和空间所分隔，但他们之间存在着普遍联系。而历史著作特别是普世史，可以建立和展现这种普遍联系。这也是激发他创作《历史集成》的重要动因。[⑤] 其次，罗马征战带来的持续和平，

---

① Diodorus Siculus, *The Library of History*, 1. 4.

② Diodorus Siculus, *The Library of History*, 1. 2.

③ R. H. Simpson, *A Possbile Case of Misrepresentation in Diodorus XIX*, Historia: Zeitschrift fur Alte Geschichte, Bd. 6, H. 4 (Oct. 1957), p. 504.

④ Diodorus Siculus, *The Library of History*, 1. 4. 3. 相关描述可参见 Cicero, *De Provinciis Consularibus*, 33. Vergilius, *Aeneid*, 1. 278 – 279, 6. 791 – 797. Lucanus, *De Bello Civili*, 1. 13 – 23.

⑤ 关于希腊化和罗马大征服与普世史关系的论述，参见〔英〕柯林伍德《历史的观念》（增补版），何兆武等译，第31~35页。〔英〕汤普森：《历史著作史》第一分册（上），谢德风译，商务印书馆，1996，第151页。

为狄奥多鲁斯安心进行学术研究和创作提供了安全、舒适的环境。让他既可以遵循古希腊史家的游历传统“行万里路”，广泛涉足地中海世界，走访考察罗马治下不同的地区和民族，无限拓展自己的眼界视野；也让他有条件安心书斋数十载“读万卷书”，撰写大时段、大空间、大容量的普世史。① 最后，罗马在对外征服中注重对先进文化的兼收并蓄，不仅邀请和吸引各地学者到罗马讲学，也收集和保存了大量文化作品，② 使狄奥多鲁斯在罗马就能捷地查阅各种材料。“罗马强大的支持地位，遍及人类世界的任何角落，让我们可以久居城中，便捷地获取丰富的史料。”③ 加之狄奥多鲁斯出生于与罗马人交往密切的西西里岛阿齐姆城，熟悉拉丁语，“能够通过阅读罗马人长期以来认真保存的记录，准确地知道与罗马帝国相关的事件”④。总之，狄奥多鲁斯身在罗马城，即可了解天下事。罗马储藏的丰富资料为他创作《历史集成》提供了重要支撑。

综上，狄奥多鲁斯对史学的功能有着深刻的认识和系统的分析，在继承前人观点的同时亦有自己的创新。他首次提出史学可以增强语言表达力量的功能，首次对普世史编纂的方法进行系统研讨，对普世史的标准进行精准的界定⑤。他创作40卷本普世史巨著《历史集成》的实践，是西方史学家创作自人类起源以来世界历史最早的勇敢尝试，为西方古代史学的发展做出了积极贡献。他的动力即源自对史学的价值与功能的高度认同，以及由此产生的浓厚兴趣与无限热忱。他的史学思想与作品，深受“教会史学之父”攸西比乌斯的推崇，成为基督教史学的典范和材料来源⑥，对西方史学随后的发展产生了重要影响。

---

① 不惟历史学家，诗人、博物学家都因为罗马世界的和平而获得宝贵的创作机遇，感谢罗马帝国带来的和平恩惠。参见 Vergilius, *Georgica*, 2.173 - 176. Horatius, *Carmen Saeculare*, 57 - 60, 65 - 68. Pliny the Elder, *Natural History*, 27.2 - 3.

② 关于罗马及古典世界的藏书情况，参见〔荷兰〕皮纳《古典时期的图书世界》，康慨译，浙江大学出版社，2011。〔英〕弗雷德里克·G. 凯尼恩：《古希腊罗马的图书与读者》，苏杰译，浙江大学出版社，2012。

③ Diodorus Siculus, *The Library of History*, 1.4.

④ Diodorus Siculus, *The Library of History*, 1.4.

⑤ 狄奥多鲁斯明确普世史应该包含自神话时代到作者所处时代的整个历史。参见 Iris Sulimani, *Diodorus' Mythistory and the Pagan Mission: historiography and culture - heroes in the first pentad of the Bibliotheke*, p. 336.

⑥ 〔意〕阿纳尔多·莫米利亚诺（Arnaldo Momigliano）：《传统与古典时代的历史学家》，第169页。

《犹太战记》的双重历史叙事

付　杰
（北京师范大学历史学院、史学理论与史学史
研究中心，北京　100875）

摘　要： 在学术界，弗拉维乌斯·约瑟夫斯一直是一个极富争议性的人物。约瑟夫斯借鉴希腊罗马史学，模仿波利比乌斯，通过“犹太战争”叙事，肯定“罗马帝国”统治的合理性，把反抗罗马帝国的犹太起义描绘成一场彻头彻尾的“政治”灾难，试图以此唤起罗马社会对于犹太民族的同情与谅解。同时，他又以“犹太祭司和先知”自居，承袭犹太史学传统，把“犹太战争”诠释为上帝对犹太民族的惩罚。从而把其“犹太战争”叙事成功地融入到了犹太人的历史叙事中。然而约瑟夫斯对诸多历史观念的诠释都表明《犹太战记》其实是对犹太史学传统的继承与延续。

关键词： 犹太战记　双重历史叙事　犹太史学传统

弗拉维乌斯·约瑟夫斯在西方史学史中是一个颇具争议性的古代作家。虽然他的《犹太战记》是研究公元69年“犹太战争”最为重要的史料来源，但由于作者本人的“变节”经历，鲜明的希腊－罗马史学风格和无所不在的罗马立场，令近代以来的许多研究者都认为《犹太战记》只是一部为统治者歌功颂德、为作者自我开脱的应景之作，也是对希腊－罗马史学的拙劣模仿。

这样评价并非无的放矢。约瑟夫斯的作品的确有别于传统的犹太史学。他十分强调史料的考据，在其著作中曾不止一次向读者强调一手材料

的重要性，[①] 也像修昔底德那样为了辨别某些细节的真伪而向战争亲历者求证。[②] 传统犹太史家则不强调对史料进行严谨的考据，也普遍缺乏希腊-罗马史家的疑古精神。此外，他还和希腊-罗马作家一样，强调历史的“垂范”意义，声明撰史的目的就是“为了公众利益而将自己所亲身参与的历史事件记录下来，以警示后人”。因而约瑟夫斯的历史叙事侧重于描写“政治”，并有意模糊历史事件中“上帝”的作用。但在传统的犹太历史叙事中，“上帝”往往扮演着实质性的角色，直接推动着历史事件的发展。

更有许多研究者指出，约瑟夫斯在行文中有大量刻意模仿修昔底德的痕迹。在《犹太战记》中，希律王的一篇演说的措辞[③]就与波利克里对饱受瘟疫摧残的雅典公民所发表的演说颇为相似[④]；约帕塔城陷落的消息传来后，耶路撒冷城内各阶层的反应[⑤]与雅典人获悉西西里惨败后的情景如出一辙[⑥]；耶路撒冷城内百姓在起义者的淫威下民不聊生，显然与科希拉城暴民政治异曲同工。[⑦] 此外，约瑟夫斯像修昔底德一样，强调其著作的思想性与严肃性，[⑧] 把“犹太战争”称作古往今来影响最为深远的一场战争[⑨]，绝非为“学童”所作。[⑩] 然而，最为值得注意的是，约瑟夫斯的《犹太战记》其实借鉴希腊史家波利比乌斯的“政治/心理学”叙事模式，对犹太人起义进行的描述和解释。

二

约瑟夫斯在《犹太战记》与《自传》中都把反罗马起义解释为“不

---

① Josephus, *Against Apion*, 1.47 -56; *The Life*, 336 -367.

② Josephus, *The Life*, 365 -366. 阿格里帕二世曾与约瑟夫斯通信，表示愿意为他讲述一些战争时期的秘闻。

③ Josephus, *The Jewish War*, 1.737 -179.

④ Thucydides, *History of the Peloponnesian War*, 2.60 -63.

⑤ Josephus, *The Jewish War*, 3.432.

⑥ Thucydides, *History of the Peloponnesian War*, 8.1.

⑦ Josephus, *The Jewish War*, 4.131, 365.

⑧ Thucydides, *History of the Peloponnesian War*, 1.1, 22.

⑨ Josephus, *The Jewish War*, 1.1.

⑩ Josephus, *Against Apion*, 1.53. 修昔底德对于约瑟夫斯的影响，可参考洛布古典丛书的译者萨科瑞（J. St. J. Thackeray）在《犹太战记》序言中的分析。另一个经常被提及例子即约瑟夫斯对于希律王之死（Josephus, *Jewish Antiquities*, 17.168）的描写，可参考 David J. Ladouceur, “The Death of Herod the Great”, *Classical Philology*, vol.76, no.1 (Jan., 1981), pp.25 -34.

理智”的群众受到“偏激”甚至“疯狂”的领袖蛊惑与煽动而引发的“政治”恶果。在波利比乌斯笔下，那些与罗马为敌者也往往因其有勇无谋而向罗马帝国发起挑战。此外，约瑟夫斯把反对举事的“亲罗马派”塑造为能够自觉运用自身的“理性”去抑制“乌合之众”的政治家。这一点也与波利比乌斯极为相似。最后，约瑟夫斯也像波利比乌斯一样，试图向读者解释罗马帝国获得“霸权”（hegemony）的原因与其本质，并从中归纳出某种“政治”教训。

约瑟夫斯笔下那些反抗罗马帝国的犹太起义领袖具有波利比乌斯笔下类似人物的影子。他们在各自的历史叙事中，都将反抗罗马帝国的罪责归咎于其同胞中仇视罗马者的鲁莽与疯狂，所以也都对那些持“反罗马”立场的人做出了严厉的批评：要么指责他们是怯懦、邪恶之徒，要么指责他们为仇恨或野心所蒙蔽。波利比乌斯笔下的迪埃尤斯（Diaeus of Megalopolis）、科瑞托劳斯（Critolaos of Megalopolis）之流就与约瑟夫斯笔下的起义领袖“基卡拿”的约翰（John of Gischala）和西门（Simon bar Giora）颇为神似。在《历史》传世的各卷中，波利比乌斯把揭露那些与罗马为敌者的不智与疯狂作为其作品的主题之一。约瑟夫斯的《犹太战记》也同样如此。按照约瑟夫斯的分析，犹太人反抗罗马帝国完全基于“对自由不切实际的渴求”[①]，是“非理性”[②]或“一时的头脑发热”[③]，甚至认为整场战争都是由“一个似是而非的理由”[④]所引发。约瑟夫斯用“着了魔”形容那些受到狂热分子鼓动、急于起事的群众，[⑤]指责起义者与罗马开战的决定是十足的疯狂之举[⑥]。当罗马大军兵临城下时，约瑟夫斯认为起义者的誓死不降就是“神志不清”的表现[⑦]。而起义领袖们在他眼中早已成为“利令智昏”[⑧]的代表。总之，约瑟夫斯与波利比乌斯一样，把反抗罗马帝国解释为各自民族的“不理智”所造成的政治错误，而把臣服于“罗马治下的和平”视作政治智慧的体现。类似

① Josephus, *The Jewish War*, 2.346.
② Josephus, *The Jewish War*, 3.308.
③ Josephus, *The Jewish War*, 4.240.
④ Josephus, *The Jewish War*, 2.412.
⑤ Josephus, *The Jewish War*, 2.259.
⑥ Josephus, *The Jewish War*, 2.259; 6.328.
⑦ Josephus, *The Jewish War*, 5.406; 7.4, 412, 417, 437.
⑧ Josephus, *The Jewish War*, 6.398, 409.

的描写与分析也出现在他的《自传》中。[①]

约瑟夫斯还在其叙事中着重描绘青年人的“鲁莽”和“冲动”。按照他的记载，正是头脑发热的犹太青年造成恺撒利亚城内希腊居民与犹太居民之间的冲突不断升级，进而引发了“犹太战争”[②]。耶路撒冷城内“亲罗马派”与“反罗马派”的争斗中，又是好战的青年们让犹太人在反抗罗马帝国的路上越走越远。[③] 约瑟夫斯本人也对此深有体会。在《自传》中，他维护加利利地区稳定的努力就屡屡受到那些狂热好斗又见识短浅的青年们的挑战。[④] 约瑟夫斯甚至把许多起义领袖都塑造为冲动鲁莽的青年。对约瑟夫斯而言，头脑发热的青年比老成持重的长者更容易陷入战争的狂热之中，所以理应为“犹太战争”的爆发承担主要责任。约瑟夫斯还在其他作品中反复批评“青年们”的鲁莽。[⑤] 他的这类描写与波利比乌斯可谓一脉相承。在波利比乌斯的作品中，类似的青年形象同样比比皆是：年轻高卢武士有勇无谋，导致高卢人与罗马人之间血战不断[⑥]；令“社会战争”席卷整个希腊的德里玛库斯（Dorimachus）就是一个作风轻浮的青年政客[⑦]；马其顿国王腓力五世因年轻缺乏政治经验，所以才会鲁莽地向罗马宣战[⑧]；塔兰托的青年们则十分短视地投向汉尼拔一方，导致其城邦最终被罗马人毁灭[⑨]；年轻且志大才疏的叙拉古国王希罗尼慕斯（Hieronymus）亲手摧毁了由其祖父煞费苦心建立起来的与罗马的同盟，致使叙拉古毁灭[⑩]。甚至一贯足智多谋的汉尼拔，在波利比乌斯笔下同样因为年轻气盛而选择与罗马仓促开战，全然不顾自己是否做好战争准备[⑪]。更为巧合的是，波利比乌斯本人同样曾为莽撞的青年大伤脑筋[⑫]。约

① Josephus, *The Life*, 18, 19, 34, 323, 352. 对约瑟夫斯所使用词汇的分析参见 K. H. Rengstoff, *A Complete Concordance to Flavius Josephus*, vols. 3, Leiden, 1975。

② Josephus, *The Jewish War*, 2. 286, 303.

③ Josephus, *The Jewish War*, 2. 346.

④ Josephus, *The Life*, 126, 170. 参见 S. J. D. Cohen, *Josephus in Galilee and Rome: His Vita and Development as a Historian*, Leiden, 1979, pp. 152 – 160, 180。

⑤ Josephus, *The Jewish War*, 4. 133, 503; 7. 85, 88.（约瑟夫斯特别强调图密善具有与年龄并不相称的成熟）; *The Life*, 129, 132, 185, 325; *Jewish Antiquities*, 20. 199.

⑥ Polybius, *The Histories*, 2. 21. 2.

⑦ Polybius, *The Histories*, 4. 3. 5.

⑧ Polybius, *The Histories*, 5. 102. 1.

⑨ Polybius, *The Histories*, 8. 24. 10.

⑩ Polybius, *The Histories*, 7. 2 – 7.

⑪ Polybius, *The Histories*, 3. 15. 6 – 11; 11. 19. 6 – 7.

⑫ Polybius, *The Histories*, 31. 13. 8。

瑟夫斯模仿波利比乌斯，片面强调青年们有勇无谋所引发的恶果未必都是事实，而只是借用这一叙事模式来解释“犹太战争”的起因。[①] 这样的叙事模式，不仅有利于对犹太社会缺乏基本了解的罗马读者接受约瑟夫斯的解释与分析，把“叛乱”的责任推给轻率、鲁莽的年轻人，也可以消除犹太民族给人们留下的桀骜不驯的刻板印象。

约瑟夫斯在《犹太战记》与《自传》中，把反抗罗马帝国的责任完全推卸给不负责任的政客、暴民或青年，清楚地表明他完全是站在上层社会的立场上观察与分析所谓的“政治”。他在《自传》中便如此评价反抗罗马的起义：“总有很多人蠢蠢欲动，憧憬着改天换地，且乐见天下大乱”。[②] 波利比乌斯也有类似的感慨：“世人喜新厌旧这一天性本身就适于滋生各类革命”。[③] 约瑟夫斯和波利比乌斯一样对反抗罗马帝国的民众不抱任何同情。在《犹太战记》中，约瑟夫斯借罗马藩王阿格里帕二世之口警告蠢蠢欲动的群众：“遭遇横祸者还能被给予同情，但那些自作孽者只会招致唾弃。”[④] 波利比乌斯在《历史》38 卷中，列举历史上被罗马击败的希腊城邦，感叹希腊人被罗马征服纯属咎由自取：“他人的同情对于那些经历不幸者可谓于事无补……所以也少有经历不幸者招致谴责……唯有那些自作孽者才会受到谴责……［希腊人］亲手酿成了这场无以复加的灾难……丧失了所有荣誉。”[⑤]

约瑟夫斯把反抗罗马统治视作不明智之举，所以自然把主张臣服罗马帝国的“亲罗马派”塑造为充满理性和克制，懂得运用手腕驯服

① 学者拉加克（T. Rajak）认为，约瑟夫斯对有勇无谋的青年形象的塑造是在模仿修昔底德笔下的亚希比德斯（Alcibiades）［T. Rajak, *Josephus: The Historian and His Society*, London, 1983, p. 93］。但艾克斯登认为二者并不相同：修昔底德笔下的青年虽然同样年轻气盛，对战争的危险性不甚了了（Thucydides, *History of the Peloponnesian War*, 2. 8. 1, 20. 1, 21. 2.），但仍可以被伯利克里这样的政治家所慑服（Thucydides, *History of the Peloponnesian War*, 2. 22. 1.），而且修昔底德也从没有把青年们的冲动无知视为引发伯罗奔尼撒战争的原因（Thucydidus, *History of the Peloponnesian War*, 1. 24. 5.）；约瑟夫斯和波利比乌斯笔下的青年形象则更加桀骜不驯，而且他们的有勇无谋则往往造成十分严重的政治后果，甚至直接改变历史的走向［A. M. Eckstein, “Josephus and Polybius: A Reconsideration”, *Classical Antiquity*, vol. 9, no. 2 (Oct., 1990), pp. 191 - 192］。

② Josephus, *The Life*, 87.

③ Polybius, *The Histories*, 36. 13. 3. 类似的观点见 Polybius, *Histories*, 8. 24. 1, 38. 5. 4。约瑟夫斯还曾片面地把起义者的行为解释为“兽性”使然（Josephus, *The Jewish War*, 7. 270）。

④ Josephus, *The Jewish War*, 2. 396.

⑤ Polybius, *The Histories*, 38. 3. 2 - 9.

“乌合之众”的政治家形象。比如他笔下的阿格里帕二世就清楚地认识到犹太人中的“不理性情绪”蕴含着巨大的政治风险，并努力试图说服群众恢复“理智”[①]，不要被愤怒冲昏头脑[②]，但他只取得了部分成功[③]。大祭司耶稣（Jesus son of Gamalas）同样试图抑制以土买人的激进行为[④]，并公开指责起义者的“疯狂”[⑤]，但死于对其警告充耳不闻的暴民之手[⑥]。约瑟夫斯也把自己塑造为与“乌合之众”和起义领袖斗智斗勇却始终保持理性与克制的“政治家/将军”形象。[⑦] 在《犹太战记》第五卷的劝降演说中，约瑟夫斯更直斥那些誓不投降的起义者是一群一心求死[⑧]、毫无理性可言的愚人[⑨]，并宣称臣服于罗马帝国是犹太人唯一明智的选择[⑩]。这样的描写方式显然也是受到波利比乌斯的启发。比如波利比乌斯笔下的迦太基将军哈米尔卡·巴卡（Hamilcar Barca），在认识到自己的祖国取胜无望后，便力排众议与罗马人媾和[⑪]；西库昂的阿拉图斯（Aratus of Sicyon）则为了亚该亚人民的福祉而令其同胞承认马其顿的霸权[⑫]；罗马名将费边（*Quintus Fabius Maximus*）从大局着眼，坚壁清野，毫不在意被指责为懦夫[⑬]。甚至罗马人的死敌汉尼拔，一旦认识到迦太基败局已定，便穷尽手段说服迦太基元老院接受颇具屈辱性的和约以避免亡国之祸。[⑭] 波利比乌斯更把大西庇阿（Scipio Africanus）

① Josephus, *The Jewish War*, 2.346.

② Josephus, *The Jewish War*, 2.401.

③ Josephus, *The Jewish War*, 2.402.

④ Josephus, *The Jewish War*, 4.240.

⑤ Josephus, *The Jewish War*, 4.241.

⑥ Josephus, *The Jewish War*, 4.270, 283.

⑦ 约瑟夫斯在《自述》中至少七次提到自己与“乌合之众”或起义领袖进行针锋相对的斗争（Josephus, *The Life*, 31, 93, 103, 113, 263, 265, 266, 307）。《自述》17～19节中，约瑟夫斯把自己塑造为一位具有远见卓识的政治家，与狂热分子的短视形成了鲜明的对比；第22节中约瑟夫斯描述自己如何与犹太贵族们一道对抗“反罗马”的狂热分子；在第77节中，约瑟夫斯则描述了自己如何用高超的政治手腕化解犹太人内部的矛盾；在第198节中，约瑟夫斯也一反常态地动员群众来支持自己的政治主张，攻击其政敌。

⑧ Josephus, *The Jewish War*, 5.364, 365.

⑨ Josephus, *The Jewish War*, 5.376, 406.

⑩ Josephus, *The Jewish War*, 5.419.

⑪ Polybius, *The Histories*, 1.62.3－7.

⑫ Polybius, *The Histories*, 2.47－51.

⑬ Polybius, *The Histories*, 3.89, 94, 103, 105.9.

⑭ 迦太基元老院反对媾和（Polybius, *The Histories*, 15.19.5）。

塑造为理性的化身。[①] 把小西庇阿（Scipio Aemilianus）塑造为年纪轻轻便懂得为了罗马的利益去操纵民意的政治家[②]，在毁灭迦太基一事上尽显其深谋远虑与谦逊[③]。波利比乌斯也不忘把自己塑造为一个理性务实却又足智多谋的政治家形象[④]。这种“政治家—乌合之众”的范式当然不能完全反映复杂的政治斗争，但这种简单化的诠释方式无疑可以帮助读者接受作者的叙事。[⑤]

而在《犹太战记》中，约瑟夫斯对于罗马帝国的观察也与波利比乌斯类似，强调制度与实力是罗马帝国成功的关键。波利比乌斯在《历史》第6卷中，几乎用全部篇幅来介绍罗马的政体与军制，试图从制度层面来解释罗马帝国成功的原因。约瑟夫斯也在《犹太战记》第三卷中不惜中断其叙事，运用大量的篇幅为读者介绍和分析战无不胜的罗马军队。[⑥] 约瑟夫斯尤为强调罗马人的军事优势，比如罗马军队的训练水平、战斗经验、战术素养和士兵的勇敢，尤为赞叹其严密的组织与严苛的军纪。[⑦] 相比之下，约瑟夫斯笔下的犹太起义者只不过是一群乌合之众。[⑧] 但在公元一至二世

---

① F. W. Walbank, “The Scipionic Legend”, *PCPhS* 13 1967, pp. 54 – 69.

② Polybius, *The Histories*, 31. 25 – 28.

③ Polybius, *The Histories*, 38. 21 – 22.

④ Polybius, *The Histories*, 28. 6 – 7.

⑤ 按照斯多噶学派的观点，一个睿智的统治者应该懂得如何制约与操纵民众（Seneca, *Ad Lucilium Epistulae Morales*. 90. 5; Diogenes Laertius, *Lives of Eminent Philosophers*, 7. 121 – 22）。所以约瑟夫斯对合格政治家的描写某种意义上也受到了希腊哲学观点的影响。约瑟夫斯一直声称自己是一个虔诚的法塞利教派的信徒，并强调法塞利教派和斯多噶学派具有诸多相似之处（Josephus, *The Life*, 12），说明他不但对斯多噶学派具有一定的了解，更认同其某些理念［L. H. Feldman, “Josephus as a Biblical Interpreter: The Aqedah”, *JQR* 75（1985）, pp. 221 – 24］

⑥ 约瑟夫斯对于罗马军人战斗意志的描写：Josephus, *The Jewish War*, 2. 378, 6. 228 – 31。对罗马军人职业素养的描写：Josephus, *The Jewish War*, 2. 502, 517 – 18; 3. 6, 15, 153, 475; 4. 45; 5. 268, 285; 6. 72, 159; 7. 7。对罗马军事训练的描写：Josephus, *The Jewish War*, 3. 70 – 74, 6. 38。对罗马军人勇气的描写：Josephus, *The Jewish War*, 2. 382; 3. 479; 4. 46; 5. 310 – 311; 6. 20, 40, 42; 7. 7, 126。对罗马军队军纪的描述：Josephus, *The Jewish War*, 3. 479, 5. 122; 7. 7。对罗马军人运筹帷幄的描写：Josephus, *The Jewish War*, 3. 78, 477。对罗马军人军事技能的描写：Josephus, *The Jewish War*, 3. 244 – 46; 5. 269 – 70; 6. 21。

⑦ 约瑟夫斯曾提到罗马人的公正（Josephus, *The Jewish War*, 5. 257）、虔诚（Josephus, *The Jewish War*, 5. 326; 6. 122 – 23）以及仁慈（Josephus, *The Jewish War*, 5. 372; 6. 333, 340 – 41）。但约瑟夫斯对罗马道德的描写寥寥无几，更多的则是赞美某些个人，尤其是其恩主提图斯的德行。约瑟夫斯对提图斯个人德行的推崇：Z. Yavetz, “Reflections on Titus and Josephus”, *GRBS* 16（1975）, pp. 423 – 31。

⑧ Josephus, *The Jewish War*, 3. 72 – 74, 107; 4. 320.

纪，罗马史家们则普遍把“美德”解释为罗马帝国崛起的根本原因。①

如上所述，约瑟夫斯的确在模仿希腊－罗马史家，尤其是模仿波利比乌斯，把犹太起义作为“政治”事件进行描述和解释，并以“理性”作为评判历史人物是非功过的标准。但这并不意味着约瑟夫斯放弃了传统的犹太历史叙事。恰恰相反，《犹太战记》不仅复制了犹太宗教经典《耶利米书》的叙事模式，约瑟夫斯甚至在《犹太战记》把自己塑造为再世的“先知耶利米”。

二

约瑟夫斯当然从未自称“先知”，也没有提到自己拥有洞悉未来的神力，但他在《犹太战记》中一再声称通过梦境获得了上帝的启示，得以正确理解古代犹太预言，从而预见到犹太民族必将败于罗马人之手。② 他还自命为上帝的“信使”，当着韦斯帕芗父子的面前预言他们将成为“执权柄者（emperor），以及大地、海洋和凡人的主宰”。③ 历史的发展一一应验了约瑟夫斯的所谓“预言”，但如此荒诞的情节在今人看来不过是约瑟夫斯为了洗白自己与迎合韦斯帕芗家族政治宣传而蓄意编造的谎言。再联系到他曾不止一次批判各种伪先知，甚至把犹太起义的起因归咎于群众误读

① 比较典型的如李维和普鲁塔克。李维对罗马帝国崛起的分析：P. G. Walsh, *Livy: His Historical Aims and Methods*, Cambridge, 1963, p. 66; L. R. Lind, “Concept, Action, and Character: The Reasons for Rome's Greatness”, *TAPhA* 103 (1972), pp. 248－249。普鲁塔克的观点可参考：*Cato Maior*, *De Fort. Rom.* 318F; C. P. Jones, *Plutarch and Rome*, Oxford, 1971, pp. 99－100。

② Josephus, *The Jewish War*, 3. 350－354：“正当尼卡诺急匆匆地陈述利害时，约瑟夫斯的耳中早已充斥着愤怒人群所发出的种种威胁。他的脑海中突然浮现出一系列梦境。在梦中，上帝向他预告了犹太人近在眼前的灾难以及罗马执政者们未来的遭遇。通过释梦，约瑟夫斯得以正确理解了神明晦涩的言语。他是祭司之后，是祭司，岂能对经典中所记载的种种预言一无所知？此刻他同时受到预言以及那些出自其梦境的恐怖景象的激励，向上帝独自祈祷。祷词如下：‘因你决心摧毁你所创造的犹太支派，所以运势已经导向罗马人。既然你已选择我的心智来宣告这即将发生之事，我自甘愿忍辱偷生，向罗马人投降。但请你作证，我此去并非变节乃是充当你的信使（minister）。’”约瑟夫斯并没有向读者描述他的梦境，也从没有提及上帝旨意的内容，但学者科亨（Shaye J. D. Cohen）推测，约瑟夫斯的预言不外乎以下三方面的内容：1. 犹太民族的创造者上帝已经抛弃了犹太人；2. 罗马帝国将统治世界；3. 韦斯帕芗父子将成为罗马帝国的统治者。这与先知耶利米的预言大同小异。参见 S. J. D. Cohen, “Josephus, Jeremiah and Polybius”, p. 370。

③ Josephus, *The Jewish War*, 3. 400－402.

了一则模棱两可的古代预言,[1] 那么他的这番表演似乎只能佐证其虚伪与狡黠。

然而约瑟夫斯对于其“先知”身份的宣示远非我们想象的那般随意。在约瑟夫斯所生活的时代，犹太社会早已公认“先知”这种形象只存在于旧约时代，任何自称“先知”者会被视作狂妄无知，甚至是亵渎上帝。[2] 约瑟夫斯从未自称“先知”体现了他对犹太文化传统的尊重。这与他笔下的起义者形成了鲜明的对比。其次，尽管约瑟夫斯获得启示的过程与各种犹太文本的叙述有不小的差异,[3] 但这一宣示仍然是建立在犹太传统的基础之上。他对形形色色的“伪先知”与“预言”的批判也并不意味着他否认“先知”与“预言”的存在。

约瑟夫斯在其作品里多次介绍犹太教中一个颇具神秘主义色彩的教派——艾赛尼派。[4] 他将艾赛尼教派比附为希腊-罗马社会中颇受尊重的哲学学园，声称艾赛尼教派可以预言未来。[5] 按照约瑟夫斯的说法，艾赛尼派信徒并不依赖上帝赋予的神力来预言未来，而是通过对犹太经典的研读与诠释来寻找所谓的“天机”。约瑟夫斯写道，艾赛尼派信徒对“古人的著作抱有着异乎寻常的兴趣”;[6] “他们中有些人精于预言未来，就源于其早年对于宗教典籍、洗礼和先知箴言的钻研”;[7] 祭司在这个神秘教派中居于领导地位。[8] 约瑟夫斯对于艾赛尼教派的描写得到了死海古卷中一些文本的佐证。比如一则文本就强调祭司的职责是诠释上古先知们的预言：“……上帝将祭司安排［在社区之中]，籍他之口警告世人，其仆从——众先知们的话语必将一一应验，上帝正是通过他们将其子民［以色列］的未来公之于世。”[9] 另一则文本则强调，唯有那些获得上帝启示的“传授正道者”才拥有解释

① Josephus, *The Jewish War*, 6.312 - 313.

② Joseph Blenkinsopp, “Prophecy and Priesthood in Josephus”, *JJS* 25 (1974), pp. 240 - 246.

③ 犹太传统中，获得上帝启示的过程通常是，某人先阅读宗教典籍，然后静待上帝的启示，于是得以洞悉蕴含在文本之中的奥秘，比较典型的例子如《但以理书》第九章中对但以理获得启示的描写：Maurya Horgan, *Pesharim*: *Qumran Interpretation of Biblical Books*, Catholic Biblical Association of America, 1979, pp. 229 - 230。约瑟夫斯则是在上帝的启示下，将自己的梦境与圣经中某个预言联系起来，从而获悉了“上帝的旨意”。

④ Josephus, *The Jewish War*, 2.119 - 161; *Jewish Antiquities*, 18.18 - 22.

⑤ Josephus, *The Jewish War*, 1.78, 2.113; Josephus, *Jewish Antiquities*, 13.311 - 313; 17.346 - 348.

⑥ Josephus, *The Jewish War*, 2.136.

⑦ Josephus, *The Jewish War*, 2.159.

⑧ Josephus, *The Jewish War*, 2.131.

⑨ F. G. Martinez, *The Dead Sea Scrolls Translated*: *The Qumran Scrolls in English*, Brill Press, 1994, p. 198.

上古先知预言的权威。[①] 这说明约瑟夫斯对于艾赛尼教派的描写并非出自他的主观臆造，而是基于某个犹太教派对于“先知”和“预言”的认识。约瑟夫斯和这个犹太教派都坚信古代先知早已预知人类一切历史，所以受到“上帝启示”者只要认真研读经典就不难从中参悟未来，成为当代的“先知”。这样的观念源自犹太民族的历史观。犹太传统观念认为，犹太人的宗教典籍中早已囊括人类的一切历史，而当代的历史事件不过是上古历史的重新演绎而已，所以每逢重大历史关头，犹太宗教学者都热衷于在故纸堆中寻找可以隐喻当下的片语只言。[②]

《犹太战记》中，约瑟夫斯本人就扮演了一个获得上帝启示，从而正确解读上古预言的“祭司与先知”。在描写获得上帝“启示”的经过时，约瑟夫斯强调自己是祭司的后代，也是精通各种古代预言的祭司。约瑟夫斯的自我形象很显然契合他对“艾赛尼教派”的描述以及死海古卷中对“传授正道者”的定义。他还在《自传》一文中详细介绍了其显赫的家世以及早年求学的经历，以便向犹太读者进一步证明自己是合格的祭司。[③] 出身祭司世家、学识渊博、对信仰充满热忱，又在梦中获得了上帝的启示，约瑟夫斯将“传授正道者”必备的这些条件赋予自己，令他具备了解释古代预言的权威。不仅如此，约瑟夫斯还直言上帝已经选择他来“向世人宣告那些即将发生之事”，即成为事实上的“上帝的代言人”，从而令其权威性更加无可置疑。[④] 因此约瑟夫斯对于“伪先知”的批判，并非出于对“先知”现象的否定，而是“真先知”对于“伪先知”的否定。

基于约瑟夫斯“祭司与先知”的身份，《犹太战记》就不仅只是一部历史著作，同时还是一部由“祭司与先知”写就的“先知书”。[⑤] 获得上帝的启示，成为传达上帝旨意的“先知”后，约瑟夫斯便开始在其历史叙事中加入越来越多犹太宗教/神学元素，其叙事模式也由波利比乌斯式的“政治/心理学”描写，悄悄转向耶利米式的“罪与罚”（sin /divine punishment）。[⑥]

---

① F. G. Martinez, *The Dead Sea Scrolls Translated*: *The Qumran Scrolls in English*, p. 200.

② N. R. M. de Lange, “Jewish Attitudes towards the Roman Empire”, p. 269.

③ Josephus, *The Life*, 1 – 12.

④ S. Masion, “Josephus, Daniel, and the Flavian House”, *Josephus and The History of The Greco – Roman Period*, edited by F. Papente & J. Sievers, Brill Press, 1994, p. 177.

⑤ Per Bilde, “Josephus and Jewish Apocalypticism”, *Understanding Josephus*: *Seven Perspectives*, edited by Steve Mason, Sheffield Academic Press, 1998, pp. 46 – 49.

⑥ S. J. D. Cohen, “Josephus, Jeremiah and Polybius”, pp. 378 – 379.

"罪与罚"是犹太史学传统中一种经典的叙事模式。[①] 犹太学者经常把本民族历史上所遭受的各种苦难与失败统统解释为上帝对于犹太人所犯罪业（sin）的惩罚。对犹太民族而言，被异族征服并不意味着自身实力不济，更不意味着上帝抛弃了犹太民族，而只是上帝对于犹太人以往罪孽的惩罚与清算。只要犹太人恪守犹太律法，上帝将履行与犹太民族之约，从异族统治者手中拯救他们。这种叙事模式的出现显然是为了弥合犹太民族无力主宰自身命运的现实与"上帝选民"这一自我期许之间的巨大落差。这种解释模式对犹太史学产生了极为深远的影响，不但为古代的犹太宗教学者所使用，甚至被用来解释二十世纪的种族大屠杀。《耶利米书》就是运用这种叙事模式的典范。《耶利米书》的作者把"巴比伦之囚"解释为上帝对犹太民族此前所犯一切罪孽的清算，认为巴比伦帝国是上帝惩罚犹太民族的工具。[②] 先知耶利米把献城投降解释为虔诚，而将负隅顽抗视作违背神意。约瑟夫斯的《犹太战记》也秉持了相似的逻辑。

约瑟夫斯在《犹太战记》中以大量篇幅描写了起义者内部残酷的派系倾轧，以及"僭主"与"匪类"所犯下的各类罪行。但约瑟夫斯的真正用意并非仅仅为了警示后人，非理性的群众受少数别有用心、缺乏理智、疯狂的政治领袖的煽动与蛊惑会造成怎样难以挽回的后果，更是为了从神学角度论证起义者的所作所为是在亵渎犹太律法——上帝对犹太人的教诲，从而令反抗罗马统治的起义蜕变为亵渎上帝的罪孽。约瑟夫斯对起义者的控诉大多可以在犹太宗教经典与《耶利米书》中找到原型。比如约瑟夫斯指责起义者行事不义[③]，恃强凌弱[④]，在圣殿中滥杀无辜[⑤]，盗窃[⑥]，荒淫无度[⑦]，立伪誓[⑧]，离经道叛[⑨]。在他笔下，起义者因占据圣殿而对即将到来的浩劫有恃无恐。[⑩] 在"僭主"与"匪类"的统治下，犹太人的宗教中

① N. R. M. de Lange, "Jewish Attitudes towards the Roman Empire", p. 260.

② 希伯来文版本的《耶利米书》中，耶利米三次将尼布甲尼撒称作上帝的'*ebed*'意为器皿或仆人，显然把异族征服者视作上帝惩罚犹太民族的工具。Ziony Zevit, "The Use of *ebed* as a Diplomatic Term in Jeremiah", *Journal of Biblical Literature*, vol. 88 (1969), pp. 74 – 77.

③ Josephus, *The Jewish War*, 4. 334 – 344.

④ Josephus, *The Jewish War*, 4. 557.

⑤ Josephus, *The Jewish War*, 4. 312 – 344; 5. 15 – 20.

⑥ Josephus, *The Jewish War*, 4. 312 – 344; 5. 15 – 20.

⑦ Josephus, *The Jewish War*, 4. 558 – 563.

⑧ Josephus, *The Jewish War*, 4. 213 – 214.

⑨ Josephus, *The Jewish War*, 2. 414; 4. 154.

⑩ Josephus, *The Jewish War*, 5. 564; 6. 98.

心——耶路撒冷圣殿遭到亵渎，沦为了盗贼的巢穴。[1] 约瑟夫斯所罗列的这些罪状几乎可以与先知耶利米对犹太人的控诉一一对应。[2] 而最为约瑟夫斯所诟病的暴行是起义者在圣殿内外滥杀无辜，用同胞的鲜血污秽圣地。[3] 这样的暴行违背了《申命记》19 章第 10 节的教诲："免得无辜之人的血，流在耶和华你神所赐你为业的地上，流血的罪就归于你。"《列王记》的作者也曾把以色列国灭亡的原因解释为以色列王玛拿西滥杀无辜："又因他（玛拿西）流无辜人的血，充满了耶路撒冷。耶和华决不肯赦免。"[4]

约瑟夫斯对起义者的批判并非只是基于其个人政治立场的一面之词。在犹太教文献《塔木德》中，这些狂热分子同样以冥顽不灵的形象示人，拒绝韦斯帕芗的劝降，恰如起义者拒绝提图斯的劝降一样。[5] 而在另一个版本的记载里，约哈南的侄子就是一个起义领袖。当约哈南劝说起义者与罗马人和谈时，起义者不但充耳不闻甚至蓄意纵火烧毁城中的谷仓，于是约哈南只好逃出城外投奔罗马军队。[6] 显然，对起义者的批判并不仅仅是约瑟夫斯个人立场和偏见使然，同样反映了犹太社会中相当一部人对于反

① Josephus, *The Jewish War*, 5. 401 - 402.

② 《耶利米书》第 7 章 3 至 11 节："你们改正行动作为，我就使你们在这地方仍然居住。你们不要倚靠虚谎的话，说：'这些是耶和华的殿，是耶和华的殿，是耶和华的殿。'你们若实在改正行动作为，在人和邻舍中间诚然施行公平；不欺压寄居的和孤儿寡妇；在这地方不流无辜人的血；也不随从别神陷害自己；我就使你们在这地方仍然居住，就是我古时所赐给你们列祖的地，直到永远。看哪，你们倚靠虚谎无益的话。你们偷盗、杀害、奸淫、起假誓、向巴力烧香，并随从素不认识的别神。且来到这称为我名下的殿，在我面前敬拜又说：'我们可以自由了。'你们这样的举动，是要行那些可憎的事吗？这称为我名下的殿，在你们眼中，岂可看为贼窝吗？我都看见了。这是耶和华说的。你们且往示罗去，就是我先前立为我名的居所，察看我因这以色列百姓的罪恶，向那地所行的如何。"

③ Josephus, *The Jewish War*, 4. 150, 51, 201, 215; 5. 15, 18, 100, 105; 6. 95, 110.

④ 《列王记（下）》24：4。

⑤ "韦斯帕芗前来摧毁耶路撒冷时，他对他们（起义领袖）说：'愚人，你们为什么非要破坏这座城市，让圣殿付之一炬？我所要求的，仅仅是要你们送给我一把弓或一支箭，之后我便对你们不闻不问。'他们回应道：'正如我们击杀你的两位前任一样，我们也将消灭你。'当拉比约哈南·本·泽凯（Yohanan ben Zakkai）听到这些话后，向耶路撒冷城的人们说道：'我的孩子们，你们为什么非要破坏这座城市，让圣殿付之一炬？他究竟索要了什么？他所要不过是一把弓或者一支箭，然后他对你们不闻不问。'他们回应道：'正如我们击杀你的两位前任一样，我们也将消灭你。'韦斯帕芗曾命人驻守在城墙附近，把他们听到的一切记载下来然后绑在箭上射过高墙。他们通知韦斯帕芗，约哈南·本·泽凯是恺撒的支持者。" *Aboth de Rabbi Nathan*. A4, B6.

⑥ *BShabbath*. 119*b* - 120*a*; *Tosefta Menahoth*. 13. 22; *J Yoma*. 38*c*; *BYoma*. 9*b*; *Pesahim*. 118b.

抗罗马帝国的看法。

正如《耶利米书》中先知耶利米宣告上帝抛弃了罪孽深重的犹太民族，约瑟夫斯也告诫起义者："我坚信，神已经舍弃了圣地，并与那些与你们交战者为伍。"[①] 在其另一部作品《犹太古史纪》中，约瑟夫斯直言耶路撒冷城与圣殿的毁灭就是上帝假罗马人之手对犹太民族的惩罚："……上帝为他们不虔诚而震怒，背弃了我们的城市……让罗马人凌驾于我们之上，用烈火净化这座城市……因为他要用这样的浩劫惩罚我们。"[②] 只不过《耶利米书》的作者把"巴比伦之囚"解释为上帝对犹太民族在此之前所犯一切罪孽的清算，而约瑟夫斯则更强调"犹太战争"是上帝对犹太起义者当前罪行的惩罚。[③]

在约瑟夫斯笔下，由于起义者亵渎神意、违背犹太律法，"犹太战争"已不再是两个民族的"战争"，而成为上帝对于"罪人"的惩罚。为强调此观点，约瑟夫斯在自命为"先知"后便不断加强其叙事中的宗教与神学色彩，频频提及各种预言与征兆，尤其是在耶路撒冷陷落前夜。[④] 约瑟夫斯发表的劝降演说中，虽仍强调起义者实力不济、孤立无援，但重点已转向论述起义者的负隅顽抗是对神意的亵渎——起义者们"不止与罗马为敌，更是与上帝为敌"。[⑤] 约瑟夫斯还大谈上帝根据人类的罪孽来决定其命运，一个民族的兴衰存亡在很大程度上取决于他们如何对待上帝和同胞。[⑥] 起义者种种公然违背犹太律法的罪行已经令上帝抛弃了圣殿和犹太人，[⑦] 让上帝站到了罗马人一边。[⑧] 起义者的顽抗已不仅是癫狂或者不理智，而是在公然对抗神意；犹太人献城投降、臣服于罗马人也不再只是理智之举，更成为幡然悔悟、祈求上帝的宽恕的表现。[⑨] 在《犹太战记》中，起义者正如当年那些拒绝接受先知耶利米警告的犹太人一样，对"先知"约瑟夫斯的劝告置若罔闻，[⑩] 也对各种征兆与预言熟视无睹，[⑪] 甚至胁迫城中

① Josephus, *The Jewish War*, 5.142.

② Josephus, *Jewish Antiquities*, 20.166.

③ S. J. D. Cohen, "Josephus, Jeremiah and Polybius", pp. 371 - 372.

④ S. J. D. Cohen, "Josephus, Jeremiah and Polybius", pp. 374 - 376.

⑤ Josephus, *The Jewish War*, 5.378.

⑥ Josephus, *The Jewish War*, 5.376 - 419.

⑦ Josephus, *The Jewish War*, 4.232; 5.19 - 20, 4.11 - 12; 6.300.

⑧ Josephus, *The Jewish War*, 3.354; 5.367 - 68; 6.110; *Jewish Antiquities*, 20.165 - 66.

⑨ Josephus, *The Jewish War*, 5.415; 6.103.

⑩ Josephus, *The Jewish War*, 4.386 - 389; 6.109.

⑪ Josephus, *The Jewish War*, 6.288 - 315.

的预言者曲解这些征兆来继续蒙蔽民众。[①] 这些举动无疑又构成了另一大罪孽：《历代志》的作者就曾把犹地亚国的灭亡归咎于犹太人“嬉笑神的使者，藐视他的言语，讥诮他的先知”。[②]

其实不仅仅是约瑟夫斯所此解释犹太人的失败，写于公元70年代后的《巴录一书》（*I Baruch*）同样将耶路撒冷与圣殿的毁灭解释为犹太民族的罪恶：“我们的上帝是公正的，可是我们却依然蒙受羞耻。我们全体：犹太人，耶路撒冷人，我们的国王，我们的官吏，我们的祭司，我们的先知，还有我们的祖先，都曾经蒙受过羞耻，因为我们得罪过主。我们的上帝……”[③] 甚至有一位拉比将罗马帝国对于犹太人的迫害也视为上帝对犹太民族的惩罚。[④] 至于约瑟夫斯对于上帝已抛弃犹太民族，天命已归罗马帝国的说法，犹太宗教文献中也有类似的观点。有位拉比甚至把罗马帝国的出现也归咎于犹太民族的罪孽：“所罗门与法老尼科（Nekho）之女成婚之日，大天使米迦勒（Micheal the Prince）自天堂而来，在海中立一柱。于是形成一片沙洲，长出一片芦苇。这便是罗马城的城址。耶罗波安（Jeroboam）打造两只金牛犊之日便是罗慕路斯与瑞摩斯来到那片芦苇丛并各自建造了罗马城一部分。以利亚飞升之日，罗马城中有一人被立为王。”[⑤]

由此可见，约瑟夫斯的《犹太战记》存在着两套并行不悖的历史叙事：对于不熟悉犹太文化的读者而言，《犹太战记》所讲述的是类似于迦太基毁灭的历史悲剧，其写作目的是“以史为鉴”，教育后人汲取犹太人的“政治”教训，同时证明罗马帝国不可战胜。[⑥] 但对于犹太读者而言，《犹太战记》所要讲述的却是罗马帝国版的“巴比伦之囚”，[⑦] 其目的是教导犹太人坚定信仰，恪守犹太律法与传统风俗。这说明约瑟夫斯试图让《犹太战记》同时被希腊－罗马社会和犹太社会所接受。但这也带来了一

① Josephus, *The Jewish War*, 6.285－286.

② 《历代志（下）》36：14，15～17。

③ *I Baruch*. 1.15－17.

④ Yose ben Halaft, *Genesis Rabba*. 67.7.

⑤ Levi, *J'Abodah Zarah*. 39*c*; *B Shabbath*. 56*b*; *Sanhedrin*. 21*b*; *Song of Songs Rabba*. 1.6.4.

⑥ 约瑟夫斯对于罗马帝国的许多观察与思考都与波利比乌斯十分相似，显然受到了后者的影响。A. M. Eckstein, “Josephus and Polybius: A Reconsideration”, *Classical Antiquity*, vol. 9, no. 2（Oct., 1990）, pp. 204－207.

⑦ 许多同时代的犹太作家都把罗马帝国视同于巴比伦帝国。参见 S. J. D. Cohen, “Josephus, Jeremiah and Polybius”, p. 371. n. 17。

个有趣的问题：约瑟夫斯作为作者，他更倾向于一套历史叙事，或者说哪一套历史叙事才真实反映了其历史观呢？虽然我们无法复原约瑟夫斯的所思所想，但其著作中仍留下一些蛛丝马迹可供我们追索。

三

约瑟夫斯的作品中有一个颇为耐人寻味的细节：这位通过背叛同胞而飞黄腾达的罗马公民始终保持着对于犹太文化的高度认同。这突出表现在他对自己犹太身份的认同上。约瑟夫斯自称犹太人，并按照犹太文化的标准来描述自己。[①] 在《犹太战记》的前言中，他自称“希伯来人”、“祭司”、“土生土长的耶路撒冷人”、一个在罗马生活的“外邦人”[②]。甚至多年之后他还把“犹太战争”称作“我们犹太人与罗马人之间的战争”[③]。在《自传》一文中，他在文章的开头就向读者介绍其家族在犹太社会中的显赫地位，尤其强调自己出身于历史悠久的祭司世家，仅仅在文章的末尾提及自己获得了“公民权”。《驳阿庇安》一文中，约瑟夫斯直言不讳地写道，犹太民族已经“像埃及人那样受到了罗马人的奴役”。[④]

约瑟夫斯不仅强调自己的犹太人身份，还在作品中鼓吹犹太文化的优越性。在《驳阿庇安》一文中，约瑟夫斯所提倡的犹太美德无一不与罗马作家所推崇的“古风”高度契合（颇为讽刺的是，哀叹罗马社会世风日下、人心不古早已成为当时罗马作家司空见惯的主题，而犹太人在主流社会眼中恰恰以抱残守缺而闻名）。[⑤] 约瑟夫斯强调犹太文化与罗马文化具有共同点，甚至暗示犹太文化比希腊文化更胜一筹。约瑟夫斯的这种文化自信在同样用希腊语写作的犹太古代作家中绝无仅有。[⑥]

---

① 学者詹·阿瑟曼（Jan Assmann）认为身份认同可以分为两个层次，即对个体身份认同和对共同身份的认同。而个体身份的认同又可以分为两个层次，个体的自我审视以及文化对个体的审视。参见 Jan Assmann, *Cultural Memory and Early Civilization: Writing, Remembrance, and Political Imagination*, Cambridge: Cambridge University Press, 2011, pp. 111 - 114。

② Josephus, *The Jewish War*, 1.2, 16.

③ Josephus, *Jewish Antiquities*, 1.4.

④ Josephus, *Against Apion*, 2.125.

⑤ Josephus, *Against Apion*, 2.182 - 3, 196, 199, 201, 204, 206, 207, 291 - 2. 罗马人对于希腊人的看法可参考：N. Petrocheilos, *Roman attitudes to the Greeks* (National and Capodistrian University of Athens, 1974), pp. 35 - 62.

⑥ Martin Goodman, "Josephus as Roman Citizan", *Josephus and The History of The Greco - Roman Period*, edited by Fausto Papente & Joseph sievers, Brill, 1994, p. 334.

推及至史学，约瑟夫斯对希腊-罗马史学不屑一顾。他嘲笑希腊-罗马史学的“稚嫩”，认为其根本无法与具有悠久传统的犹太史学相比并论。在《驳阿庇安》中，他批判希腊-罗马社会缺乏撰史的传统且不注重保存原始档案文献，造成希腊史家文风浮夸且记载常有矛盾之处，断言他们撰写的历史不可信。① 约瑟夫斯的观点未必正确，有以偏概全之嫌，不过却说明他对于希腊-罗马史学并非盲目模仿，而是有批判和自己的思考。

因此很难想象，约瑟夫斯作为一个具有如此强烈文化优越感，公然讥讽希腊史家“不可信”的犹太作家，会仅仅满足于对修昔底德或波利比乌斯的模仿。更何况在约瑟夫斯生活的时代，“撰史”在罗马社会中并非值得骄傲的事业，作家在宫廷中的地位与优伶无异。② 而按照约瑟夫斯的说法，“撰史”在犹太社会中却被视为只有“祭司与先知”才有资格涉足的“神圣”事业。③ 约瑟夫斯必然更倾心于“祭司与先知”的自我定位，必然也更倾向于传统的犹太历史叙事与历史观。

另一个耐人寻味细节，是约瑟夫斯对于“罗马帝国”的认识。一方面，约瑟夫斯的确在鼓吹罗马帝国统治的合理性。比如在《犹太战记》中，他虽然多次强调“犹太战争”是犹太民族所遭遇的空前浩劫，但从没有把罗马帝国的统治称为灾难或者上帝的惩罚，相反他认为罗马帝国的存在有其历史的合理性与必然性，并用“运势”（fortune）这一希腊概念去加以解释。④ 但约瑟夫斯并非第一个，更非唯一为异族统治辩护的犹太人。《耶利米书》的作者就宣称上帝已经把世界交给巴比伦王尼布甲尼撒统治，任何敢于反抗其统治的国家与民族，上帝必将借尼布甲尼撒之手加以制裁。⑤ 这一观点源于犹太教信仰：上帝创造了世界，拥有挑选这个世界统治者的权力。在上帝的选择面前，作为“选民”的犹太人要无条件地接受上帝的意志。所以《耶利米书》的作者呼吁自己的同胞顺从巴比伦帝国的统治，甚至为异族统治者祈祷，直至未来某个时刻上帝的救赎降临。⑥ 此

① Josephus, *Against Apion*, 1. 15 -27.

② Zvi Yavetz, “Reflctions on Titus and Josephus”, *Greek*, *Roman and Byzantine Studies*, vol. 16 (1975), p. 432.

③ Josephus, *Against Apion*, 1. 28 -56.

④ Josephus, *The Jewish War*, 3. 354, 5. 367.

⑤ 《耶利米书》27：2 -8。

⑥ 《耶利米书》29。

外，许多拉比也用《旧约》中以扫与雅各兄弟来隐喻“罗马帝国”和“犹太人”之间的关系，其中一位就借雅各之口说道：“如果你要和平，我与你同在，如果你要战争，我准备为你效力。”① 另一位拉比则告诫犹太人：“以色列人应该怎么做？他们应该向罗马人伸出双手，用金钱安抚他们。”拉比约斯（Yose bar Hanina）也认为罗马帝国与犹太人相互尊重是上帝的安排，所以犹太人不要反抗，而罗马帝国也不应对犹太人横征暴敛。②

但不要忘记约瑟夫斯和这些拉比鼓吹这种逆来顺受观点的前提是，罗马帝国统治世界是上帝的选择。这在《犹太古史纪》的一些章节中表现得尤为明显。《犹太古史纪》第十卷中，用大量篇幅介绍犹太先知但以理的种种事迹，其中“尼布甲尼撒之梦”这个故事尤为意味深长。在故事中，犹太民族的征服者、巴比伦王尼布甲尼撒梦到一尊用四种不同金属铸成的巨像，百思不得其解，于是命先知但以理释梦。③ 约瑟夫斯按照《但以理书》的记载，把巨像材质不同的四个部分解释为相继统治世界的四个帝国：“巨像的金首代表你本人及你的先人。银质的双肩和双手预示你的帝国将会一分为二。这两个国家最终将被来自西方、身着铜甲的君王所灭，④ 而他又将被另一股势力所摧毁，因为铁是最坚硬的金属，远比金、银和青铜要坚硬的多。”⑤ 当时的读者，无论他是否为犹太人，显然并不难将之与波斯帝国、亚历山大帝国以及罗马帝国一一对号入座。借这个故事，约瑟夫斯不仅为了证明先知但以理确有未卜先知之能，更是在向读者阐释他的历史观：上帝是历史创造者，而帝国的兴衰存亡完全取决上帝的好恶。“无论未来将会出现何等强大的君王，他们的统治只是因为神乐于如此，而且可以随时被替换。”⑥ 约瑟夫斯还借笔下的居鲁士大帝⑦与亚历山大大帝⑧之口反复重申这一观点。基于这样的历史观，约瑟夫斯向同胞发出了

---

① *Anon. Genesis Rabba.* 75. 1.

② *Song of Songs Rabba.* 2. 7. 1.

③ Josephus, *Jewish Antiquities*, 10. 208 - 209：“你在梦中一定见到一尊巨像，他的头由黄金制成，双肩和双手是白银的，腹部和大腿是青铜的，小腿和双足是铁制的。”《但以理书》中巨像的“腿是铁的，脚是半铁半泥的。”对巨像隐喻的不同解读可参考 J. J. Collins, *A Commentary on the Book of Daniel*, Fortress Press, 1993, pp. 166 - 170.

④ 指亚历山大大帝。

⑤ Josephus, *Jewish Antiquities*, 10. 209. 约瑟夫斯省略了第四帝国分裂的预兆。

⑥ S. Masion, “Josephus, Daniel, and the Flavian House”, *Josephus and The History of The Greco - Roman Period*, edited by F. Papente & J. Sievers, Brill Press, 1994, 1994, p. 163.

⑦ Josephus, *Jewish Antiquities*, 11. 3, 5, 6.

⑧ Josephus, *Jewish Antiquities*, 11. 334, 337.

与先知耶利米类似的忠告，呼吁他们坦然接受现实：“总而言之，我们的先人几时依仗兵戈之利而所向披靡，又几时因信赖上帝而非武器就一败涂地。当他们静待上帝垂青时，他们总是胜利者，他们也似乎视之为理所当然，而他们一旦一心诉诸武力时就屡战屡败……我们这个民族从来没有被赋予操弄兵戈的蛮力——所以一直屡遭败绩。我以为，那些居住于圣地者能够诉诸神意时，就应藐视凡人的力量而将一切交予上帝裁决。”① 无独有偶，《塔木德》中一些拉比乃至许多早期基督徒也都把罗马帝国的统治视作上帝意志的体现，呼吁信徒接受现实，静待上帝的救赎。②

正是为了向希腊－罗马读者诠释上帝选择罗马帝国统治世界这一“真理”，约瑟夫斯才会在《犹太战记》中多次使用“国运”（fortune）这一概念。这并不能证明希腊史学对于约瑟夫斯的历史观产生了实质性的影响。在行文中，约瑟夫斯经常把“国运”与“命运”（fate）和“天意”（providence）等概念混为一谈。③ 例如他在一个句子中同时使用“天意”、“运势”和“定数”来描写韦斯帕芗自立为元首是“天命昭昭”。④ 而在下文中他又马上借韦斯帕芗之口提醒读者自己早已预言了此事。因此，约瑟夫斯真正想向读者传达的信息是，韦斯帕芗自立为元首是源自上帝的意志。所以对约瑟夫斯而言，“运势”“命运”和“天意”都不过是“上帝”（God）的代称而已，根本无须详加区分。⑤

更值得注意的是，约瑟夫斯认为既然上帝选择罗马帝国统治世界，那么犹太民族也必然会在罗马帝国的废墟上得以复兴，真正成为“上帝的选民”。这种观念无疑也来自《但以理书》。在“尼布甲尼撒之梦”的故事中，尼布甲尼撒除了见到由四种不同金属铸成的巨像外，还看到“一块巨石从山上滚下，巨像被压成齑粉，⑥ 在大风的吹拂下消逝地无影无踪，而

① Josephus, *The Jewish War*, 5.390, 399－400.

② Emil Schürer, *The History of the Jewish People in the Age of Jesus II*, Edinburgh, 1979, p. 312. n. 83.

③ 对于约瑟夫斯作品中“运势”等相关概念的讨论可参考 H. W. Attridge, *The Interpretation of Biblical History in the Antiquitates Judaicae of Flavius Josephus*, Scholars Press, 1976, pp. 154－165.

④ Josephus, *The Jewish War*, 4.622：“无所不在的好运燃起了他的希望，时局的发展又对他大为有利，韦斯帕芗不禁认为，神意助他攫取这个帝国，他命中注定将获得世界的权柄。”

⑤ S. Masion, “Josephus, Daniel, and the Flavian House”, *Josephus and The History of The Greco－Roman Period*, edited by F. Papente & J. Sievers, Brill Press, 1994, p. 181.

⑥ 按照《但以理书》的描述，巨石先压碎了巨像的双足，之后巨像才四分五裂。

巨石则不断膨胀直至占据整个大地”①。约瑟夫斯并没有解释巨石的寓意，因为他觉得修史者不宜“书写未来之事”②。但如果联系约瑟夫斯在《犹太古史纪》提到的另一则古代预言，就会发现巨石的隐喻不言自明。按照约瑟夫斯的记载，前去诅咒犹太人的异族先知巴兰在上帝的干预下不由自主地祝福犹太民族：“……他们会得到上帝所赐予的土地，他们的子孙还将占有它，并将遍布世间的每个角落，所以他们的名声会传遍天涯海角。这支受到保佑的大军来自于同一个祖先。虽然现在他们人口还很少，只占据着迦南一地，但无论如何，整个世界都会成为他们的居所。”③ 这无疑是在暗示犹太民族将会统治整个世界。巴兰还诅咒犹太民族的敌人，称灾难会降临到那些“最为雄伟壮丽的城市”。④ 在当时的语境下，这只可能指罗马城。巴兰又称：“犹太人绝不会遭到彻底毁灭，暂时的挫折与失败无法阻挡犹太民族再度兴旺。犹太人将带给伤害他们的人更多的恐怖”。⑤ 这无疑就在隐喻“犹太战争”。约瑟夫斯认为，上帝创造历史，罗马帝国只是上帝所创造的历史中的一环，甚至是不可或缺的一环，但最终罗马帝国仍将毁灭，犹太民族必会复兴，即上帝选民身份的真正实现，恰如巨石彻底粉碎巨像。而且无论是消灭第四帝国的巨石还是巴兰的预言，其实都是约瑟夫斯在利用“先知”的身份重新诠释古代经典中的预言来隐喻犹太人的未来，正如他之前预言犹太民族将被罗马人所征服一样。

综上所述，约瑟夫斯对于历史的认识与一般意义上的希腊罗马－史学截然不同。希腊史家把历史视作一门“科学”，热衷于推导各种所谓的“历史规律”。⑥ 罗马史家视历史为道德教化的教材，把道德解释为国家治乱兴衰的决定性因素。犹太人认为人类历史的创造者是上帝，历史的价值在于证明上帝的全知全能以及信仰的正确性。由于历史观不同，希腊、罗

① Josephus, *Jewish Antiquities*, 10.209.

② 《但以理书》解释了巨石的含义，显然是在暗示犹太民族的复兴：“当那列王在位的时候，天上的神必另立一国，永不败坏；也不归别国的人，却要打碎灭绝那一切国，这国必存到永远。你既看见非人手凿出来的一块石头，从山而出，打碎金、银、铜、铁、泥，那就是至大的神把后来必有的事给王指明。这梦准是这样，这讲解也是确实的。”（《但以理书》2：44～45）

③ Josephus, *Jewish Antiquities*, 4.116.

④ Josephus, *Jewish Antiquities*, 4.215.

⑤ Josephus, *Jewish Antiquities*, 4.217－18.

⑥ Josephus, *The Jewish War*, 4.386; S. Masion, "Josephus, Daniel, and the Flavian House", *Josephus and The History of The Greco－Roman Period*, edited by F. Papente & J. Sievers, Brill Press, 1994, p.173.

马和犹太史家对历史的发展的见解截然不同。希腊作家把国家民族的兴衰存亡视作无法规避的“自然规律”，所以强大的罗马帝国也终有灭亡之日，这无关好恶与个人立场；罗马史家虽然动辄指责自己身处的时代世风日下、人心不古，罗马已经到了生死关头，但他们坚信罗马人只要吸取历史的教训，痛改前非、重拾古风，罗马帝国便会获得重生；犹太人则把历史视作信仰不断获得实证的过程，历史无论如何演进，犹太人与上帝之约终将实现。约瑟夫斯的历史观是受犹太史学传统的影响，而与希腊、罗马史学无涉。因此即使约瑟夫斯笔下的提图斯会如小西庇阿一般，面对化为火海的耶路撒冷城感慨命运的无常，但约瑟夫斯绝非是在附和波利比乌斯，感叹“历史大势，浩浩汤汤”，而是在强调上帝的全知全能和人类的渺小：上帝既可以创造出空前绝后的罗马帝国，也可以使之谈笑间灰飞烟灭。

四

约瑟夫斯在其历史叙事中以“先知”自命，把犹太战争诠释为上帝对于犹太民族的惩罚，并一再强调上帝是历史的创造者，历史也必将终结于罗马帝国的毁灭与犹太民族“选民”身份的实现。这些观念无疑是对犹太史学传统的继承与延续，也令他从历史观上区别于希腊－罗马史家，更让《犹太战记》中两种叙事主从之辨不言自明。然而历史的发展终究不会以人的意志为转移。虽然由于史料的缺乏，我们已无从得知当时的读者对于《犹太战记》的反应，但在这部作品漫长的传播过程中，约瑟夫斯的苦心孤诣显然被犹太社会与非犹太社会同时忽视了，甚至发生了严重误读：作为古典文明的继承者与犹太教的竞争对手，基督教会却对约瑟夫斯青睐有加，并把《犹太战记》作为攻击犹太教宗教“过时”的有力武器；而犹太读者因为作品风格的缘故对他有意视而不见；到了近代，约瑟夫斯和他的《犹太战记》在民族主义语境下受到贬低；以色列建国后，他所一再口诛笔伐的起义者成了犹太复国主义的象征。这种啼笑皆非的局面，恐怕连约瑟夫斯这样的“政治家”和“先知”也始料不及吧。

当代西方史学理论中的“创伤”问题

——以吕森、怀特和安克斯密特为中心

苏　萌

（北京师范大学历史学院，北京　100875）

摘　要：在战后的当代西方史学理论中，“创伤”这一源自心理学的概念是现代主义、后现代主义和“后－后现代主义”共同关注的一个焦点。这意味着，“创伤”可以是我们把握当代西方史学理论，进而审视中国史学一个重要线索。通过考察约恩·吕森、海登·怀特和弗兰克·安克斯密特这三位具有代表性的西方学者关于集体层面的创伤/创伤性事件的论说及其对西方史学之影响的阐述，我们可以得出两点结论：其一，学者们关于创伤/创伤性事件的界说是基本一致的；其二，西方历史中的创伤/创伤性事件有能力冲击学科化以来的传统西方史学，并要求一种不同于传统的新型史学。这使得中国历史中是否存在创伤/创伤性事件成为一个兼具实践价值与理论价值的重要问题。

关键词：创伤　约恩·吕森　海登·怀特　弗兰克·安克斯密特

创伤（trauma），本是一个心理学术语，指的是这样一种记忆或者经验：“某种强烈的心理情绪所造成心理损伤”。[①] 早在19世纪末，弗洛伊德、夏考特（Jean－Martin Charcot）、简内特（Pierre Janet）等学者就开始

① 赵冬梅：《弗洛伊德和荣格对心理创伤的理解》，《南京师大学报》（社会科学版）2009年第6期，第93页。

关注创伤，分析论述了这一现象及其机制，并提出了修复创伤的治疗方法。不过，直到1980年，美国心理治疗协会才将其确认为正式的研究课题。心理学家关于创伤的系统性研究更是这些年的事。

不过，这并没有影响弗洛伊德等人的创伤理论在心理学以外的应用。20世纪以来，“创伤”一词频繁出现于哲学、文学、社会学等领域。而在战后的当代西方史学界，“创伤”同样是一个高频词。一方面，由于两次世界大战尤其是发生在第二次世界大战中的针对犹太人的“大屠杀”（Holocaust）给许多受到战争波及的人造成了严重的心理伤害，在考察这段历史时，西方史家经常会提起创伤并借鉴相关理论。另一方面，在一些西方史学理论家看来，战争的创伤不仅纠缠着相关个体，还存在于整个西方文明，学科化以来的西方史学也因此受到了冲击。集体层面的创伤和引发这一创伤的创伤性事件（traumatic event）对史学的影响因而也成了理论界的一个热点。①

引人注意的是，观察那些从事（过）与创伤有关的工作的史学理论家，我们不仅能看到现代主义者，还能看到后现代主义者甚至所谓的“后－后现代主义者”②。创伤从这个角度上看似乎成了当代西方史学理论的一个横截面。③ 而这无疑意味着，创伤可以是我们把握当代西方史学理论，进而审视中国史学的一个重要线索。基于这一考虑，本文将首先集中考察一些具有代表性的西方史学理论家的相关思考，进而对这些思考进行总结，最终反思相关结论在中国史学中的效果。

---

① 需要注意的是，虽然西方史学理论家关注的是集体层面的创伤，但弗洛伊德等人从未将集体视作创伤的承载者。因此，这里确实存在着一个由个体向集体的滑动。关于这一点有两点需要说明。其一，将心理学中的一些概念与理论（例如潜意识、记忆）由个体层面转为集体层面是社会学和史学中的一个常见策略。虽然这一策略遭到不少质疑，但很多社会学家和史学家并没有因此放弃，卡沃利就曾为这一策略做出过有说服力的辩护（Alessandro Cavalli，“Memory and Identity：How Memory Is Reconstructed after Catastrophic Events”，in *Meaning and Representation in History*，edited by Jörn Rüsen，New York：Berghahn Books，2006，pp. 170－174）。其二，由于本文关注的西方史学理论家所考虑的均是集体层面的创伤，本文自此以后所使用的“创伤”“创伤性事件”若不作特别说明，均是指集体层面的。

② 关于“后－后现代”，见 *The SAGE Handbook of Historical Theory*，edited by Nancy Partner and Sarah Foot，Los Angles：SAGE Publications，2013；董立河：《后－后现代史学理论：一种可能的新范式》，《史学史研究》2014年第4期，第1～9页。

③ 美国学者迈克尔·罗斯也注意到了现代主义和后现代主义对创伤的共同关注。见 Michael Roth，“Trauma”，in Micheal Roth，*Memory，Trauma，and History*，New York：Columbia University Press，2012，pp. 93－94。

这里，笔者选取了三位学者：德国的约恩·吕森、美国的海登·怀特以及荷兰的弗兰克·安克斯密特。理由有三。其一，他们都是当代西方史学理论界的重要学者，在各自的国家乃至整个西方学界享有极高的声誉。其二，他们的立场各不相同且都是各个立场的代表人物之一：吕森始终对现代主义怀有信念，虽然他对后现代主义一直持宽容态度；怀特是众所周知的后现代主义奠基人；安克斯密特虽是后现代主义的核心人物，但他也是“后－后现代”这一概念的提出者。①其三，虽然都曾论及创伤，但他们的学术道路既不是从创伤开始的，也不是朝向创伤的。这不仅再度说明了创伤这一线索的重要性，也使得他们的结论相对来说更为“客观”——史学理论家们经常会自觉不自觉地夸大自己的研究领域的重要性。

---

① 值得一提的是，格奥尔格·伊格尔斯（George Iggers）曾将吕森同安克斯密特一道放在“后－后现代主义”的背景下进行了讨论，并认为两个人的思考都存在问题（George Iggers，“A Search for a Post－postmodern Theory of History”，*History and Theory*，Vol. 48，No. 1，2009，pp. 122－128）。但从某种程度上说，这模糊了吕森与安克斯密特的差异。事实上，吕森的态度是既修正现代主义又修正后现代主义（见〔德〕约恩·吕森《历史思考的新途径》，綦甲福、来炯译，上海世纪出版社，2005，第5页），而安克斯密特的态度是现代主义、后现代主义以及他所提出的“后－后现代”是可以和谐共存的（见Frank Ankersmit，“The Three Level of‘Sinnbildung’in Historical Writing”，in *Meaning and Representation in History*，pp. 108－122）。再考虑到“理性”这一现代主义中的核心词一直是吕森的中心要义（吕森曾自陈自己是在康德的基础上探寻叙事中的理性，见陈新《对历史和历史研究的思考——约恩·吕森教授访谈录》，《史学理论研究》2004年第3期，第69～70页）而安克斯密特对康德的先验图式乃至“理性”这一语用一直保持着批判态度，吕森更像是为了应对后现代主义对现代主义的“挑战”（这也是吕森的常用语）而依据后现代主义更新了现代主义，而安克斯密特则更像是为了弥补后现代主义自身的不足而补充了后现代主义。当然，这不是说伊格尔斯是错的，问题出在“后－后现代主义”还未有一个足够清晰的界定。如果我们将其宽泛地定义为同时位于现代主义和后现代主义之外的所有理论，那么将吕森和安克斯密特都归为“后－后现代主义”无疑是正确的。但如果我们将安克斯密特的理论视作“后－后现代主义”的代表，那么将吕森归入其中就显得不太合适了。将以上这些纳入考虑，一个比较精准的表达实际是，吕森是从现代主义走向后现代主义的学者，怀特是后现代主义学者，（现在的）安克斯密特是从现代主义和后现代主义中走出的学者。而且，由于现在已经很难找到一个完全不受后现代主义影响或者说彻底拒绝后现代主义的西方史学理论家，这三个以后现代主义为底色所制作的标签基本上可以覆盖当代西方史学理论。至于笔者之所以仍然采用现代主义、后现代主义、“后－后现代主义”的标签，一方面是我们如上所述可以将吕森这类学者视作“当代的”现代主义者；另一方面是出于理解上的便利。

一 约恩·吕森：创伤与历史思考的新途径

作为一名德国知识分子，约恩·吕森在大屠杀问题上投入了很多精力，发表了多篇论文并主持了多本文集的编纂。这场灾难对德意志民族、西方文明乃至整个现代社会的影响可以说是吕森的一个重要议题。[①] 在《历史思考的新途径》中，他将这一影响强调为“意义的危机”，并将创伤视作思考这一危机的“关键词”，由此展开了关于创伤的论述。[②]

在这本书中，吕森首要地表达了自己对“历史乃生活之师”这一传统训条的信念。他相信，历史能够指导人们安排当下的生活。不过，吕森强调，为了实现这一点，人们必须对过去进行阐释，从中获得一个“意义”（meaning）或者说历史的进程与目标。因为只有依据这一指向未来的路径，我们才可以理性地决定现在的行动。然而，吕森指出，在面对大屠杀时，我们所拥有的阐释方案全都失灵了。这是因为，它“极端地否定了和破坏犹太人和德国人共享的现代文明的基本价值”，进而取消了为我们带来阐释方案的阐释原则——阐释原则正是现代文明的一部分。[③] 可以说，大屠杀构成了一个意义的“黑洞”。

不过，吕森提醒我们，这不是我们可以放大屠杀于历史阐释之外的理由。归根到底，大屠杀仍然是历史的一部分，是历史学家所要处理的历史事实，维持大屠杀的神秘性只会令这段历史隐退于代际更迭的过程中。由此，他进一步提出，我们需要超越“大屠杀及类似事件的独一无二性，用一个抽象的概念来表述它们。这一抽象的概念可以用来定性、描绘和阐释历史经验的发生方式及其相应的诠（阐）释模式”。[④] 考虑到创伤在很多学者那里意味着对意义的摧毁，吕森决定将创伤用作表述大屠杀经验的概念，并着手通过分析创伤的特质来提出一种应大屠杀以及类似事件的阐释策略。

这里，吕森将创伤归为一种“危机”——他将之定义为关于“偶然”或者说偏离人们之预期的事件的“时间经验”。[⑤] 吕森指出，作为一种偏离预期的经验，危机破坏了人们通过阐释过去而确定的进程（意义），进而

① 见陈新《对历史和历史研究的思考——约恩·吕森教授访谈录》，第 67 页。
② 〔德〕约恩·吕森：《历史思考的新途径》，第 144 页。
③ 〔德〕约恩·吕森：《历史思考的新途径》，第 150 页。
④ 〔德〕约恩·吕森：《历史思考的新途径》，第 151 页。
⑤ 〔德〕约恩·吕森：《历史思考的新途径》，第 145 页。

促使人们更新已有的阐释方案以修复危机所造成的破坏。随后，吕森依据修复破坏的方式将危机分为了普通的危机、挑战性危机、灾难性危机，并将创伤等同于最后一种危机。根据吕森，在修复普通的危机时，旧有的阐释模式并不会发生变化，我们仅仅需要依其提出一种新的、能够涵盖“偶然”的阐释方案。这即是说，我们可以将旧有的阐释模式运用在包含这一危机的历史上，生产出新的意义。而挑战性危机的修复，则需要我们对旧有的阐释模式进行修改，基于一种新的阐释模式提出一种新的阐释方案。换言之，我们需要依据建立阐释模式的既有原则，修改阐释模式，进而产生能够覆盖危机的新意义。至于灾难性危机也就是创伤，吕森强调，修复它是不可能的，因为它不仅冲击了阐释模式，而且冲击了建立阐释模式的基本原则，使得我们永远无法提出一种合适的阐释方案。“当灾难性的危机发生时，历史意义的语言沉默了。这样的危机是创伤性的。”①

除了修复方式，吕森还借助于对集体认同的影响进一步区分了这三种危机。根据吕森，集体认同建立于“历史性事件”或者说存留于现在的过去事件之上。② 他解释道，发生于过去的事件可以为现在之人所回忆，它们从这个角度上看可以说是存留至今的；人们不仅会依据记忆中或者说存留至今的过去事件来区分自己与他人进而清楚自我的特质，也会从这些事件中“读出”自己的未来（中国民谚“三岁看大，七岁看老”即是一例）③；若一些人都将某些过去事件视作区分他我的依据与展望未来的向导，他们自然就会生出认同感。

从吕森对集体认同的论述中，我们可以发现，人们在形成认同的过程中，不仅会将过去的事件运用于当下的生活，还依之展望未来。这显然意味着，人们所感知到的集体，并不仅仅是同一时代的同胞，还有活动于过去事件中的已经死去的先人，以及生活在未来生活中的咿呀学语的婴孩。换言

① 〔德〕约恩·吕森：《历史思考的新途径》，第 149 页。

② 〔德〕约恩·吕森：《历史思考的新途径》，第 153 页。

③ 关于这两种“使用”过去的方式，吕森做出了更为细致的分析。他指出，我们只有在这种情况下才会通过过去认识现在的自己：我们意识到了过去与现在之间存在着客观的因果关系，或者说自己是过去与现在之间的因果链条中的一环。因此，吕森将过去与现在在这种情况下的关系称作“客观的关系”。另一方面，在吕森看来，从过去中“读出”未来实际上是从现在之人的价值观出发阐释过去，或者说将过去事件用作构想未来的原始材料。过去与现在在这种情况下的关系因而被吕森称为“主观的关系”。吕森由此总结道，集体认同的形成正是形成于这两种关系之间的张力中。见〔德〕约恩·吕森《历史思考的新途径》，第 154 ~ 155 页。

之，集体认同所凝结的那个集体包含着过去、现在与未来的每一个“同类”。吕森由此认为，在建立集体认同的过程中，过去、现代、未来被人们连成了一个连续的、没有间断的时间过程或者说“文化性的时间单位”。[①]

基于此，吕森阐明了三种危机之间的区别。他指出，普通的危机能够将过去、现在、未来连成一个整体，塑造集体认同。国民在战争中获得的集体认同感就是一个例子。关键性危机则被吕森表述为对原有集体认同的冲击。他强调，在这种情况下，人们需要“改建”旧有的时间单位，向其中添入新的元素，这就促使原有的集体认同发生了变革。中日甲午战争对中国知识分子的冲击清楚地说明了这一点——正是面对着这场惨败，大批学者才开始反思千年传统，试图重塑中华文化乃至中华历史。[②] 灾难性危机即创伤在吕森看来则彻底摧毁了既有的时间单位，使得过去、现在、未来无法形成一个“富有意义的整体”，它会“对认同造成持续不断的威胁，形成人类生活的时间秩序中的关联性的一个不可逾越的边界”。[③] 吕森将法国大革命对欧洲文明的巨大影响视作其例证。[④]

总的来说，吕森认为，创伤无法为既有的任何一种（可能的）阐释方案所覆盖，打破了任何一种（可能的）时间链条的构想。由此，吕森指出，试图用叙述的方式阐释大屠杀这类创伤性事件，或者说将其与其他事件关联成一个时间链条进而使之具有意义，将会掩盖或者说消解这类事件的创伤特质。这里，吕森辨别出了 7 个消解创伤的阐释策略：匿名化、分类化、普通化、道德化、目的论化、理论化和特殊化。所谓匿名化，即是将那些造成创伤的创伤性事件讲述为一个“黑暗时期”，或者说“命运”、“恶魔”、“他者”等“非我之人”所带来的灾难。吕森的例子是利奥波德·冯·维泽（Leopold von Wiese），后者曾将纳粹主义和大屠杀形容为一场从外而来的“瘟疫”。[⑤] 分类化则是指将创伤性事件讲述为一种既有故事类型，例如“悲剧”。吕森认为，这实际上是将创伤性事件归为一种常见

① 〔德〕约恩·吕森：《历史思考的新途径》，第 155 页。

② 相关论述详见宋德华《康有为“大同三世”说新探》，《华南师范大学学报》（社会科学版）2003 年第 4 期，第 83～88 页；李帆：《“夷夏之辨”之解说传统的延续与更新——以康有为、刘师培对〈春秋繁露〉两事的不同解读为例》，《近代史研究》2011 年第 6 期，第 93～101 页；渠敬东：《返回社会视野，重塑社会学的想象力：中国近世变迁与经史研究的新传统》，《社会》2015 年第 1 期，第 1～23 页。

③ 〔德〕约恩·吕森：《历史思考的新途径》，第 156、161 页。

④ 〔德〕约恩·吕森：《历史思考的新途径》，第 161 页。

⑤ 〔德〕约恩·吕森：《历史思考的新途径》，第 170、176 页。

的事件，进而消除了其特性。普通化，顾名思义，是指将创伤性事件讲述为一种反复发生的普通事件。道德化在吕森这里指的是赋予创伤性事件以道德价值，将其讲述为完善道德的重要节点。吕森指出，这一策略广泛体现在大屠杀纪念馆以及相关的文艺作品中。在那里，大屠杀所造成的痛苦为“道德布告”所纾解了。[①] 目的论化，是指将创伤性事件讲述为走向现在之生活的必经之站。理论化则是指将创伤性事件视作对某些理论的一种挑战，这一策略在吕森看来是将具体的事件抽象化进而消解了伴随大屠杀这类事件的痛苦。最后，吕森将特殊化策略表述为，将创伤性事件视作一个纯粹的学术问题，将其分解为政治、经济、军事等各个方面并交由各个领域的专家。在吕森看来，这一策略将那些事件“限制在专家的特殊领域”，使其“不再是一个整体上来说是对历史思考发出挑战的事件”。[②]

对于这些消解创伤的策略，吕森都是持否定态度。他强调，这些阐释策略下的历史叙述会将创伤性事件的“可怕的特征掩盖在沉默之下”，是对自身罪责的一种开脱。[③] 但另一方面，吕森不得不承认，阐释过去并从中发现意义是历史学家所必须去做的。这样一来，我们就陷入一种两难境地：要么将创伤/创伤性事件放在史学（阐释方案）之中，但这会造成对罪责的开脱甚至消解；要么将创伤/创伤性事件隔离于史学（阐释方案）之外，但这如前文所述会造成这类事件的“神秘化”，进而被遗忘在当下的生活中。

显然，创伤/创伤性事件与史学之间的这一对立只有在彻底否定一方的情况下才会得到解决。吕森的选择是：否定（既有的）史学，或者说既有的史学研究方式。而为了实现这一更新，吕森这里提出了一种新的阐释策略，他称之为“二次创伤”。其要旨是，在历史阐释方面，将无意义视作意义的构成元素；在历史叙述方面，放弃连贯性的追求，表达出“一定程度的错乱”。[④] 简而言之，应当在关于创伤/创伤性事件的史学工作中表现出无意义性、断裂性、不可理解性，使得史学本身能够成为避免创伤愈合、造成“二次创伤”的力量。

二　海登·怀特：创伤与历史书写的新模式

与吕森相比，海登·怀特在国内外的知名度要高一些。1973 年，怀特出版了

① 〔德〕约恩·吕森：《历史思考的新途径》，第 163～164 页。
② 〔德〕约恩·吕森：《历史思考的新途径》，第 165 页。
③ 〔德〕约恩·吕森：《历史思考的新途径》，第 165 页。
④ 〔德〕约恩·吕森：《历史思考的新途径》，第 167 页。

后现代主义的标志性作品——《元史学》，并迅速赢得了大量关注。在不相上下的赞美与质疑中，怀特逐渐成为公认的后现代主义奠基人与主将。20世纪初，怀特的理论被介绍至国内，他在《元史学》中传达的后现代思想也为越来越多的中国学者所熟知。检索知网，以怀特为关键词的中文文章早已超过百篇。

不过，怀特对创伤的关注恰恰源于他的后现代理论或者说“转义理论”所受到的挑战。我们可以将这一理论大致总结如下：历史本身是一团互不相干的散碎事实；历史学家通过将它们填充至自己所挑选的一种情节结构（喜剧/悲剧/……）中，将历史叙述成一个个连贯的故事，进而解释了它；所谓的历史解释由此是开放且多元的，不存在评判历史解释的固定标准；从这个角度上看，史学无异于文学的一种。由于这挑战了史学家们长久以来对真实性、客观性的信念，怀特的理论遭到了许多学者的批评，而这样的一个批评被认为是尤其有力的：历史学家在书写大屠杀时难道可以自由地选择情节结构，甚至将之书写为一场喜剧吗？

面对这一诘难，怀特不得不承认，自己的转义理论有着局限性。不过，需要注意的是，这既不意味着怀特彻底放弃了自己的早期理论，也不意味着他离开了后现代主义立场。事实上，怀特仍然相信史学的文学本质。他的观点实质上是，自己在《元史学》中借用文学理论总结出的一整套书写模式（转义理论）不适用于大屠杀，史学家（因而）需要一套全新的模式，文学理论同样可以为这一工作做出必要的贡献。① 正是在论证这

① Hayden White, “Truth and Circumstance: What (if Anything) Can Properly Be Said about the Holocaust?”, in Hayden White, *Practical History*, Evanston: Northwestern University Press, 2014, p. 28。另见 Hayden White, “Historical Emplotment and the Problem of Truth in Historical Representation”, in Hayden White, *Figural Realism: Studies in the Mimesis Effect*, Baltimore and London: The Johns Hopkins University Press, 1999; Hayden White, “The Modernist Event”, in Hayden White, *Figural Realism: Studies in the Mimesis Effect*。考虑到本节的剩余内容在于展现怀特在阐明这一论点的过程中对创伤/创伤性事件的论述，这一论点在这一话题之外的两个学术效果最好提前呈现在这里。一个是，这一论点澄清了一个误解。怀特在面对大屠杀的挑战时所做出的姿态很容易造成这样一个印象：怀特现在相信，历史学家在进行历史书写时不能自由选择情节结构，包括大屠杀在内的诸多历史事件决定了它只能被叙述为喜剧、悲剧、浪漫剧等诸多文类中的一种或几种。但如这一结论所表明的那样，怀特的意思实际是，大屠杀（以及类似事件）不能被纳入任何一种情节结构中。另一方面，这一论点显然暗示了，关于大屠杀的历史写作所挑战的，只能是怀特早期理论的运用范围而非成立与否。而在笔者看来，怀特早期理论的运用范围这里也没有受到挑战。一个有趣的事实是，《元史学》的副标题——“19世纪欧洲的历史想象”——经常被人所省略。如果考虑到这一点，我们似乎可以说，怀特的转义理论是基于19世纪史学的，说它无法应用于大屠杀属于过度批评，正如我们不应指责牛顿在建立力学时没有考虑到微观层面。

一论点的过程中，怀特涉及了创伤以及创伤和史学。

怀特这里提出，由于工业化的全部后果（implication）和影响在20世纪才得以实现，包括大屠杀在内的发生于20世纪的一系列事件——两次世界大战、人口爆炸、大规模的贫困与饥饿、垃圾与核爆炸对生态环境的污染、有计划的种族灭绝——的属性、范围（scope）以及意蕴是19世纪以及以前的人们所不能预期甚至无法想象的。① 因此，他将这类事件与其他事件区分了开来，将这一系列事件称作“现代主义事件”（modernist events）。

在怀特看来，现代主义事件对相关群体的影响与个体层面的创伤性事件对个体的影响是完全（exactly）相同的。② 其理由是，现代主义事件同那些创伤性事件一样，既无法被忘记，也“无法被完全记住或者说清晰无误的辨认”。③ 说它们无法被忘记显然是易于理解。问题是，它们为什么无法被记住或者说辨认呢？怀特解释道，现代主义事件无法被清楚地辨认并不是在说与之相关的事实是否真实发生无法被清楚地确定，而是说这类事件的意义具体为何无法被清楚地说明。“当前的这一代人感觉到了在其（现代主义事件的）意义——即关于这一事件的事实在我们当前的社会与文化禀赋上能够告诉我们什么以及当我们在展望未来时应当对其保有什么样的态度——上达成一致的困难性。”④

为了阐明怀特的这一论点，我们首先需要对他的“事件”概念进行介绍。根据怀特，事件一般被认为有着真实发生于现实之中的事实（例如某人某时某刻做了某事）与人们所赋予的意义两个方面。在传统史学看来，虽然事件在不同人那里有着不同的意义，但事件中的事实可以帮助我们确定哪一个才是事件真正具有的意义。而在怀特所张扬的历史相对主义这里，是事件的意义决定了哪些事实可以被归入这一事件。用怀特的话来

① Hayden White, “The Modernist Event”, p. 69; Hayden White, “Postmodernism and Textual Anxieties”, in *The Postmodern Challenge: Perspectives East and West*, edited by Nina Witoszek and Bo Strath, London: Sage Publications, 1999, p. 78。

② 需要注意的是，在怀特这里，作为现代主义事件之一的大屠杀可以被视作创伤性事件不意味着任何一个屠杀都是如此。“发生与19世纪的比利时刚果和德属西非的种族灭绝虽然为人所知晓，但并不具有‘大屠杀’在公众意识留下的深刻程度”，因为它们不是“‘无法相信’、‘难以置信’、‘无言以对’”。见 Hayden White, “Figural Realism in Witness Literature”, *Parallax*, Vol. 10, No. 1, 2004, p. 114。

③ Hayden White, “The Modernist Event”, p. 69。

④ Hayden White, “The Modernist Event”, pp. 69 – 70。

说，“事实仅仅是被赋予事件的意义的一个功能，而不是事件所能具有的可以决定其意义的原始数据”。①

现在让我们回到现代主义事件。怀特这里强调，在面对现代主义事件时，我们已有的赋义手段全都失去了作用，因为“它们抵制着沿袭下来的指派给事件以意义的范畴（categories）与约定（conventions）”。② 而这又是因为，现代主义事件如前文所述是之前的人们所无法预料到的，旧有的“‘历史意识’（historical consciousness）（因而）并不包含将这些事件历史化时所需要的范畴与表现技巧”。③ 在这种情况下，现代主义事件的意义只能保持空白或者说开放。而根据怀特的“意义决定事实”的观点，意义的开放无疑将导致事实的开放，进而使得事件的轮廓处于变动之中。在这种情况下，事件自然是无法被清除辨认的。

简而言之，我们可以从现代主义事件与个体层面的创伤性事件之间的类似性中得此收获：在传统事件中，意义是可以确定的；在现代主义事件，意义是保持开放的。对于怀特来说，这一区别有着一个重要后果。如前文所述，意义在怀特这里是事件的基本维度，“意义”的变化显然意味着“事件”的彻底变化。换言之，现代主义事件的这一特质意味着，“事件”这一概念在现代主义事件这一个体层面的创伤性事件在集体层面的对应物这里已经发生了质的变化。“我们这个世纪发生了具有之前的历史学家所无法想象的范围、规模和深度的事件……历史事件的概念所发生的极端形变（radical transformation）正是其后果。”④

根据怀特，现代主义事件/创伤性事件的特质在实践中也有着具体表现：它“无法充当值得尊敬的科学研究的客体”。⑤ 换句话说，历史学家无法将现代主义事件视作研究的对象，只要他/她仍然坚持史学的科学性。怀特指出，一个事件可以成为科学研究课题的前提是，我们要么能将事件准确地放置在历史进程中，要么可以就这一事件做出客观的记述。这即是说，我们要么能够正确且清楚地解释这个事件，要么能够正确且全面地描述这个事件。然而，在面对现代主义事件时，这两个要求都是无法达到的。一方面，由于这类事件的意义是开放的，相关的解释无所谓正确；另

① Hayden White，“The Modernist Event”，p. 70。

② Hayden White，“The Modernist Event”，p. 70。

③ Hayden White，“Postmodernism and Textual Anxieties”，p. 78。

④ Hayden White，“The Modernist Event”，p. 72。

⑤ Hayden White，“The Modernist Event”，p. 71。

一方面，意义的开放性也意味着属于这一事件的事实是无穷无尽的，这就使得全面罗列事实成了不可能，客观记述现代主义事件自然也是如此。怀特由此进一步宣称，现代主义事件只能被处理为“统计要素，……关于它们所唯一能说的就是它们发生在特殊的时间和地点”。[①]

对于怀特来说，现代主义事件/创伤性事件的特质在理论与实践上的影响——“事件”概念的质变与客观性的丧失——最终带来了这样一个结论：我们无法将这类事件讲述为一个“关于真正发生了什么的独一的权威故事……关于它人们可以讲述出任意多个可能故事”。[②] 这无疑意味着，只要我们以叙述来再现（represent）大屠杀这类有着创伤特质的现代主义事件，我们就永远不能在合适再现（representation）为何上达成一致。另一方面，怀特援引了埃里克·桑特纳（Eric Santner）的观点，强调了叙述现代主义事件/创伤性事件的危险。桑特纳曾说道，讲述大屠杀乃至一切创伤性事件会“让研究者遭遇‘拜叙述主义’（narrative fetishism）的危险”，即“通过营造一种未受损伤（intactness）的幻觉——这典型地借助于将损伤的位置与起源放置在其他地方——以取消（undo）哀悼的策略”。[③] 怀特解说道，桑特纳的意思是，叙述会压制或者说控制相关个体或者群体关于现代主义事件的记忆（创伤）。由此看来，只要我们想要以一种合适的方式书写现代主义事件/创伤性事件，将情节结构填入事件而形成的叙述就不会是我们的选择。

这一结论无疑提出了这一问题：如果叙述这一传统的历史书写方式无法应用于现代主义事件/创伤性事件，那么这类事件能否被书写？如果可以的话，应当被如何书写？就前一个问题，许多学者都持否定意见。[④] 但怀特并不这么认为。他相信，书写大屠杀的危险只存在于叙述这一种形式中，只要我们转向一种非叙述或者说反叙述的书写方式，书写大屠杀就是可行的。这里，怀特建议我们求助于现代主义文学，因为它“标志着讲述故事——瓦尔特·本雅明意义上的‘寓言’，借助于它，一个文化中的学

---

① Hayden White, “The Modernist Event”, p. 71。

② Hayden White, “The Modernist Event”, p. 73。

③ Eric Santner, “History beyond the Pleasure Principle”, in *Probing the Limits of Representation: Nazism and the Final Solution*, edited by Saul Friedlander, Cambridge: Harvard University Press, 1992, p. 21。转引自 Hayden White, “The Modernist Event”, p. 81。

④ 出现在怀特文本中的有安德鲁·希尔格鲁伯（Andreas Hillgruber）、乔治·斯坦因（George Steiner）、艾米丽·法肯海姆（Emile Fakenheim）等等。见 Hayden White, “Historical Emplotment and the Problem of Truth in Historical Representation”, p. 33; Hayden White, “The Modernist Event”, p. 79。

问、智识和常识可以通过能被口耳相传（followable）的故事这一形式从一代人传递给另一代人——的终结”[①]。

怀特所说的现代主义文学，主要指的是萨特、伍尔夫（Virginia Woolf）等人的作品。詹明信曾指出，萨特的经典作品《恶心》是对将真实生活呈现为叙述模式的攻击。[②] 在《恶心》中，时间经验不再按照故事的模式被整理，历时性的变化过程为共时性的碎片罗列所取代，关于细节的描述仅仅被用来展示生活的枯燥而不再具有某种深层的含义。怀特总结道，这样的文字去除了叙述通过赋予生活“坏则一个图式性的外观，好则一个真确的、跨社会的、超历史的意蕴（significance）”所营造出来的虚假现实。[③] 此外，怀特还借助于奥尔巴赫（Enrich Auerbach）对伍尔夫的作品《去灯塔》（*To the Lighthouse*）所做出分析展现了现代主义文学的几个特征：一，作为客体之叙述者的作者的消失，被陈述的所有东西几乎都是通过剧中人（*dramatist personae*）在意识中的反思而出现的；二，从小说以外的、用以观察人物与事件的视角的消解；三，存在于叙述者对事件之阐释中的“怀疑和质询口吻”首要地以客观方式描述出来；四，运用意识流技巧以达到这样一个美学目的：模糊和擦去作者完全了解某一客体的印象；五，运用一种全新的用以表现时间经验的表现技巧。例如“偶然场合”（chance occasion），它能在揭示意识之过程的同时保留与思考主体之间的距离；又如擦去外部时间与内部时间之间的区别的表现技巧；载入将事件表现为随机出现而不是故事的关联章节。[④]

三　安克斯密特：创伤与关于历史的意识的产生

在国内外的相关论述中，安克斯密特与怀特经常被一道提起。这位荷

---

① Hayden White, “The Modernist Event”, p. 74。

② Fredric Jameson, *Sartre: The Origin of a Style*, New Haven and London: Yale University Press, 1961, p. 25。

③ Hayden White, “The Modernist Event”, p. 74。

④ Hayden White, “Figural Realism in Witness Literature”, p. 40。这里可能会有这样一个疑问：现代主义文学归根到底仍然是一种文学，用文学性语言描绘大屠杀难道不会造成对大屠杀的扭曲吗？这一新模式难道不是从一开始就不成立吗？在这一质疑上，怀特有两个策略。一是强调文学性语言或者说比喻性语言（figurative language）不仅不会扭曲事实，反而能更好地呈现事实。二是强调事实在呈现大屠杀时并不是首要的问题。就前一个策略，见 Hayden White, “Figural Realism in Witness Literature”；就后一个策略，见 Hayden White, “Truth and Circumstance: What (if Anything) Can Properly Be Said about the Holocaust?”。

兰学者出道于1983年，距离怀特的成名作整整十年。但同怀特一样，他的处女作《叙述逻辑：历史学家语言的语义学分析》甫一出版就赢得了包括怀特在内的不少知名学者的关注，为自己在史学中的后现代主义阵营赢得了一席之地。然而，在进入20世纪之前，安克斯密特就已开始思考后现代主义的不足，并最终提出了“后－后现代主义”。《崇高的历史经验》一般被认为是安克斯密特离开后现代的标志，而他关于创伤的论述正是集中在这本书中。①

这里，安克斯密特将遗忘与创伤联系在了一起，通过分析遗忘分析了创伤。首先，他将遗忘分成了四种。第一种是对日常生活中无关紧要的小事的遗忘。例如某日吃了什么，某时穿了什么。这些事件的遗忘对于我们的身份并无影响。第二种则是对那些看似无关紧要实则塑造了我们身份的事情的遗忘。比如童年的偶然遭遇，成年之后虽会自然而然地忘记，但却可能决定了我们性格中的一些关键特征。前两种遗忘都是我们无意间的行为，后两种遗忘则都是我们有意造成的。区别在于，第三种遗忘是我们愿意见到的，第四种遗忘是我们不愿见到的。前者与这样一个事实相关：如果某件事情过于痛苦，我们就会刻意压制这一记忆，希望相关的记忆我们的意识中退去。最终，这一记忆会被我们推入无意识的地带。与第四种遗忘相关的则是：我们有时不得不选择遗忘某件事，虽然我们不愿忘记。安克斯密特的例子是法国大革命。他认为，法国大革命使得人们突然意识到，自己的身份发生了变化，旧日的自己已经永远逝去，现在的自己已是一个全新的自己。为了接纳自己的新身份，现在的自己不得不“忘记以前的世界，摆脱以前的身份”②。

区分四种遗忘之后，安克斯密特随即指出，第三种遗忘和第四种遗忘都会带来创伤。如前文所述，这两种遗忘都是我们有意造成的。而要做到有意识地遗忘，我们就需要对遗忘过程保持意识。这即是说，我们要先记

① 需要说明的是，如这本书的题目所提示的那样，安克斯密特这里讨论的主要是“崇高的历史经验”。作者之所以会在阐明这一概念的过程中论及创伤，是因为他相信，“创伤可以被视作崇高在精神分析学上的对应物，崇高可以被视作创伤在哲学上的对应物”（Frank Ankersmit, *Sublime Historical Experience*, Stanford: Stanford University Press, 2005, p. 338）。考虑到本文的主题，在这一节中，笔者将集中考察安克斯密特关于创伤的论说，而不涉及它与“崇高的历史经验”之间的类似性。当然，考虑到安克斯密特本人确实在创伤与崇高之间画下了等号，本节关于创伤所说的一切因而都可以放在“崇高的历史经验”上，进而有益于对这一令人费解的概念的理解。

② Frank Ankersmit, *Sublime Historical Experience*, p. 323。

起某些经验，再去努力忘记它们，正如我们只有先挑出要扔掉的东西才能做到有意识地丢弃。由于我们的身份只能来自于记忆，与记忆的有意识分离意味着有意识地改变甚至彻底抛弃自己的身份，这就造成了巨大的心理伤害。[①]

不过，安克斯密特强调，由于遗忘的对象与机制不同，两种遗忘所带来的创伤是不同的。如前文所述，在第三种遗忘中，我们忘记的是那些可怕经验本身，而且我们是通过将其推入无意识地带忘记它们的。由于无意识同样是我们身份的一部分，第三种遗忘及其所带来的创伤（安克斯密特称之为“创伤Ⅰ”）从这个角度上看因而不会对我们的身份造成彻底的冲击，无论它对身份造成了多么大的伤害。隐喻地说，在第三种遗忘/创伤Ⅰ中，我们仅仅是将某些造成了破坏的经验关押在身份王国的无意识监牢，整个王国还保持着完整。安克斯密特进而指出，在这种情况下，被遗忘的经验并没有被真正忘记，它们仍然存在于主体之中。就此言之，了解过去（被遗忘的经验）的冲动是认识自我的欲望，安克斯密特称之为“关于存在的欲望”（desire of being）。[②] 一旦这一欲望被满足（自我被认识），被分离的过去就会被再次整合进当前的身份，与之“达成和解”。第三种遗忘所引发的创伤也就被随之治愈。

另一方面，安克斯密特强调，我们在第四种遗忘中所忘记的是可怕经验以及之前的绝大部分经验，而且我们是彻底地忘记它们。由于我们的身份正是来自于这些经验，这一遗忘意味着对过去身份的丢弃。安克斯密特由此认为，我们在这种遗忘以及相关联的创伤（安克斯密特称之为“创伤Ⅱ”）中无可逆转得失去了过去的身份。延续之前的隐喻，在第四种遗忘/创伤Ⅱ下，我们如同遭受一场灾难，整个身份王国在其破坏下已经成了一片废墟。此时，被遗忘的经验只能是外在于当前身份的东西，正如废墟不会是重建后的新建筑的一部分。安克斯密特进而说道，过去在这种情况下只能是一种无关乎己的客观知识，了解过去的欲望此时仅仅是“关于知识的欲望”（desire of knowledge）。[③] 因此，这一欲望的满足不仅不会将被分离的过去整合进现在，反而会更为强烈地提醒着过去的失去。第四种遗忘所引发的创伤因而永远不会被治愈，这一创伤是一种持续性的痛苦。

---

① Frank Ankersmit, *Sublime Historical Experience*, p. 324。

② Frank Ankersmit, *Sublime Historical Experience*, p. 327。

③ Frank Ankersmit, *Sublime Historical Experience*, p. 327。

事实上，除了身份破坏，两种创伤在身份重建上的作用在安克斯密特这里也是不相同的。具体来说，通过将引发创伤Ⅰ的创伤性事件用叙述的方式讲述出来，我们可以令其参与身份重建。这是因为，事件在叙述中将变得可以理解，相关的经验借此不再陌生，也就不会令人感到可怕。① 创伤性经验就此转变为可以参与身份建设的普通经验。相较之下，创伤Ⅱ在身份重建上的作用要更为复杂。如果说我们是通过肯定创伤Ⅰ是自己的一部分而重建了身份，那么我们就是通过否定创伤Ⅱ是自己的一部分而做到了这一点。安克斯密特解释道，由于我们在创伤Ⅱ中彻底失去了过去，在现在的经验中，与过去相关的只剩下“失去了过去”。这意味着，经历创伤Ⅱ后，关于“过去之我”的经验已经为关于“不再是过去之我”的经验所替代。由于这些否定性的经验在我们重建身份时也要被整合进去，我们的新身份从这个角度上看因而是通过否定自己的旧身份而建立的。用安克斯密特的话来说，“从所忘记的东西的意义上，一个人可以将（一部分）过去从身份中取消。但是，这个人并未忘记自己已经忘记，因此此人已经忘记恰恰组成了此人的新身份。……我们不仅是可以被记住的过去，也可以是被忘记的过去。”②

在安克斯密特看来，创伤Ⅱ的这些特性——既无可逆转地彻底摧毁了旧身份，也以否定形式参与建设了新身份——解答了一个重要的史学问题：我们是如何意识到存在着一个过去的。其重要性在于，能够意识到存在着一个过去是史学之存在的根本性前提。

安克斯密特对这一问题的探索是从一个简单的事实开始的：只有存在着一个“过去”，我们才能意识到它；只有在“过去”完全不同于“现在”的情况下，“过去”才会存在——否则它就是“现在”的一部分。这样一来，历史的意识的生成就转变为了这一问题：在什么情况下，我们会意识到“过去”与“现在”完全不同。

显然，要回答这一问题，我们需要知道这一不同会在什么情况下产

① 安克斯密特在别的地方论证过这一论题，见 Frank Ankersmit, *Narrative Logic: A Semantic Analysis of the Historian's Language*, Hague: Martinus Nijhoff Publishers, 1983, pp. 209 - 220; Frank Ankersmit, *History and Tropology: The Rise and Fall of Metaphor*, Berkeley and Los Angles: University of California Press, 1994, pp. 11 - 13。

② Frank Ankersmit, *Sublime Historical Experience*, p. 333。借助于弗洛伊德关于创伤的论说，安克斯密特随后更为精炼的阐明了创伤Ⅱ在身份修复上的机制：“失去的客体首先被主体所拖出，以此被压制（repelled）进而成了批判的对象，在这一伪装下（的客体）与此同时成为主体的永恒组成”。见 Frank Ankersmit, *Sublime Historical Experience*, p. 341。

生。安克斯密特这里指出，当人们赖以观看世界的视角出现了偏差或者说“用以经验这个世界的框架（framework）”发生了彻底变化时，这一不同就产生了。[①] 无可置疑的是，若两个人的视角/框架不同，他们眼中的世界就是不同的，我们甚至可以隐喻地说两个人生活在不同的世界。同理，若生活在稍早时间的人与生活在稍晚时间的人有着不同的视角/框架，两个群体经验中的世界——“过去”与“现在”——同样是不同的。由此，我们可以将历史的意识的产生再次转换为这样一个问题：在什么情况下，我们会意识到视角的质变。就此问题，安克斯密特的答案正是：在创伤Ⅱ的情况下。

如前文所述，创伤Ⅱ意味着旧身份的消解与新身份的产生。而根据安克斯密特，我们只有在获得新身份或者说离开旧身份的时候，才会获得一个外在于旧身份的、可以全面审视的旧身份的视角/框架。这是因为，只要我们仍然位于旧身份之中，其中的一个部分——我们彼时依之审视世界的视角/框架就是我们所观察不到的，正如我们无法直接看向自己，只能从自己出发看向他人。换言之，只有在创伤Ⅱ的作用下，我们才会拥有一个认识过去之我经验世界之方式的“观察点”。而显而易见的是，只有在这种情况下，我们才（可能）会意识到过去的经验方式与现在之我经验世界的方式之间的绝对差异。由此言之，端赖创伤Ⅱ的存在，我们才能注意到经验方式的根本性转变，（我们眼中的）过去的世界与现在的世界的完全不同，进而意识到存在着一个“过去”。

在结束本节之前，有必要对安克斯密特心里所想的引发创伤Ⅱ的事件即创伤性事件进行介绍。同吕恩和怀特一样，安克斯密特也将大屠杀乃至两次世界大战视作创伤性事件。不过，后者强调，大屠杀之所以能够引发创伤，既不是因为这是一场屠杀——西方殖民者对殖民地原住民的屠杀、蒙古的屠杀并没有带来创伤；也不是因为这带来巨大的痛苦——欧洲黑死病这一造成巨大痛苦的事件并未造成创伤，法国大革命虽然没有造成那么巨大的痛苦却引发了创伤。[②] 安克斯密特由此提出，痛苦不是创伤性事件的充分条件，界定创伤性事件还需要考虑到一个条件：它所造成的痛苦超出了我们的承受能力或者说理解范围。他解释道，处于这种痛苦中的“我会受到一种诱惑：从一个不再与作为处于这种痛苦之人的我碰巧一致的视

① Frank Ankersmit, *Sublime Historical Experience*, pp. 345, 357 - 358。

② Frank Ankersmit, *Sublime Historical Experience*, p. 352 - 353。

角审视我自己。我感觉我的痛苦似乎是别人的痛苦”。[①] 此时，自我发生了分裂，创伤随即出现。那么，创伤性事件为什么会引发这种痛苦进而带来创伤呢？安克斯密特相信，这是因为计划与结果出现了偏差。[②] 因为只有在这种情况下，痛苦才会是我们所不能理解的。由此言之，创伤性事件就应当是那些引发计划之外的痛苦的事件，类似于我们常说的“好心办坏事”。安克斯密特后来将之总结为兼具戏剧性（dramatic）和悲剧性的事件。[③]

四 总结与反思

在介绍三位学者的相关论述后，接下来的工作自然是比对总结其中的同与异。

在一致性上，我们至少有三点发现。首先，三位学者都不认为大屠杀是绝对特殊、独一无二的；都认为我们可以将大屠杀划归于某种类别的事件——吕森将之称为“灾难性危机”、怀特的用语是“现代主义事件”、安克斯密特心里想的则是造成“创伤Ⅱ”的事件；都将这类事件以及相关的经验与创伤性事件以及创伤联系在了一起。其次，学者们对创伤性事件的界说是基本一致的。吕森、怀特和安克斯密特都不同程度地强调了，痛苦并不是创伤性事件的充要条件，其创伤性特质很大程度来自于事件的发展及结果严重偏离了预期或者说远远超出了人们的预料，带来了意料之外的痛苦。最后，三位学者关于创伤性事件所造成的创伤的论述也是大致相同。他们都认为，创伤不仅是对集体之过去所（能）具有的意义的彻底否定，更是对过去之集体所使用的发现意义的模式/赋予意义的范畴和约定/观看世界的视角/经验世界的框架的彻底拒绝。一言以蔽之，创伤是对既有的集体身份的毁灭性打击。

另一方面，我们也能发现，三人在集体层面的创伤/创伤性事件对史学之影响上的回答存在着比较明显的不一致之处：吕森试图将创伤/创伤性事件视作一个被指派给西方历史思考或者说史学研究的重要问题，认为它将要求相关的西方史家采用一种全新的阐释策略；怀特则认为创伤/创

① Frank Ankersmit, *Sublime Historical Experience*, p. 354。

② Frank Ankersmit, *Sublime Historical Experience*, p. 357。

③ Frank Ankersmit, *Meaning*, *Truth*, *and Reference in Historical Representation*, New York: Cornell University Press, 2012, p. 181。

伤性事件是对原有的西方历史写作方式的严峻挑战，迫使相关西方史家更新自己的历史书写传统；而在安克斯密特看来，创伤/创伤性事件是激发西方历史学家历史感、令其意识到某个过去的存在的刺激点，创伤/创伤性事件在他这里可以说为西方史家提供了一个新的书写对象。

不过，我们也能注意到，这一不一致与三位学者在研究视角上的差异关系密切。一般来说，后现代主义之前的史学理论关注的是史学的方法、任务、地位等问题，而后现代主义者关注的是历史学家的语言，“后－后现代”关注的是历史行动者乃至历史学家的意识、经验和记忆。将这一点纳入考虑，我们就有两种处理这一分歧的方式。其一，如果我们相信，现代主义、后现代主义以及“后－后现代主义”是相互补充的，三者仅仅只是关注着史学中的不同维度，那么我们就可以将三位学者的分歧归为研究视角上的不同，这一分歧进而就可以被认为是相融的。① 由此，我们能得出这样一个结论：创伤/创伤性事件有能力冲击学科化以来的整个西方传统史学，并要求相关的西方史家采用一种不同于传统的新型史学。其二，如果我们相信，现代主义、后现代主义以及“后－后现代主义”是相互否定的，三者都主张自身所关注的维度才是史学中最为重要（甚至唯一）的维度，那么我们就可以将三位学者的分歧归为史学观念上的不同，这一分歧就是不可调和的。由此，我们也可以得出一个结论：创伤/创伤性事件有能力冲击西方史学中最为重要（甚至唯一）的维度，不论是在现代主义、后现代主义这里，还是在“后－后现代主义”中。显然，不论是哪一种处理方式，我们都会走到这一点：集体层面的创伤/创伤性事件要求处理它的西方史家转向一种新型史学。②

---

① 需要说明的是，笔者这里并不是说，我们可以或应当将三位学者所提出的应对方案联系为一个整体甚至一个模型；而是说，三位学者中任何一位学者的应对方案的成立与否都不影响其他两位学者的应对方案。换句话说，三位学者的应对方案的竞争者是关注其所关注的维度的其他学者所提出的其他方案。而且，笔者同意，这些竞争者是存在的。

② 此外，需要承认的是，除了一致性与不一致性外，由于三位学者在创伤上的论述各有侧重，这里还存在着两个值得注意的“有”与“无”的差异。一个是，吕森和怀特都没有论及创伤在新认同的建立上是否发挥了作用，而安克斯密特则特别强调了创伤在新身份之建设上的否定性作用。另一个是，不同于吕森和安克斯密特，怀特论述中的创伤仅仅与现代主义事件即发生于20世纪的某些事件有关。这就导致了创伤性事件与现代主义事件在所属关系上的含混：集体层面的创伤是现代主义事件的独有特质还是说现代主义事件可以被归为创伤性事件？怀特的论述中并无相关界说。不过，鉴于怀特将现代主义事件视作工业革命这一历史事件的高潮，笔者倾向于认为怀特论中现代主义事件可以被归为创伤性事件，与其他两位学者的论述并不冲突。

如果本文是用英语写成的，至此就可以结束了。不过，作为一篇中文文章，这里还需要反思上文对西方史学理论的思考在中国史学方面有何助力。这里，这一反思可以总结为这样一个问题：中国历史上是否存在创伤/创伤性事件。这即是说，符合西方学者所界定的创伤性事件之特性的中国史实是否为中国人带来了上文论中的集体性创伤。

显然，这一问题是属于史学实践者的。囿于本文的背景与笔者的能力，这里无法给出任何实质性的回答。不过，在笔者看来，无论这一回答是什么，都至少有着这样的两个价值。第一个与史学实践中的认同研究有关。如上文所述，在西方史学理论家的论述中，创伤/创伤性事件是与（西方）认同关联在一起的。如果中国史家能在中国历史的基础上得到肯定的答案，那么集体层面的创伤/创伤性事件就是梳理中国人集体认同的形成与变迁的重要线索；而如果他们得到了否定的答案，那这就有益于中华文明的独特性的确立。

第二个价值主要体现在史学理论上。根据上文的总结，如果中国史家得到的回答是肯定的，那么中国的史学理论工作者自然就需要在中国的“创伤史学”上做出自己应当做出的贡献，为中国的相关学者探索出一种合适的新型史学提供他们所需要的帮助。而如果中国史家的回答是否定的，那么中国的史学理论工作者就要谨慎处理西方史学理论。这是因为，上文的总结同样表明，集体层面的创伤/创伤性事件在西方史学的产生与发展中发挥着至关重要的作用。如果这一创伤缺位于中国历史，那么中国史学的缘起与发展的目标一定程度上说就是有别于西方的。

当然，即使事实是后一种情况，也不意味着中国史学不需要西方史学理论。一方面，对西方史学理论的反思可以帮助中国史家更好地掌握西方史学的新技艺、新思路。另一方面，从宏观层面把握中国史学时，西方史学理论可以充当一个否定性的路标，帮助我们标明中国史学（本）不应选择的前进方向。这一效果无疑是必要的——如安克斯密特所表明的那样，我们是什么和我们不是什么是同等重要的。

中外史学交流

吉谢列夫与苏联考古学在中国的传播*

洪认清

（厦门理工学院马克思主义学院，福建厦门 361024）

摘 要： 苏联著名考古学家 C. B. 吉谢列夫于 1950 年、1959 年两次应邀来华讲学并指导考古工作，其论著在中国广为流传。他把苏联的辩证唯物主义和历史唯物主义的考古学体系全面系统介绍到中国，对促进中苏考古学文化交流，提升中国考古学的地位，强化中国考古学的历史学定位，启迪中国学者的问题意识，推动中国马克思主义考古学体系的早期构建起了较大的积极作用；但其所传播的理论也存在过于强调将考古现象与马克思主义经典术语对号入座等教条主义错误，产生了负面影响。

关键词： C. B. 吉谢列夫 苏联 中国 考古学 马克思主义

C. B. 吉谢列夫（Киселёв，Сергей Владимирович 1905 ~ 1962），苏联著名考古学家，历史学博士，苏联科学院通讯院士。1950 年初春，新中国的考古研究所正在筹建，大规模经济建设即将开展，古老中华大地沉睡的文化宝藏亟待抢救性发掘整理；在这关键时刻，苏联历史学家、考古学权威吉谢列夫应邀来华讲学并指导考古和历史研究工作，时间长达一个半月。1959 年冬，在考古学界大力推动“建立马克思主义中国考古学体系”的重要时间节点，吉谢列夫再次来华，进行为期一个月的讲学和交流。吉谢列夫两次来华讲学，受众面广，影响力大，其考古学论著也陆续被译介

* 本文为国家社会科学基金项目一般项目“马克思主义中国化进程中苏联史学论著编译与传播问题研究”（项目编号：14BKS018）的阶段性成果。

到中国，广为流传。吉谢列夫所传播的苏联考古学理论和方法，对新中国考古学发展走向产生了较大影响。[①]

一 吉谢列夫与中苏考古学交流

（一）吉谢列夫两次来华讲学

关于吉谢列夫第一次来华讲学的背景，1953年中国科学院考古所副所长夏鼐回忆说："1950年新中国的考古研究所成立，考古工作的目标开始有了转变。苏联派了他们的国家考古所副所长吉谢列夫来支援我中国科学院考古所开展工作。"[②]

1950年3月，应中苏友好协会邀请，时任苏联科学院玛尔院士物质文化史研究所（即后来的考古所）副所长、莫斯科大学考古学教授和《古史通报》杂志主编的吉谢列夫来中国讲学。被邀请的还有生物学教授努日金博士、经济学副教授马卡洛娃硕士，三位教授先后在北京等地举行了100多次的讲演会和座谈会。《人民日报》对其讲学活动进行了全程跟踪报道，还刊载记者访谈实录，全面介绍他们的学术成就及在中国讲学的主要内容。[③]吉谢列夫当时号称苏联最权威的考古专家，《人民日报》因此给予特别关注，报道了其代表作《西伯利亚南部古代史》获得斯大林科学奖金的消息[④]，还两次专门报道他在西安讲学的情况和参观殷墟的过程。[⑤]《文物参考资料》等刊物也对吉谢列夫做了重点介绍。

---

① 关于吉谢列夫学术成就的研究，代表性成果有署名"浩"的"蒙古古代史研究者吉谢列夫"一文，载《蒙古学资料与情报》1986年第1期；该文对吉谢列夫在蒙元史研究领域的成就进行了介绍。此外，夏鼐、尹达、苏秉琦、石兴邦、周连宽、佟柱臣、蔡凤书、林沄等一批著名考古学家都曾撰文提及吉谢列夫对新中国考古学发展的重要影响。黄建秋在《百年中国考古》中对吉谢列夫来华讲学的影响做了一定分析，指出：苏联考古专家吉谢列夫为推动中国考古学发展起到一定作用，但是也带来一些问题，比如出现了教条主义。见《百年中国考古》，江苏人民出版社，2013，第122页。总的来看，关于吉谢列夫来华对苏联考古学理论方法的传播及在中国所产生的影响，还有待进一步深入细化研究。

② 夏鼐：《中国考古学的现状》，《科学通报》1953年第12期。

③ 君强、柏生：《来我国讲学的苏联三教授访问记》，《人民日报》1950年3月5日第1版。

④ 佚名：《斯大林科学奖金获得人和他们的卓越成就》，《人民日报》1950年3月8日第4版。

⑤ 新华社：《吉谢列夫抵西安讲学》，《人民日报》1950年4月15日第3版。安阳通讯社：《苏考古专家吉谢列夫参观殷墟》，《人民日报》1950年4月28日第3版。

1950 年 3 ~4 月，吉谢列夫在北京、上海、南京、杭州、武汉、西安、郑州、安阳等地讲学，一个月内作了 23 次讲演，听众达 22500 人。[①] 他的专题报告主题有“苏联的历史科学与历史教学”“苏联的考古研究”“考古学在研究社会发展史上的重要性及如何以唯物观点认识社会发展的问题”“列宁、斯大林对历史科学的贡献”等。

除了讲学，吉谢列夫还在各地参观指导文博工作。他参观了中国文物局及历史博物馆、“北京人”发掘地——周口店、南京博物院、上海市立历史博物馆等文博单位。先后陪同参观的中国学者有北京大学历史系主任翦伯赞、南京博物院副院长曾昭燏、上海市立历史博物馆馆长杨宽等。

吉谢列夫对新中国考古发掘工作进行了具体指导。1929 年起在安阳进行的发掘工作开中国现代考古学之先河，后因抗战爆发而被迫中断。为了向苏联专家学习先进经验，中国特地将继续发掘中断 13 年之久的安阳殷墟作为迎接吉谢列夫的工作场面，中国科学院（时为中央科学院）组建殷墟发掘组，由郭宝钧主持发掘工作。1950 年 4 月 18 日，吉谢列夫来到安阳西五里的小屯村参观殷墟，向陪同人员详细询问当地地层情况与以前发掘的收获，他亲手搜集了石刀和将军盔残片等三大包，对殷墟发掘成果做出高度评价，并说：“如果能给我一小地段来发掘，将是何等兴奋的事！”[②] 他在参观过程中根据挖掘出的古物，谈了许多关于社会发展史的问题。并在当晚向安阳各界做了题为“考古学在研究社会发展史上的重要性及如何以唯物观点认识社会发展的问题”的演讲。[③] 吉谢列夫指出，殷代是中国社会步入阶级社会的第一个阶段和形成国家的阶段，“殷代文化的研究，在中国历史研究上具有非常重要的意义”。[④]

根据中苏科学合作协定，1959 年于 11 月 25 日吉谢列夫再度来华，开展为期一个月的学术交流。吉谢列夫首先在北京考察了历史博物馆和定陵，接着到东北和河南、陕西等地寻觅中国古迹，先后参观了黑龙江省博物馆、吉林省博物馆、辽宁省博物馆、沈阳北陵和故宫、河南省文物工作队和郑州市博物馆、洛阳市博物馆和中国科学院考古研究所洛阳工作站、

① 考古研究所编辑室：《C. B. 吉谢列夫通讯院士再度来华》，《考古》1959 年第 12 期。
② 萧离：《记考古研究所在安阳、辉县的发掘工作》，《文物参考资料》1951 年第 2 期。
③ 安阳通讯社：《苏考古专家吉谢列夫参观殷墟》，《人民日报》1950 年 4 月 28 日第 3 版。
④ 张铁弦：《我们向苏联历史考古学家学习什么？——吉谢列夫在华讲学略记》，《文物参考资料》1950 年第 Z1 期。

半坡博物馆、陕西省博物馆、中国科学院考古研究所西安研究室、科学院陕西分院考古研究所和汉长安城遗址等；然后回到北京后继续参观历史博物馆、故宫和民族文化宫，吉谢列夫在各地参观过程中，向中国民众介绍花拉子模发掘、南西伯利亚古代史等问题。他还参加了在北京举行的中国猿人第一个头盖骨发现30周年纪念会并致词。

值得一提的是，当时中国考古学者邹衡根据南王湾考古成果和洛阳以及伊洛地区调查试掘材料，把伊洛地区从仰韶早期到商代前期之前的文化划分方法理出来，夏鼐将这一成果推荐给在华讲学的吉谢列夫，并邀请他实地观看。吉谢列夫到洛阳观看后给予邹衡的南王湾的分期成果高度评价。①

吉谢列夫在北京访问期间，分别在中国科学院考古研究所、历史博物馆和北京大学历史系等单位做了学术报告。他于1959年12月24日结束了在中国的访问回国。②

（二）吉谢列夫考古学和历史研究论著被译介到中国

1950年吉谢列夫第一次在中国讲学，考古学者张铁弦担任翻译，他将吉谢列夫讲学的主要内容译成中文摘要发表在5月20日天津《进步日报》和5月21日上海《大公报》，随后全文被《文物参考资料》转载。吉谢列夫来华讲学的讲义被印成专集，畅销全国各地。③ 1950年新华书店版《吉谢列夫讲演集》由中苏友好协会总会辑，张全新、陈冰夷、刘泽荣、缪朗山译等译；吉谢列夫的《苏联的考古研究》由中苏友好协会总会辑，缪朗山译。1953年时代出版社出版了中苏友好协会总会辑，刘泽荣等译《苏联的历史科学与历史教学——吉谢列夫讲演集》。吉谢列夫第二次来华所做的学术报告的主要内容被阮西湖翻译成中文，发表在《考古》1960年第2期，题为《C. B. 吉谢列夫通讯院士在北京所作的学术报告》，包括“南西伯利亚和外贝加尔湖地区古代城市生活的新资料”、“苏联境内青铜文化与中国商文化的关系”等具体内容。④

吉谢列夫1945年写成的博士论文《南西伯利亚古代史》，于1950年

① 岳南：《千古学案　夏商周断代工程解密记》修订版，商务印书馆，2012，第161～162页。

② 佚名：《吉谢列夫同志在我国各地访问》，《考古》1960年第1期。

③ 佚名：《两年来中苏文化交流的成绩》，《人民日报》1952年2月14日第3版。

④ 〔苏〕C. B. 吉谢列夫：《C. B. 吉谢列夫通讯院士在北京所作的学术报告》，阮西湖译，《考古》1960年第2期。

获斯大林奖金。吉谢列夫在华讲学期间，多次介绍该书的主要内容和基本观点，并将著作俄文版送给南京图书馆、中国科学院华东办事处等一批单位。《南西伯利亚古代史》的俄译汉由中科院考古所（今中国社科院考古所）莫润先担任主译通校等工作。新疆社会科学院民族研究所分别于1981年、1985年印行该书的上、下册中文版。2014年新疆人民出版社出版《南西伯利亚古代史》，译者王博。

1957年十月革命40周年时，吉谢列夫在《苏联考古学》发表“四十年来苏联境内青铜时代的研究”一文，以苏联青铜时代的研究为例，阐述十月革命以来在马克思列宁主义理论指导下苏联考古科学方面取得的重大成就，该文同年被译成中文，由《考古通讯》（即《考古》的前身）转载。①

1955年吉谢列夫在苏联《考古学通讯》撰文，推介A.B.阿尔茨霍夫斯基的考古学教材《考古学通论》，文章随即被译成中文，刊登在《考古通讯》。②《考古学通论》教材的中文版也于1956年由楼宇栋译，文物科学出版社出版。

吉谢列夫在《苏联考古学》1957年第2期发表的“蒙古的古代城市”以及在1959年3期发表的“中国陶瓦的历史”等成果；被介绍到中国。③他在《苏联考古学》1958年第4期、1961年第4期发表的“外贝加尔古城”“蒙古移相哥城”等论著的主要观点，也被译介到中国。④

1965年吉谢列夫出版著名的研究报告——《古代蒙古城市》，对20世纪60年代以前所进行的古代蒙古城市的考古发掘研究工作尤其是对蒙古汗国首都哈剌和林城的畜牧业、农业、商业、手工业、宗教、教育、科技和政治外交等诸方面情况进行了总结。该书的引言部分于1983～1984年被译介到中国。⑤ 全书的中译本（孙危译）2016年由商务印书馆出版。

---

① 〔苏〕C.B.吉谢列夫：《四十年来苏联境内青铜时代的研究》，张忠培、薛家译，《考古通讯》1957年第6期。

② 〔苏〕C.B.吉谢列夫：《评A.B.阿尔茨霍夫斯基著〈考古学通论〉》，陈振藩译，《考古通讯》1955年第5期。

③ 佟柱臣：《苏联出土的有关中国考古材料》，《文物参考资料》1957年11期，第22～27页。

④ 〔苏〕A.A.捷列霍娃：《古代蒙古城市的铁器制作业》，皓古译，《蒙古学资料与情报》1986年第1期。

⑤ 〔苏〕C.B.吉谢列夫：《古代蒙古的城市（引言）》，陈弘法译，载内蒙古自治区文物工作队编印《文物考古参考资料》（内部资料）第5期（1983年印），第89～98页；第6期（1984年印），第114～129页。

（三）吉谢列夫推动中苏学术双向交流

1950 年吉谢列夫等来华讲学的目的，是想把苏联的科学成就和先进的科学理论与方法介绍给中国人民，并且要把新中国的情况和科学研究的现状带回苏联。[①] 就是说，是为了促进中苏友谊和双边学术交流。吉谢列夫重视中苏考古学的交流。1950 年在南京博物院考察，他建议曾昭燏副院长选择一部分从新石器时代到唐代的瓷器参加莫斯科的中国艺术展。在上海市立历史博物馆参观考察，他将该馆陈列的商代。周代、汉代的生产工具和兵器，分别绘制实测图[②]；并将这些成果介绍到苏联。1959 年吉谢列夫在参观陕西历史博物馆时见到塞伊玛 - 图尔宾诺式倒钩铜矛，认为其与中亚草原地区的古文化有关，并在 1960 年《苏联考古学》撰文对这款倒钩铜矛进行介绍。近年来随着中西文化交流研究的兴起，这件阔叶并带倒钩的大铜矛又为国内外学界所关心。[③]

1953 年中国科学院代表团访问苏联，吉谢列夫几乎全程陪同。[④] 与历史学家刘大年等进行了广泛交流。

1956 年 11 月中国科学院历史研究所第二所蒙古史研究室主任翁独健等应邀到乌兰巴托参加蒙古、中国、苏联三国的历史学家会议，研究共同编写蒙古史。吉谢列夫曾领导苏蒙考古队进行了蒙古汗国都城遗址——哈拉和林城址发掘，此次他作为蒙古史专家，他也参加了三国的历史学家会议。吉谢列夫表示欢迎三个国家历史学家共同编写一部更完整的蒙古史。并且介绍了有关的资料。[⑤]

1957 年中国考古学者佟柱臣到苏联学习博物馆工作，在莫斯科物质文化研究所等地看到和听到了许多有关中国的考古材料。吉谢列夫教授等向他介绍了苏联出土的有关中国考古材料。[⑥] 佟柱臣从吉谢列夫等学者那里了解到：幅员辽阔的苏联考古学文化内涵十分复杂，西伯利亚赤塔城的陶

---

① 张铁弦：《我们向苏联历史考古学家学习什么？——吉谢列夫在华讲学略记》，《文物参考资料》1950 年第 Z1 期。

② 佚名：《苏联考古学权威吉谢列夫博士来我国讲学》，《文物参考资料》1950 年第 Z1 期。

③ 贺达炘：《陕西历史博物馆收藏的一件塞伊玛—图尔宾诺铜矛》，《考古与文物》2016 年第 2 期。

④ 刘潞、刘衡山编《大路　刘大年的学术人生》，湖北人民出版社，2015，第 73 页。

⑤ 新华通讯社：《新华社新闻稿》1956 年 11 月 15 日，第 21 页。

⑥ 佟柱臣：《苏联出土的有关中国考古材料——庆祝十月革命四十周年，愿中苏考古学者开展中苏古代文化交流的研究》，《文物》1957 年第 11 期。

鬲、巴泽雷克的战国四山纹境、阿巴千的汉代建筑址、冬提肋科河的西辽遗址，与中国文化有关。① 佟柱臣后来在边疆考古与中国文化认同等领域取得了突出的学术成就。

二 吉谢列夫所传播的苏联考古学的主要内容

吉谢列夫在讲学交流和相关论著中，阐明苏联考古学所取得的巨大成绩，介绍苏联在经济建设中保护文物的先进经验，传播苏联考古学的理论和方法。其所传播的苏联考古学主要包括如下内容：

（一）苏联考古学的特点

1. 以马克思列宁主义为指导

吉谢列夫多次强调苏维埃考古学是以马克思列宁主义为指导方针，与贵族考古学和资产阶级考古学有着根本不同。他在 1950 年来华所做的“苏联的考古研究”报告中，着重说明苏联历史学家掌握并运用列宁、斯大林的社会发展的观点，通过对考古发掘出的古代史迹和废墟的考察，探寻各民族古代生活的遗迹，进而研究社会制度的变迁和社会发展的原动力。他强调：苏联的近代历史著作都是马列主义方法理论应用于历史考古学的成就。② 他明确指出，苏联考古学者们的指导理论，就是列宁、斯大林的社会发展学说。③ 他在评论阿尔茨霍夫斯基著“考古学通论”学术价值时，赞许作者“令人信服地证明了考古学材料对于用马克思列宁主义地阐明历史过程的意义”；“竭力确定了马克思主义考古学科学的对象和地位，并且指出了它与资产阶级唯心主义考古学的深刻区别”。④

2. 是马列主义历史科学的有机组成部分

吉谢列夫在来华所做的“苏联的考古研究”报告中指出，苏联的近代历史著作都是马列主义方法理论应用于历史考古学的成就。⑤ 他强调：苏

① 佟柱臣：《记苏联科学院物质文化研究所与莫斯科大学历史系的考古学讲座》，《文物》1959 年第 2 期。

② 佚名：《苏联考古学权威吉谢列夫博士来我国讲学》，《文物参考资料》1950 年第 Z1 期。

③ 张铁弦：《我们向苏联历史考古学家学习什么？——吉谢列夫在华讲学略记》，《文物参考资料》1950 年第 Z1 期。

④ 〔苏〕C. B. 吉谢列夫：《评 A. B. 阿尔茨霍夫斯基著〈考古学通论〉》，陈振藩译，《考古通讯》1955 年第 5 期。

⑤ 佚名：《苏联考古学权威吉谢列夫博士来我国讲学》，《文物参考资料》1950 年第 Z1 期。

联的考古学已经成为马列主义历史科学的有机的一部分，其目的是利用物质的残迹，来考察已经灭绝的社会经济形态，重视某个部落或民族在某个时期的生活样式之特点，并且揭发社会发展的过程及其原动力。他还引用苏联考古学的奠基者，语言学家马尔院士的话说；考古学的首要任务就是历史研究。[①]

3. 为配合国家基本建设而有计划展开

吉谢列夫在第一次访华讲学中指出：苏联的考古发掘和研究是在国家计划之中，在科学院的总的计划之中进行的。即是说，苏联的考古研究具有计划性。他还指出，考古学的规模，在苏维埃时代，大大地超越了以往的范围。苏联政府每年拨出大批款额作为考古发掘之用，国家的每个建设事业，在进行工程的时期，也要拨出专款，作为发掘调查的费用。[②] 也就是说，苏联的考古工作是配合国家建设而开展的。考古学家苏秉琦回忆说：吉谢列夫讲到考古配合基本建设，“国家要把基本建设当中工程的费用拿出多少个百分比，用于投资配合基本建设的文物考古工作，工程部门必须拿出几个百分点作为文物保护经费。”[③]

（二）苏联考古的技术和方法

吉谢列夫在1950年讲学中详细介绍了苏联田野考古的发掘方法，指出：苏联考古“务必发现先民的各式各样的居所，其设计样式，以至每个目的物所以存在的条件”，即突出社会史考古与环境史考古的特色。苏联注重大面积居住遗址的发掘，其田野考古工作“对于发掘物极小细节的深入研究，与发掘广大面积相结合”。[④] 吉谢列夫等苏联考古学家对草原地区考古学材料的判断，主要依靠与埃及、美索不达米亚有纪年的国王谱系年代对比，与古希腊和中国器物的类型学对比，参考已有的碳十四数据，最终得出对青铜文化绝对年代的判定。[⑤] 吉谢列夫等的考古学研究方法，受到中国学者关注。

---

① 张铁弦：《我们向苏联历史考古学家学习什么？——吉谢列夫在华讲学略记》，《文物参考资料》1950年第Z1期。

② 张铁弦：《我们向苏联历史考古学家学习什么——吉谢列夫在华讲学略记》，《文物参考资料》1950年第Z1期。

③ 苏秉琦：《圆梦之路（上）》，《东南文化》1995年第4期。

④ 中苏友好协会总会编《吉谢列夫讲演集》，张全新等合译，新华书店，1950，第57页。

⑤ 杨建华、邵会秋、潘玲：《欧亚草原东部的金属之路——丝绸之路与匈奴联盟的孕育过程》，上海古籍出版社，2016，第14页。

（三）中苏考古文化的渊源关系

吉谢列夫长期从事田野考古，擅长运用考古学材料研究西伯利亚和中亚细亚的历史，其研究对象与中国古代文化有密切关系。他在叶尼塞河的发掘中，发现了不少中国古代的遗物如中国汉代的瓦当，并据此撰文《中国瓦当史略述》，发表在《苏联考古学》1959 年第 3 期。[①] 在西伯利亚南部的考古研究中，吉谢列夫特别注重辨别那里的文化有没有中国文化的影响，如其名作《南西伯利亚古代史》就指出，“外贝加尔地区和叶尼塞河沿岸出土的带犁壁的铁犁，说明甚至蒙古以北的突厥人也采用中国的耕作技术”[②]。

1950 年吉谢列夫考察指导殷墟考古发掘工作，在安阳出土的青铜刀子，有屈背式、凹背凸刃式，凸背凹刃式等，与吉谢列夫在南西伯利亚多年发掘发现的青铜刀子样式相似。殷商青铜文化与苏联南西伯利亚青铜文化有何关系？这是中国学者关注的一个重要问题。吉谢列夫在中国讲学时解释说：“在殷代和周初，居住在黄河流域和渭河流域的异民族，被驱除到辽远的北方去。由于这些民族的北移，他们就把殷周的青铜文化带到了南部西伯利亚。”[③] 公元前 12 世纪，中国北方青铜器广泛北传，东南部的居民也开始进入米努辛斯克盆地。[④] 吉谢列夫认为，南西伯利亚米努辛斯克盆地发现的高度发展的卡拉索克青铜文化，融入一定成分的中国北方青铜文化的因素。他指出：“在那些地方，在当地土著之间已经混入了中国北方人种成分，便造成了南西伯利亚高度发展的卡拉索克文化。”[⑤]

吉谢列夫不赞成“青铜文化西来说”。1959 年吉谢列夫在北大做报告时，有与会者提问：北方文化和商文化有何关系？他回答：“我看商文化不是从西伯利亚来的，西伯利亚没有这么高水平会一下子影响到商，西伯

① 佟柱臣：《记苏联科学院物质文化研究所与莫斯科大学历史系的考古学讲座》，《文物》1959 年第 2 期。

② 〔苏〕C. B. 吉谢列夫：《南西伯利亚古代史》下册，新疆社会科学院民族研究所汉译本，1985，第 92 页。

③ 张铁弦：《我们向苏联历史考古学家学习什么？——吉谢列夫在华讲学略记》，《文物参考资料》1950 年第 Z1 期。

④ 杨建华、邵会秋、潘玲：《欧亚草原东部的金属之路——丝绸之路与匈奴联盟的孕育过程》，第 207 页。

⑤ 张景明：《中国北方游牧民族饮食文化研究》，文物出版社，2008，第 334 页。

利亚的水平低多了。"[①] 吉谢列夫在《南西伯利亚古代史》一书中认为一些典型的卡拉索克文化青铜器是中国北方地区的人群带到叶尼塞河沿岸的，[②] 即商文化影响到了苏联境内的卡拉索克文化。这一论断为揭示中国跟南西伯利亚的文化联系的本质创造条件。

三　吉谢列夫对新中国考古学发展的影响

1950 年春吉谢列夫第一次来华讲学，新中国的考古工作刚刚起步，吉谢列夫作为苏联考古学权威，在中国广泛传播苏联先进科研工作经验和马克思主义考古学，客观上起到了中国马克思主义考古学启蒙者的作用。考古学家石兴邦在回顾新中国考古学的开篇史时指出，吉谢列夫的演讲"在我国史学界和理论界引起了极大的反响，提高了大家对考古学的认识。"[③] 石兴邦还指出，吉谢列夫的到来，在中国的历史考古界掀起了一个热潮，提高了考古的社会地位。[④] 1959 年吉谢列夫第二次次来华讲学，对正在蓬勃发展的中国考古学进行指导，再次产生热烈反响。吉谢列夫讲学内容及其论著在中国广泛传播，对新中国考古学的发展起了一定的推动作用。

（一）更明确了中国考古学应走的方向

1953 年，中国科学院考古研究所副所长夏鼐在分析中国考古学的现状时指出：1950 年考古所成立的同年苏联考古学专家吉谢列夫来中国讲学，更使中国的考古工作者了解了苏联先进的考古学的有优越性，认清了中国考古学应走的方向。[⑤] 这个方向就是学习苏联考古学经验，建立马克思主义的中国考古学体系。1950 年《人民日报》在评论吉谢列夫等在华讲学活动的意义时指出："他们将马列主义和苏联宝贵的经验传授给我们"[⑥]。夏

---

① 苏秉琦：《圆梦之路（上）》，《东南文化》1995 年第 4 期。

② 杨建华、邵会秋、潘玲：《欧亚草原东部的金属之路——丝绸之路与匈奴联盟的孕育过程》，第 207 页。

③ 石兴邦：《走向辉县　新中国考古的开篇之作》，《中国文化遗产》2004 年第 1 期。

④ 石兴邦口述，关中牛编著《叩访远古的村庄 · 石兴邦口述考古》，陕西师范大学出版社，2013，第 85 ~ 86 页。

⑤ 夏鼐：《中国考古学的现状》，《科学通报》1953 年第 12 期。

⑥ 新华社：《文教委员会及中苏友协总会　设宴欢送苏联三教授　努日金教授等昨离京返苏》，《人民日报》1950 年 4 月 25 日第 3 版。

鼐在50年代多次强调，应该加强学习马克思列宁主义，学习苏联先进经验。[①]

吉谢列夫两次来华讲学，把苏联的辩证唯物主义和历史唯物主义的考古学体系介绍到中国，产生了重要影响。苏秉琦回忆说：请吉谢列夫来做多次报告。他所报告的内容，给我们印象深的是，关于苏联考古学与旧俄罗斯考古、英法美考古的不同和培养人才的不一样；苏联考古学是以马克思主义为基础理论。[②] 考古学家石兴邦也回忆说，吉谢列夫来华大讲马克思主义，尤其是将“考古”提高到了“唯物主义”的高度。[③] 石兴邦认为，吉谢列夫把流行于苏联的辩证唯物主义和历史唯物主义的考古学体系移植过来，帮助中国建立起了一整套考古学的基本体系。

1950年吉谢列夫考察殷墟发掘现场，根据将殷商时期厘定为奴隶社会。他在安阳首次提出要用马克思主义历史唯物主义观研究历史文物这一说法。[④] 殷墟研究中所尝试和确立的，将考古现象与马克思主义经典术语对号入座的古史研究与分期方法，成为新中国考古学研究的重要特点。[⑤]

苏联考古学重视马克思主义的引领作用，强调通过物质材料研究社会发展史的演变，认为考古研究对丰富和发展马克思主义唯物主义理论有重要重要的作用；吉谢列夫所传播的这些观点，被中国学者接受。如：1959年12月中国猿人第一个头盖骨发现30周年纪念会召开，吉谢列夫出席并致词，中国科学院副院长竺可桢指出，对人类化石和旧石器材料的研究，将进一步发展人类起源的唯物主义理论，大大地丰富我国民族历史以及整个人类的发展史。[⑥]

吉谢列夫在强调考古工作要以马克思主义为指导的同时，也重视考古学自身的理论和方法的建设，苏秉琦说：请吉谢列夫来做多次报告。他所报告的内容，讲了两点：一是以马克思主义，以辩证唯物论和历史唯物论为基础理论；二是历史主义。“吉谢列夫说得很明白，历史主义与历史唯物论是区别开来的”；苏秉琦据此认为：“历史唯物论和历史不区别开，考

① 夏鼐：《中国考古学的现状》，《科学通报》1953年第12期。夏鼐：《一九五四年我国考古工作》，《考古通讯》1955年第6期。

② 苏秉琦：《圆梦之路（上）》，《东南文化》1995年第4期。

③ 石兴邦口述，关中牛编著《叩访远古的村庄·石兴邦口述考古》，第85~86页。

④ 石兴邦口述，关中牛编著《叩访远古的村庄·石兴邦口述考古》，第86页。

⑤ 陈淳：《安阳小屯考古研究的回顾与反思——纪念殷墟发掘八十周年》，《文史哲》2008年第3期。

⑥ 高峰：《中国猿人第一个头盖骨发现30周年纪念会》，《地质科学》1960年第2期。

古这门学科也就不存在了”。[①] 也就是说，历史唯物论的理论指导不能替代真实的具体的历史。吉谢列夫的研究不是直接从考古材料到马克思主义，而是在历史唯物论的指导下运用历史的分析方法等考古学的理论方法研究考古材料，进而探求社会发展规律。民国时期的考古学家们的工作主要是对遗物和遗迹的描述，少有根据考古资料来推论古代社会组织的。在苏联考古学的影响，通过实物来研究社会组织、经济状况和文化面貌，从生产方式着手研究意识形态，进而探求人类社会发展的规律，成为新中国考古学很长一段时间的主流学术取向。

在吉谢列夫等苏联考古学家的影响下，建立马克思主义中国考古学体系逐渐成为考古学界的一种共识。尹达 1958 年提到建立马克思主义指导的中国考古学体系。1958 年夏鼐强调在考古工作中建立起马克思主义的中国考古学体系。[②] 1959 年吕遵谔、严文明、刘慧达、宿白、石兴邦等知名学者投书《考古》杂志，建议早日成立中国考古学会，“以便更迅速地建立马克思主义的中国考古学体系。”[③]

（二）更明确了中国考古学与历史学的密切关系

1949 年以前，关于考古学的学科定位，有多种说法，其中受英美人类学影响较大的一派认为考古学主要是史前考古学，是人类学的一部分。如 1934 年厦门大学林惠祥的《文化人类学》一书，将史前学（史前考古学）列为人类学的四大分支之一。1949 年以后中国学者则采用苏联等国的不包括考古学的狭义人类学，将考古学视为历史学的组成部分。[④]

吉谢列夫在华讲学，多次阐述考古学和历史学的关系。1953 年夏鼐指出，吉谢列夫的讲学，更使中国考古工作者认识到，“考古学的研究，不应该是为考古而考古，而应是为历史科学服务”[⑤]。2004 年石兴邦回忆说，吉谢列夫的演讲，使大家认识到“考古学已成为马克思主义历史科学的有机构成部分”[⑥]。1953 年尹达撰文，表达他和和裴文中对学习苏联考古学者经验和工作作风的体会，指出：吉谢列夫来我国讲学时，在“苏联的考

① 苏秉琦：《圆梦之路（上）》，《东南文化》1995 年第 4 期。

② 夏鼐：《考古工作也要厚今薄古》，《考古通讯》1958 年第 6 期。

③ 黄建秋：《百年中国考古》，江苏人民出版社，2013，第 174 页。

④ 张实：《体质人类学》修订版，云南大学出版社，2009，第 5 页。

⑤ 夏鼐：《中国考古学的现状》，《科学通报》1953 年第 12 期。

⑥ 石兴邦：《走向辉县　新中国考古的开篇之作》，《中国文化遗产》2004 年第 1 期。

古研究”的报告中已经对苏联考古学者的成就有了详细的介绍；从苏联考古工作成就可以看出，苏联的考古学者绝不是“为考古而考古”，而是把考古看作历史科学研究工作的一个重要方面，考古学是马克思列宁主义历史科学的重要构成部分。①

在苏联学者关于考古学定位等因素影响下，中国考古学与历史学的关系日益密切。1953 年范文澜《中国通史简编》的第一次修订本已大量地采用考古学上的材料。1952 年郭沫若的《奴隶制时代》是利用考古学材料，以马克思列宁主义的观点和方法做专门研究的代表之作。1959 年夏鼐在回顾新中国十年来的考古工作成就时指出：十年来出土了很多重要的古物，推动了考古学的发展，更重要的是考古工作者接受了马克思列宁主义的思想，认识到考古学是历史科学的有机构成部分。②

（三）更明确了中国考古学应联系实际配合国家经济建设工作

1950 年吉谢列夫的讲学，从社会主义建设实践的必要性和紧迫性，阐明了考古学的重要性。使中国考古工作者认识到考古在为历史科学服务的同时，“更应联系实际，配合国家伟大的经济建设”。1953 年夏鼐说，中国考古工作者都认识了研究工作应该结合实际，为国家建设服务。③ 1954 年夏鼐又指出，考古工作在新中国蓬勃发展，“并且确立了考古学在目前应该配合国家伟大的经济建设，而为历史科学服务。”④

（四）更明确了学习苏联考古技术和方法的意义

吉谢列夫非常重视考古学发掘技术和考古学文物研究方法。他在评论 A. B. 阿尔茨霍夫斯基著《考古学通论》时指出，该书虽然提到考古学发掘和考古学文物研究的基本方法，但没有具体地回答“马克思主义的考古学家应该向发掘提出怎样的特殊要求”等问题。也就是说，该书对考古发掘的技术和古文物研究的具体方法的介绍不够。吉谢列夫在华讲学，详细介绍了苏联的田野发掘方法尤其是发掘的的黎波里及花剌子模遗址的技术和方法，产生了较大影响。1952 年夏鼐在田野工作训练班讲学，在介绍欧

① 尹达：《认真学习苏联考古学者的宝贵经验和工作作风》，《科学通报》1954 年第 8 期。
② 夏鼐：《十年来的中国考古新发掘十年来的中国考古新发掘》，《科学通报》1959 年第 21 期。
③ 夏鼐：《中国考古学的现状》，《科学通报》1953 年第 12 期。
④ 夏鼐：《考古工作在新中国的蓬勃发展》，《科学通报》1954 年第 10 期。

洲包括苏联在内的田野发掘的历程时，转述了吉谢列夫在中国讲学时所介绍的苏联考古学者发掘方法，指出“苏联考古学者本身把发掘方法也改良了”①。1953 年夏鼐撰文强调，对于室内研究工作中的具体问题和及田野工作的技术问题，应该向苏联学习；“今后对于居住遗址的发掘展开工作，便应该学习苏联发掘的的黎波里及花剌子模遗址那样大规模的完善的发掘方法，我们还应该学习苏联考古学家如何利用自然科学的新方法来解决考古学上的问题”。②

吉谢列夫介绍苏联大规模大面积居住遗址发掘方法，给中国学者留下深刻印象。苏秉琦回忆说：吉谢列夫着重指出考古要大规模大面积地揭发。咱们过去没有未意识到大遗址的重要性；“只有大遗址才够得上古城古国，或者说后来就变成古城古国，只有这样的遗址才是重要遗址。”③ 苏秉琦认为苏联大遗址发掘的理念与西方人的历史观念中的城市考古是相通的。

吉谢列夫等向中国学者介绍苏联考古学家在特里波列文化遗址中的发掘方法，即大规模发掘原始社会村落遗址的方法被中国学者普遍接受。北京大学历史系考古专业沿用的国立莫斯科大学历史系制定的“田野考古工作方法”教学大纲指出，大面积的发掘乃是对古代社会的生活及经济进行考古研究的唯一科学方法。④ 在这一方法指导下发掘的半坡遗址，成为真正意义上的中国聚落考古的开始。

（五）启迪了中国考古学者的“问题意识”

吉谢列夫所提出的学术问题启发了中国考古学者的“问题意识”。蔡凤书 1959 年在北京大学考古学专业就读时听了吉谢列夫的演讲，后来回忆说，吉谢列夫在北京大学关于花剌子模遗址发掘和南西伯利亚古代史等问题的讲演，这使得包括他自己在内的中国年轻的学人耳目一新、大受启发。⑤ 蔡凤书后来成为研究新石器时代考古学专家。考古学家林沄在 1998

---

① 夏鼐：《田野考古序论——在考古工作人员训练班讲演摘录》，《文物参考资料》1952 年第 4 期。

② 夏鼐：《中国考古学的现状》，《科学通报》1953 年第 12 期。

③ 苏秉琦：《圆梦之路（上）》，《东南文化》1995 年第 4 期。

④ 〔苏〕Д. А. 阿乌杜辛，А. В. 阿尔茨霍夫斯基：《“田野考古工作方法”教学大纲（国立莫斯科大学历史系）》，楼宇栋译，《考古通讯》1956 年第 1 期。

⑤ 蔡凤书：《开展外国考古教学与研究刍议》，《“迎接二十一世纪的中国考古学”国际学术研讨会论文集》，1993，第 519 页。

年出版的《林沄学术文集》的“代序”中也提到：苏联考古学家吉谢列夫到北大演讲，谈到西伯利亚和中国黄河流域的古代文化联系问题。引起了自己很大的兴趣，影响了自己的学术道路选择。

吉谢列夫的在华演讲及其论著多次谈到考古学文化的问题，对中国学者有一定启发作用。如夏鼐在“关于考古学上文化的定名问题”一文中引用《苏联大百科全书》关于考古学上的“文化”定义；并指出，考古学上文化的定名，应该采用最为通行的小地名命名办法，以族名来命名的，只适用考据精确的较晚的一些文化。他举例说，苏联吉谢列夫虽然认为西伯利亚的塔加尔文化可能属于中国史上的丁零族，但并不直接称它为“丁零文化”，这是比较审慎的科学态度。① 1957 年周连宽发表“丁零的人种和语言及其与漠北诸族的关系”一文，在吉谢列夫《南西伯利亚古代史》相关论述基础上进行拓展深化，提出了新的见解。②

吉谢列夫多次谈到中苏考古文化的关联性，引起中国学者更多的思考。40 年代由吉谢列夫等人主持发掘的阿巴坎宫殿遗址，是最北面的汉代文化遗址，也是苏联境内所发掘的首座中国式建筑，为研究汉匈关系提供了重要资料。吉谢列夫等认为阿巴坎宫殿遗址为李陵投降匈奴后的住所宫殿，郭沫若对此表示怀疑。1950 年吉谢列夫在中国讲学，在“苏联的考古研究”中又提到南西伯利亚发现中国宫殿遗址，在阿巴干城附近发掘了中国建筑式的古宫废墟，宫顶上盖有刻着汉字的汉瓦。③ 1951 年周连宽读了《吉谢列夫演讲集》及其《南西伯利亚古代史》，对吉谢列夫关于南西伯利亚发现的中国式宫殿遗址的主人是李陵的观点提出质疑。他根据现有的文献史料和实物史料，论证阿巴坎宫殿的建筑年代应该在公元 14 年至 18 年，宫殿主人是昭君的长女须卜居次云，亦称伊墨居次云。④

吉谢列夫促进了中国的蒙元史研究。1948 至 1949 年，吉谢列夫领导苏蒙联合考古队对回纥故城哈剌·巴剌哈孙和蒙古国都和林城进行考古发掘，弄清了哈拉和林古城遗址的具体位置、街区分布、建筑物布局等一系列疑难问题。五六十年代他又率队取得一系列重要考古发现，还根据考古材料对元代历史进行新的阐发。这些考古成果，1965 年由吉谢列夫主持合

---

① 夏鼐：《关于考古学上文化的定名问题》，《考古》1959 年第 4 期。

② 周连宽：《丁零的人种和语言及其与漠北诸族的关系》，《中山大学学报》（社会科学版）1957 年第 2 期。

③ 中苏友好协会总会编《吉谢列夫讲演集》，张全新等合译，第 95 页。

④ 周连宽：《苏联南西伯利亚所发现的中国式宫殿遗址》，《考古学报》1956 年第 4 期。

编为《古代蒙古城市》一书，非常有用。[①] 为中国学者深化蒙元史研究提供了极大方便。

（六）促进了中国考古学人才培养体系建设

50年代初北京大学率先设置考古专业，从基本教材、教学计划、课程设置到教学大纲，基本上是照搬苏联莫斯科大学的一套，苏秉琦回忆说，考古专业办起来后，“莫斯科大学和吉谢列夫给了我们很大帮助，他的教学计划对于我们很重要。”北大考古专业的工作实习、生产实习、毕业实习，是跟苏联学习来的。[②] 翦伯赞创办并亲自主持的“北京大学历史问题讲座”论坛，邀请吉谢列夫等多国学者来演讲，在国际学术界产生了一定影响。

结　语

在新中国考古工作起步之初，苏联考古学权威吉谢列夫两次来华讲学指导工作，推动中苏学术交流，其部分论著也被译介到中国，广为流传；尤其是代表作《南西伯利亚古代史》一书数十年来一直是新疆史前考古研究最为重要的一个参照系，至今影响巨大。[③]

吉谢列夫把苏联的辩证唯物主义和历史唯物主义的考古学体系全面系统介绍到中国，使中国学者更明确了中国考古学应走的方向，对提升考古学的地位，推动中国马克思主义考古学体系的早期构建起了较大作用。吉谢列夫等所介绍的苏联大规模大面积发掘居住遗址发掘方的方法被中国学者普遍接受，促进了聚落考古在中国的兴起。吉谢列夫的在华演讲，还从比较年代学意义上辨清了中国青铜文化和西伯利亚的青铜文化，否定了“青铜文化西来说”，对中国古代文明形成和发展的研究有重要参考价值。吉谢列夫关于考古学文化、西伯利亚和中国黄河流域的古代文化联系等问题的论述，启发了中国考古学者的“问题意识”，有助于考古学研究的深化。

吉谢列夫长期从事田野考古，擅长运用考古学材料研究西伯利亚和中

① 白寿彝总主编，陈得芝主编《中国通史》第8卷（中古时代·元时期上册），上海人民出版社，2013，第152页。

② 苏秉琦：《圆梦之路（上）》，《东南文化》1995年第4期。

③ 刘学堂：《青铜长歌》，甘肃人民出版社，2015，第14页。

亚细亚的历史，其学术研究具有考古学和历史学密切结合的鲜明特色。他在讲学时多次强调苏联考古学是马克思主义历史科学的有机组成部分，使中国学者更明确了考古学与历史学的密切关系。1949 年之前，中国考古学是以历史学定位和人类学定位为主流的多元观点，50 年代吉谢列夫等苏联考古学者的观点的广泛传播，对中国考古学历史学定位起到了强化作用。与历史结合成为中国考古学的鲜明特色，这与西方考古研究与艺术史、人类学和社会科学研究相结合的特点极不相同。

需要指出的是，吉谢列夫所推介的苏联的考古学论著有的存在用马列主义的词句给考古资料戴帽穿靴等问题，并非都是成功之作。[①] 受苏联考古学的影响，中国考古学者在相当长的一段时间里也有根据考古材料将苏联五阶段社会发展模式简单套用到中国历史发展中来的现象；存在教条和机械套用马列经典，特别是照搬斯大林版的社会进化论解释考古材料，将社会发展史、历史唯物论的框架与考古学材料简单拼凑在一起等现象。此外，由于研究方法的不够科学和对中国文物知识不够熟悉，吉谢列夫有的学术观点是错误的，如在突厥汗国与欧亚文化交流的考古学研究等领域有错误的结论。[②] 但总的来说，吉谢列夫在传播苏联考古学理论和方法积极作用是主要的，他在强调考古学以马克思主义为指导的同时，也重视考古学专门的理论和方法的运用，广泛传播了苏联野外考古学调查和文物发掘的技术和方法，这种尊重事实的态度，避免了考古学完全受极端政治化的影响。夏鼐 1979 年撰文总结新中国 30 年考古学的成就时，引用日本学者贝冢茂树《中国文明的再发现》中的观点指出："那种以理论歪曲解释事实的倾向虽不能说绝对没有，但确实是罕见的。"[③]

① 苏秉琦：《圆梦之路（下）》，《东南文化》1996 年第 1 期。
② 陈凌：《突厥汗国与欧亚文化交流的考古学研究》，上海古籍出版社，2013，第 40 页。
③ 夏鼐：《三十年来的中国考古学》，《考古》1979 年第 5 期。

历史文献学

再论“虎簋盖”和“师虎簋”的年代问题

黄国辉

（北京师范大学历史学院，北京　100875）

摘　要：“虎簋盖”“趞簋”和“申鼎”中的“密叔”当为甘肃灵台姬姓密氏，是共王时候密康公的先辈，它为我们判断“虎簋盖”和“申鼎”的年代问题提供了重要依据。“虎簋盖”年代即为穆王三十年，“申鼎”应属穆王时器，“师虎簋”的年代则当以共王元年为宜。

关键词：虎簋盖　师虎簋　年代

1996年，陕西丹凤县出土“虎簋盖”，发现时已裂为四块，后经修复而成，其铭文记：

> 唯卅年四月初吉甲戌，王在周新宫格于太室，密叔入右虎，即位，王呼内史曰：“册命虎。”曰：“乃祖考事先王，司虎臣，今命汝曰：更乃祖考，胥师戏，司走马驭人眔五邑走马驭人，汝毋敢不善于乃政。锡汝市、幽黄、玄衣、滰纯、銮旂五日，用事。”虎敢拜稽首，对扬天子丕丕鲁休。虎曰：“丕显朕剌祖考粦明，克事先王，肆天子弗望厥孙子，付厥常官，天子其万年緟兹命。”虎用作文考日庚障，子孙其永宝用，夙夕享于宗。

“虎簋盖”首句便是“隹（唯）卅年四月初吉甲戌”，所记时间中的年、月、月相、干支等四要素俱全，故出土以后受到学界的密切关注，专家们就其年代问题展开热烈讨论。

整理者王翰章、陈良和、李保林等首先指出“虎簋盖”应该是穆王时器。其研究认为，西周各王在位年数比较长的是，成王三十七年，穆王在位五十五年，厉王在位三十七年，宣王在位四十六年。根据“虎簋盖”的铭文内容和书体，此簋盖不会是成王时的器物，更不会是厉、宣时期的，以年数和月相干支推算，定为穆王时期比较合适，因为穆王卅年四月初吉的月首干支正是甲戌，因此初步定为穆王时期的器物。①

1997 年，《考古与文物》编辑部就“虎簋盖”开展座谈，并发表纪要。② 王辉从五个方面讨论了“虎簋盖”的时代问题，包括了纹饰、字体、内容、人名、用字等。研究指出，“虎簋盖”当属穆王时器。王占奎从历日研究角度进行考察，认为“虎簋盖”当是穆王时器。吴镇烽也认为从器物造型、文字、词汇、人名等内容上看，“虎簋盖”应该置于穆王时最合理。李学勤亦持相同看法。③ 张懋镕也从用词、字体、人名等内容出发，却得出不同的结论，其研究认为“虎簋盖”当是共王时器。周晓陆持相同看法。

1999 年，彭裕商发表《也论新出“虎簋盖”的年代》一文，研究认为“虎簋盖”当属夷王末年器。不仅把此前多数学者所认为的大批西周中期器物的年代拉到了夷厉时代，还进一步把夷王的时代拉长到 30 年以上。④

2000 年，张闻玉发表《“虎簋盖”与穆王纪年》一文，从历法角度考察“虎簋盖”及其与之相关的器物年代，明确指出“虎簋盖”的年代应在穆王时期。⑤ 李操仲则从历日角度对张闻玉的所拟构的历法提出质疑，但同样认为“虎簋盖”是穆王时器。⑥

2012 年，王占奎发表《2003 年以来所见西周历日拟年》一文，对自己原来看法提出修正，赞成“虎簋盖”属于共王时器。⑦ 2013 年，张懋镕

---

① 王翰章、陈良和、李保林：《虎簋盖铭简释》，《考古与文物》1997 年第 3 期。

② 《虎簋盖铭座谈纪要》，《考古与文物》1997 年第 3 期。以下所引王辉、张懋镕、吴镇烽、王占奎、周晓陆等人观点，如未作特别说明均出此文。

③ 李学勤：《西周青铜器研究的坚实基础》，《文物》2000 年第 5 期。以下所引李先生观点，如未作说明，皆出此文。

④ 彭裕商：《也论新出虎簋盖的年代》，《文物》1999 年第 6 期。以下所引彭先生观点，如未作说明，皆出此文。

⑤ 张闻玉：《虎簋盖与穆王纪年》，《考古与文物》2000 年第 5 期。以下所引张先生观点，如未作说明，皆出此文。

⑥ 李操仲：《虎簋历日与周穆王年代》，《考古与文物》2002 年第 3 期。

⑦ 王占奎：《2003 年以来所见西周历日拟年》，李宗琨主编《古文字与古代史》第 3 辑，中研院历史语言研究所，2012。

发表《新见金文与穆王铜器断代》一文，同样对自己原来的看法进行修正，赞成“虎簋盖”不是共王而是穆王时器。①

与“虎簋盖”相关联的是“师虎簋”（《集成》04316），其铭文记：

> 唯元年六月既望甲戌，王在杜宜，格于太室，井伯入佑师虎，即立中廷，北向，王呼内史吴曰：“册命虎。”王若曰：“虎！截先王既命乃祖考事啻官，司左右戏緐荆，今余唯帅型先王命，命汝更乃祖考啻官，司左右戏緐荆，敬夙夜勿灋（法）废朕命，锡汝赤舄，用事”。虎敢拜稽首，对扬天子丕丕鲁休，用作朕剌考日庚尊簋，子子孙孙其永宝用。

王辉指出“虎簋盖”中的“虎”即是元年“师虎簋”里的“师虎”，同名为虎，文考皆为“日庚”，只能理解为同人。所言甚是。然关于“师虎簋”的年代，学界还存在争议。唐兰将其定为共王时器，② 王辉、张闻玉、王翰章等人均从此说。李学勤、张懋镕、王占奎定为懿王时器，③ 彭裕商则定为厉王时器。

由于“虎簋盖”可联系起大批器物，对于西周铜器断代意义重大，故不可不辨。应该说，专家们从多方面对“虎簋盖”和“师虎簋”的年代问题进行了细致考察，有力促进了这一问题的深入研究，令人称道。专家所论，不再赘述，笔者在此仅就此前研究中关注薄弱的地方进行考察，不当之处，祈请斧正。

笔者以为，此前学界对“虎簋盖”中的“密叔”问题讨论较少，随着近出器物的公布，其意义有待充分考察。吴镇烽指出“密叔”又见于“趞鼎”（《集成》04266，当作“趞簋”），是西周中期前段密国公族。④ 王翰章等同意吴镇烽的看法，却进一步认为密国即密须国，姞姓，其地在今甘肃灵台县。《周本纪》、《诗·皇矣》都记载有周文王受命称王后，曾有“伐密须”之事。周原出土的甲骨文亦有“王其往密山”、“今秋，王斯克往密”等记载。为研究方便计，现引“趞簋”铭文如下：

> 唯三月，王在宗周，戊寅王格于太庙，密叔佑趞，即位。内史即

---

① 张懋镕：《新见金文与穆王铜器断代》，《文博》2013 年第 2 期。

② 唐兰：《西周青铜器铭文分代史徵》，中华书局，1986，第 412 页。

③ 王占奎：《2003 年以来所见西周历日拟年》，李宗琨编《古文字与古代史》第 3 辑，中研院历史语言研究所，2012。

④ 吴镇烽：《金文人名汇编》，中华书局，2006，第 295 页。

命。王若曰：趞，命汝作斆师冢司马，啻官仆射、士讯，小大有𨻰，取徵五锊。赐汝赤市、幽亢、銮旂，用事。趞拜稽首，对扬王休，用作季姜尊彝，其子子孙孙万年永宝用。

除了“趞簋”以外，近出“申鼎”亦见有“密叔”，并引铭文如下：

唯八月初吉庚寅，王在宗周，游于比。密叔佑申，申赐禾于王五十秭。申拜手稽首，敢对扬皇丕显天子丕丕休，用作朕文考氏孟宝尊鼎，子子孙孙其万年永宝用。①

“申鼎”中的“密叔”亦为佑者，其地位较高。“密叔”当属密国人，但是这个密国是否就是专家所说的姞姓密须国呢？恐怕不是。《史记·周本纪》记有文王“伐密须”。裴駰《史记集解》记：“应劭曰：‘密须氏，姞姓之国。’瓒曰：‘安定阴密县是也。’”张守节《史记正义》：“《括地志》云：‘阴密故城在泾州鹑觚县西，其东接县城，即古密国。’杜预云姞姓国，在安定阴密县也。”所谓安定阴密县即今甘肃灵台。《诗·皇矣》记：“密人不恭，敢距大邦”。毛传谓“国有密须氏”。可见，西周以前确有密须国，其姓为姞。但是姞姓的密须国在文王时就已经被周人伐灭，《左传·昭公四年》记成王分封唐叔时有“密须之鼓”，此密须之鼓即是文王伐灭密须时所得。商代的密须国被消灭后，其旧地为周人所有，并在此基础上新建了姬姓的密国。故西周以后，甘肃灵台的密国为姬姓。《国语·周语上》记：

恭王游于泾上，密康公从，有三女奔之。其母曰：“必致之于王。夫兽三为群，人三为众，女三为粲。王田不取群，公行下众，王御不参一族。夫粲，美之物也。众以美物归女，而何德以堪之？王犹不堪，况尔小鬼乎？小鬼备物，终必亡。”康公不献。一年，王灭密。

韦昭注：“康公，密国之君，姬姓也。”甚是。《国语·周语中》记周襄王欲以狄人之女为后，富辰谏之曰：

昔鄢之亡也由仲任，密须由伯姞，郐由叔妘，聃由郑姬，息由陈妫，邓由楚曼，罗由季姬，卢由荆妫，是皆外利离亲者也。

① “申鼎”见张懋镕《新见金文与穆王铜器断代》一文。

此皆言西周春秋时事，密须之亡由伯姞既属“外利离亲者也”，则西周之密须与伯姞必不为同姓。盖商时密须为姞姓，其国为文王所灭，而其民仍因旧地而居，故虽封于姬姓，仍有姞姓杂处。结合《周语上》记有三女奔于密公，可知此三女必同为姞姓，《周语中》仅举其伯姞而该之。如是亦可知韦注密康公为姬姓，当属可信。

除了灵台姬姓密国以外，今河南亦有密县。《汉书·地理志》记河南郡有“密”。应劭曰：“‘密人不恭’，密须氏，姞姓之国也。”臣瓒曰：“密，姬姓之国也，见《世本》。密须，今安定阴密是也。”两者均以此“密”是密须氏。对此，颜师古已指出其谬，谓：“应、瓒二说皆非也。此密即《春秋·僖六年》‘围新密’者也，盖郑地。而《诗》所云‘密人’即《左传》所谓‘密须之鼓’者也，在安定阴密。”师古所言甚是。《春秋·僖公六年》记：“夏，公会齐侯、宋公、陈侯、卫侯、曹伯伐郑，围新城。”杜预注：“新城，郑新密，今荥阳密县”。《左传·僖公六年》记：“夏，诸侯伐郑，以其逃首止之盟故也。围新密，郑所以不时城也”。河南之密即是新密。

新密在地理位置上紧挨郐国。《左传·僖公三十三年》记郑公子瑕死，“文夫人殓而葬之郐城之下”。杜预注：“郐国在荥阳密县东北”。《史记·郑世家》记：“太史伯对曰：‘独雒之东土，河济之南可居。’公曰：‘何以？’对曰：‘地近虢、郐’。”《史记集解》引徐广言：“虢在成皋，郐在密县。”可知，新密紧靠郐国。郐国为祝融之后，妘姓。《国语·郑语》：“祝融亦能昭显天地之光明，以生柔嘉材者也，其后八姓，于周未有侯伯”，此八姓之中即有“妘姓，邬、郐、路、偪阳”。《郑语》记史伯为郑桓公论周末大势时曾谓：“其济、洛、河、颍之间，是其子男之国，虢、郐为大。”故当其时，郐在济、洛、河、颍之间为大国，土地较广，实力较强，紧邻郐国的新密很难称得上是周人的势力范围，而当属郐国的势力范围。直到春秋初期郑武公时，郐国才被郑人占据。《郑语》记郑桓公“乃东寄帑与贿，虢、郐受之，十邑皆有寄地。”韦昭注：“十邑，谓虢、郐、邬、蔽、补、舟、依、柔、历、华也。后桓公之子武公竟取十邑地而居之，今河南新郑是也。”郐国被灭后，其地皆为郑国所有，新密亦成为郑国的都邑。此外，在距离上，河南之密距宗周非常遥远，而灵台姬姓密国则距宗周较近，故共王能游于泾上。再就其重要性而言，对于周王朝来说，灵台姬姓密国显然要比河南之密重要得多。

综上所考，笔者以为，“虎簋盖”、“趞簋”和“申鼎”中所记，常伴随在周王左右，在西周王朝中担任重要职事的“密叔”只能是灵台姬姓密氏。值得注意的是，甘肃灵台的姬姓密国恰恰就是在共王时候被灭的。这一历史史实对我们判断“虎簋盖”和“申鼎”的年代是非常重要的。在“虎簋盖”、“趞簋”、“申鼎”等诸多铜器铭文中，密叔都是担任佑者，这恐怕不是偶然，足以说明其地位较高。他辅佐周王从事各种册命活动，显示出其在王朝中担任重要职事。笔者以为，此“密叔”非甘肃灵台之姬姓密氏莫能当之。实际上，结合周原甲骨“王其往密山”、“今秋，王斯克往密”等记载，可知，灵台姬姓之密从商末周初到西周早中期一直具有重要地位。“虎簋盖”、“趞簋”和“申鼎”中的“密叔”当是灵台姬姓密国贵族，极有可能是共王时代密康公的祖辈或父辈。因此，“虎簋盖”的年代当是穆王三十年，而无法放到共王或厉王时期。“申鼎”的年代亦当在穆王时期。西周共王时，灵台姬姓密国被灭，此后就再也看不到其在历史舞台上的重要活动了。

“虎簋盖”年代的确定有助于我们进一步探讨“师虎簋”的年代问题。笔者以为，由于二器为一人所作，如果我们把“师虎簋”定在懿王元年，那么从穆王30年到懿王元年，这中间至少还要经过37年的时间，包括了穆王剩下的25年和共王之世最少的12年（据今本《竹书纪年》）。若按夏商周断代工程所拟穆王55年，共王23年计，这中间则有48年的时间跨度。如此之大的时间跨度，实在令人难以置信。缘此，笔者以为，“师虎簋”的年代当以共王元年为宜，唐兰将其定为共王时器，这是合理的。张懋镕最初认为“师虎簋”是懿王时器，但后来则定为共懿时器，[①] 这种变化当是有所考虑的。

总之，笔者以为，“虎簋盖”、“趞簋”和“申鼎”中的“密叔”只能是甘肃灵台姬姓密氏，是共王时期密康公的先辈，它为我们判断“虎簋盖”和“申鼎”的年代问题提供了重要依据。“虎簋盖”年代即为穆王三十年，“申鼎”应属穆王时器，“师虎簋”的年代则当以共王元年为宜。

---

① 张懋镕：《试论西周青铜器演变的非均衡性问题》，《考古学报》2008年第3期。

当代史学评论

近年来桐城派史学研究述论*

汪高鑫　尚晨蕊
（北京师范大学历史学院、史学理论与史学史
研究中心，北京　100875）

摘　要： 桐城派是我国清代文坛上最大的古文流派，同时在经学、史学等领域也做出了重要成就。长期以来，桐城派史学成就一直被人们所忽视。近年来，学术界开始关注到桐城派的史学成就，相关的研究日益增多。这些研究主要集中于史学思想、史书义法、边疆史地、清史编纂、方志与区域史等方面，取得了显著的成果。桐城派史学研究的主要特点，一是重视史学思想的研究，二是重视代表人物史学的研究。主要存在的不足，一是对桐城派史家史著的研究还不够全面，二是缺乏对桐城派史家群体的研究，三是缺乏对桐城派史学成就的全面研究。

关键词： 桐城派　史学成就　史学思想

桐城派是我国清代文坛上最大的古文流派，以其文统的源远流长、文论的博大精深而享誉海内外。然而桐城派的学术成就绝不仅限于文学，它在经学、史学等领域同样做出了重要成就。长期以来，桐城派史学成就一直被人们所忽视。改革开放初期，一些学者已经关注到桐城派的史学成就。近年来，学界日益重视对于桐城派史学的研究，其中专论文章有数十篇之多，还有部分研究桐城派的著作也涉及史学内容。已经取得的研究成果虽然可喜，但探讨还远远不够系统和深入，桐城派史学这份宝贵遗产，

---

* ［基金项目］教育部人文社科重点研究基地重大项目“中国古代历史教育与文化传承”（项目编号：16JJD770007）阶段性成果。

还需要我们进一步认真加以总结和传承。

一 初创期桐城派史学的研究

桐城派的发展历经初创期、兴盛期和末流时期三个阶段，在桐城派发展的各个历史阶段，史学领域都取得了重要成就。桐城派的初创期为康乾时期，主要代表人物有戴名世、方苞、刘大櫆。戴名世是桐城派开山祖，方苞是奠基人。作为桐城派初创之人，戴名世、方苞和刘大櫆都在史学上取得了重要成就。学者们关于三人史学的研究，集中于史学思想和史书义法等方面。

史学思想的讨论最为充分，尤以对戴名世史学思想的探究成果最多。徐文博、石钟扬在《戴名世论稿》[1] 一书中认为，戴名世的史学思想不同凡俗，他不仅能正确认识史学的作用，还提出了一套历史考证方法，其史学思想的各个侧面，既贯穿着朴素的唯物史观，又有着强烈的现实意义，是我国史学理论宝库中的一份珍宝，值得我们去探讨和借鉴。李传印《论戴名世的史学思想》[2] 指出，戴名世致力于《明史》的编撰，体现出了古代良史的深沉而远大的历史意识；能够从明朝的历史发展过程中见盛观衰，并且从历史的发展过程中去认识现实、把握时代，具有鲜明的历史现实主义批判精神。他的《〈史论〉与戴名世的史学理论观》[3] 一文，着重从戴名世论史学的属性和作用、史学的求真与信史撰作两个角度，细致分析了戴名世的史学理论价值以及史学批评思想。他的《戴名世的历史评论浅议》[4] 一文，则指出了戴名世历史评论的局限性，认为他借历史评论来宣扬狭隘的君臣之“义”，“影射”的历史评论方法并没有阐述什么新的见解，而是进一步张扬传统的夷夏观念，宣扬他那极端狭隘的民族思想。侯虎虎《略论戴名世的史学思想》[5] 认为，戴名世的史学思想主要体现在三个方面：一是治史要有严谨的态度；二是治史要有卓越的史才，主要从能否正确对待国史和野史，能否客观全面的评价历史人物，能否正确认识历史发展的规律这三个方面来评判；三是治史必须有正确的伦理道德，主要

① 徐文博、石钟扬：《戴名世论稿》，黄山书社，1985，第 117 ~ 132 页。

② 李传印：《论戴名世的史学思想》，《北京科技大学学报》（社会科学版）2001 年第 3 期。

③ 李传印：《〈史论〉与戴名世的史学理论观》，《安徽研究文献集刊》2004 年第 1 期。

④ 李传印：《戴名世的历史评论浅议》，《安徽史学》2006 年第 6 期。

⑤ 侯虎虎：《略论戴名世的史学思想》，《延安大学学报》（社会科学版）2001 年第 2 期。

表现在史学应提倡秉笔直书，史学应褒扬忠节孝义，史学应爱憎分明这三个方面。徐天祥《戴名世的史学思想》[①] 一文，肯定戴名世具有卓越的史识和史才，指出戴名世多用“义”来作为评价历史事件和人物的是非标准，以人心向背为“势”的根本因素。徐丽《戴名世的史学关怀与特色》[②] 认为，戴名世为清代卓越的史学家，他有着深刻的史学关怀，主要表现在他有明确的存史意识，收集保存了大量明史资料，并进行撰写。他看到了人民群众在历史发展中的重大作用，其“平民史观”是其史学关怀的突出特色。路新生《戴名世学论》[③] 认为，戴名世最耀眼的成就就在于他的史学，戴名世对晚明烈士材料的收集体现了史家应有的品性良知和职业道德，“知人论世”是其对史学理论的重大贡献。

方苞与刘大櫆的史学思想也受到一定程度的关注。董根明的《方苞史学思想初探》[④] 对方苞的历史编纂思想、历史观等进行了探讨，认为方苞的历史编纂思想特点是重视校勘史籍，考订史实，指出官修之史的不足，主张“事信而言文”的史著编撰原则；方苞的历史观认为万物之理难尽，人事之变无穷，人类社会的一切皆处于不断变化和发展之中，人心之所同，即天理之所在。吴筱霞的《方苞与地方志》[⑤] 重点探讨了方苞的修志思想，认为方苞的修志思想主要体现在四个方面：一是修志应恪守统一的体例；二是修志取材应坚持“由博返约”的原则；三是群书互参，是解决志书疏漏的良方；四是撰著成志，提升了志书的学术价值。其修志思想对后世的章学诚也有重要影响。许光的《方苞史学思想与浙东学派——从解读方苞〈万季野墓表〉入手》[⑥] 认为，方苞的史学思想受到了浙东学派的影响，这可以从方苞与万斯同的交往得以体现。刘卓敏的《刘大櫆历史观初探》[⑦] 一文认为，刘大櫆的历史观体现了儒家、道家思想中进步的一面。刘大櫆肯定以人为本，认为人民群众是创造历史的主体。同时也明显带有道家“顺其自然”的无为观，强调不要人为地去改变事物的发展规律。此外他还强调人与人之间是平等的，不应该有贫富贵贱之分。董根明的《刘

① 徐天祥：《戴名世的史学思想》，《安徽史学》2001 年第 4 期。

② 徐丽：《戴名世的史学关怀与特色》，《廊坊师范学院学报》2008 年第 2 期。

③ 路新生：《戴名世学论》，《华东师范大学学报》（哲学社会科学版）2008 年第 5 期。

④ 董根明：《方苞史学思想初探》，《史学史研究》2016 年第 4 期。

⑤ 吴筱霞：《方苞与地方志》，《中国地方志》2007 年第 4 期。

⑥ 许光：《方苞史学思想与浙东学派——从解读方苞〈万季野墓表〉入手》，《佳木斯大学社会科学学报》2013 年第 4 期。

⑦ 载安徽省桐城派研究会编《桐城派研究》第 14 辑，合肥工业大学出版社，2012。

大櫆史学初探》[①] 也对刘大櫆史学思想进行了论述，认为刘大櫆的历史观主要是反对天命史观，否定善恶必有报应，认为天道浑然无知，事物发展有其内在的规律。刘大櫆认为“天下之事将然者不可知，而惟已然者可以循迹而较”，突出史学研究鉴往知来的现实意义，其读史评议以及对史实的解喻具有强烈的现实观照。

关于史书义法的探讨，主要集中于方苞史学。“义法”说作为整个桐城派文论的基础，学界大多是从文学写作的角度来分析，但也有一部分学者关注到了方苞的史书“义法”说。叶建华在《论方苞史书的“义法”》[②] 中指出，方苞的《史记评语》《史记注补正》《读书笔记》等著作，在中国古代史学批评史上第一次对著史“义法”作了详尽透彻的阐述，具有重大的影响。他对史书“非天下所以存亡不著”“常事不书”“直述其事”“信而有征”“议论与叙事相间”“虚实详略”等义法的总结和阐述，是古代史书编纂优良传统的理论总结，对后世有着重要的影响。王振红的《历史叙事视野下的方苞“义法”说》[③] 主要从历史叙事的角度来分析方苞的“义法”说，认为方苞所作人物传记、逸事、墓志铭等均为史体文，其历史叙事以义理为宗，注重人事别裁，强调叙事之法，将义理、事理、文理有机融合起来，体现了其“义法”说的精髓。他的《方苞〈史记〉学成就述论》[④] 一文指出，方苞的《史记》学成就主要围绕着补正史文（考据）、分析叙事（辞章）、辨明史义（义理）三个方面展开，这是方苞治学的着力点，也为其古文“义法”的形成打下了坚实的基础。吴惜言的《方苞“义法”说研究》[⑤] 也提到方苞“义法”的形成与《史记》息息相关，主要是以《史记》为范本。王志华《清初〈史记〉流播视野下的方苞〈史记〉学说研究》[⑥] 则通过方苞《史记》方面著作的收录情况、在当时学林的反响以及桐城派后学对其理论学说的推扬进行论述，具体探究方苞的《史记》学建构情况。董根明的《方苞史学思想初探》指出方苞的“义法”说不仅裨益于后世文论，也同时有助于史学关于史文与史事关系

---

① 董根明：《刘大櫆史学初探》，《史学史研究》2013 年第 4 期。

② 叶建华：《论方苞的史书“义法”》，《江淮论坛》1990 年第 1 期。

③ 王振红：《历史叙事视野下的方苞“义法”说》，《湖南科技学院学报》2011 年第 9 期。

④ 王振红：《方苞〈史记〉学成就述论》，《淮北师范大学学报》（哲学社会科学版）2012 年第 5 期。

⑤ 吴惜言：《方苞“义法”说研究》，华东师范大学 2015 年硕士生学位论文。

⑥ 王志华：《清初〈史记〉流播视野下的方苞〈史记〉学说研究》，《广州大学学报》（社会科学版）2016 年第 1 期。

的处理。任雪山的《方苞与万斯同交游及其学术史意义》[①] 则探讨了方苞史书义法说与浙东史学的关系，认为他的史书义法说深受浙东学派万斯同的影响。

此外，对这一时期桐城史学的探讨也涉及经世致用的内容。许总的《戴名世史论初探》[②] 认为，戴名世文学上的成就只是他为了表达思想的手段，而他的史学才足以显示他毕生在文化领域与清朝统治者进行斗争的不屈精神以及他强烈的爱国反暴思想。其治史的目的回到了反清的出发点，这也是其求实、鉴今的史学思想的丰富内涵和深远意义。董根明的《方苞史学思想初探》一文也认为，方苞从“南山集案”中汲取教训，从心理上认同清廷统治，其史学经世侧重有利于治世。这反映了从戴名世到方苞，桐城派史学经世致用思想发生了转变。

二　兴盛期桐城派史学的研究

桐城派的兴盛时期为乾隆到光绪年间，这一时期的主要代表人物有姚鼐及其“四大弟子”梅曾亮、管同、方东树、姚莹，以及私淑弟子曾国藩等人。姚鼐是桐城派的集大成者，与戴名世、方苞、刘大櫆合称“桐城四祖”，与方苞、刘大櫆合称“桐城三祖”。学界关于兴盛期桐城派史学研究，主要集中于姚莹史学，而边疆史地与史学思想则是两个主要视角。

首先，边疆史地研究。学者们对姚莹边疆史地研究的特点、目的与价值进行了论述。吴怀祺的《评姚莹的边疆史地研究》[③] 认为，中国近代边疆史地学和古代经世致用史学存在着直接的渊源关系，认识姚莹的学术，不仅要讨论他的学术渊源，同时要讨论他怎样从古代史地学向近代边疆史地学转轨。提出透过姚莹也可以看到当时边疆史地学的特征，一是具有强烈反对外国资本主义侵略的爱国主义思想；二是具有一种渴求了解世界、认识世界的欲望；三是对海事、海外诸国史地给以更多的关注，研究的重心有所变化，研究的领域更加广泛；四是要求有精确可信的史地书；五是由边疆史地研究，引发出政治变革的要求。贺永泉的《姚莹的边疆史地研究》[④]

---

① 任雪山：《方苞与万斯同交游及其学术史意义》，《宁波大学学报》（人文科学版）2017 年第 6 期。

② 许总：《戴名世史论初探》，《江海学刊》1984 年第 6 期。

③ 吴怀祺：《论姚莹的边疆史地研究》，《中国边疆史地研究》1993 年第 1 期。

④ 贺永泉：《姚莹的边疆史地研究》，《兰州学刊》2001 年第 1 期。

认为，姚莹研究边疆史地的目的是为了御侮雪耻，作为当时地主阶级经世派的一员，鸦片战争后开眼看世界潮流中的一分子，姚莹为开创新的学术研究风气，扩大史学研究范围做出了贡献。章永俊的《清代边疆史地学者对传统学术的认识——以龚自珍、魏源、姚莹为个案》[①] 认为，姚莹与龚自珍、魏源等边疆史地学者一样适应时代形势的需要，在清理总结传统学术的基础上，与社会现实相结合，开创了一种新的学术风气。他的《清道咸时期边疆史地学者的考证学特点》[②] 一文，则是在清道光、咸丰年间的背景下，相较于乾嘉考据学，分析了姚莹、魏源等一批边疆史地学者在历史考证学特点上出现的变化：既致力于旧史辑佚与考订，又究心时务、以经世为志。储蓉蓉的《姚莹与中国近代边疆史地学》[③] 指出，姚莹的边疆史地学研究具有思想启蒙意义、近代意义、世界意义，对当时的时代产生重要影响，同时促使清代学术向“经世致用”方向转变无疑具有积极的作用。

有学者重点关注姚莹的《康輶纪行》一书。陈进忠的《姚莹与〈康輶纪行〉》[④] 认为，《康輶纪行》较之当时其他介绍边疆史地和世界地理的著作，其突出成就有三：一是介绍了为当时的人们不太熟悉的康藏地理，对康藏地理的研究做出了一定贡献；二是介绍了与我国西藏相邻诸国的地势情形，进而揭露了英国侵略西藏的野心；三是表明了学习西方长技的思想和立场。《康輶纪行》的最大特点是其内容多根据姚莹自己“亲历、考证、所闻”，全书贯穿着姚莹反对侵略的爱国思想，充满着忧国忧民的感情。张代芬的《姚莹〈康輶纪行〉述论》[⑤] 一文，则从微观的角度对《康輶纪行》每一卷的具体内容进行了梳理。

其次，史学思想研究。有学者关注到姚莹的史地思想。刘佳的《姚莹史地思想研究—〈康輶纪行〉为中心的考察》[⑥] 以姚莹的《康輶纪行》为中心，探讨了姚莹的史地思想，指出姚莹史地思想具有经世意义，具体体现：一是凸显西藏问题研究的必要性；二是重视边疆的开发与建设，注意

---

① 章永俊：《清代边疆史地学者对传统学术的认识——以龚自珍、魏源、姚莹为个案》，《阜阳师范学院学报》（社会科学版）2002 年第 2 期。

② 章永俊：《清道咸时期边疆史地学者的考证学特点》，《史学史研究》2009 年第 2 期。

③ 储蓉蓉：《姚莹与中国近代边疆史地学》，《黑龙江史志》2009 年第 4 期。

④ 陈进忠：《姚莹与〈康輶纪行〉》，《四川师范大学学报》（社会科学版）1986 年第 1 期。

⑤ 张代芬：《姚莹〈康輶纪行〉述论》，《西南民族学院学报》（社会科学版）2005 年第 5 期。

⑥ 刘佳：《姚莹史地思想研究——〈康輶纪行〉为中心的考察》，硕士学位论文，安徽大学，2016。

加强西藏和内地的联系，对边疆安全提出许多建设性的意见。认为姚莹的史地思想折射出新的历史观：在历史发展的看法上强调变化和前进，反对“言必称三代”的贵古贱今的思想；在夷夏观上，其边疆史地和域外史地研究本身，就是对传统“夷夏观”和“华夏中心观”的一种挑战。有学者重点分析了姚莹的经世思想。施立业的《姚莹与桐城经世派的兴起》[①]一文，通过对姚莹经世思想的产生和发展的分析，评述了桐城派经世思想的发展壮大与广泛影响，以及在清代中叶的学风转变过程中所起到的积极作用。章翅的《论姚莹的经世思想及其形成原因》[②]指出，嘉道时期的社会危机，桐城派的经世传统，以及强烈的忧患意识，使得姚莹自弱冠之年便以经世为己任，在坎坷的政治生涯中，始终以经世致用思想为其理论基础，从而奠定了他在晚清经世思潮中先行者的地位。

也有学者关注到了姚莹的世界意识。徐崧巍《论 19 世纪中后期中国史家的“世界意识”》[③]指出，19 世纪中后期的史家开始将思索的目光投向世界——“开眼看世界”，将中国视为世界的一部分。他们将边疆史地研究与外国史地研究有机地结合在一起，将边务乃至国家的休戚安危置于中国与世界各国之间相联系、相互影响之错综复杂的国际大环境中去思考、判断和抉择，也就是说是用世界的眼光来审视和筹划边疆防务和国家安全问题，表现了恢廓的视野。姚莹作为这批史学家中的重要代表，他的世界意识包括对“固陋自安”的反思与批判，“了解夷情”与“筹边谋防”等。章永俊的《论姚莹边疆史地的世界史眼光》[④]同样也认为姚莹的边疆史地研究具有世界史的眼光，他研究的海外史地主要是为了呼吁人们了解世界，从世界范围内认识夷情的变化。王建庭的《略论姚莹的边疆史地研究》[⑤]则是从姚莹经世致用思想及实践；认识边患、了解边情，以抵御外侮、筹边固防；知夷事、筹夷情而制夷的恢廓的世界史眼光三个方面对姚莹的边疆史地研究做出了全面探讨。

有学者注意到了曾国藩的史学思想。董根明的《试论曾国藩的史学思

① 施立业：《姚莹与桐城经世派的兴起》，《清史研究》2004 年第 2 期。

② 章翅：《论姚莹的经世思想及其形成原因》，《淮北煤炭师范学院学报》（哲学社会科学版）2008 年第 1 期。

③ 徐崧巍：《论 19 世纪中后期中国史家的“世界意识”》，《史学理论研究》2000 年第 2 期。

④ 章永俊：《论姚莹边疆史地的世界史眼光》，《淮北煤师院学报》（哲学社会科学版）2002 年第 2 期。

⑤ 王建庭：《略论姚莹的边疆史地研究》，《伊犁师范学院学报》（社会科学版）2007 年第 2 期。

想》[①] 一文，从曾国藩的史学批评理论、历史观和史鉴思想三个方面对曾国藩的史学思想进行了论述。在史学批评理论上，曾国藩提出了一个重要观点，即史学不是为古来伟人计功劳簿的，史学的价值在于借鉴，现代人可以征诸古籍，汲取历史经验，但对具体的史实要慎思而辨之，不可简单效仿。在历史观上，曾国藩认为自然界与人类社会遵循着同样的规律，这就是奇偶互动，阴阳互动；他以儒家积极入世精神参悟其“顺性天命治理论”，所谓“半由天事”的天命思想与“半由人力”的自立自强，构成了曾国藩对历史和社会发展的基本认识。在史鉴思想上，曾国藩认为读史之目的要有益于资治，在于能够经世致用。

三　末流时期桐城派史学的研究

末流时期指光绪末年以后至民国时期。主要代表人物有“曾门四弟子”张裕钊、吴汝纶、薛福成、黎庶昌，以及张、吴嫡传弟子姚永概、姚永朴、马其昶等人。这一阶段虽然是桐城派的末流与衰世，然而在史学上却取得了不俗的成绩，学术界对于这一时期桐城派史学的研究成果较为丰硕。

首先，史学思想的研究依然是重点。董根明的《吴汝纶史学思想探析》[②] 一文，系统阐述了吴汝纶的史学思想：其一是方志可“为史者资焉”，所纂修《深州风土记》首创“人谱”，拓展了中国旧有方志的内涵。其二具有历史进化论思想和史学经世思想，认为“天演之学，在中国为初凿鸿蒙”，“此其资益于自强之治者”；提倡史学经世，主张废科举，兴西学，希望通过“智民”和“强国”来维护清廷统治，并以此为标准，评判当代历史事件和历史人物。姚永概、姚永朴作为吴汝纶的弟子，其史学思想也得到了学界的关注。杨婧的《姚永概史学思想探讨》[③] 指出，姚永概认为历史是一个“变”的过程，结合清末时局提出了“因时救变”的主张。作为一个理学家，姚永概认为史学和经学是分不开的，史学有着明礼和经世致用的功能。王林博的《论姚永朴的史学成就》[④] 一文，虽然是对姚永朴史学的全面论述，其中也涉及史学思想的研究。该文认为，姚永朴

① 董根明：《试论曾国藩的史学思想》，《中国社会科学院研究生院学报》2016 年第 4 期。
② 董根明：《吴汝纶史学思想探析》，《史学史研究》2018 年第 2 期。
③ 杨婧：《姚永概史学思想探讨》，《安庆师范学院学报》（社会科学版）2012 年第 6 期。
④ 王林博：《论姚永朴的史学成就》，硕士学位论文，淮北师范大学，2011。

的史学思想主要包括学理、对历史学的认识和求实与阙疑的史学精神三个方面。指出他的社会历史观始终与时代社会思潮发展息息相关，从传统的意识形态史观到变易史观再到变革史观，三者前后相继，交替而进。然而他没有接受进化论和唯物史观，则是其史学思想的局限。曾光光、仇钰奕的《桐城派与晚清史学经世思潮》[①] 一文，则对晚清桐城派史学经世思想进行了论述。该文认为，在经世思潮的初期，桐城派学人逐渐转向现实、经世与夷务，这种转换使得嘉道时期的桐城派学者与同时代的经世史家一样在史学上追求经世。洋务思潮是经世致用思潮的一种延续，洋务派的“中体西用”观念同样深深影响了桐城派史家的历史观，他们借助于古文笔法对西方历史与史观进行了介绍。

其次，史学研究方法的探讨。桐城派史学家中对于史学研究方法的研究成就最大者莫过于姚永朴，学者们对其所著《史学研究法》多有探讨。董根明《关于姚永朴〈史学研究法〉的认识》[②] 指出，《史学研究法》是1914 年姚永朴被聘为北京大学文科教授时作为教材的著述，是晚期桐城派学者系统阐述我国传统史学研究方法的专著，也是自 20 世纪初梁启超倡导“新史学”以来，我国学者回应西方史学理论而探索新时期史学研究方法的较早的作品。姚永朴认为，“义为史家之所尚”，史学的意义与功能有六个方面：追远之义；合群之义；资治之义，即考兴衰、审沿革；征实之义；阐幽之义；尚通之义。认为“史原”兼有“史书体裁”和“史之源头”之意。所言“史法”，则是指史书的章法，即“探讨历史撰述的形式和内容”。姚永朴十分看重史文，他总结史文应有古今、奇偶、繁简和曲直之分。王林博的《论姚永朴的史学成就》认为，《史学研究法》是姚永朴史学理论方面的集大成之作。姚氏继承了桐城派“义理、考据、辞章相结合”的方法论，并总结了自己的读史和治史之法。在探索史学更新之道上，其“史学研究法”课程作为近代历史学学科的发轫，在近代历史学教育与学科建设上做出了突出贡献。朱杨的《姚永朴史学方法再探析》[③] 也认为，姚永朴将史学实践与史学著作相结合，其在方法论上将刘知幾的“史学三长”同姚鼐的“义理、文章、考据”相结合，在具体方法上，一方面继承中国传统史学考史、论史、重视史料的特点，另一方面在构建研

---

① 曾光光、仇钰奕：《桐城派与晚清史学经世思潮》，《暨南史学》2015 年第 2 期。

② 董根明：《关于姚永朴〈史学研究法的认识〉》，《史学史研究》2006 年第 1 期。

③ 朱杨：《姚永朴史学思想再探析》，《淮南师范学院学报》2013 年第 1 期。

究方法写作体系，部分结论的推导过程上也借鉴了归纳、比较和综合等逻辑思维方法。

再次，清史编纂研究。学者对民国初期桐城派史家参修《清史稿》的情况进行了研究。许曾会的《桐城派与〈清史稿〉的编修》[1] 一文，对桐城派众多史家参与编修《清史稿》的情况进行了较为系统的论述。该文指出，民国初年桐城派学人马其昶、姚永朴、姚永概等入史馆参与编修清史。他们久居史馆，主修列传，辅以书志，为成一代名史而兢兢业业。他们将“辞章、考据、义理”与“才、学、识”相联系，在编修清史过程中注重史料的搜集、运用，追求史事真实，在文辞上颇守家法。张秀玉的《姚永概〈清史拟稿〉考论》[2] 对姚永概参修《清史稿》的情况进行了研究。该文指出，姚永概于1916年被清史馆聘协修，至1921年共撰写列传稿30余篇。其稿本《清史拟稿》行文虽简，记事较繁，传文总体偏冗长，附传则远远简略于《清史稿》本。史实考订的确切与疏误亦与《清史稿》情况大致相同。对于后人所诟病的国史馆大臣传重汉轻满、重文轻武的情况，姚永概稿本并没有染及。后人指责《清史稿》史传有家传谀颂之病，在姚本中也没有看到。认为姚永概传稿之所以后来基本上未被《清史稿》所采用，主要原因是清史馆馆务混乱所致。朱杨的《姚永朴史学方法再探析》一文，提及姚永朴在编修清史时，对传统正史编写组织形式、体例变动、编修步骤等问题，都提出了自己的认识与观点。王林博的《论姚永朴的史学成就》一文也涉及姚永朴曾入清史馆参加《清史稿》的修撰情况。

最后，方志与区域史研究。“桐城派向来重视地方志的作用，方苞、姚鼐、刘大櫆等众多作家相继参与了《大清一统志》、《江宁府志》、《歙县志》等数百部地方志的编修，为清代方志发展做出了重要的贡献。”[3] 这一时期桐城派方志的编纂，以吴汝纶弟子群体成就最大。许曾会的《清季民国桐城派史学研究》指出，吴门弟子继承前贤优良的文化传统，于清季民国纂修了许多有影响力的方志，有的并因此成为方志名家。其中以贾恩绂修志最多，成就最大。此外，梁建章的《察哈尔省通志》，傅增湘的《绥远通志》也都是近代名志。清季民国时期地方志的编修由传统逐渐向

---

① 许曾会：《桐城派与〈清史稿〉的编修》，《史学史研究》2016年第2期。

② 张秀玉：《姚永概〈清史拟稿〉》，《湖南人文科技学院学报》2015年第3期。

③ 方宁胜：《方宗诚方志思想初探》，载《桐城派与明清学术文化》，安徽大学出版社，2008。

近代过渡，方志的编纂宗旨、体例、内容都在发生变化，后期桐城派学者的方志编修也顺时而变，但又保留着某些传统的因素，呈现出新旧杂糅的特征。[①] 方宁胜的《方宗诚方志思想初探》[②] 具体对方宗诚方志学成就进行了论述，认为方宗诚作为桐城派后期的代表人物，曾参与多部志书的编修，并且在方志理论上也有一定的建树，对地方志的性质与作用、体例与结构、编纂方法与内容等，提出了具体而独到的见解：方志具有存史、资治、教化三大功用；质量上乘的志书，体例应该详赡懿雅；提倡学者修志，志书取材必须博采旁搜，务求真实，志书行文应当务求雅洁，力戒繁杂。

这一时期桐城派史家区域史研究以马其昶的《桐城耆旧传》为代表。徐希军《马其昶〈桐城耆旧传〉的史学价值》[③] 认为，《桐城耆旧传》征引文献非常广泛，主要包括《明史》、《桐城县志》、传主文集、谱牒、墓志，以及口述史料和个人见闻等，这些史料可以补正史、县志的简略缺失。《桐城耆旧传》重视道德评判，肯定了明清两代地方循吏、乡绅在社会管理与乡村教化中的作用，有助于人们对明清地方社会与政治史及其特点的了解。通过记述桐城地方学术及其流变，为人们了解明清时期的学术流变提供了重要史料和独特视角，有着重要的学术史价值。许结《从〈桐旧集〉到〈耆旧传〉》[④] 对马其昶《桐城耆旧传》编纂的文献来源，以及主要内容作了探讨，认为马其昶的《桐城耆旧传》取材于桐城先贤徐璈所编的桐城诗歌总集《桐旧集》，其《桐城耆旧传》能落实于桐城家族历史文化，兼明师承传统，堪称一部典范的桐城学术史著。

此外，学者们还注意到了这一时期桐城派史家在历史编纂的理论与实践、地方学术史等研究上所取得的成就。许曾会的《清末民初桐城派的中国史编撰》[⑤] 指出，清末民初桐城派在中国史编撰上的特点：宣扬进化之史观，撰写历代兴衰之内容，注重史料之搜集和征引，追求真之历史，书写雅洁之语言。认为清末民初桐城派的中国史编撰新旧杂糅，既能因时而变，又能坚守着传统史学的一些特点，真实地存在于那个时代的学术谱系之中，不应被忽视和遗漏。朱杨的《姚永朴史学方法再探析》，肯定了姚

---

① 许曾会：《清季民初桐城派史学研究》，博士学位论文，北京师范大学，2014。
② 方宁胜：《方宗诚方志思想初探》，《中国地方志》2007 年第 11 期。
③ 徐希军：《马其昶〈桐城耆旧传〉的史学价值》，《史学史研究》2010 年第 2 期。
④ 许结：《从〈桐旧集〉到〈耆旧传〉》，《文献》2011 年第 3 期。
⑤ 许曾会：《清末民初桐城派的中国史编撰》，《安徽史学》2017 年第 4 期。

永朴的历史教科书编纂理论，在形式、内容和方法上都多有创新。

四　桐城派史学研究的特点与不足

综上所述，近年来学界关于桐城派史学的研究已经取得了不少的成就，有力地推进了对桐城派的研究。纵观学术界关于桐城派史学的研究，主要呈现出以下特点：

其一，重视史学思想的研究。史学思想是史家对历史与史学的认识，为史学研究的重要内涵。从学者对三个时期桐城派史学总体研究来看，史家史学思想的研究都普遍受到了重视。学者们揭示桐城派史家的史学思想，大致可以分为三个方面：一是史学观，研究成果涉及桐城派史家的历史编纂思想、史料学思想、史学价值论、治史态度等；二是历史观，学者们对桐城派史家的历史变化观、天命与人事的关系等问题进行了论述；三是经世思想，桐城派初创时期的历史背景是明清易鼎，兴盛期的后期与末流时期是中国社会民族危机不断加深的时期，表现在桐城派史学的研究上，则是普遍重视体现和发挥史学的经世致用价值。综论这些史学思想的研究，不但能揭示具体史家的史学思想及其特点，而且能反映桐城派史学思想的总体特征与发展脉络。

其二，重视代表人物史学的研究。桐城派在发展过程中，每个时期都有一些重要的代表人物，这些代表人物的史学与史学思想自然构成了桐城派史学的基本面。学界已有的桐城派史学研究，主要是对桐城派各阶段主要代表人物如戴名世、方苞、刘大櫆、姚莹、吴汝纶、马其昶、姚永概、姚永朴等人的史学成就的研究。总体来说，学界关于桐城派代表人物史学的研究，取得的成果是比较显著的。

然而，目前学界关于桐城派史学的研究还存在着一些不足，还需要加大研究力度，进一步推进对桐城派史学的研究。从总体来看，这些不足主要表现在以下方面：

其一，对桐城派史家史著的研究不够全面。目前关于桐城派史学的研究，主要是关注到一些代表人物。实际上，在桐城派史学发展的各个阶段，除去一些重要代表人物，许多桐城派学人都在史学上做出了贡献，应该对他们的史学与史学思想普遍加以研究，扩大史家史著的研究范围。同时，即使是对桐城派主要代表人物史学的研究，也还有着一定的遗漏。如桐城派的集大成者姚鼐，在方苞重义理、刘大櫆长于辞章的基础上，提出

“文理、考据、辞章”三者不可偏废的思想。这不但发展和完善了桐城派的文论，而且对桐城派史学与史学思想也有重要影响，像马其昶、姚永概、姚永朴等人修史，就持守这一家法，非常重视将“辞章、考据、义理”与“才、学、识”相结合。姚鼐在史学撰述上也有一定的成就，曾著有《春秋三传补注》《国语补注》等。对于这样一位对桐城派史学与史学思想有重大影响的人，目前还没有专文论及。再如姚鼐的弟子方东树，曾著有《书林扬觶》一书，专门谈论古今著作的体例，在历史编纂学上有重要贡献，学者们对此也未做出论述。如此等等，需要展开的桐城派重要史家的个案研究还有不少。

其二，缺乏对桐城派史家群体的研究。迄今为止关于桐城派史学的研究，基本上都是属于个案研究，以史家史著研究占绝大多数。只有少数学者从宏观上对桐城派史学做出了研究，如章永俊的《清道咸时期边疆史地学者的考证学特点》，从考证学角度对道咸时期桐城派史家史地学研究特点做出了分析；徐崧巍的《论 19 世纪中后期中国史家的“世界意识”》，涉及对 19 世纪后期桐城派史家“世界意识”的论述。但是这两篇文章都不是专论桐城派史学的。许曾会的《桐城派与〈清史稿〉的编修》，对参与《清史稿》编纂的桐城派史家群体进行了研究，从中可知桐城派史家之于《清史稿》编纂的贡献。但是，这样的宏观研究实在太少。我们在了解到一个个桐城派史家的史学与史学思想的同时，缺乏对桐城派史家群体之史学与史学思想的总体认识，难以看出桐城派史家群体之史学研究的特点，难以看出桐城派史家群体之史学研究的发展过程，也无法知晓桐城派史家群体的史学研究在清代史学发展过程中的地位。

其三，缺乏对桐城派史学成就的全面研究。桐城派史学历经清代民国数百年的发展，所取得的史学成就是多方面的。从已有的研究情况来看，还难以反映桐城派史学成就的全貌。具体来讲，已有的研究还存在如下薄弱环节或者空白点：一是史论研究。史论包括历史评论与史学评论。桐城派在文论上有重要建树，史论上也有不菲的成绩。对于桐城派的史论及其特点，迄今为止的研究还很少涉及。二是史法研究。历史研究有自己的学科方法，史法是传统史学理论的重要内涵。桐城派史家在史学实践中总结出了不少史法理论，如姚鼐“文理、考据、辞章”相结合的思想等，对桐城派史学乃至清代民国时期的史学发展都产生了一定的影响。已有的研究，主要是涉及个别史家如方苞、姚永朴等，缺乏对桐城派史家史法思想的系统研究。三是经史关系研究。桐城派主要史家都是颇有建树的经学家、理学家，他们不但在经学和史学上分别都取得了重要成就，而且重视对于经史关系的深入探讨。清乾嘉以来，学术史上普遍重视探讨经史关系，先有章学诚的“六经皆史”论，继有龚自珍的“五经周史之大宗”论，后有章太炎的“夷六艺于古史”论。在此背景下，桐城派史家也发表了自己的经史关系论，成为这一时期经史关系论的重要组成部分。已有的研究，缺乏对此做出必要的总结。四是方志学研究。明清是方志学研究兴盛时期。桐城派从“桐城三祖”开始，就一直具有重视方志学理论与实践的传统，在方志学上做出了重要贡献。与桐城派史家在方志学上所取得的贡献相比，迄今为止的研究显得非常薄弱，有待进一步加以深入系统的研究。五是历史教科书编纂研究。晚清以来，随着西学东渐与近代变革，新式学校教育的兴起，历史学已经作为学校课程体系的重要组成部分，历史教科书也因此应运而兴。这一时期，史家们翻译、编纂了大量的历史教科书。在这个过程中，桐城派史家也参与其中，并且取得了一定的成就。已有的桐城派史学研究，已经涉及这方面内容，但还远远不够，需要作进一步探究。

一个史学家的心声

——读瞿林东教授《近三十年史学演讲录》

操宇晴

（北京师范大学历史学院，北京　100875）

摘　要：10卷本《瞿林东文集》的第10卷《走进我们共有的精神家园——近三十年史学演讲录》，是作者自20世纪80年代以来数十次史学演讲中部分演讲稿的结集。全书包含走进历史学、史学与社会、读书与治史三个部分。作者以“走进我们共有的精神家园”名书，意在突出中国史学最核心的本质，读来令人感到亲切与震撼，同时也启迪人们尤其是青年史学工作者进一步探索历史学的真谛、史学与社会的关系，以及认真研究史学遗产的重要性。演讲录反映了瞿林东教授重视史学功用、关注史学发展和史学人才成长的自觉精神与治学风格。

关键词：瞿林东　演讲录　史学功用　精神家园　读书与治史

我带着求知和好奇的心情，通读了《瞿林东文集》第10卷《走进我们共有的精神家园——近三十年史学演讲录》（北京师范大学出版社，2017年9月版）。求知，是要从这位著名历史学教授的著作中汲取新知；好奇，是因为我从未阅读过类似演讲录的学术著作。

《瞿林东文集》共10卷，是作者四十年来关于历史学的理论和史学史研究所得，包含中国古代史学的历史理论、史学理论、史学批评和古今中国史学史等领域的相关专书和论集。第10卷《走进我们共有的精神家园——近三十年史学演讲录》（以下称《演讲录》），是作者近三十年所作演讲的部分演讲文稿及录音整理稿的结集。全书包含三个部分：走进历史学、史学与社会、读书与治史，并附有媒体和学术界同行关于瞿林东教授的访谈录凡六篇。

关于“走进历史学”这一部分，作者讲到了中国史学的遗产、传统和当前发展趋势，讲到了什么是历史学，讲到了中国古代历史理论的奠基者司马迁和史学理论的总结者章学诚，也讲到了史学的审美等。关于“史学与社会”部分，涉及中国史学的时代特点、中国传统史学中的人文精神、史学名著与史学修养，尤其强调了史学是我们的一个精神家园等问题。关于“读书与治史”，作者讲到了治史与做人、专精与通识、问题意识与学术创新、治学方法与文章之道等这些与青年史学工作者关系十分密切的一些问题。值得注意的是，在史学与社会的关系中，作者强调史学是中华民族一个精神家园的学术思想，这也就是为什么作者用《走进我们共有的精神家园》作为《演讲录》的主题。

《演讲录》附录“瞿林东教授访谈录”所收录的《探索史学的历史、理论及其社会意义》《把中国史学史和史学理论研究提升到新的高度》、《在断代和会通之间》等，从不同侧面反映了瞿林东教授治学的主旨和特点。

从全书内容来看，给人一个极深刻的印象：瞿林东教授不是一位拘谨于书房和教室的学者，而是乐于面向社会的学者，他演讲的地方有中国国家图书馆、中国社会科学院近代史研究所、当代中国研究所、岭南文化大讲堂、清华大学、南开大学、东南大学、兰州大学、华东师范大学、苏州大学、安徽大学、安徽师范大学、北京师范大学等几十个部门和学校，并同听他演讲的朋友对话和交流。作者在《演讲录》的序言里诚恳地这样写道：

> 这里，我要感谢有关演讲的组织者，是他们为我提供了很好的机会，使我得以同学术界朋友进行学术交流；我要感谢所有听过我演讲的朋友们，是他们一次又一次地激励着我前行。在我看来，每一次演讲，都是对自己的“考验”。因此，我的感谢之情是发自内心的和真诚的。我还要感谢对我进行专访的朋友们，是他们推动我不断地反思，检讨自己在治史方面所走过的路。（《演讲录》第2页）

作者的这些话，表明他认为这些演讲的机会正是他向社会学习的极好机会，所以他强调“每一次演讲，都是对自己的‘考验’”；“感谢所有听过我演讲的朋友们，是他们一次又一次地激励着我前行”，这也可以看作是作者的人生态度和治学风格。

我作为一个史学初学者，在通读《演讲录》之后，深受教益和启示，现我就以下几个问题谈谈自己的认识，向作者和学界前辈请教。

一　探索历史学的真谛

从《演讲录》第一部分“走进历史学”及其所收录的几篇演讲来看，作者是在阐述怎样认识历史学的真谛，这是一个具有普遍意义的重要问题。对此，瞿林东先生认为首先必须明确历史和历史学的区别，正如作者所说：“历史是人类社会发展的过程”（《演讲录》第16页），“历史学是认识和研究人类社会发展过程及其规律的学问”（《演讲录》第18页）。这就是说，史学是关于这个客观过程的记载和撰述，它们二者有联系，但是它们的区别又是十分明显的。作者的这一认识是继承了中国马克思主义史学奠基人之一李大钊在《史学要论》中所阐述的思想。关于历史，李大钊写道：“但是历史这样东西，是人类生活的行程，是人类生活的联续，是人类生活的变迁，是人类生活的传演，是有生命的东西，是活的东西，是进步的东西，是发展的东西，是周流变动的东西。”① 关于历史学，李大钊是这样说的：“历史学是研究社会的变革的学问，即是研究在不断的变革中的人生及其产物的文化的学问。”② 从上面两段论述来看，早在九十多年前李大钊就十分清晰地论述了历史和历史学的区别。值得重视的是，现今的一些研究者还时时会混淆历史和历史学的界限，往往造成解读上的模糊。正因为如此，《演讲录》作者十分强调历史和史学的区别，从准确把握研究领域和研究对象来看，这是一个十分重要的问题。

其次，关于“走进历史学”，瞿林东先生十分重视对中国史学的遗产、传统和当前发展趋势的研究。2003年，作者在当代中国研究所的演讲中，对中国史学的遗产、传统和当前发展的趋势作了系统的阐说。许多年来，瞿先生始终致力于中国史学遗产的研究，在这方面有一系列的著作如《唐代史学论稿》《中国史学散论》《中国史学史纲》《中国史学通论》《20世纪中国史学论集》等；他对于中国史学的优良传统也有专门的论文予以讨

---

① 李守常：《史学要论》，商务印书馆，1999，第74页。

② 李守常：《史学要论》，商务印书馆，1999，第85页。

论，如《中国史学的优良传统》《再谈中国史学的优良传统》《传统史学与史学优良传统》等；对当前史学的发展趋势，他发表的一些论文和文章表明他对于历史学学科建设和学术话语权的关注，以及历史研究中如何处理好古今关系等问题的阐述，都有启发人的见解。

再次，如何"走进历史学"与历史学的理论建设问题，是一个根本性问题。在这方面，作者用力甚深。早在1986年瞿先生提出了"中国史学上的五次反思"，认为每一次反思都有标志性的理论成果面世。作者十分强调司马迁作为中国古代历史理论奠基者的史学地位，章学诚作为中国古代史学理论总结者的史学地位。他在这方面深入研究的代表作有《中国史学的理论遗产》《中国古代史学批评纵横》《史学在社会中的位置》，以及他主编的《中国古代历史理论》（三卷本）等，受到史学界的关注和好评：认为《中国古代史学批评纵横》一书对于开辟中国史学史研究一个新的领域，具有引导作用；而《中国古代历史理论》则填补了中国古代史学上理论研究的一个重要的空白。

二　重视历史学的功能

关于历史学的社会功能是瞿林东先生反复强调、反复论述的根本问题。他在《历史学是什么》的演讲中概括地列举了史学的社会功能有如下七个方面：历史学是认识历史的主要途径、历史学有彰往察来的作用、历史学中有治国安邦的经验、历史学包含社会与自然相处的经验、历史学是文化积累的主要载体、历史学是文明延续的纽带、历史学是启迪人生的永恒的教师。

如果说上面这几条是作者关于社会功用概括性的表述，那么作者在"史学与社会"这一组文章中，就史学的时代特点，传统史学中的人文精神，史学名著与人生修养，史学是中华民族的精神家园等问题，作了深入的论述。

关于中国史学的时代特点，瞿先生首先指出：

> 对中国史学之不同特点的把握，是从整体上认这一时代面貌的标志之一；而对中国史学之各个时代显示出来的特点的把握，则是从整体上认识中国史学全貌的标志之一。（《演讲录》第153页）

基于上述局部与整体关系的认识，作者对中国古代史学的特点、中国近代史学和中国现代史学的特点分别作了阐述。如作者对中国古代史学的特点作了如下的分析、论证：历史记载与历史撰述的连续性，反映了中华文明的连续性的特点，使中国史学在这方面成为全世界独一无二的优良传统；历史记载和历史撰述内容的丰富性，举凡经济、政治、军事、文化、民族等，都有广泛的涉及。历史记载和历史撰述反映了统一多民族国家的发展历史，尤其是保存了多民族在历史文化认同方面的思想资料；历史记载和历史撰述突出人本主义的优良传统，尽管“天命”思想存在了漫长的时间，但人的活动在中国史学中得到充分的反映，“二十四史”以人为中心的撰述，是最有说服力的证明；历史记载和历史撰述表现形式的多样性，显示了不同形式和特定内容结合所展现出来的历史价值与社会功能；历史记载和历史撰述与不同历史时期的密切联系，反映出史学发展的基本规律：凡重大历史事变后一般都有重要的历史著作产生；中国古代史家始终具有追求“信史”的优良传统；中国古代史家始终具有明确的以史学经世致用的优良传统，从孔子以《春秋》示褒贬之义，到司马迁说的“述往事，思来者”，直到龚自珍说的“欲知大道，必先为史”，这一优良传统在历代史家的史学思想和史学活动中传承发展，产生了重大的社会作用和深刻的学术影响。(《演讲录》第 155 ~ 157 页)。

此外，瞿先生对中国近代和现代史学的特点也分别作了论述。他进一步指出：“在关于中国史学史的研究中，如何探索并把握每一个大的时代下史学有什么特点，是一个十分重要的问题，它既关系到每一位史家、每一部重要史著的具体评价，更影响到对每一时代之史学的性质及其社会功能的时代特点的评价。”(《演讲录》第 161 页) 这表明，评价一个史家、一部史著，都同时代特点密切相关，都要从时代出发。

关于传统史学中的人文精神，作者从史学中的人本思想传统说到重视人在历史中的作用，从史学中的惩恶扬善思想传统说到重视人的自我修养，从史学中的忧患意识传统说到重视人的社会责任，从史学传统与人文精神说到史学永远存在于人们身边。

总的来说，瞿先生关于这个问题有这样的基本认识：

> 最近几年，我国理论界、学术界都很重视关于人文精神的提倡和讨论。在提倡科学精神的同时，提倡人文精神，提倡科学精神和人文精神的结合，我认为这是非常重要的一件事情，这不仅仅涉及我们对人文精神的理解，更重要的是涉及我们民族素质的提高。对于这个问

题的认识，不仅具有重要的学术价值，而且具有实践意义。这个实践意义就在于：我们每一个人，作为一个整体的民族的一员，如何提高自己的素质；这种素质如何反映在我们的工作当中，以符合时代的要求。(《演讲录》第125页)

这种把人文精神既看作是个人修养，同时又看作是民族素质，或者说，既看作是民族素质，又看作是个人修养的认识，是深刻的和发人深思的。

关于史学名著与人生修养问题，瞿先生首先指出："我们认为历史学有很大的作用，有很大的社会作用，有了这种认识，才可以继续往下面讨论。历史学有很多功能，以我这几年的思考，我在有些文章中已经讲到了，它最大的功能是它能帮助人们认识历史。历史学的各种各样的著作，是我们认识历史的最重要的途径。人们只有认识到自己的历史，才能从历史的发展当中汲取智慧"(《演讲录》第163页)。而后，在此基础上作者依次讲到怎样看待史学的社会功能、史学是怎样影响人生修养的，以及人在社会中的不同角色及其对社会的贡献等问题。作者着重阐述了学习史学名著的重要意义，指出：

学习史学名著，提高治身治世的自觉能力。这个问题要进一步说明，史学对于人生修养的主要的关结或者主要的落脚点在什么地方。这里说的是要提高治身治世的能力，治身就是自我修养，治世是参与社会活动，要说得高一点，就是参与社会管理，参与治国安邦，提高这方面的自觉认识和能力。(《演讲录》第172页)

从以上的论述中，作者再一次强调了历史和史学的辩证关系，也就是说，重视历史，逻辑上应当重视史学，因为重视了史学才能够真正认识历史，进而从历史中汲取经验和智慧，以参与、促进当前的历史运动，这是史学名著对于人生修养的重要意义。

关于史学是中华民族的精神家园的问题，是作者尤为关注的一个重大问题，也是作者讨论"史学与社会"这个主题的核心。作者在安徽师范大学的一次演讲中真诚地讲到：

一个民族、一个国家如果不重视历史学，就会给国家的命运、民族的前途造成损失。我作为一个史学工作者，在这方面有很多很多想法，有时候也感到深深的忧虑。为什么在现实生活中历史学不能够得到合理的认识？为什么许多青年朋友对于进入历史学这个领域总是惴惴不安，甚至于感到悲观？我想这是由于我们社会对历史学缺乏足够的认识，所以我今天要就这个问题讲一点我的认识，和老师们、同学们共同探讨。（《演讲录》第139页）。

十几年前，瞿林东先生在安徽师范大学作题为《史学：我们的一个精神家园》的演讲时，开篇就讲了上面这些话，由此我们可以听到一个史学家的坦率的心声。瞿先生在这次演讲中再次谈到历史学的学科属性和社会价值，强调历史学是人们认识历史的主要途径，历史学是治国安邦的宝藏，历史学是人生旅途的伴侣。他进而讲述了怎样守护我们的精神家园这样一个根本性的问题。作者在20世纪90年代初曾经发表过题为《传统文化的现代价值》的文章，指出，自强不息、革新进取、凝聚意识，是中华民族的民族精神。作者在这次演讲中，分别从民族精神、忧患意识、爱国主义三个方面作了分析。这都可以看作是中华民族民族精神的主要方面。

关于民族精神。作者首先提出这样一个问题：民族精神从何而来？作者认为，历史学是启迪我们民族精神不竭的源泉，我们必须深刻地认识我们自己所从事的这门学科的意义和价值。我们首先要从历史学中汲取知识和力量，用来丰富我们的内心世界，让我们的人生有丰富的内涵。从这里我们可以看到，作者在关于民族精神问题上，是从感性和理性两个方面作了比较通俗的阐说，在感性方面，他这样讲到："当我想到屈原，想到李白，想到长江、黄河，就有那种感情，这种感情不就是民族精神的体现吗？清朝有位黄遵宪，是外交官，也是诗人，也是史学家。黄遵宪写过一本史书《日本国志》，很重要的一本著作。因为他在日本当外交官，决心写一本日本史，用中国志书体裁写的一本《日本国志》。黄遵宪有一句诗——'寸寸河山寸寸金'。那就是说祖国的河山是无价的，我想这种感情就是民族精神。"（《演讲录》第147～148页）这种感性的认识正是来自于中华民族千百万大众。作者进而又从理性上对民族精神作了这样的表述："民族精神从根本上说是来自对于我们民族的历史，对于我们先人在文明史上的创造的热爱和无限崇敬而产生的一种发自内心的真挚的情感，这就是民族精神。"（《演讲录》第148页）作者作为一个历史学家，时时总会联系到历史撰述，用以进一步阐述有关民族精神的问题。比如在这里，他联系到司马迁《史记》开篇从《五帝本纪》写起，认为黄帝是中华文明史的开端。此后，许多历史学家写中国历史，也都从黄帝写起，这个传统从司马迁算起，至今已有两千多年。这种思想上的认同，文化上的认同、历史上的认同，已经深深地扎根在我们民族当中，这种历史精神也是民族精神的重要组成部分。

关于忧患意识。作者明确地指出："一个人也好，一个民族、一个国家也好，总应该有忧患意识，忧患意识反映了人们对人生、对社会的积极态度，是一种自信的精神，中国古代许许多多历史学家及其著作，都贯穿着这种忧患意识。"（《演讲录》第148页）作者把忧患意识视为"对人生，对社会的积极态度，是一种自信的精神"，是一种深刻的和独到的见解，很有启发意义。具体说来，作者特别提到清代思想家龚自珍的一句名言："士大夫受三千年史氏之书，当以良史之忧忧天下"[①]。作者进一步解释说，良史之忧之所以特殊和重要，是因为"他们的忧患意识是有丰厚的历史经验的积累，他们所考虑的不完全是根据眼前的问题提出来的，他们提出问题是带有某种规律性的认识。"这种忧患意识是"史学家的一种精神境界。这种精神境界，这种忧患意识，是我们精神家园的一个部分"。把忧患意识作为一种精神境界看待，也是一种很深刻的见解。在这篇演讲中，作者还举出近代几位史学家如魏源、黄遵宪、王韬、张穆、姚莹、何秋涛等为例，并深情地写道："当我读到他们所写的书的时候，就深深地被他们那种忧患意识所打动。"（《演讲录》第150页）作为一个年轻学人，当我读到这些文字的时候，也被作者的这种思想深深地打动了。作者希望青年学子"在思想深处，要建立起一种忧患意识，将来不论你们从事什么职业，在什么岗位，都要有为民族、为国家忧患的心情。这种意识、这种心情，是我们的精神家园的一个重要支柱。"（《演讲录》第150页）

关于爱国主义。作者首先指出："爱国主义是我们的精神家园，我们对此都有着深刻的认识。我们热爱我们的国家，热爱我们祖国辽阔的土地，我们因为自己是一个中国人而感到骄傲。因为中华民族、中华文明曾经对人类的文明做出了重大贡献。在中世纪，从唐初开始的上千年中，中国一直处在世界文明发展的前列。"（《演讲录》第150、151页）作者指出鸦片战争后，中国落后了，这是什么原因？帝国主义侵略是一方面，另一方面作者举出英国学者李约瑟博士主持撰写的《中国科学技术史》，从科学技术史的角度来回答这个问题；又举出他的同事、明史专家顾诚教授，

---

① 龚自珍：《龚自珍全集》第一辑《乙丙之际著议第九》，上海古籍出版社，1975，第6页。

作者建议顾诚教授写一部专著，阐述中国由先进转向落后的原因。可惜顾诚教授已经去世了！这两件事情反映出作者对上述问题的很深的关切。尤其令人感动的是，作者在演讲中提到了近代史家姚莹及其所著《康輶纪行》和方志敏写的《可爱的中国》，这两本近现代史上很著名的反映爱国主义思想的著作。作者认为："历史学在爱国主义教育、爱国主义精神培育方面所起的作用是非常大的，是任何学科都无法替代的。"作者在这篇演讲的最后，充满自信地讲到："中国史书有丰富的内容、多样的形式、生动的表述，故历时愈久而愈益显示出生命的活力。这就是中国史学——我们的一个精神家园的独特的风采。"（《演讲录》第151、152页）

三 认真研究史学遗产

对于《演讲录》中这一部分的内容，我作为历史学的初学者，感到尤为重要，也感到十分的亲切，这是瞿先生敞开心扉，向大家介绍自己读书的方法和治史的心得，也反映了对青年史学工作者的期望。

一是关于读书。瞿先生在安徽大学作"读书与写作"的演讲中，从为什么要读书、怎样读书及读什么书三个方面为青年学子解惑。首先，读书的重要性在于："读书是我们积累知识的过程。按照明清之间的思想家顾炎武的说法，是'采铜于山'，是掌握第一手资料的过程。对于史学工作者来讲，读书是积累知识的过程，是'采铜于山'的过程，是掌握第一手资料的过程。"（《演讲录》第211页）其次，作者提醒青年学子需要理性选择读物，避免被一些庸俗化东西所误导。同时，还指出需分层次的对待读书，即要把读的书分为精读、通读、选读、泛读四个不同层次，特别强调对于专业的书或者理论性的书，需要精读，读上三五遍。再次，瞿先生强调要读中国古代史学名著，他认为这是历史学专业根本所在，比如《前四史》《史通》《文史通义》等。这与白寿彝先生在20世纪80年代时提出读"四史六通"的观点一脉相承。白先生指出："我的意思认为，可以提出'六通'来，就是在'三通'以外，加上《资治通鉴》，再加上刘知幾的《史通》、章学诚的《文史通义》。这'六通'和《史记》、《汉书》、《后汉书》、《三国志》可合称'四史六通'，这是我国中古时期历史著作中的代表作。"[①] 白先生说的"三通"，是人们所熟知的，即《通典》、《通

① 白寿彝：《白寿彝史学论集》（下），《说六通》，北京师范大学出版社，1994，第660页。

志》、《通考》。

瞿先生指出在读中国古代史学名著之外，还要读当代名家的关于专业方面的著作，如郭沫若的《中国古代社会研究》，蔡美彪先生续完的范文澜《中国通史》，白寿彝先生主编的十二卷22册的《中国通史》等。作者还说道，我们不能局限于历史专业，既要专精又要博学，开阔视野，“选择与本专业关系比较相近的，有一定学术影响的书”，“我们知识面要宽一点，要读一点和我们专业关系密切的书”，如：任继愈先生主编的四卷本《中国哲学史》，北京大学、复旦大学的先生们撰写的《中国文学史》，史念海先生的《河山集》等等。(《演讲录》第213、214页)

作者一直强调选择读什么样的书的重要性，要学会独立思考，不可盲目追随所谓时尚的东西，并借用何兹全先生的座右铭赠给大家：“择善而固执，上下而求索”。

二是关于问题意识和学术创新。作者首先对“问题意识”和“问题”这两个概念作了界定，进而指出获得问题的四个途径：从一般阅读中获得问题、从专业资料积累中获得问题、从理论和实践的联系中获得问题、从史学和社会的关系中获得问题。作者结合自身以及具体事例而提出的方法都给青年学子以有益的启示。作者结合自身的感受和体会总结归纳出具有创新意义的六种情况：第一种情况，是前人未曾提到过且具有一定学术意义和社会意义；第二种情况，是前人提到过但论说不够全面、不够深刻，我们可以提出新的研究，并推出新的见解；第三种情况，是前人虽然涉及过但结论是错误的，那么我们可以起而为之纠正；第四种情况，是发现新材料用来论证旧有的问题；第五种情况，是采用概念、范畴和问题相互配合，有系统地阐述某一研究领域的发展面貌，使人有耳目一新的收获；第六种情况，是有分量的商榷文章，虽然不能推翻旧说但却提出一种新说。(《演讲录》第225～228页)作者结合自身治史的感受和体会举例说明，真心和学生作心灵的沟通，对青年学子的谆谆教导和殷切希望可见一斑。此外，作者强调“在继承的基础上创新”的理念，不能为了突出自己而否认这个规律的存在。他指出学术创新的主观条件在于问题意识，同时不可忽视创新的客观条件，即社会所提供的各种有益资源和有利环境。

三是关于研究中国史学的理论遗产。2011年，瞿先生在华中师范大学作《深入研究中国古代史学的理论遗产》的演讲。在这次演讲中，瞿先生回顾了自1961年史学史的学科建设的新阶段到2011年的50年史学史学科取得的很重大的进步，特别是关于中国古代史学的理论研究方面的成就。

接着，他回顾了25年前即1986年，他在华中师范大学参加了“全国青年史学工作者研讨会”，主题是“继承与创新”。会上有些青年学者提出这样一个观点，“中国史学虽然历史悠久，但是没有理论，只有记述历史，像司马迁的《史记》、班固的《汉书》等都是记述历史，没有理论”。(《演讲录》第242页) 瞿先当时回答说：“这个观点不对，中国史学这么丰富、历史这么悠久、著作这么多，怎么会没有理论呢？但是理论在哪里？我现在说不出来，因为我们作为史学史研究工作者，研究得不够。但是我相信，经过我们的努力，是会把中国史学的理论梳理出来的。”(同上) 25年后，即2011年，瞿先生满怀激动的心情再次来到华中师范大学，而且做了题为《深入研究中国古代史学的理论遗产》的演讲并谦逊称，这是“我经过25年交出的一份初步的答卷”。事实上，作者在中国古代史学的理论遗产研究方面已取得丰硕的成果，如：《中国古代史学批评纵横》、《中国史学的理论遗产》，以及他主编的（三卷本）《中国古代历史理论》和600万字的文献资料《中华大典·历史典·史学理论与史学史分典》。

瞿先生在演讲中，首先强调历史理论与史学理论的区别与联系。“历史理论是人们对客观历史运动的认识”，“史学理论是人们对史学认识活动及其发展过程、特点、规律的认识和见解”。(《演讲录》第243页) 作者认为界定二者之间的区别与联系很有必要，明确了两个概念，是进一步讨论、研究的前提。

其次，作者在演讲中概括了中国古代历史理论的特点和发展大势。他认为中国古代史学中的历史理论主要有三个特点：一是多种存在形式；二是史家对于有关历史问题探讨的连续性；三是“未尝离事而言理”，用今天的话说，就是不脱离讲历史事实而讲道理、理论。他进而概括地讲到从先秦到1840年前，中国古代历史理论发展的三个阶段：第一个阶段是它产生和形成时期，即先秦、秦汉时期。这个时期历史理论发展的标志性成果和代表性人物，是司马迁和他的《史记》；第二个时期是中国古代历史理论发展和兴盛时期，即魏晋南北朝和隋唐时期。这个时期的代表性人物，是唐代的杜佑和柳宗元，以及他们的代表作《通典》、《柳河东集》；第三个阶段是繁荣和嬗变时期，即五代到明清时期，这个时期的代表人物和代表性的著作非常多，如司马光、范祖禹、郑樵、马端临、李贽、王夫之等。

作者从历史理论进而说道史学理论。对于中国古代史学理论的特点，作者强调称：“它是和中国史学批评密切联系的，甚至我们可以这样认为，中国古代史学理论是在史学批评的过程中不断形成起来、发展起来、成熟起来的”（《演讲录》第 251 页），对于史学批评，作者作了这样的解说：史学批评“就是史学评论，就是人们对史学家、历史著作、史学现象、历史学的社会价值和功能以及史书编撰等一系列问题提出的认识和讨论。”（同上）作者把中国古代史学理论的发展分为四个阶段：第一阶段是产生时期，即先秦、秦汉时期。这一时期的主要特点是从史学意识发展到自觉的史学发展意识。在这里，作者首次提出“自觉的发展意识”；第二个阶段是形成时期，即魏晋南北朝和隋唐时期。这一时期的主要特点是提出系统的史学批评理论，代表人物和标志性著作是唐朝刘知幾和他的《史通》；第三阶段是发展时期，即五代宋元时期；第四阶段就是终结时期，即明清时期。终结时期的特点是什么呢？作者认为，概括来说，就是批判、总结和嬗变。

作者最后说到深入研究中国史学的理论遗产的有关问题，指出：

> 在当前形势下，我们一方面是开放、引进、研究、分析外国史学，借鉴其中积极因素，以有益的成果来丰富我们。同时，我们要发掘自己的理论遗产，这两个方面是辩证统一的。我们要争取和西方史学“同步走”，再进一步“领着走”，不能“总跟着走”。（《演讲录》第 256 页）

作者在演讲中对青年学子提出希望：“年青一代要有使命感，要有责任感，要经常思考一些问题。知识是非常重要的，但是提出新的问题更重要。因为有了问题才能够创新，有了问题才能够突破。”（《演讲录》第 257 页）在这里，作者再次强调问题意识的重要性。

* * *

《演讲录》集结瞿林东先生近三十年来在不同场合中所做的部分史学演讲，系首次出版。作者在序文中指出，此次汇编《演讲录》的两个原因是：“这些演讲，有的已过去十几年甚至二十几年，其学术氛围、语言环境以及针对的主要问题，或多或少都带着时间的印记。更重要的是，所讲论题，大多属于基础性的范围，而具有研究性的论题不多。或许正是由于上述两个原因，我的学生们和一些青年朋友建议把这些演讲汇编出版，供青年史学工作者和史学爱好者参考。”（《演讲录》第 1 页）事实上，搜集、汇编时间跨度长达三十年的演讲稿并非易事，正如作者所说：“我发现有的演讲只有一两页纸的提纲，有的是手写稿或打印稿，有的是据录音整理稿，情况很不一样。”（同上）作者正是根据这些零散不一的演讲文稿、录音稿、甚至提纲，分门别类，汇编成书。

这些面向高校学子乃至社会公众的演讲，不仅生动地展现出作者近三十年治学的方向、关注的问题、研究的领域，即中国史学史研究、历史学的理论研究，而且真诚地表达出对青年学子的谆谆教导和殷切希望，更是深情地体现出作者对史学的热爱，对社会、民族、国家的厚重情结，对我们精神家园的关怀，流露出一个史学家真挚坦率的心声。

探究史学思想之会通，展现民族史学之风貌

——读《中国史学思想会通》

马新月

（北京师范大学历史学院，北京　100875）

中国有着悠久而绚烂的历史文化，史学思想是其中重要的组成部分，它反映出史家（包括思想家）对中国客观历史发展以及史学本身的认识。因此，中国史学思想史的研究对历史学学科建设乃至整个中国文化的发展都有着重要的意义。

吴怀祺先生及其学术团队长期致力于中国史学思想史的研究工作，对中国传统史学思想的发展历程、理论特点与学术价值进行了深入的探究，取得了丰硕的学术成果。其中，由吴怀祺先生担任主编、该学术团队共同撰写的10卷本《中国史学思想通史》和6卷本《中国史学思想通论》，是中国史学思想史研究的两部重要系列著作。2018年9月，福建人民出版社将这两套书合并再版，题名为《中国史学思想会通》。新版著作共16卷，其中总论单列一卷，内容由原来两套书的总论部分整合修订而成。其他各卷在原有内容的基础上都做了补充和修订，例如，《先秦史学思想卷》增设两篇附录，分别是《先秦诸子的学术渊源与史学的关系》和《先秦诸子著作的史料价值》，从学术史和史料的角度对先秦诸子与史学的密切关系作了补充论述，从而更加全面地展现了先秦史学思想的形成和发展过程。

从总体上看，《中国史学思想会通》的编纂呈现出以下几个方面的特点。

一　彰显史学发展的会通之义

通变思想是中国传统史学的核心思想之一，在先秦典籍中，《周易》

就强调要以通变的思维看待历史变化，这种“通”的思想对后世史学的发展产生了深远的影响。西汉司马迁作《史记》以求“通古今之变”，唐代杜佑作《通典》以通史的形式记述历代典章制度沿革，北宋司马光作《资治通鉴》贯通历史以求得资治之鉴，这些都是通变思想在历史撰述中的表现。宋代史家郑樵作《通志》，又提出了“会通”的史学思想。他在《通志·总序》中称：“百川异趋，必会于海，然后九州无浸淫之患；万国殊途，必通诸夏，然后八荒无壅滞之忧。会通之义大矣哉！”郑樵所说的“会通”，一方面指对古今历史发展的贯通，另一方面还强调广泛地汇集历史文献，从而使历史撰述的内容充实、丰富。《中国史学思想会通》可以说是继承和发扬了传统史学会通的思想，以纵向通史撰述和横向专题研究相结合的形式，对中国史学思想进行了全面而系统的论述，充分彰显了中国史学发展的会通之义。

具体而言，《中国史学思想会通》分为通史和通论两个部分，其中通史部分是按照时间发展的顺序，将中国史学思想的发展分为了先秦、秦汉、魏晋南北朝、隋唐、宋辽金、元、明、清、近代（包括近代前卷和近代后卷）等几个阶段，每个阶段的论述以重要史家和经典史著为核心。在《总论卷》中，吴怀祺先生概述了中国史学思想不同阶段的发展特点。中国史学思想萌生于先秦时期，人们在生产生活中逐渐形成了对先祖的崇拜以及对部族形成与发展的追忆等历史意识，而随着文字的产生，这种历史意识渐渐走向成熟。秦汉时期，中国史学思想有了明显的发展，中国史学的民族特征基本形成。魏晋南北朝时期是史学发展的过渡阶段，史学思想上承两汉，下启隋唐，呈现多样化的发展趋势，奠定了传统史学的基本规模和格局。隋唐时期，历史盛衰的总结达到了新的高度，历史借鉴思想深入发展。宋元明时期，理学的兴起促进了史学思想的深化，史学思想呈现出义理化的倾向。清代史学思想经历多次转变，经世致用、历史考证与边疆史地学先后成为史学的主流。到了20世纪，西学传入，传统史学思想向近代新史学转型；五四以后，马克思主义的广泛传播使得唯物史观逐渐成为史学思潮的主流。

除了从总体上对中国史学思想的发展脉络进行概括和梳理，各分卷的具体论述也十分注重史学思想的贯通发展与流变。例如，《明代史学思想卷》以明正德年间为界分为前后两编，突出表现了明代前期和后期史学思想的转变。明代前期学术上承元代，固守朱学义理，在史学思想方面少有成就；后期史学思想则深受王学影响，史家多从新的视角进行历史总结。再如，《清代史学思想卷》将清代的史学思想发展分为四个阶段：清初，以顾炎武、黄宗羲、王夫之为代表的史家鉴于明末理学空疏之风的流弊，兼采汉宋之学，强调史学的经世致用。乾嘉时期，以考证经史为特征的汉学占据学术主流，所以历史考证学蓬勃发展，出现了王鸣盛、赵翼、钱大昕等一批考史大家。嘉道之际，受时局动荡的影响，汉宋合流的趋势日益明显，史学的经世思潮再度高涨，边疆史地学迅速兴起。道咸以后至清帝退位，随着西学逐渐传入，传统的汉宋之学走向衰落，史学开始由传统走向近代。可以看出，作者对清代史学思想发展的梳理始终以汉宋之学的起伏变化为线索，这样的研究理路清晰地展现了有清一代史学思想的流变。

如果说《中国史学思想会通》通史部分的撰述是对中国史学思想的纵向的古今贯通，那么通论部分则是以中国史学思想中的几个核心问题为纲，融会各个历史时期的相关材料，进行横向的专题式研究。通论中的专题包括历史思维、经史关系、历史盛衰、历史文献学思想、历史编纂学思想，各卷作者对这些专题的论述同样体现出了“会通”的特点。如《历史思维论卷》中论述了象思维和意象思维、天人关联的整体思维、通变思维、社会和谐思维、史学二重性思维、通经致用思维、类例思维等多种历史思维，这些历史思维贯穿于整个中国史学的发展过程。《经史关系论卷》探究了中国历史上经学与史学的渊源与嬗变，从历史观、历史编纂和史学经世等多个方面解析了经史的因缘关系。《历史盛衰论卷》总结了中国史学思想史上不同时期历史盛衰论的特点，从天命思想、民本思想、君主的行为和道德、人才观念等多个方面详细阐释了古代史家对历史盛衰动因的认识，分析了中国历史上史家的时势论和通变论，展现出史家在面对历史盛衰变化时审时度势的思想观念。《历史文献学思想卷》总结了中国历史文献学的发展历程，对文献典藏、文献分类、文献校勘、疑古辨伪、文献阐释等历史文献学思想作了系统的探究，并且论述了金石学和古籍数字化与历史文献学发展的关系。《历史编纂学思想卷》探讨了不同史书体裁以及相关史例、史法所蕴含的史学观念，论述了中国历史编纂思想的演变，展现出中国历史编纂学思想之丰富与深邃。

综上可见，《中国史学思想会通》以纵横结合的二维视角对中国史学思想的发展过程和理论内涵作了深入而细致的考察，充分体现出中国史学思想的会通之义。

二 探寻史学思想与社会现实的相互关系

史学的发展与社会现实有着紧密的联系，史学研究的对象是历史，历史所反映的正是社会由古至今不同阶段发展变化的过程。史学研究与社会现实相互影响，一方面，史家对历史的撰述是在具体的社会环境下进行的，因而具有时代性的特征；另一方面，史学活动本身对社会的发展也有着重要的影响，史家正是通过考察和总结客观历史发展规律来为当下社会提供借鉴。《中国史学思想会通》的撰述，注重探寻史学思想与社会现实的相互关系，总结了史学思想的时代特征，以及史学思想对社会历史和时代思潮的作用。

社会现实对史学思想的影响主要有两个方面：一是社会环境的种种因素直接影响史家修史，从而形成特定时代的史学思想特质；二是一个时代的学术思潮，尤其是哲学思潮会对史学思想产生影响。《中国史学思想会通》正是从这两方面出发，论述了社会现实对史学思想的影响。就社会环境因素而言，例如，《宋辽金史学思想卷》指出，由于宋代社会危机的加剧，史家的史学思想往往具有强烈的忧患意识，司马光、范祖禹、郑樵、朱熹等史家都在其历史撰述中表达了这样的思想。而宋代学术文化的繁荣以及经济重心和文化中心的南移推动了区域文化的发展，从而使史学思想带有区域性的特征。《宋辽金史学思想卷》对宋代区域性史学作了专门的阐述，重点分析了浙东史学、蜀中史学和江西史学这三个区域性史学的形成及其思想特点。再如，《元代史学思想卷》指出，元代的民族冲突与融合对史家的历史思想也产生了重要影响，史家的民族观和正统观在时代环境的作用下都有了新的发展。

除了社会环境的影响，史学思想的发展还与时代思潮有着密切的关系。关于这一点，《中国史学思想会通》各分卷也有所体现。例如，《秦汉史学思想卷》论述了两汉经学对史学思想的影响。其一，以董仲舒为代表的汉代今文经学家发展了《诗经》中天命王权的理论，建立了天人感应的学说，这一思想被司马迁、班固、荀悦等史家接受，并且运用于历史撰述之中。其二，汉代史家以通变的思想看待历史发展，其理论来源于《易传》对万物变化的阐释以及汉代公羊学的三统循环变易的学说。其三，汉代公羊学家发挥了《公羊传》的大一统思想，这一思想在汉代史家著作中有明显的体现，成为汉代史学撰述的主旨思想之一。《魏晋南北朝史学思想卷》探究了魏晋时期玄学与史学思想的关系，作者从史家人生观和价值观、历史人物评价、史著体例与内容、史家思维的变化等几个方面论述了玄学对史学的影响。具体而言，玄学对名教和自然关系的探讨体现在魏晋时期的历史撰述中，玄学所带来的清谈之风促使史家十分注重历史人物的评价，史书中有许多对人物相貌和品性的描述。作者还指出，玄学辨析名理的学术主张丰富了史家的理论思维，提高了史家对历史发展的洞察能力。《宋辽金史学思想卷》揭示了宋代理学思潮对史学思想的影响：在历史发展观上，宋代学者以天理来解释历史的盛衰变化，以纲常名分之“理”来解说历史的发展，评判历史人物的功过是非。宋代理学家的《易》学思想对其历史观有着十分重要的影响，《易》学所构建的阴阳相替、天人贯通、随时变易等理学观念自然成为宋代史家历史观的哲学基础。在历史编纂思想方面，宋代理学家充分发扬了《春秋》学的正统观念、义例思想以及彰善瘅恶的褒贬笔法，并且运用于史学著作的编纂之中。

社会环境和时代思潮推动着史学思想的演变，而史学思想也反作用于社会和时代思潮的发展。例如，《历史思维论卷》论及历史学的社会功能，以史为鉴和经世致用的史学思想影响到人们对现实社会问题的思考与处理，激发人们对民族社稷兴亡的责任意识，为统治者治国理政的措施提供借鉴和依据。再如，《宋辽金史学思想卷》指出，宋代的史学思想不只是被动地接受理学的影响，同时也对理学的发展也有重要意义，尽管宋代的理学家们在经史关系问题上往往强调经重于史，但他们依然需要通过历史经验来验证理学思想的合理性。该卷特别强调了朱熹读史以穷理的治学理念，与二程相比，朱熹对史学价值的理解更为深刻，他把包括史学在内的各个学术门类都纳入了理学的体系之中，这是他成为宋代理学集大成者的重要原因。

综上所述，《中国史学思想会通》将史学放到整个社会历史发展的过程中进行考察，以思想史的研究方法来探寻史学思想的演变轨迹。这样的方法将史学研究与历史研究紧密结合在一起，拓展了史学思想史研究的视野。

三　展现史学思想的民族特性

中国史学思想深深根植于中国传统文化丰沃的土壤之中，其发展演变具有鲜明的民族特性。吴怀祺先生在早年出版的著作《中国史学思想史》

中就已经提出，中国史学研究要立足于本民族的文化传统，要用自己的研究“展示中国史学思想宝库的珍宝，并说明批判地继承这份珍贵遗产的意义”。[①] 而这部《中国史学思想会通》的编纂同样秉承着传承史学遗产、发扬中国优秀传统文化的学术宗旨，更为全面而深入地阐释了中国史学的思想内涵和理论价值，在学术全球化的浪潮中展现出中国史学思想的民族特性。

作者站在世界史学发展的背景下探讨中国史学思想之民族性，对于这一问题的提出主要基于长期以来西方学人对中国史学认识的扭曲。《总论卷》指出，有不少西方史家对中国传统史学的评价较为偏狭，认为中国传统史学的理论价值不高，不能与西方史学相较。然而实际上，中国史学有其自身发展的特性，在史学思想方面，更是有着十分丰富的文化遗产。所以，中国传统史学的思想精华亟须我们进行深入的挖掘，这对中国史学以及世界历史学研究的推进都有重要的意义。

中国史学思想的民族性特征有许多具体的表现，其中，中国传统史学的二重性是较为突出的一项内容。史学二重性是中国传统史学的基本属性，这一概念由吴怀祺先生提出，《中国史学思想会通》对中国传统史学二重性问题做了详细的阐释。首先，《总论卷》和《历史思维论卷》从总体上对史学二重性的理论内涵、发展演变和价值影响进行了概述和分析。传统史学的二重性反映的是统治者二重性的政治要求，统治者既要从真实的历史中吸取经验教训，因而追求历史记录的真实，强调实录直书的精神；又要借历史撰述宣传皇权神授，为论证政治统治的合理性而曲解历史。史学二重性的特征影响了如正统论、直笔论、春秋褒贬笔法等一系列中国传统史学的观念，因此，对史学二重性的探究是理解中国史学思想民族性的一个重要切入点。其次，《中国史学思想会通》各分卷也对中国历史上不同史家史学思想的二重性特点进行了具体的分析。如《秦汉史学思想卷》在论述班固和荀悦的史学思想时，都突出了史学二重性的特点：班固作《汉书》，一方面以神意史观来表达其“宣汉”的主旨，另一方面又强调实录精神，不为汉讳，这正是其史学思想二重性的体现；而荀悦的《汉纪》既宣扬了天人感应的思想，又表现出他对待历史发展重人事的一面，这也说明其天人观念具有二重性的特点。

以四部文化视野关照史学，也是体现中国传统史学民族特性的一个重

① 吴怀祺：《中国史学思想史·后记》，安徽人民出版社，1996，第 392 页。

要方面。中国传统典籍分为经、史、子、集四部，这种四部之学既是图书文献的分类方法，也体现着中国传统学术的结构和特点。史部作为四部之一与其他各部有着密切的联系，经与史、子与史相互影响，其思想内涵在很多方面是相通的。《中国史学思想会通》专门探讨了四部文化形态与史学发展的关系，指出以四部之学为根基的历史文化是中国传统史学有别于西方史学的一大特点。有的西方学者之所以认为中国史学典籍缺乏理论价值，其中一个重要的原因就是他们没有看到中国史籍中有经与子的思想，而经与子的理论也有史学做支撑。所以，只有将史学放到四部之学的学术系统之中，才能更全面而深入地理解中国传统史学思想之精义。

在四部文化中，经与史的渊源颇深。一方面，经学作为中国古代的统治思想对史学思想的发展有着指导作用；另一方面，史学又为经学的阐释和论证提供了历史依据。中国古代史家十分重视经史关系，提出并阐释了以“六经皆史”为代表的经史关系学说。《经史关系论卷》以经史同源一体的视角考察中国史学思想的发展，对中国古代至近代经史关系的发展变化作了梳理和总结。作者从经史之学的历史观念、以经解史与以史证经、经学撰述与史书体裁、春秋笔法与史学求真、通经致用与史学经世、近代化与经史关系的嬗变等多个方面分析了经学与史学的学术渊源，充分体现了中国史学思想中经史相互交融、影响的特点，展示出中国民族史学的独特魅力。

在全球化趋势日益明显的今天，中国史学的研究既要拓宽视野，以开放与包容之心看待中华文化与世界各民族文化的碰撞与交融；又要建立自身的话语体系，彰显本民族文化的特性。《中国史学思想会通》正是从史学研究的时代性和民族性的角度出发，以纵横会通的研究视角考察并总结了中国史学思想的发展历程和理论价值，探究了中国史学思想与社会历史发展的相互关系，为展现中国史学的民族性，推动中国传统史学研究走向世界做出了重要的贡献。

留美生研究的新成果

——评元青等著《民国时期留美生的中国问题研究》

鲁缗仁

（南开大学历史学院，天津　300350）

近年来，留学史的研究取得了丰硕的成果，研究的程度也日趋深化，但是对于留学生的学习过程和留学的成果——学位论文，长期以来却没有引起学界的足够注意。南开大学元青教授等学者撰著的《民国时期留美生的中国问题研究——以留美生博士论文为中心的考察》（国家社会科学基金项目结项成果，南开大学出版社 2017 年出版），以留美博士研究中国问题的学位论文为研究对象，分析了这些论文的选题、内容、材料与方法，发掘出了它们在中西文化交流中的巨大价值，视角独到，是留学生研究的新成果，体现了中外学术交流史研究的新趋向。

该书以旅美著名图书馆学家、目录学家袁同礼的英文本《中国留美同学博士论文目录》（*A Guide to Doctoral Dissertations by Chinese Students in American*，1905 – 1960）和 1927 年美华协进社编写的《中国留美学生硕博士论文目录》（*Theses and Dissertations by Chinese Students in America*）为基础，经过增补校订、重新分类，将民国时期留美学生有关中国题材的博士论文数量进行了统计，共 324 篇，约占同期留美生博士论文总数的近四分之一。书中涉及的学科为：历史学、哲学、社会学、人类学、政治学、法学、教育学、经济学。其他文科（图书馆学、心理学、语言学）、艺术（音乐学等）、自然科学等学科不在考察之列。

该书包括绪论、正文七章、附录以及主要参考文献。每一章讨论一个学科的中国问题研究。在各章“研究概貌”中，作者对袁同礼目录和华美协进社目录进行了订补与考证，把各学科的学位论文信息以表格的形式列出，其中包括作者姓名、生卒年、博士论文中英文题目、毕业学校、毕业时间，这些信息为学界查找相关材料提供了珍贵线索。

通过对民国时期留美生写作的300余篇中国问题博士论文的考察，书中指出大量留美生之所以会选择中国相关问题作为研究的对象，是多种因素综合作用的结果。分析起来，有如下几个方面：

一、求真致用，希望从学术中找到救国之道。这种因素在教育学、经济学、社会学人类学等社会科学领域的中国问题研究方面得到了重要体现。留美生撰写的教育类论文众多，且“较少纯学理、理论性的研究，更多是紧扣中国教育现实，体现了那个时代留美学子教育救国、教育报国的热烈情怀”（第5页）。对中国经济问题的研究也体现出强烈的现实关怀。从相关论文目录中可以看出，民国时期留美生更多地关注应用经济学，选题多为财政制度、货币金融、交通运输、国际贸易、农业农村等有关国计民生的领域。社会学的研究也是为了解决中国当时存在的各种社会问题。此外，留美生的政治、法律等学科的博士论文，都与民国时期不同时段所面临的具体问题是互相呼应的。

二、受到美国汉学的影响。在美求学的留学生，理所当然地会受到美国流行的研究方法的影响。考察民国时期留美生中国问题研究的轨迹，其数量分布、研究内容及特点与美国汉学（现代中国学）的发展状况高度吻合（第11页）。有些留美生受到以中国研究为工作重心的哈佛燕京学社的资助，自然将中国问题作为他们的选题方向。还有些博士生的教育学、经济学选题也贯彻了美国中国学界的重视近代、重视现实问题的旨趣。

三、受个人学术兴趣的驱动。很多留学生在出国之前就已经对相关领域具有较深的造诣，博士论文是他们原有学术基础之上的产物。博士论文选题必须以丰富的知识储备和良好的学术素养为基础，而这也就需要博士生对某些问题进行长期的关注和研究。

关于留美生博士论文中国问题研究的学术特征，该著指出，留美生在美国经过长期的学术浸染，其选题和学术理路受美国学术导向影响明显，这一特点在各学科的博士论文写作中都有体现。以留美生的历史学研究举例，他们在赴美前长期接受中国传统教育，深受传统史学思想特别是清代乾嘉考据学的实证精神影响。但在美国，他们掌握了“考订史料、重建史实”，“考证历史记载中的伪误，而后才可谈得上分析”（第46页）的科学方法，并将其应用于自己的研究中。美国汉学对多语言能力的强调，对中国近代史、中外交通史的重视，对中国古籍与史料的翻译，以及重视时政和专题研究、轻宏观阐述和理论建构的传统在留学生的论文写作中多有表现。其中，以对某些中文史料的译注为主要内容的论文在美国很受欢迎，这是因为它们不仅使西方汉学获得了准确的材料译本，而且文章中丰富的注释和精细的考证为西方汉学界提供了大量而宝贵的学术信息和学术观点。再如留美生的中国社会问题研究，体现出了美国社会学、人类学各个学派的治学特点。毕业于芝加哥大学社会学系的吴景超等人的论文，就借鉴了芝加哥学派的理论。李济等人受以美国博厄斯为代表的历史学派的影响较大，而吴文藻、林耀华、杨懋春等则受以英国马林诺夫斯基为代表的功能学派的影响较深。其他学科如政治学、经济学、教育学等学科的论文同样体现了美国学界在各自学科的最新理论和研究风格。

对民国时期留美生博士论文的海内外学术影响和学界回应的研究也是该著的亮点之一。书中搜集了大量留美生博士论文出版后欧美学界的序言和评论，并对他们论文的被引用情况进行了统计，彰显了留美生中国问题研究在欧美学界产生的巨大影响。该著大量征引了当时西方学界对中国留美生博士论文的评论，从中可以看出，西方学界对留美生的博士论文的评价还是很高的，认为这些博士论文向西方中国学界提供了丰富的文献材料，为西方学者的中国研究提供了门径，有些博士论文甚至可作为该领域研究的代表性成果；论文很大程度上满足了欧美学界对中国社会认识的渴求，促进了西方汉学和中国学的发展。论文作者所具有的对中西文化融会贯通的能力，所表现出的比较研究之视野，也得到西方学界的高度称赞。此外，该著还对留美生群体在民国时期建设中国人文社会科学的贡献进行了探究，指出留美生把在美国期间能够熟练运用的西方治学理论和方法带到国内，促进了国内相关学科的现代化，为繁荣祖国科学文化事业发挥了重要作用。

该书特点鲜明，突出地表现在：第一，资料丰富，特别是挖掘了大量未被前人重视和使用的第一手史料，弥足珍贵。第二，体例严整，每章的体例相对统一，即皆从研究概貌、选题缘起、学术价值、学术特征、海外反响等方面来论述，全面地考察了所论之博士论文的构思、写作，以及出版后所产生的学术影响，令人感到条理清晰，系统完整。第三，充分吸收前人研究成果，自觉地在既有成果基础上进行新的探索。

诚然，该书也有不足之处。一是全书文字风格未尽一致，二是不同章节有少量的重复现象。例如第一章至第三章的“研究概貌”中都出现了介绍袁同礼和他的《中国留美同学博士论文目录》的文字。袁同礼的目录是本书材料来源的重要线索，这在该书“绪论”中做了说明和论述。既然前面已有说明，后面的章节就可以省略了，无需反复提及。

会议综述

中西史学传统与当代史学理论之建设

——北京师范大学第二届史学理论与史学史专业研究生学术论坛综述

况明祺

（北京师范大学历史学院、史学理论与史学史研究中心，北京　100875）

2018 年 10 月 13 日，由北京师范大学历史学院主办的北京师范大学第二届史学理论与史学史专业研究生学术论坛在北京师范大学成功召开，共有来自北京大学、清华大学、南开大学、复旦大学、华东师范大学、中山大学等 22 所高校的 60 余名同学参加。

中国与西方均有悠久的历史，史学遗产丰富，史学传统各具特色。研究中西史学遗产和史学传统，并予以批判地继承，是中国当代史学理论建设的必由之路。因此，论坛的主题为“中西史学传统与当代史学理论建设”，旨在回顾中西史学的优良传统，思考当下的史学发展趋势。本次论坛是在 2016 年 12 月举办的第一届史学理论与史学史专业研究生学术论坛的基础上召开的，希望建设起一个常态化的机制，为史学理论与史学史专业的研究生提供一个研讨、交流的平台，拓宽同学们的学术视野，提高同学们的科研水平。

论坛的开幕式由北京师范大学历史学院史学所副所长周文玖教授主持，历史学院副院长张皓教授致欢迎辞。本次论坛的研讨以分组的形式展开，设置了中国古代史学、中国近现代史学、外国史学三个分论坛。分组研讨包括两场论文宣读和评议与一场主题讨论三个环节。

中国古代史学分论坛中宣读的论文涵盖的主题主要包括历史书写、史家与史著、史学交流及史学与社会互动三个方面。

第一，历史书写。对历史书写的考察时中国古代史学研究的一个重要内容。武汉大学刘小龙的论文《〈废帝郕戾王附录〉对科举的历史书写》关注到了《废帝郕戾王附录》中书写的科举历史明显地出现了淡化、诋毁景泰帝的倾向，并指出这是由于当时的修史格局，明宪宗任命符合己意的修史大臣所导致的。再如，中国政法大学项泽仁的《列女的严妆：性暴力视野下的〈晋书·列女传〉书写》一文以《晋书·列女传》为研究对象，分析两类不同遭遇的烈女事迹的文本书写，发现其中存在文本拼凑，书写格式化的情况，反映了唐代修史的官方意识形态。陕西师范大学石宏夫的论文《史论与形象：阎立本的生平与形象》聚焦两唐书中对阎立本的形象刻画，指出由于史臣的遮蔽，阎立本的形象在史传中被固化，确立了“阎以艺辱”的形象。

第二，史家与史著。史家、史著均是史学史研究的核心对象，中国史学史的研究历来关注史家和史著的相关问题。北京大学白悦波撰写了《关于〈通典〉创作初衷及其相关问题的考察》一文，认为杜佑本人撰写《通典》的初衷在于编纂一部有益于现实政治运行的参考书，而非一般意义上的制度通史。南京大学张仲胤在《实录：在直笔与讳书之间——刘知幾“实录”思想研究》中再次聚焦刘知幾的实录思想，从概念界定入手，指出“实录”包括直笔与讳书两重内涵，体现出了刘知幾史家与儒生的两种角色本质。北京师范大学胡楚清通过论文《试论朱敬则的兴亡观及其政治思想》分析了唐代政治家、史家朱敬则的史学思想，挖掘他在《十代兴亡论》中体现出的辩证发展的政治兴亡观念。

第三，史学交流及史学与社会互动。随着史学理论与史学史研究的深入，中国与周边国家的史学交往，史学与当时社会的互动关系等问题进入我们的研究视野。南开大学袁昆仑的论文《〈历代名臣奏议〉编纂及在朝鲜王朝的影响》关注到了《历代名臣奏议》这一史著在朝鲜经历的与明、清两代所不同的历史轨迹，认为这体现了中国史籍对朝鲜王朝的文化与政治影响。华中师范大学翟士航的《〈百将传〉与明代社会互动》考察了《百将传》在明代产生的影响和与社会互动的情况，指出该书在明代不断被删繁就简，趣味性因素不断增强，反映出明代史学通俗化的趋势。

此外，南开大学徐锦帛的论文《大禹研究中历史学与考古学适用性探析与研究展望》反思了大禹研究中的多种学科方向，指出应当重视学科交叉与史学理论的建设来推进大禹研究的深入。

在第三场的主题谈论中，中国古代史学分论坛的同学们踊跃发言，就当下史学理论与史学史专业研究中存在的学术规范问题，中国史学的话语构建与方法问题展开了热烈的讨论，实现了观点的碰撞与交流。

中国近现代史学分论坛宣读的论文涵盖的主题主要包括中国史学的近代转向、史家思想与史学成就、史家活动与学人交往三个方面。

第一，中国史学的近代转向。中国史学在近代发生了巨大的转向，经历了不同的史学思潮，这一过程自然受到后来研究者的关注。来自清华大学的吴天宇在他《出文章、考据而入于经史义法——孙德谦〈太史公书义法〉与近代〈史记〉研究的新范式》一文中指出了孙德谦以“义法”为中心的研究，不同于以往“史事考据”和“文章评论”的研究范式，开启了《史记》研究的新路径。华东师范大学的武晓兵的《唯物史观与〈历史教学〉创刊》一文考察了《历史教学》这一期刊的创刊原因及其发展，指出了它对中国当代马克思主义史学的发展做出了重要贡献。同是华东师范大学的王乐鑫在《新中国的通俗史学个案：〈中国历史小丛书〉写作缘起》一文中探究了《中国历史小丛书》的写作缘起，认为它是新中国成立以来的通俗史学的重要成果，它的写作历程反映了新中国成立以来的通俗史学与历史教育的发展脉络。

第二，史家思想及史学成就。20 世纪以来，史家辈出，研究当时史家的学术思想，总结他们的史学成果是史学史研究的题中之意。从本次论坛上宣读的论文来看，涉及的史家较多，包括洪业、顾颉刚、金毓黻、陈守实、朱希祖、董作宾等等。其中北京师范大学钟明浩的论文《中国现代学术转型视野下的洪业及其史学》考察了洪业的学术成就，指出了他对中国史学现代化、科学化的贡献。山东大学的王玉婷则在《出入考据之间：论民国学者陈守实的学术思想》一文中回顾了陈守实的史学成果，认为他在考据学从传统考据走向以马克思主义为理论指导的新考据学中做出了重要贡献。河北大学王祎会的论文《探析金毓黻的史学思想——以金毓黻〈中国史学史〉为中心》深入考察了金毓黻的史学思想，分析其在《中国史学史》这一著作中的体现。

第三，史家活动与学人交往。史家的活动交往与学术讨论对史学发展有着重要的作用，所以这也是史学研究中的一个不可忽视的问题。北京师范大学付耶非的论文《“考据”与“义理”：胡适、王国维、孟森关于〈水经注〉公案的论辩》指出在关于《水经注》公案的学术讨论背后蕴含着当时学人的观点之争，并非一场单纯的客观学术考证讨论。华中师范大学杨金华的《追根溯源：郭廷以与“胡适派”学人关系新解》探析郭廷以与史语所相关学人的关系，认为以往“北大派”对“南高派”的学术压制的解释并不尽符合事实，进而指出郭廷以与史语所学人的关系经历了一个前后不同的过程。华东师范大学宋逸平的《抗战时期顾颉刚入川后史学活动考论》一文梳理了抗战时期顾颉刚在四川的学术活动，认为这一时期顾颉刚的史学活动促使了他史学思想的全面而丰富的发展。

最后在第三场的主题讨论中，中国近现代史学分论坛的同学们就中国近代史学的范式，历史科学化等问题展开了讨论，各抒己见，并同点评教师向燕南教授进行了深入的交流讨论。

外国史学分论坛中宣读的论文涵盖的主题主要包括西方古代史学传统、外国史家思想、当代西方史学发展三个方面。

第一，西方古代史学传统。西方同中国相同，在漫长的历史岁月中形成了自身的史学传统。研究西方古代史学传统，有助于总结反思史学的发展历程。复旦大学张娓的论文《拭析希罗多德叙述宗教话题的选择性特征——以〈历史〉中的“赫拉克勒斯”之谜为例》以《历史》中的一个谜题为例指出希罗多德在探究与神祇相关事物时存在选择性的特征，因而导致了偏差的出现。

第二，外国史家思想。研究外国史家的学术思想一直是外国史学研究的重要部分，理解外国史学离不开对外国史家思想的认识。东北师范大学夏玉丽在《启蒙时代的“异端”——让·夏普兰的中世纪观》中考察了法国学者让·夏普兰独特的中世纪史观，指出了让·夏普兰不同于启蒙思想家，对中世纪秉持的赞扬态度。上海师范大学倪凯的论文《马克思主义考古学家戈登·柴尔德的历史与史学观》对戈登·柴尔德的史学观念进行了深入辨析，认为他在历史研究中自觉运用了马克思主义的方法与理论。北京师范大学皮奥琳的《试论鲁滨逊的“新史学”思想》分析总结了史家鲁滨逊史学思想中存在的继承与突破两个方面的内容。东北师范大学林松籽的《康德的目的论史学思想——以〈历史理性批判文集〉为中心》指出康德的历史哲学中“合目的性”的线索意义，康德通过“合目的性”这一线索将目的论，合规律性与普遍历史概念相统一。

第三，当代西方史学发展。20 世纪以来，西方史学理论有了长足的发展，及时考察研究当代西方史学理论对当下的史学建设非常重要。北京大学戚昱明的论文《开放中的变迁——英国〈过去与现在〉杂志及其史学理念探析》通过计量分析的方法指出《过去与现在》这一史学期刊所具有的开放性特征。北京师范大学艾俊树的《后现代历史哲学的滥觞——以后结构主义对现代性的解构为视角》一文分析了后现代历史哲学，认为后现代历史哲学在认识论上并不是彻底的虚无主义，方法论上也不是庸俗的实用主义。同样来自北京师范大学的金嵌雯在《试论西方史学理论中有关“历史想象”的诸观念嬗变》一文中探讨历史想象这一观念的发展，认为它启发了一种不同于实证主义的新的历史真实的观念。

最后在第三场主题讨论中，与会同学们与点评教师顾晓伟老师就宣读的论文中涉及的诸多西方史学概念展开了讨论。

本次论坛共收录论文60余篇，限于篇幅，不能一一介绍所有论文的内容。分组研讨中与会同学们讨论热烈，本院周文玖教授、向燕南教授、李渊副教授、顾晓伟博士出席了各分论坛并进行了精彩点评。

论坛闭幕式由北京师范大学历史学院青年教师顾晓伟博士主持，史学研究副所长周文玖教授对论坛进行了总结，历史学院院长杨共乐教授致闭幕词。杨共乐教授指出，史学理论与史学史专业在历史学学科中扮演着重要的角色，他希望与会的同学们将来在学术上均有所成就，同时他表示北京师范大学历史学院向将来有志于继续从事学术研究的同学敞开大门。

附录一　北京师范大学史学理论与史学史研究中心大事记

（2017年9月至2018年8月）

李　艳

（北京师范大学史学理论与史学史研究中心，北京　100876）

2017年

9月

▲刘家和先生与世界古代史教研室师生座谈

2017年9月19日上午，历史学院世界古代史教研室召开研究生新生老生见面会，我中心刘家和先生应邀与世界古代史教研室师生进行座谈。刘先生结合同学们提出的问题，答疑解惑，传授学习、读书与研究经验。他从辨析学与思、学与习、温故与知新的辩证关系入手，强调学术研究者要不断扩大研究视角，要有问题意识，对不同问题要形成独立思考。学术研究离不开量，但关键在于质。从量变到质变是创新，没有质的突破的创新是没有用处的。教学实践中的"桶水和杯水"比喻有一定的道理，但并不完全正确。如果没有创新，桶水总有用干的时候，知识也就枯竭了；时间长了，桶水也就不新鲜了，知识也就陈旧了。对于如何读书的问题，刘先生强调要精读与泛读结合，处理好"博"与"专"、"通史"与"专史"的关系。世界古代史教研室教师刘林海、王海利、李渊等老师及20多位硕士博士研究生参加了座谈。

10 月

▲《瞿林东文集》新书发布暨学术研讨会隆重召开

2017 年 10 月 17 日上午，由北京师范大学出版集团、北京师范大学历史学院、北京师范大学史学理论与史学史研究中心共同举办的《瞿林东文集》新书发布暨学术研讨会在主楼 600 隆重召开。北京师范大学荣誉教授刘家和，中国社会科学院荣誉学部委员王宇信，学部委员廖学盛，北京师范大学陈其泰教授、清华大学张国刚教授、北京大学高岱教授、北京市社科院王岗研究员、中国人民大学牛润珍教授及中央文献研究室、国家出版基金规划管理办公室、人民日报、光明日报、中国社会科学杂志社等单位的 30 余名专家学者出席了会议。

论坛由北京师范大学历史学院副院长李帆主持。北京师范大学出版集团总编辑李艳辉、历史学院院长、中心主任杨共乐分别致辞。瞿林东先生介绍了本书文集的基本情况，其四十余年的治学历程和研究路径。与会学者对本书的完成出版给予了高度评价。刘家和先生认为，本书体现了瞿林东先生治史的三个特色：一是“通中有专”，专在魏晋南北朝隋唐史；二是充分发扬中国史学的传统，为史学致用做出巨大贡献；三是历史、史学史、历史理论评论三个层次特色鲜明。

廖学盛先生高度赞扬了瞿先生“史学在社会中的地位”这个问题的提出，具有极高的现实意义。王宇信先生高度评价了瞿先生坚持以马克思主义指导史学研究的精神，为社会留下了宝贵的学术财富。陈其泰先生认为瞿林东教授在学术研究中勇于创新，常年坚持以唐代史学作为研究基点进行史学史的研究，并在研究中体现了高度的社会关切，不仅成果丰硕，也具有极高的社会价值。张国刚教授和高岱教授则对瞿林东先生在国内中国史学理论与史学史研究队伍建设方面发挥的重要作用及其对后辈的深远影响进行了高度评价。与会学者一致认为，瞿林东先生是中国史学史和史学理论的领军人物，视学术为生命，兢兢业业，勤奋耕耘，勇于创新。《瞿林东文集》是其四十年成果的结晶，是其关心国家民族命运的爱国情怀和学术研究严谨求实精神的最好体现。

《瞿林东文集》共 11 卷，是瞿林东教授关于中国史学理论及史学史研究领域代表性论著的集结，内容既涵盖史学理论、史学批评、史学功用、史学史纲、史学史志等基础性理论著作，也包括魏晋南北朝隋唐史学、20 世纪中国史学、中国史学重要人物与 20 世纪中国史学关系等专题性著述，全面反映了作者四十余年的治学历程、研究路径，对于了解作者的史学观点及中国史学的发展脉络、理论内容具有重要的学术价值。

▲《史学理论与史学史学刊》荣获社会科学文献出版社2017年优秀集刊奖

2017年10月，在社会科学文献出版社及华侨大学联合举办的第六届人文社会科学集刊年会上，我中心主办的《史学理论与史学史学刊》于两百余家集刊中脱颖而出，被评为年度优秀学术集刊。该奖项已经设立四年，用以奖励高水准的代表性集刊。

11月

▲荷兰内梅亨大学泰奥·恩格伦教授应邀来我中心作学术讲座

11月13日至17日，荷兰内梅亨大学泰奥·恩格伦教授应中心刘林海教授邀请，来中心进行学术交流。11月15日下午，恩格伦教授为我中心与历史学院部分师生做了名为《1800—1945年中国与欧洲的婚姻与生育比较研究》的学术报告。恩格伦教授分析了马尔萨斯人口论、人口变化理论、欧洲人口模式说等近现代历史人口学研究领域的主要理论，并对以这些理论为基础的代表性个案研究进行评价。他还以近代中国台湾的鹿港和荷兰东南部的内梅亨为对象，就婚姻和生育情况进行了对比分析。讲座结束后，恩格伦教授与在场的师生进行了交流互动。

12月

▲2017年史学理论与史学史学术研讨会在京举行

2017年12月16日至17日，由北京师范大学史学理论与史学史研究中心、北京师范大学历史学院主办的“2017年史学理论与史学史学术研讨会”在北京召开。来自全国各地高校和研究机构的150多位专家学者参加此次会议，提交学术论文99篇。会议上，专家学者们围绕设定的主题进行了热烈研讨。

求根柢之学是北京师范大学史学学派的治史传统。与会学者对陈垣先生的治学方法、治学精神进行了深入研究。刘家和先生做了题为《培基固本、精益求精——学习陈援庵先生史学遗产的点滴体会》的大会主题演讲。他梳理了陈垣先生的学术之路，认为陈垣先生学术入门之途径是目录学。刘先生提出，陈垣先生的文献目录之学，为其“一生之学培植了难得的深厚底蕴与博洽潜能”；“援庵先生治学之路，是不断博精相济之路”，充分体现了精思博识和精益求精的治学精神。他强调，“先生毕生从事考证，由此门而做出许多研究精品，可是他对自己这种治学之路毫无高调夸张之意”，这种笃实而谨严的学风，“正是对中国传统文化中的优秀遗产在史学研究领域的继承和发扬”。

与会者传承白寿彝先生开创的贯通之学，不仅有对史学批评、历史编纂等问题的贯通研究，也有在贯通视野下的个案考察。瞿林东（北京师范大学）做了题为《史学批评与史学批评中主客体因素的分析》的大会主题演讲。他提出了中国古代史学批评史研究中应当注意的几个重要问题：第一，史学批评的成果及其思想的社会意义、学术意义和理论意义，需要更深层次地挖掘。第二，主体的差别，客体的多样性、复杂性的存在，是史学批评作为一种史学现象存在的原因。第三，怎样看待和分析史学批评主体提出问题的主要根据？第四，如何看待史学批评中出现的偏颇？为何出现这种偏颇，根源何在？他进一步指出，史学工作者应当加强自我反省，加强自我修养。史学批评是一门新兴的学问，史学批评史的研究者应该深入探讨史学批评中存在的主客体上的问题，这才能推进中国史学批评的发展。

在历史编纂学方面，陈其泰先生大会发言的题目为《创造性阐释中国历史编纂学的优良传统》。他提出，深入开展对中国历史编纂学的研究，既有重要的学术价值，又有重要的现实意义。他以《史记》《后汉书》为例展示了古代史家体例精当的成就，认为它们有思想性、创新性和审美价值的意义。他指出：中国历史编纂学在编纂理论、史书体裁、实录精神等重要方面，形成了具有强烈民族特色的优良传统。“这值得我们作为新的学术增长点，值得大力发掘和总结，以推进中国史学史学科的发展。”学者们还就中国史学史上的其他问题进行了贯通研究。

与会学者还就中西史学、中西史学理论的比较问题，马克思主义唯物史观，中国文化史、社会史、区域地方史等领域的研究方法问题，史学研究的事实判断与价值判断问题等进行了深入研讨和交流。

在会上，我中心主任、历史学院院长杨共乐指出：“人文学科要在中国的文化建设中产生重大影响，必须要有建立学派的理想。”学派要有鲜明的学术特色。特色的形成离不开传统。“陈垣校长开创的根底之学，白寿彝先生开创的贯通之学，刘家和先生在学习老师传统上开创的中西汇通之学，对北师大史学学科的发展影响巨大。”这些年来，北京师范大学历史学院在继承传统特色的基础上，又有了新的发展：大批优秀成果出版，大批的作者和作品获得了省部级的奖励，研究成果得到社会的认可并产生广泛影响。北京师范大学史学学派越来越受到学界的重视。最后，他号召与会者积极应对挑战，在理论、方法、手段等方面有更多的突破，在成果上有更多的积累，促进北师大历史学科乃至全国历史学学科发展。

▲“影像—中国史”第四届中国影像史学学术研讨会召开

2017 年 12 月 16 日至 17 日，由我中心和历史学院主办的“‘影像—中国史’第四届中国影像史学学术研讨会”在北京牡丹宾馆召开。来自中国社会科学院、国家图书馆、故宫博物院、南京大学、西南大学、同济大学等单位的 30 余位专家学者与会研讨。研讨会由北京师范大学历史影像研究中心执行主任吴琼主持，韩丛耀、李学通、周勇、刘萍、孙立新、李志英等教授分专题主持，历史学院副院长姜海军代表学院向研讨会致欢迎辞。

研讨会以中国影像史料和中西交流中的影像分析为中心，从影像史学与中国史、影像史学与历史记忆、影像史学与中西交流、影像史学的理论建设四个专题展开热烈的研讨、交流，成效显著。与会代表 17 日上午在北师大历史影像研究中心进行深入观摩，结合北师大影像史学研究和实践的成果探讨深度合作、跨学校跨学科协同创新开展教学和研究的途径，初步形成了影像史学研究教学与文化资源共享等 7 项合作意向。与会学者一致同意，以北京师范大学历史影像研究中心为发布机构，面向全国高校和人文社科机构制定讨论发布“中国影像史学研究倡议书”，为进一步开展具有中国特色的、立足中国传统史学的影像史学研究，为进一步服务国家文化战略，培养更多的影像史学人才贡献力量。

▲《史学理论与史学史学刊》(2017 年下卷）出刊

2017 年 12 月，《史学理论与史学史学刊》(2017 年下卷）出刊。本卷设立“笔谈”，“治学经验谈”“影像、图像史学研究”，“比较研究”，“中国古代史学研究”，“中国近现代史学研究”，“当代学人研究”，“外国史学研究”，“历史文献学”和“书评”等栏目，刊登 27 篇文稿。所涉范围广，文字风格多样。有雅俗共赏的通论、著名专家的治学心得，也有精深探研的专题专论，还有反映北京师范大学史学理论与史学史研究中心一年的大事记，以及近一年史学理论与史学史论著要目。

2018 年

3 月

▲杨共乐、周文玖教授参加"白寿彝史学论著奖"颁奖典礼

3 月 29 日下午，历史学院 2017 年度"白寿彝史学论著奖·研究生奖"颁奖典礼在主楼 600 会议室举行。我中心杨共乐教授、周文玖教授，历史学院副院长李帆教授，获奖学生代表及部分博士生、硕士生参加了此次颁奖典礼。大会由李帆老师主持。周文玖教授宣读 2017 年度获奖学生名单。张弘毅等 4 名同学获得一等奖，江林泽等 13 名同学获得二等奖，张向朋等 9 名同学获得三等奖。杨共乐、李帆和周文玖三位老师为获奖同学颁发荣誉证书并合影留念。杨共乐老师发表讲话，祝贺获奖同学，勉励大家保持劲头，多看书、多出成果、出好成果，高效地利用时间，努力多发表一些"高精尖"的学术文章。他还强调学术诚信的重要性，指出大家要在学术规范方面严格要求自己。最后，典礼在李帆老师的总结中落下帷幕。

▲《陈其泰史学萃编》新书发布暨学术研讨会隆重召开

5 月 26 日上午，由华夏出版社、北京师范大学历史学院、北京师范大学史学理论与史学史研究中心共同举办的"《陈其泰史学萃编》新书发布暨学术研讨会"在北京师范大学京师学堂第五会议室隆重召开。北京师范大学资深教授刘家和、资深教授瞿林东，华夏出版社黄金山社长，中国社会科学院历史研究所彭卫研究员、北京大学历史学系徐凯教授、中国人民大学历史学院牛润珍教授、中国社会科学院世界历史研究所吴英研究员，北京师范大学历史学院张越教授、汪高鑫教授、周文玖教授、李锐教授以及北京市哲学社会科学规划办公室、《人民日报》、《光明日报》、《新华文摘》、《中国社会科学报》等单位的 30 余名专家学者出席了会议。会议由北京师范大学历史学院副院长姜海军主持。

北京师范大学历史学院院长、中心主任杨共乐、华夏出版社黄金山社长分别致辞。陈其泰教授介绍了九卷本《史学萃编》的基本情况，并回顾了自己三十余年的治学历程。华夏出版社潘平副总编辑介绍了文集的立项及具体编辑情况。与会学者对此套文集的完成出版给予了高度评价。刘家和先生认为，陈其泰先生能够继承白寿彝先生的治史传统，在中国古代史学、中国近现代史学等领域都取得了重要的研究成果，在清代公羊学、经史关系等方面的研究成果尤为突出。瞿林东先生指出，他与陈先生，既是同事，更是学术伙伴，他认为陈先生治史“通中有专”，并注重在治史的过程中发掘中华民族的传统优良精神，不仅成果丰硕，也具有极高的社会价值。彭卫研究员从“方法论”的视角出发，高度评价了陈先生关于清代公羊学的研究成果，并对陈先生多年来支持《中国史研究》的工作表示感谢。徐凯教授、牛润珍教授对陈先生在国内史学理论与中国史学史研究队伍建设方面发挥的重要作用及其对后辈的深远影响进行了高度评价。吴英研究员认为陈先生在学术研究的过程中非常注重史学理论（尤其是马克思主义史学理论）的探索与阐释。与会学者一致认为，陈其泰先生是中国史学史和史学理论领域的重要代表人物，视学术为生命，勤奋耕耘，勇于创新。《陈其泰史学萃编》是其三十余年成果的结晶，是其学术研究严谨求实精神的最好体现。

《陈其泰史学萃编》共九卷，约 300 万字，包括《史学与民族精神》《史学与中国文化传统》《历史编纂与民族精神》《清代春秋公羊学通论》《中国近代史学的历程》《再建丰碑——班固与〈汉书〉》《梁启超评传》《范文澜学术思想评传》《学术史沉思录》，是陈其泰教授关于中国史学理论及史学史研究领域代表性论著的结集，全面反映了作者三十余年的治学经历及研究路径，对于了解作者的史学观点、学术思想及中国史学的发展脉络、理论内容具有重要的学术价值。

6 月

▲中心主任杨共乐教授为部级领导干部作讲座

6 月 23 日，2018 年第 6 期部级领导干部历史文化讲座在国家图书馆古籍馆举行。我中心主任杨共乐教授以“历史学的价值”为题作讲座。杨共乐教授从何谓历史、历史学讲起，介绍了学习历史应该注意的问题、历史学研究的特点和学习历史的价值。他认为，历史是指客观的存在，历史学是帮助人们认识历史、了解人类社会生活的最主要路径。政治是历史的脊梁，历史中常常包含巨大的国家利益。学习历史应树立正确的历史观，把握基本的历史事实，善于运用历史、辩证、比较的方法阅读史书。求真是历史学的核心，客观存在、文字记录、文献解读、形成思想、行文表达构成了历史学求真过程的主要环节。学习历史的价值在于，揭示真相，总结经验、推动实践；不断深化对共产党执政规律、社会主义建设规律和人类社会发展规律的认识，丰富历史知识，开阔眼界和胸襟，提高认识能力和精神境界等。150 多位中央和国家机关在京部级领导干部参加学习。

7 月

▲我中心荣获多项北京市、北师大教学成果奖

2017 年 7 月，北京市教育委员会、市人力资源和社会保障局、市财政局联合发布了《关于表彰北京市教育教学成果奖的决定》（京教人〔2018〕13 号），公布了北京市教育教学成果奖获奖名单，我中心杨共乐等教授的成果荣获一等奖，刘家和、瞿林东先生的成果荣获二等奖。获奖总数位列北京地区高校同专业前茅。特表祝贺！此次北京市教学成果获得殊荣，是在 2017 年度北师大教学成果奖基础上的进一步提升。2017 年，我中心刘家和、瞿林东、晁福林、杨共乐等教授的教学成果荣获北师大一等奖 7 项、二等奖 1 项，获奖总数位列北师大各部院系中心同比最高。

8 月

▲中心数据库建设推进会举行

8 月 5 日，我中心副主任张昭军教授、办公室李艳老师与万方数据股份有限公司邓晓微、丁树樟、王卫等就“影像史学数据库”、“地方志数据库”等的建设工作进行了商讨，并就数据库服务器的安装、验收、试运行、维护及使用作了充分的交流与沟通。史学理论与史学史研究中心数据库建设将有力推动中心的科研工作。

附录二　史学理论与史学史论著要目

（2017 年 9 月至 2018 年 8 月）

许玉宽

（北京师范大学历史学院，北京　100875）

一　论文要目

（一）史学理论与中国史学史论文要目

拜根兴：《岑仲勉教授对石刻碑志等史料的考释——以唐与朝鲜半岛关联石刻等史料为中心》，《史学集刊》2017 年第 5 期。

包伟民：《数字人文及其对历史学的新挑战》，《史学月刊》2018 年第 9 期。

毕敬、赵志辉：《中国历史的空间枢纽——欧文·拉铁摩尔边疆范式中的“贮存地”剖析》，《浙江学刊》2018 年第 1 期。

卜宪群：《谈我国历史上的“大一统”思想与国家治理》，《中国史研究》2018 年第 2 期。

蔡炯昊：《新国体下的旧史学——民国初年的宣付清史馆立传（1914—1927）》，《学术月刊》2017 年第 10 期。

仓修良：《方孝孺的生平和他的谱牒学理论》，《史学月刊》2017 年第 9 期。

曾磊：《试谈〈史记·李斯列传〉与〈赵正书〉对李斯形象的塑造》《古代文明》2018 年第 1 期。

陈峰：《“唯物史观”在近代中国的流变》，《近代史研究》2018 年第 5 期。

陈峰：《从革命语境到学术语境：近七十年大陆学界傅斯年及史语所

史学研究的脉络与走向》，《清华大学学报》（哲学社会科学版）2017 年第 6 期。

陈峰：《吕振羽与中国马克思主义史学方法论的构建》，《史学理论研究》2018 年第 1 期。

陈鸿超：《从出土文献看〈左传〉的史学成就》，《浙江社会科学》2018 年第 8 期。

陈慧本：《当前国内史学理论研究的若干前沿问题》，《学术研究》2017 年第 12 期。

陈鹏：《北朝官修谱牒的类型与发展脉络》，《史学理论与史学史学刊》2018 年上卷。

陈其泰：《“名山事业”：史家强烈的使命意识》，《河北学刊》2018 年第 1 期。

陈其泰：《〈汉纪〉：编年体断代史体制的创立》，《江海学刊》2018 年第 5 期。

陈其泰：《历史分析法在史学史研究中的运用》，《史学理论研究》2018 年第 1 期。

陈其泰：《梁启超历史编纂思想的革新性与继承性》，《史学史研究》2018 年第 2 期。

陈其泰：《论古代史家的信史追求》，《人文杂志》2017 年第 9 期。

陈其泰：《唯物史观与创造性阐释传统学术精华》，《中国史研究》2018 年第 2 期。

陈其泰：《文辞犹金石　志识其炉锤——杨翼骧先生治学风格管见》，《廊坊师范学院学报》（社会科学版）2018 年第 1 期。

陈廷湘、焦明江：《论吴玉章的史学思想》，《历史教学》（下半月刊）2018 年第 7 期。

陈廷湘：《从“革命史观”到“社会文化史观”——中国近代史解释体系的演变与趋向》，《四川大学学报》（哲学社会科学版）2018 年第 5 期。

陈新：《史家与读者——论历史认识中的主体》，《复旦学报》（社会科学版）2018 年第 2 期。

陈学然：《新知识与旧传统的断续：章太炎与五四的一代》，《历史教学问题》2018 年第 2 期。

陈长琦、张彩云：《岑仲勉与〈隋书〉的校勘和订补》，《史学月刊》

2018 年第 3 期。
陈忠纯：《“台湾意识”的异化及其对台湾史研究的影响》，《近代史研究》2018 年第 4 期。
陈居渊：《清代乾嘉学者的正统观念与历史意识——以谢启昆〈西魏书〉为中心》，《南国学术》2017 年第 4 期。
程彩萍：《〈明孝宗实录〉修纂凡例探析》，《史学集刊》2018 年第 5 期。
程海伦：《论科举制度与宋代的〈史记〉研究》，《云南社会科学》2017 年第 6 期。
崔华杰：《西方孙中山研究的历史考察及其学术流变探析》，《安徽史学》2018 年第 4 期。
邓京力：《宁可先生与史学理论的学科建设》，《理论与史学》2017 年年刊。
董根明：《吴汝纶史学思想探析》，《史学史研究》2018 年第 2 期。
董立河：《思辨的历史哲学及其对于历史学的价值》，《中国社会科学评价》2017 年第 3 期。
董少新：《浅谈全球史的史料问题——以明清鼎革史的西文原始史料为中心》，《首都师范大学学报》（社会科学版）2018 年第 5 期。
杜运辉：《张岂之与侯外庐学派》，《长安大学学报》（社会科学版）2017 年第 6 期。
范宇焜：《吴仁杰〈两汉刊误补遗〉的史学价值》，《河南师范大学学报》（哲学社会科学版）2018 年第 2 期。
冯琳：《张海鹏对台湾历史与现实研究的贡献》，《史学月刊》2018 年第 5 期。
伏奕冰：《〈史记〉军事名物的学术史研究》，《甘肃社会科学》2018 年第 4 期。
高超群、黄英伟：《中国经济史研究的挑战与机遇刍议》，《历史教学》（下半月刊）2017 年第 12 期。
高力克：《进化的两面性：章太炎的进步论批判》，《华东师范大学学报》（哲学社会科学版）2018 年第 2 期。
高思峰：《问题与问题意识：近现代中国乡村日常生活史研究路径探讨》，《历史教学》（下半月刊）2018 年第 2 期。
高毅：《张芝联学术人生初探——写在先生百年诞辰纪念之际》，《历史教学》（下半月刊）2018 年第 4 期。

葛焕礼：《〈左传〉学与纪事本末体之源起》，《文史哲》2017 年第 4 期。

龚留柱：《式微中的思想史研究》，《史学月刊》2017 年第 9 期。

郭琳：《论中国古代编年体佛教通史的撰述》，《史学史研究》2018 年第 1 期。

郭倩：《〈左传〉中之“人性说”析论》，《史学史研究》2017 年第 4 期。

郭蔚然：《东鸣西应：新史学与晚清历史教科书的发展》，《甘肃社会科学》2017 年第 6 期。

韩光辉、田海、刘沛林、尹钧科：《徐兆奎先生的生平及其历史地理学贡献》，《中国历史地理论丛》2017 年第 4 期。

韩益民：《〈文史通义〉纠谬三则》，《北京师范大学学报》（社会科学版）2018 年第 3 期。

何成刚、沈为慧：《“史料实证”与“历史解释”关系初探》，《历史教学》（上半月刊）2017 年第 9 期。

何晓明：《思想文化史研究的“思想指向”与“文化品格”》，《史学月刊》2017 年第 9 期。

贺玉洁：《再论黄省曾〈西洋朝贡典录〉》，《史学理论研究》2018 年第 2 期。

侯德仁：《论柴德赓史学研究的主要方法和特点》，《理论与史学》2017 年年刊。

侯深：《错综的轨迹：在自然中重写城市史》，《史学月刊》2018 年第 3 期。

后晓荣、杨燚锋：《背景与动机：“二重证据法”提出的学术反思》，《南都学坛》2017 年第 5 期。

胡楚清：《试论中国古代“良史”观的发展分析》，《历史教学问题》2018 年第 4 期。

胡逢祥：《陈寅恪史学个性的再探讨》，《史学理论研究》2018 年第 1 期。

胡逢祥：《从方法论看顾颉刚与“古史辨”》，《历史教学问题》2018 年第 2 期。

胡逢祥：《现代中国实证史学建构的两种路径论衡》，《天津社会科学》

2018 年第 3 期。

胡文辉：《陈寅恪与唯物史观》，《历史教学问题》2018 年第 2 期。

黄进兴：《机构的宣言：重读傅斯年的〈历史语言研究所工作之旨趣〉》，《复旦学报》（社会科学版）2017 年第 5 期。

黄仁国：《刘大年与陈寅恪的关联——兼论现代中国史学的建构》，《南京社会科学》2018 年第 6 期。

黄晓东、宋晓蓉：《论〈新疆图志〉中的国家意识》，《西域研究》2018 年第 3 期。

贾登红：《以图读史：图像史研究中“碎与通”问题的探讨》，《史学理论与史学史学刊》2017 年下卷。

贾坤鹏：《思想史研究中常见同语词概念混淆及其辨析方法》，《史学月刊》2017 年第 9 期。

贾鹏涛：《杨宽与马克思主义史学》，《史学理论与史学史学刊》2018 年上卷。

金久红：《老骥伏枥致千里　烈士暮年尤壮心——南炳文先生谈〈明实录〉的整理与研究》，《史学史研究》2018 年第 3 期。

金仁义：《何之元史学思想平议》，《史学史研究》2018 年第 1 期。

金之夏：《抗战军事史口述回忆的“蔽”与“弊”——以台儿庄战役为中心的考察》，《南京大学学报》（哲学·人文科学·社会科学）2018 年第 4 期。

李波：《吕思勉读书的经历与方法》，《历史教学问题》2017 年第 6 期。

李成晴：《搁笔：唐宋文士纪事的文本模式》，《天津社会科学》2017 年第 6 期。

李春保、王嘉川：《论王锺翰的史学思想》，《江汉论坛》2018 年第 7 期。

李德锋：《论明代程朱理学的官方化及其对史学的消极影响》，《内蒙古大学学报》（哲学社会科学版）2018 年第 3 期。

李帆：《浅析清季民初历史教科书中的清史叙述》，《史学集刊》2018 年第 4 期。

李帆：《求真与致用的两全和两难——以顾颉刚、傅斯年等民国史家的选择为例》，《近代史研究》2018 年第 3 期。

李放：《“引古筹今”与社会治理——顾炎武的经世致用史学思想》，

《史学理论与史学史学刊》2017 年下卷。

李贵银：《元好问借碑存史的书写策略》，《历史教学》（下半月刊）2018 年第 8 期。

李桂芝：《当前史学理论与史学史研究中的前沿问题——第 20 届全国史学理论研讨会综述》，《史学理论研究》2018 年第 1 期。

李红岩：《从社会性质出发：历史研究的根本方法》，《中国史研究》2018 年第 2 期。

李红岩：《历史合力论再检视》，《史学理论研究》2018 年第 2 期。

李宏图：《观念史研究的回归——观念史研究范式演进的考察》，《史学集刊》2018 年第 1 期。

李宏图：《作者、文本与历史性阐释——基于思想史研究的一种理解》，《历史研究》2018 年第 1 期。

李鸿宾：《从全球史语境看唐史研究新范式出现的可能性》，《陕西师范大学学报》（哲学社会科学版）2018 年第 3 期。

李厚羿：《历史书写及其文化合理性：唯物史观视野中的新文化史观探析》，《东南学术》2018 年第 6 期。

李华瑞：《唐宋史研究应当翻过这一页——从多视角看“宋代近世说（唐宋变革论）”》，《古代文明》2018 年第 1 期。

李杰：《论历史主义史学研究范式》，《云南大学学报》（社会科学版）2018 年第 1 期。

李金铮：《方法的内外互补：“中国史”学界的中国与西方》，《史学月刊》2018 年第 8 期。

李娟：《历史唯物主义学科之争：历史演进与方法反思》，《内蒙古大学学报》（哲学社会科学版）2018 年第 1 期。

李敏：《姚薇元的中国史学史研究述评》，《史学理论与史学史学刊》2018 年上卷。

李瑞华：《层累构造下的唐代宦官历史书写》，《史学理论与史学史学刊》2018 年上卷。

李孝迁：《坪井九马三兴中国现代史学》，《中华文史论丛》2017 年第 4 期。

李新贵：《明万里海防图之全海系探研》，《史学史研究》2018 年第 1 期。

李勇：《同道异趣：郭沫若和范文澜的先秦诸子研究》，《河南师范大学学报》（哲学社会科学版）2017 年第 5 期。

李勇：《王国维和米海里司共同影响郭沫若的中国古史研究》，《云南大学学报》（社会科学版）2018 年第 3 期。

李玉莉：《中国马克思主义史学与传统经学》，《史学理论与史学史学刊》2018 年上卷。

李媛：《“评论与反思——中国古代史研究的国际视野”学术研讨会综述》，《古代文明》2018 年第 2 期。

李长银：《非破无以立：钱玄同“六经与孔子无关”说考论》，《史学理论与史学史学刊》2018 年上卷。

李振宏：《在矛盾中陈述历史：王权主义学派方法论思想研究》，《河南师范大学学报》（哲学社会科学版）2017 年第 5 期。

李政君：《顾颉刚的沿革地理研究与“古史辨”关联发覆》，《史学史研究》2018 年第 2 期。

李政君：《唯物史观与 1949 年后顾颉刚的古史研究》，《中国史研究》2018 年第 2 期。

李政君：《中国社会科学院第三届唯物史观与马克思主义史学理论论坛述要》，《中国史研究动态》2018 年第 2 期。

李志毓：《情感史视野与二十世纪中国革命史研究》，《史学月刊》2018 年第 4 期。

李治安、李振宏、彭卫：《中国古代史研究的国际视野笔谈》，《古代文明》2018 年第 1 期。

李宗桂：《关于中国思想文化史方法论的思考》，《史学月刊》2018 年第 1 期。

连凡：《〈宋元学案〉中黄百家的案语及其学术价值——兼论宋元儒学思想史的建构》2017 年第 12 期。

廉敏：《史“义”考略——试论中国古代史学中“史义”概念的流传及表现》，《文史哲》2018 年第 2 期。

廉敏：《中国马克思主义史学理论前沿报告（2015－2016）》，《理论与史学》2017 年年刊。

林甘泉：《历史研究的古今中外法》，《理论与史学》2017 年年刊。

刘凤强：《藏族古代史书编纂理论探析》，《史学史研究》2018 年第 1 期。

刘国宣：《昭梿的史学实践与理学宗尚》，《史学理论与史学史学刊》

2017 年下卷。

刘洪强：《民国时期中国学界之章学诚研究（1912－1949）》，《兰州学刊》2017 年 12 期。

刘家和：《培基固本、精益求精——学习陈援庵先生史学遗产的点滴体会》，《史学史研究》2018 年第 1 期。

刘开军：《刘咸炘编纂〈双流足征录〉的史学史考察》，《历史教学问题》2018 年第 2 期。

刘开军：《学术宗旨与史学批评——关于中国古代史学理论的一个考察》，《江海学刊》2018 年第 3 期。

刘玲：《钱大昕〈廿二史考异〉对史书“义例纠纷”的辨证》，《史学史研究》2018 年第 1 期。

刘平：《风生水起：中国社会史研究之演进》，《史学集刊》2018 年第 3 期。

刘泰廷：《记忆的唤起、呈现与书写：唐诗中的唐朝追忆》，《史林》2018 年第 1 期。

刘巍：《试论钱穆通史路径之时代根源及其所成就的“中国主义”》，《人文杂志》2017 年 12 期。

刘彦青：《论史书撰写艺术中的自注法——以〈史记〉为中心》，《陕西师范大学学报》（哲学社会科学版）2018 年第 2 期。

刘永祥：《梁启超与历史编纂学的近代转型》，《求是学刊》2018 年第 2 期。

龙坡涛：《史官误笔与历史书写：司马光配享帝王太庙探微》，《北京社会科学》2018 年第 4 期。

卢鹏程：《南北朝正史的时代关注异同比较——以有无〈食货志〉为例》，《内蒙古大学学报》（哲学社会科学版）2018 年第 2 期。

路新生：《“义”“事”之别的历史美学探析》，《天津社会科学》2018 年第 2 期。

罗明：《唯物史观基本原理的表述层次》，《历史教学》（上半月刊）2018 年第 4 期。

马冰洁：《〈开国五十年史〉与明治日本的文化输出》，《史学理论研究》2017 年第 4 期。

马勇：《从学术史视角看吕思勉的通史写作》，《史学史研究》2018 年第 1 期。

买玉华：《建国以来民国新疆史研究回顾与反思》，《西域研究》2018年第3期。

茆巍：《医疗、法律与文化——关于传统中国疯癫问题的学术史研究》，《史学理论研究》2018年第2期。

孟庆延：《“口述史研究传统”视野下的历史“事件”之意涵》，《中共党史研究》2018年第9期。

孟钟捷：《公共阐释理论视域下的公共历史文化机制建设》，《历史研究》2018年第1期。

南炳文：《张廷玉〈明史〉重要拟稿徐氏〈明史〉试探之二——撰写简练得体张廷玉〈明史〉开路先锋之发现》，《史学集刊》2018年第2期。

牛润珍、高珊：《金代史官考》，《史学史研究》2018年第2期。

庞卓恒：《马克思发现的历史规律的生命力永远和历史本身同在》，《史学理论研究》2018年第1期。

彭林：《唐文治先生学术中的汉、宋之辨》，《史林》2017年第5期。

钱茂伟：《中国古今人际交往记忆史建构模式研究》，《浙江学刊》2018年第3期。

钱铁娜：《唯物史观的基本精神：以人为本》，《历史教学》（上半月刊）2018年第4期。

乔治忠：《〈吕思勉读史札记〉的史识与启迪》，《学术研究》2018年第3期。

乔治忠：《改革开放40年以来的中国史学史研究》，《中国史研究动态》2018年第4期。

邱亚、周国林：《张舜徽先生1950年代的“中国历史文选”教研活动》，《历史教学》（下半月刊）2018年第7期。

裘陈江：《观其会通：吕思勉的近代史研究》，《历史教学问题》2017年第6期。

屈宁：《〈新五代史〉编纂思想考论》，《求是学刊》2018年第5期。

瞿林东：《关于中国古代史学批评史的几个问题》，《北京师范大学学报》（社会科学版）2018年第5期。

瞿林东：《关注历史学理论建设的史学家——为纪念林甘泉先生逝世周年而作》，《中国史研究动态》2018年第3期。

瞿林东：《会通古今　有用于世》，《史学理论与史学史学刊》2017年下卷。

瞿林东：《论“稽古”与“随时”——中国古代史家关于古今关系及其本质的认识》，《史学史研究》2017 年第 4 期。

瞿林东：《唯物史观与学科话语体系建构》，《中国史研究》2018 年第 2 期。

任芮欣：《余英时“内在理路”说的再审视》，《史学理论与史学史学刊》2018 年上卷。

任仕阳、杨明：《柳诒徵“中国文化观”的四个面相——以〈学衡〉与〈史地学报〉为核心的文本解读》，《齐鲁学刊》2018 年第 4 期。

桑兵：《倾听历史：从史料史观之分到史论之合》，《武汉大学学报》（哲学社会科学版）2018 年第 3 期。

施建雄、马珂：《古与今：南宋史家黄震的学术研究与现实观照》，《求是学刊》2018 年第 2 期。

史金波：《西夏文社会文书对中国史学的贡献》，《民族研究：中文》2017 年第 5 期。

舒铁：《〈山海经〉与民国古史起源多元论——从蒙文通、傅斯年到徐旭生》，《甘肃社会科学》2017 年第 5 期。

舒铁：《学术转型视野下的〈山海经〉与民国古史研究——以王国维王亥考证为中心》，《史林》2017 年第 6 期。

舒习龙：《日记与近代史学史研究：梳理与反思》，《兰州学刊》2017 年 10 期。

束秀芳：《作为历史的记忆及其生成机制》《历史教学》（上半月刊）2018 年第 5 期。

宋学勤、李晋珩：《思想“在场”：当代中国社会史研究的基点》，《史学理论研究》2017 年第 4 期。

孙昊：《制造“夷狄”：古代东亚世界渤海“首领”的历史话语及其实践》，《史学集刊》2017 年第 5 期。

孙卫国：《朝鲜世宗朝之历史教育——以〈资治通鉴〉与〈资治通鉴纲目〉为中心》，《安徽史学》2018 年第 2 期。

孙卫国：《朝鲜王朝官修〈高丽史〉对元东征日本的历史书写》，《古代文明》2017 年第 4 期。

唐雯：《“信史”背后——以武后对历史书写的政治操控为中心》，《中华文史论丛》2017 年第 3 期。

田彤：《从汉学到中国学：贝德士与秦汉史研究》，《齐鲁学刊》2018

年第1期。

汪高鑫：《从探究会通思想到成就会通撰述：吴怀祺先生的史学研究之路》，《史学理论与史学史学刊》2017年下卷。

汪高鑫：《黄宗羲的理学、经学与史学之实学视角考察》，《郑州大学学报》（哲学社会科学版）2017年第6期。

汪高鑫：《贾谊的“过秦”论及其“六经”思想基础》，《求是学刊》2018年第3期。

汪高鑫：《中国古代历史教育若干理论问题的思考》，《史学史研究》2018年第2期。

汪受宽：《中国少数民族史学的特点与定位》，《河南师范大学学报》（哲学社会科学版）2018年第1期。

汪受宽：《中国少数民族史学史的分期》，《史学史研究》2018年第2期。

王栋：《“王在法下”抑或“王在法上”：中西学术视阈下的王权与法律关系研究》，《史学理论研究》2018年第3期。

王红霞：《顾颉刚史学通识视域中的经学认知探析》，《齐鲁学刊》2018年第4期。

王记录：《中国古代历史教育与人文素养》，《史学史研究》2018年第2期。

王记录：《中国思想史的“历史”与“思想”》，《史学月刊》2018年第1期。

王锟：《论吕祖谦的历史哲学——兼与朱熹历史哲学之比较》，《浙江社会科学》2018年第9期。

王晴佳：《顾颉刚及其“疑古史学”新解——试从心理、性格的角度分析》，《中华文史论丛》2017年第4期。

王庆华：《“正史”何以书写轶事及其与“小说”之联系》，《史林》2018年第4期。

王日根：《大数据下历史学研究的个性彰显》，《史学月刊》2018年第9期。

王日根：《由“体认”“自觉”而“升华”：傅衣凌治史对唯物史观的践行》，《近代史研究》2017年第5期。

王锐：《张尔田对考据学的批评——兼论其与王国维的互动》，《史学理论研究》2018年第3期。

王学斌：《清代北学谱系的建构与完善——以〈北学编〉〈续北学编〉为中心的考察》，《史学月刊》2018 年第 1 期。

王彦辉：《李振宏“秦至清皇权专制社会说”的方法论意义》，《古代文明》2017 年第 4 期。

王艳勤：《何种历史：公共史学视野下的口述历史》，《武汉科技大学学报》（社会科学版）2018 年第 1 期。

王永杰：《〈职方外纪〉成书过程及版本考》，《史林》2018 年第 3 期。

王志通：《重识〈满与汉〉——兼论与“新清史”研究的关系》，《史学理论研究》2018 年第 1 期。

韦胤宗：《阅读史：材料与方法》，《史学理论研究》2018 年第 3 期。

温乐平：《“八小时以外奋斗终生”：谷霁光先生的治学精神》，《史学月刊》2017 年第 12 期。

文春美：《满铁“历史地理调查部”与“满鲜史观”》，《史学理论研究》2018 年第 3 期。

吴凤霞：《辽金少数民族的史学批评及其意义》，《史学集刊》2018 年第 3 期。

吴海兰：《新〈春秋〉学与中晚唐史学褒贬义例的运用》，《史学史研究》2018 年第 3 期。

吴琼、危文瀚：《影像史学视野下的城市形象——以北京（1949 ~ 1966）纪实影像为中心的考察》，《史学理论与史学史学刊》2017 年下卷。

吴英：《唯物史观：一门真正的实证科学》，《史学集刊》2017 年第 6 期。

吴忠良：《南高学派与中国史学史研究》，《史学理论与史学史学刊》2018 年上卷。

肖超宇：《民族融合与历史书写：〈元史〉蒙古列女形象“汉化”问题刍论》，《史学集刊》2018 年第 2 期。

谢贵安：《20 世纪以来中国史家对东亚实录研究的学术路径》，《郑州大学学报》（哲学社会科学版）2018 年第 5 期。

谢贵安：《明清实录对皇帝形象塑造之比较》，《历史教学》（下半月刊）2018 年第 2 期。

谢贵安：《曲径通明：〈明实录〉“近代”价值的发现与赋予》，《史学史研究》2018 年第 3 期。

邢科：《〈东西史记和合〉与晚清世界史观念》，《清史研究》2018 年第 1 期。

邢科：《左翼人际传播网与马克思主义史学的扩散——以 20 世纪二三十年代的上海为中心》，《北京师范大学学报》（社会科学版）2018 年第 1 期。

熊锐：《尊魏，恋蜀，远吴：刘咸炘对〈三国志〉三国亲疏书写的认知》，《史学史研究》2018 年第 1 期。

徐国利：《郭沫若的“人民本位”史观及儒家民本思想意蕴》，《河北学刊》2018 年第 5 期。

徐国利：《胡适对年谱编纂的创新与继承》，《学术界》2018 年第 8 期。

徐国利：《柳诒徵的儒家人本主义历史演化观述论》，《齐鲁学刊》2018 年第 4 期。

徐浩：《简论马克思的西欧封建社会形态理论》，《史学理论研究》2018 年第 1 期。

徐莹：《贾谊夷夏观探析》，《史林》2018 年第 3 期。

薛政超：《构建中国古代史主线与体系的新视角——以王权、地主、农商和富民诸话语为中心》，《史学理论研究》2017 年第 4 期。

燕永成：《宋代史书编传新趋势及其特点》，《人文杂志》2018 年 10 期。

杨晶、卓立：《论改革开放新时期史学理论学科的定位问题》，《河南师范大学学报》（哲学社会科学版）2018 年第 5 期。

杨念群：《改革开放四十年中国历史学的若干沉思》，《天津社会科学》2018 年第 3 期。

杨念群：《明末清初思想文化研究范式的转移——以近百年相关讨论为中心》，《清史研究》2018 年第 3 期。

杨向昆：《论抗战史的书写转向——以何铭生著〈南京 1937：血战危城〉为中心》，《抗日战争研究》2018 年第 2 期。

易宁：《中国古代史学人文精神的特点》，《史学史研究》2017 年第 4 期。

应星：《从宏观比较历史分析到微观比较历史分析——拓展中国革命史研究的一点思考》，《江苏社会科学》2018 年第 3 期。

尤学工：《论清初史家群体与文化秩序》，《史学理论与史学史学刊》2018 年上卷。

尤学工：《明君德政：中国古代历史教育的一个面相》，《史学史研究》2018 年第 2 期。

于沛：《阐释学与历史阐释》，《历史研究》2018 年第 1 期。

于沛：《历史真理的认识和判断——从历史认识的阐释性谈起》，《中国社会科学评价》2018 年第 1 期。

于沛：《马克思主义历史观：文本、意义与现代价值》，《史学理论研究》2018 年第 1 期。

余康：《章太炎〈尚书〉研究旨趣探析》，《史学理论与史学史学刊》2018 年上卷。

虞思徵：《陈汉章驳梁启超〈中国历史研究法〉平议》，《史林》2018 年第 2 期。

喻中：《经史之间：蒙文通对法家的阐释》，《文史哲》2018 年第 4 期。

张邦炜：《钱大昕：大有功于宋史研究的乾嘉巨子》，《四川师范大学学报》（社会科学版）2018 年第 3 期。

张驰：《从清华简〈系年〉看〈左传〉的编纂》，《古代文明》2017 年第 4 期。

张德明：《陈恭禄的中国通史编纂思想》，《史学史研究》2018 年第 1 期。

张耕华、王应宪、赵满海：《吕思勉："新史学"的特立独行者》，《史学理论研究》2018 年第 3 期。

张光宇：《朝鲜王朝正祖君臣的"宋史"认识与〈宋史筌〉之修撰》，《古代文明》2018 年第 2 期。

张广智：《中外史学交流的回顾与展望》，《史学理论研究》2017 年第 4 期。

张泓林：《邵循正与近代中外关系史研究——以〈中法越南关系始末〉为中心的研讨》，《史学理论与史学史学刊》2017 年下卷。

张杰：《蔡和森对中国马克思主义史学的奠基性理论贡献》，《史学理论研究》2018 年第 3 期。

张晶萍：《清末船山思想的传播及其特点》，《安徽史学》2018 年第 3 期。

张俊峰、裴孟华：《超越真假：元清两代河津干涧史氏宗族的历史建构——兼论金元以来华北宗族史研究的开展》，《史林》2017 年第 6 期。

张萍：《地理信息系统（GIS）与中国历史研究》，《史学理论研究》2018 年第 2 期。

张强：《〈史记〉“列传”文学叙述五题》，《江苏社会科学》2018 年第 2 期。

张秋升：《〈四库总目〉史部提要中的求真征实理念》，《史学史研究》2018 年第 3 期。

张婷、李晓明：《汉赋历史观念简论》，《河南师范大学学报》（哲学社会科学版）2018 年第 1 期。

张炜：《西方书籍史理论与 21 世纪以来中国的书籍史研究》，《晋阳学刊》2018 年第 1 期。

张文涛：《李焘〈六朝通鉴博议析论〉》，《史学史研究》2018 年第 2 期。

张小平：《〈班卿诗草〉中的历史书写和现实批判》，《安徽史学》2018 年第 3 期。

张艳国：《坚持唯物史观，用历史智慧引领人类未来》，《史学理论研究》2018 年第 1 期。

张艳国：《唯物史观对中国历史研究的价值意义》，《中国史研究》2018 年第 2 期。

张尧娉：《治史传承本来　为学面向未来——“2017 年史学理论与史学史学术研讨会”综述》，《史学月刊》2018 年第 7 期。

张越：《论中国近代史学的开端与转变》，《史学理论研究》2017 年第 4 期。

张越：《商务印书馆历史类出版物与中国近代历史学的发展（1897 ~ 1949）》，《江海学刊》2018 年第 1 期。

张昭军：《文化史学在近代中国的兴起》，《史学史研究》2018 年第 3 期。

章益国：《从“六经皆史”到“四部皆通”——论章学诚的知识分类学》，《学术月刊》2017 年第 11 期。

章益国：《释“章言史意”——章学诚史学史论述新解》，《史学理论研究》2018 年第 2 期。

赵梅春、尹星腾：《马克思主义史学家对中国社会史论战的反思（1949 年以前）》，《理论与史学》2017 年年刊。

赵梅春：《改革开放 40 年来中国史学史研究的新进展》，《史学史研究》2018 年第 3 期。

赵梅春：《民国时期少数民族社会历史调查与文献整理研究述论》，

《郑州大学学报》（哲学社会科学版）2018 年第 5 期。

赵明：《兵制史：谷霁光对社会经济史研究的另一种表达》，《史学月刊》2017 年第 12 期。

赵庆云：《范文澜与中国通史撰著》，《史学理论研究》2017 年第 4 期。

赵庆云：《近十年来中国近代史理论问题综述》，《兰州学刊》2017 年 10 期。

赵庆云：《勤勉治学　潜心筑础——荣孟源与中国近代史研究》，《近代史研究》2017 年第 5 期。

赵太和：《东北学的兴起——东北学社的史学研究》，《历史教学问题》2017 年第 5 期。

赵望秦：《透过文化记忆窗口看“史汉优劣”的演变》，《陕西师范大学学报》（哲学社会科学版）2018 年第 2 期。

赵轶峰：《历史研究的新实证主义诉求》，《史学月刊》2018 年第 2 期。

周积明：《思想文化史的内涵与研究方法》，《史学月刊》2017 年第 9 期。

周建漳、程传利：《史学客观性的可能性与可欲性》，《厦门大学学报》（哲学社会科学版）2018 年第 2 期。

周励恒：《试论中国早期马克思主义者的中西文化观》，《史学理论与史学史学刊》2018 年上卷。

周励恒：《国学大义与个人志业：苏州章氏国学讲习会创办缘由之探析》，《河南师范大学学报》（哲学社会科学版）2017 年第 5 期。

周庆许：《〈四库全书总目〉与官修儒林传关系考述》，《史学理论与史学史学刊》2018 年上卷。

周少川、吕亚非：《陈垣的民族史观》，《河南师范大学学报》（哲学社会科学版）2017 年第 5 期。

周文玖：《民族、疆域问题与中国通史编纂——论白寿彝主编〈中国通史〉之特色》，《史学史研究》2018 年第 1 期。

周文玖：《朱希祖的历史学科建设思想》，《历史教学问题》2018 年第 2 期。

周文玖：《朱希祖和他的〈中国史学通论〉——兼评商务版〈中国史学通论〉》，《史学理论与史学史学刊》2017 年下卷。

周一平、钱崇君：《为人民研究历史：历史研究的根本价值取向》，《河北学刊》2017 年第 6 期。

朱慈恩：《中国社会史论战中的马克思主义史学——基于学术共同体的考察》，《厦门大学学报》（哲学社会科学版）2017 年第 5 期。

朱汉民：《“屈民而伸君”与“屈君而伸天”——董仲舒〈春秋〉大义的政治智慧》，《天津社会科学》2018 年第 2 期。

朱露川：《唐修〈周书〉历史叙事初探》，《河北学刊》2018 年第 3 期。

朱露川：《中国古代史学历史叙事发展的新阶段——论纪事本末体史书的兴起及其意义》，《史学史研究》2017 年第 4 期。

朱冶：《〈资治通鉴节要续编〉在朝鲜王朝的传播与影响》，《史学史研究》2018 年第 3 期。

朱英：《章开沅与辛亥革命和中国资产阶级研究》，《史学理论研究》2017 年第 4 期。

庄兴亮：《论陈建〈皇明通纪〉中“靖难之变”的叙事与史观》，《史学理论与史学史学刊》2018 年上卷。

卓立、杨晶：《从“直书”到“求真”——清季民初“新史学”知识论转型的观念史》，《天津社会科学》2018 年第 4 期。

邹兆辰：《改革开放 40 年来的中国史学理论研究》，《史学史研究》2018 年第 3 期。

左玉河：《多元史观与多样化的通史书写》，《史学史研究》2018 年第 1 期。

左玉河：《时代性与民族性的统一：当代中国马克思主义史学的基本品质》，《史学月刊》2018 年第 8 期。

（二）史学理论与西方史学史论文要目

Б. Н. 米罗诺夫、张广翔、王目坤：《现代俄罗斯史学的研究方法》，《史学月刊》2017 年第 12 期。

В. И. 巴库金、王目坤：《俄罗斯学界关于米罗洛夫社会史观的论争》，《史学月刊》2018 年第 8 期。

艾仁贵：《现代性何时进入犹太社会？——有关犹太社会现代转型起点问题研究的演进》，《史学理论研究》2017 年第 4 期。

白薇臻、杨莉馨：《历史文化语境下的世界文明——以 G. L. 狄更生的中国文明观为中心》，《甘肃社会科学》2018 年第 4 期。

曹鸿：《社会政治与历史书写的互动——美国同性恋史研究的发展与思考》，《世界历史》2017 年第 6 期。

曹龙虎：《“资本主义”：一个基本概念的生成及其使用》，《世界历史》2017 年第 3 期。

查泉：《美国学术界的赫伯特·胡佛研究》，《史学理论研究》2018 年第 2 期。

陈建：《“杂交”观念与彼得·伯克的文化史研究》，《史学理论研究》2018 年第 2 期。

成祖明：《衮克尔的形式批评与以色列传统历史的重建》，《世界历史》2018 年第 4 期。

程利伟：《论圣维克多的休的历史思想》，《史学史研究》2018 年第 2 期。

程晓燕：《美国越战研究的学派分野》，《史学月刊》2017 年第 9 期。

褚新国：《早期希腊化时代历史写作与古希腊史学流变——以波利比阿史学批评为中心》，《史学月刊》2018 年第 4 期。

崔丽娜：《求真与致用：阿里安的〈亚历山大远征记〉》，《史学史研究》2018 年第 2 期。

戴宇：《关于中国日本史研究若干问题的思考——兼评刘岳兵〈“中国式”日本研究的实像与虚像〉》，《史学月刊》2018 年第 5 期。

丁诺舟：《日本实证主义史学的困境与出路——民间历史研究者的挑战与史家责任的重新审视》，《史学月刊》2017 年第 10 期。

杜娟：《近五年国内拉美史研究回顾与展望（2013—2017）》，《史学月刊》2018 年第 8 期。

段世磊：《京都学派的遗产——世界史的立场与近代的超克》，《北京社会科学》2018 年第 4 期。

范丁梁：《19 世纪德国历史主义史学的学科塑形力》，《江海学刊》2018 年第 4 期。

冯立军：《21 世纪以来国外亚洲海洋史研究的新进展——以英语学界的研究为中心》，《史学理论研究》2018 年第 2 期。

付成双：《生态文明与世界近现代史学科体系的构建》，《历史教学》（下半月刊）2018 年第 2 期。

格奥尔格·伊格尔斯、王晴佳、苏普里娅·穆赫吉：《21 世纪初期的历史学——一个批判性的回顾》，《历史教学问题》2018 年第 3 期。

谷延方：《中世纪盛期英国城市化水平研究述评》，《世界历史》2018 年第 4 期。

郭子林：《从文本到王权：〈图特摩斯一世加冕敕令〉的释读与解析》，《史学集刊》2018 年第 2 期。

哈里 · T. 迪金森、黄艳红：《柏克之后的思考：英国史学界、文学界和政界与法国大革命》，《世界历史》2017 年第 5 期。

韩炯：《在多元论与一元论之间——唯物史观视域中的海登 · 怀特史学价值观剖析》，《理论与史学》2017 年年刊。

何平、曾祥裕：《从概念史的角度看启蒙运动》，《史学理论研究》2018 年第 3 期。

侯建新：《中国世界中世纪史研究 40 年》，《世界历史》2018 年第 4 期。

侯树栋：《论冈绍夫的狭义封建主义——为冈绍夫〈何为封建主义〉中译本出版作》，《史学理论研究》2017 年第 4 期。

胡青松：《论美国汉学家卜德的〈史记〉研究》，《史学理论与史学史学刊》2018 年上卷。

胡术恒、周巩固：《罗素史学思想中的逻辑原子主义理路》，《历史教学问题》2018 年第 2 期。

黄艳红：《“记忆之场”与皮埃尔 · 诺拉的法国史书写》，《历史研究》2017 年第 6 期。

黄艳红：《莱因哈特 · 科泽勒克的概念史研究刍议》，《历史教学问题》2017 年第 6 期。

黄艳红：《千年之变：一种西欧封建社会解释的兴衰》，《史学理论研究》2018 年第 2 期。

江琴：《在“传记”和“历史”之间——普鲁塔克〈名人传〉的叙事模式探析》，《史学理论研究》2018 年第 2 期。

焦兴涛：《西方史学界对英国“新君主制”的历史解读》，《人文杂志》2018 年第 9 期。

金德宁：《西方史学界对“变态封建主义”及其历史影响的诠释》，《史林》2018 年第 2 期。

金德宁：《中世纪英格兰王室档案的认识与利用——以十三世纪的中书省卷轴为例》，《古代文明》2018 年第 1 期。

景德祥：《黑格尔与兰克历史认识论之辩》，《江海学刊》2018 年第 4 期。

李桂芝：《全球视野下的美国妇女与社会性别史研究》，《史学理论研究》2018 年第 3 期。

李宏伟：《公元前 403 年雅典大赦的西方史学研究综述与思考》，《史林》2017 年第 5 期。

李剑鸣：《大数据时代的世界史研究》，《史学月刊》2018 年第 9 期。

李剑鸣：《改革开放 40 年来的美国史研究》，《世界历史》2018 年第 4 期。

李勇：《时代召唤与学理契合——西方史学东传之两翼》，《史学理论研究》2017 年第 4 期。

梁民愫：《马克思主义在英国的史学源流：史学思潮、代际传承及历史进程》，《史学理论研究》2018 年第 1 期。

刘衍钢：《历史叙述之争与西方史学发展的波动：论尤里安之死》，《历史研究》2017 年第 5 期。

刘寅：《传承与革新：西方学界关于欧洲早期中古史研究的新进展》，《世界历史》2018 年第 1 期。

刘颖洁：《洛夫乔伊观念史的意义与局限——以其浪漫主义研究为考察对象》，《史学理论研究》2018 年第 1 期。

柳若梅：《俄罗斯学者对中国和古罗马史学的比较研究》，《史学理论研究》2017 年第 4 期。

卢兆瑜：《14 世纪初期东征理论家与西欧文明优越意识的建构》，《史学集刊》2018 年第 4 期。

吕一民：《保罗·利科的研究取向与科学的历史阐释学的建构》，《历史研究》2018 年第 1 期。

马锋、王冰莹：《普罗柯比的“史才四长”》，《历史教学问题》2017 年第 6 期。

马龙闪：《俄罗斯史学研究的“帝国热”和帝国史流派——近年俄罗斯史学转型的重大问题》，《历史教学问题》2018 年第 2 期。

马瑞克·塔姆、顾晓伟：《历史书写中的真理、客观性和证据》，《天津社会科学》2018 年第 4 期。

梅祖蓉：《美国奴隶制研究中的一个争议——从〈艰难时代：美国黑人奴隶制经济学〉看量化研究与质性研究之价值》，《史学月刊》2017 年第10期。

倪凯：《汤因比的城市观》，《史林》2018年第3期。

倪滕达：《西方古典文献译者群研究——以洛布古典丛书为中心》，《史学史研究》2018年第1期。

聂洪萍：《英国学术界抗日战争研究的发展》，《史学月刊》2018年第8期。

欧阳晓莉：《波兰尼的经济模式与两河流域经济史研究》，《史学理论研究》2018年第1期。

钱乘旦：《改革开放以来的英国史研究》，《世界历史》2018年第4期。

乔兆红：《阐释与启示：海外关于中国民族主义问题的研究》，《安徽史学》2017年第5期。

曲升：《约翰·L. 加迪斯冷战史研究的方法论转向》，《史学理论研究》2018年第2期。

任东波：《"文明"标准与英国学派的典型历史叙事》，《史学集刊》2018年第4期。

尚继凯：《伯里"历史是一门科学，不少也不多"释义》，《史学月刊》2018年第4期。

石芳：《反启蒙运动的两种研究范式——反启蒙思想与反哲学运动》，《史学理论研究》2018年第3期。

宋立宏：《视觉文化与古代地中海研究——以罗马不列颠的马赛克为中心》，《古代文明》2018年第3期。

苏萌：《历史经验与"乡愁"——论安克斯密特的后现代历史经验理论》，《史学理论研究》2018年第1期。

孙文栋：《试论19世纪以来〈希腊罗马名人传〉的"史学"与"传记"研究传统》，《史学理论与史学史学刊》2017年下卷。

孙一萍：《情感有没有历史？——略论威廉·雷迪对建构主义情感研究的批判》，《史学理论研究》2017年第4期。

汤晓燕、杨磊：《〈年鉴〉杂志与法国历史研究的新动向——法国社会科学高等研究院安托万·里勒蒂教授访谈》，《史学理论研究》2018年第2期。

滕凯炜、姚念达：《国际史的方法与实践——埃雷兹·马尼拉教授访谈录》，《史学理论研究》2018年第1期。

汪丽红：《中世纪中晚期西欧妇女宗教写作中的性别合作》，《史学理论研究》2018年第1期。

王娟：《“如实直书”与兰克史学思想》，《史林》2018年第1期。

王立新：《从历史文明到历史空间：新印度史学的历史地理学转向》，《世界历史》2017年第4期。

王立新：《从外交史到国际史：改革开放40年来的国际关系史研究》，《世界历史》2018年第4期。

王利红：《克罗齐的“真历史”与“假历史”——一份病理学分析》，《历史教学问题》2018年第5期。

王敏：《19世纪澳洲华人研究中女性史的缺失与重构》，《华侨华人历史研究》2018年第3期。

王晴佳：《我们应该怎样研究史学史？——格奥尔格·伊格尔斯先生去世之际的反思》，《史学史研究》2018年第1期。

王申蛟：《约翰·加迪斯对结构现实主义理论的借鉴与批判》，《史学集刊》2018年第3期。

尉佩云：《历史叙事的理性逻辑——约恩·吕森与当代西方历史叙事理论》，《史学月刊》2018年第5期。

吴晓群：《公元前五世纪中叶的希腊城邦政治与“修昔底德陷阱”》，《史学史研究》2017年第4期。

吴义雄：《十九世纪前期西人对中国上古史的研讨与认识》，《历史研究》2018年第4期。

吴原元：《美国史学家对中国马克思主义史学的探析》，《史学理论研究》2017年第4期。

武晓阳：《论斯特拉波的“求真”意识》，《史学史研究》2017年第4期。

徐滨：《工业革命与现代经济增长的原因——近十几年来相关历史解释的理论渊源揭示》，《史学理论研究》2018年第1期。

徐波：《弗兰西斯·培根的历史理论及其历史写作》，《史学集刊》2018年第5期。

徐波：《西方史学传统中的当代兴趣与当代史》，《四川大学学报》（哲学社会科学版）2018年第2期。

徐前进：《法国身体史研究的起源与方法》，《史学理论研究》2018年第3期。

许卢峰:《法国年鉴史学时间序列的构建——评勒高夫〈试谈另一个中世纪〉》,《理论与史学》2017 年年刊。

晏绍祥:《改革开放以来的世界古代史研究》,《世界历史》2018 年第 4 期。

杨共乐:《修昔底德〈伯罗奔尼撒战争史（卷一）〉书写方式探析》,《史学史研究》2017 年第 4 期。

杨奎松:《如何认识历史人物的“历史问题”——以美国夏洛茨维尔事件和美国“改写历史”风波为中心》,《史学月刊》2018 年第 10 期。

杨韶杰:《中世纪英格兰主教档案及其史料价值——以 13 世纪林肯主教档案为例》,《古代文明》2018 年第 4 期。

杨盛翔:《复调叙事与史家曲笔——佛罗伦萨人文主义史学中的演说辞》,《史林》2018 年第 2 期。

尹媛萍:《中美学界关于甲午战争起因的早期争论——以蒋廷黻与魁特为例》,《史学史研究》2017 年第 4 期。

于展:《克莱伯恩·卡森的美国民权运动研究探析》,《史学理论研究》2018 年第 3 期。

余春江:《西西里狄奥多鲁斯史学思想述评》,《史学理论与史学史学刊》2017 年下卷。

宇信潇、宫秀华:《试析塔西佗〈日耳曼尼亚志〉中的“Germani”》,《古代文明》2018 年第 4 期。

苑莉莉:《20 世纪 70 年代以来法国的妇女与性别史研究》,《史学理论研究》2017 年第 4 期。

张井梅:《张芝联:中外史学交流的使者》,《史学理论研究》2017 年第 4 期。

张小忠:《语境中的观念:迈克尔·本特利的历史叙事初探》,《史学理论与史学史学刊》2017 年下卷。

张新刚、王涛:《剑桥学派与思想史研究——采访昆廷·斯金纳教授》,《史学理论研究》2018 年第 3 期。

张艳玲:《美国历史协会与美国史学专业化的发展》,《史学史研究》2018 年第 3 期。

张忠祥:《艾周昌教授与非洲史研究》,《史学理论研究》2017 年第 4 期。

赵轶峰:《现代日本历史编纂学的几种伴生观念》,《安徽史学》2018

年第 2 期。

钟孜：《新文化史、阐释人类学与历史想象——试论格尔茨对娜塔莉·戴维斯的影响及其蜕变》，《史学理论研究》2018 年第 1 期。

周余祥：《罗伯特·齐格的史学研究内容及方法》，《历史教学问题》2017 年第 6 期。

朱孝远：《宗教改革史研究中的公共阐释学》，《历史研究》2018 年第 1 期。

朱毅璋：《〈伊利亚特〉“驯马的特洛伊人不敬马神波塞冬”之辨析》，《史学史研究》2017 年第 4 期。

邹翔：《如何书写“疯癫”的历史——20 世纪 60 年代以来西方精神医学史研究》，《历史教学》（下半月刊）2018 年第 8 期。

二　著作要目

保罗·利科：《记忆，历史，遗忘》，李彦岑、陈颖译，华东师范大学出版社，2018。

柄谷行人：《历史与反复》，王成译，中央编译出版社，2018。

陈其泰：《陈其泰史学萃编》，华夏出版社，2018。

陈其泰：《历史学新视野　展现民族文化非凡创造力》，商务印书馆，2017。

杜庆余：《〈周易〉与史学》，生活·读书·新知三联书店，2018。

高叶青：《范祖禹生平与史著研究》，科学出版社，2018。

宫崎市定：《宫崎市定解读〈史记〉》，宫崎市定，2018。

胡阿祥、颜岸青编《历史学学术规范与方法论研究》，南京大学出版社，2018。

肯尼思·R. 柯蒂斯、杰里·H. 本特利：《世界历史的设计师——探寻全球历史》，李俊姝译，浙江大学出版社，2018。

雷家骥：《中国古代史学观念史》，北京师范大学出版社，2018。

李德锋：《明代理学与史学关系研究》，人民出版社，2018。

刘玲：《20 世纪上半期中美史学交流：基于美著史书在华传播与影响的研究》，社会科学文献出版社，2018。

吕海龙：《刘知幾及其〈史通〉文学观研究》，上海古籍出版社，2017。

穆启乐：《古代希腊罗马和古代中国史学——比较视野下的探究》，黄洋译，北京大学出版社，2018。
帕特里克·格里：《历史、记忆与书写》，罗新译，北京大学出版社，2018。
瞿林东：《瞿林东文集》，北京师范大学出版社，2017。
入江昭：《全球史与跨国史》，邢承吉、滕凯炜译，浙江大学出版社，2018。
塞巴斯蒂安·康拉德：《全球史是什么》，杜宪兵译，中信出版集团，2018。
舒健：《大数据时代的历史研究》，上海译文出版社，2017。
斯图尔特·休斯：《历史学是什么？科学与艺术之争》，刘晗译，北京师范大学出版社，2018。
孙歌：《历史与人——重新思考普遍性问题》，生活·读书·新知三联书店，2018。
唐志远：《六朝史学与文学》，北京大学出版社，2018。
王爱卫：《朱希祖史学研究》，中华书局，2018。
王子今：《千秋太史公：司马迁的史学与人类学》，书海出版社，2018。
韦纳：《人如何书写历史》，华东师范大学出版社，2018。
辛德勇：《〈史记〉新本校勘》，广西师范大学出版社，2017。
雅克·勒高夫：《我们必须给历史分期吗?》，杨嘉彦译，华东师范大学出版社，2018。
尹绍伟：《从历史学家到政治家　米留科夫思想历程研究》，对外经济贸易大学出版社，2017。
张国安：《终结“疑古”》，人民出版社，2017。
张广智：《西方史学史》（第四版），复旦大学出版社，2018。
赵金刚：《朱熹的历史观：天理视域下的历史世界》，生活·读书·新知三联书店，2018。
赵轶峰：《评史丛录——赵轶峰史学评论自选集》，科学出版社，2018。
中共中央党史研究室编《反对历史虚无主义》，中共党史出版社，2017。
邹振环：《20世纪中国翻译史学史》，中西书局，2017。

《史学理论与史学史学刊》稿约

《史学理论与史学史学刊》为教育部普通高等学校人文社会科学重点研究基地北京师范大学史学理论与史学史研究中心主办的研究论集，是国内外史学理论与史学史工作者发表研究成果的阵地，欢迎中外专家、学者惠赐稿件。

1. 本刊设有历史理论与史学理论、中国古代史学、中国近现代史学、外国史学、中外史学比较、史学批评、图书评论等栏目。

2. 来稿一般应在1.5万字以内，重大选题可适当放宽至2万字。稿件使用A4型纸张打印，并请将稿件的电子版通过电子邮件发给我们。限于经费原因，恕不退稿，作者如果在3个月内未接到刊用通知，可自行处理稿件。

3. 本刊实行匿名评审，请作者不要在来稿上署名，另纸附上作者姓名、性别、出生年月、职称、工作单位、通信地址、邮政编码、联系电话、电子信箱等相关信息。来稿避免使用有可能透露作者个人信息的表述，诸如参见拙文、拙作等。

4. 来稿应遵守学术规范，尊重前人研究成果。禁止剽窃、抄袭与一稿两投行为，凡发现有此类行为者，5年内不受理该作者的任何稿件。

5. 来稿请寄：北京市新街口外大街19号北京师范大学史学理论与史学史研究中心《史学理论与史学史学刊》编辑部。

邮编：100875

电子信箱：history1101@163.com

《史学理论与史学史学刊》编辑部

《史学理论与史学史学刊》匿名审稿实施办法

为保证本论集用稿的学术质量，进一步提高刊物的学术层次，给广大读者奉献高水平的研究成果，我们实行稿件匿名评审制度。具体实施办法如下。

1. 来稿请勿在稿件中出现署名和与作者有关的背景材料，作者简介请另附在一张纸上，内容包括姓名、性别、出生年月、工作单位、职称、通信地址、邮政编码、联系电话、电子信箱等。来稿避免使用有可能透露作者个人信息的表述，诸如参见拙文、拙作等。

2. 来稿请直接寄往或送达编辑部，勿寄个人或托人转交，以免造成延误。

3. 本编辑部收到稿件后，由编辑人员登记，然后将原稿匿名送交有关专家审阅，就稿件的写作质量和学术水平做出评定，提出初审意见。

4. 编委会根据专家初审意见，对来稿学术质量进一步讨论，就稿件是否具有新观点和学术价值诸问题形成一致意见。

5. 责任编辑根据上述意见初步提出是否采用的建议，初步决定采用的稿件送交主编，最后由主编终审，决定是否刊登。

《史学理论与史学史学刊》编辑部

图书在版编目（CIP）数据

史学理论与史学史学刊. 2018 年. 下卷：总第 19 卷 / 杨共乐主编. -- 北京：社会科学文献出版社，2018. 12
ISBN 978 - 7 - 5201 - 4127 - 7

Ⅰ. ①史… Ⅱ. ①杨… Ⅲ. ①史学理论 - 文集 ②史学史 - 文集 Ⅳ. ①K0 - 53

中国版本图书馆 CIP 数据核字（2018）第 293417 号

史学理论与史学史学刊 2018 年下卷（总第 19 卷）

主　　编 / 杨共乐

出 版 人 / 谢寿光
项目统筹 / 宋月华　郭白歌
责任编辑 / 孙以年　郭白歌

出　　版 / 社会科学文献出版社 · 人文分社（010）59367215
地址：北京市北三环中路甲 29 号院华龙大厦　邮编：100029
网址：www. ssap. com. cn
发　　行 / 市场营销中心（010）59367081　59367083
印　　装 / 三河市东方印刷有限公司

规　　格 / 开　本：787mm × 1092mm　1/16
印　张：22. 75　字　数：385 千字
版　　次 / 2018 年 12 月第 1 版　2018 年 12 月第 1 次印刷
书　　号 / ISBN 978 - 7 - 5201 - 4127 - 7
定　　价 / 89. 00 元